国家教师资格考试专用教材

保教知识与能力

主编 陈明华 黄旖旎 张 妍

镇 江

内 容 提 要

本书严格按照《国家教师资格考试：保教知识与能力（幼儿园）考试大纲》编写，主要内容包括学前儿童发展、学前教育原理、生活指导、环境创设、游戏活动的指导、教育活动的组织与实施、教育评价七个模块。本书内容全面系统，通俗易懂，重点突出，便于考生理解和记忆，可作为学前教育专业的学习用书，也可作为参加幼儿园教师资格考试的考生的必备辅导教材。

图书在版编目（CIP）数据

保教知识与能力 : 幼儿园 / 陈明华，黄旖旎，张妍主编. -- 镇江 : 江苏大学出版社，2017.5（2025.1 重印）
ISBN 978-7-5684-0474-7

Ⅰ. ①保… Ⅱ. ①陈… ②黄… ③张… Ⅲ. ①学前教育—幼教人员—资格考试—教材 Ⅳ. ①G61

中国版本图书馆 CIP 数据核字(2017)第 094527 号

保教知识与能力 幼儿园
Baojiao Zhishi yu Nengli You’er Yuan

主　　编 / 陈明华　黄旖旎　张　妍
责任编辑 / 柳　艳
出版发行 / 江苏大学出版社
地　　址 / 江苏省镇江市京口区学府路 301 号（邮编：212013）
电　　话 / 0511-84446464（传真）
网　　址 / http://press.ujs.edu.cn
排　　版 / 北京时代华都印刷有限公司
印　　刷 / 北京时代华都印刷有限公司
开　　本 / 787 mm×1 092 mm　1/16
印　　张 / 26
字　　数 / 601 千字
版　　次 / 2017 年 5 月第 1 版
印　　次 / 2025 年 1 月第 9 次印刷
书　　号 / ISBN 978-7-5684-0474-7
定　　价 / 58.80 元

如有印装质量问题请与本社营销部联系（电话：0511-84440882）

教师是实施素质教育、提高教育质量的关键，开展幼儿园教师资格考试，完善并严格实施教师职业准入制度，是建设高素质、专业化教师队伍的重要任务，对于提升教师队伍整体素质，提高教师社会地位，吸引优秀人才从教，推动教育改革发展具有重要意义。

国家教师资格考试（幼儿园）主要通过笔试（科目一是“综合素质”，科目二是“保教知识与能力”）和面试来进行。本书是国家教师资格考试（幼儿园）笔试科目二的考试用书，主要介绍从事教师职业所应具备的保教知识与能力，包括学前儿童发展、学前教育原理、生活指导、环境创设、游戏活动的指导、教育活动的组织与实施和教育评价等内容。

本书编者紧跟最新考情，深入研究了近 10 年的真题，根据考试大纲和真题考情，对历年的考查内容进行了全面、有条理的编排，并从以下方面对图书的体例精心策划，以便考生的备考更加高效。

精读考纲，备考指导

本书在精心解读大纲的基础上，立足真题，编写了备考指导。让还不甚了解幼儿园教师资格考试的考生做到心中有数。

分析考情，明确考点

本书针对每章分析考情并提出学习建议，让考生对每章的重要程度一目了然。同时，结合考情，梳理考点，全面而不杂乱，精炼而不遗漏。

图表结合，重点突出

本书将历年高频考点和易出题的点用波浪线标注，将烦琐庞杂的考点用图片或表格的形式进行归纳，让考生学习时知重点、懂难点。

模块丰富，示例生动

本书采用“小旌提示”“小旌归纳”“小旌妙记”多种体例模块，让考生在学习核心内容的同时，明确易错易混点，学会使用一定技巧总结并记忆。考点内容讲解结束后，配以“真题再现”，让考生做到学练结合，及时巩固。

在线资源，丰富多彩

本书配有丰富的数字资源，针对较难理解的考点配备了微课，学习时可以边看书边听课，听读结合，让困难迎刃而解。读者可以借助手机或其他移动设备扫描二维码获取微课视频或实战演练的答案与解析，也可登录文旌综合教育平台“文旌课堂”（www.wenjingketang.com）查看和下载本书配套资源。

此外，本书还提供了在线题库，读者只需通过微信或“文旌课堂”App 扫描扉页二维码，即可获取更多在线好题，巩固所学知识，提高学习效率。

在编写的过程中，本书参考了大量的文献资料，在此，我们向这些文献的作者表示诚挚的谢意。

本书由陈明华、黄旖旎、张妍担任主编，王海源、韩聪、赵梦莹、莫群担任副主编。

由于编者水平有限，书中难免存在疏漏与不当之处，敬请广大读者批评指正。

✔ 考点索引

精准定位重要考点
一步到位高效学习

重要考点

- 儿童发展阶段的划分/12
- 婴幼儿发展的影响因素/13
- 婴幼儿身心发展的年龄特征/15
- 成熟势力说/19
- 埃里克森的人格发展阶段理论/24

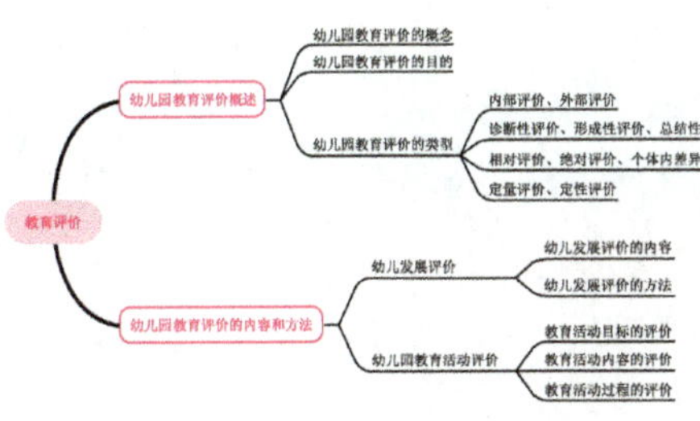

✔ 考点导图

学前构建知识框架
做到心中有数

✔ 考情分析

介绍最新考情
提供学习建议

题型	2022 年上半年	2022 年下半年	2023 年上半年	2023 年下半年	2024 年上半年	2024 年下半年
单项选择题	1 题 3 分	—	1 题 3 分	1 题 3 分	—	—
简答题	1 题 15 分	—	—	—	—	—
论述题	—	—	—	—	—	—
材料分析题	—	—	—	—	—	—
活动设计题	—	—	—	—	—	—
总计	2 题 18 分	—	1 题 3 分	1 题 3 分	—	—

（1）本章考点简单，但比较零散，主要以单项选择题、简答题的形式考查。
（2）学习时应全面理解并掌握幼儿生理发育的特点和规律，熟记重要考点。

✔ 真题再现

知晓历年出题点
针对性强化巩固

真题再现

人体各大系统中，发育最早的是（　　）。
A. 淋巴系统　　B. 生殖系统　　C. 神经系统　　D. 消化系统
【答案】C.

✔ 小旌提示/小旌归纳/小旌妙记

教你巧学妙记的方法
让学习事半功倍

小旌提示

信息单位是指彼此之间没有明确联系的独立信息，被称为组块。

✔ 微课助学

即扫即学，听读结合
轻松掌握重难点

✔ 实战演练

精选好题，强化练习
检验学习效果

单项选择题

1. 由于幼儿的肌肉中水分多，蛋白质及糖元少，不适合他们的运动项目是（　　）。
A. 长跑　　B. 投掷　　C. 跳绳　　D. 拍球

目录
CONTENTS

重要考点

重要考点

重要考点

- 自我意识/112
- 自我评价的发展/113
- 个体差异/120
- 依恋的类型/129

重要考点 ••••

- 性别角色的发展/137
- 亲社会行为和攻击性行为/138

模块二　学前教育原理

重要考点 ••••

- 教育与政治、经济的关系/156
- 幼儿园的双重任务/163

重要考点

模块三　生活指导

重要考点

重要考点

- 龋齿、弱视/260
- 自闭症、多动症、口吃/262
- 传染病的预防/266
- 异物入体/280

模块四 环境创设

重要考点

模块五 游戏活动的指导

重要考点

- 幼儿游戏的特点/316
- 依据游戏与认知发展的关系分类/317
- 游戏的指导——尊重、支持、参与、引导、介入/328
- 教师介入游戏的时机/330
- 大、中、小班幼儿游戏的特点/331

模块六 教育活动的组织与实施

重要考点

- 集体教育活动和游戏的区别与联系/342
- 学科领域单一的教育活动设计流程/343
- 主题活动设计流程/351
- 各领域教育活动的设计/359

模块七　教育评价

重要考点

- 幼儿园教育评价的目的/387
- 诊断性评价、形成性评价和总结性评价/388

备考指导

01 知考试，明方向

报名时间及考试时间

幼儿教师资格考试每年举行2次，上半年笔试报名时间在1月，考试时间在3月；下半年笔试报名时间在9月，考试时间在11月。各省级考试管理机构在上述时间段自行确定并公布本地区具体的报名时间。

报名条件

① 具有中华人民共和国国籍。
② 遵守《中华人民共和国宪法》和法律，拥护中国共产党领导，坚持社会主义办学方向，贯彻党的教育方针，热爱教育事业，具有良好的思想品德。
③ 符合申请认定教师资格的体检标准。
④ 原则上应具备《教师法》规定的相应学历条件，并应符合本省确定并公布的学历要求。

考试方式

中小学教师资格考试分为笔试和面试两部分。笔试所有科目均采用纸笔考试。笔试各科考试成绩合格，才能报名参加面试。

面试采取结构化面试、情境模拟等方式，通过抽题、备课（活动设计）、回答规定问题、试讲（演示）、答辩（陈述）、评分等环节进行。

考试成绩公布

一般在考试结束后一个半月左右于中小学教师资格考试网（http://ntce.neea.edu.cn/）公布成绩。卷面分为150分，按标准转换为120分制的70分通过。

考试科目

笔试科目：综合素质、保教知识与能力。

笔试科目全部合格，进入面试。部分科目不合格，单科成绩有效期保持2年，2年内只需考未通过科目即可。超过2年，需全部重考。

题型题量及分值

按照往年考试情况，预计保教知识与能力科目考试题型题量及分值如下：

题型	题量	分值/题	总分
单项选择题	10小题	3分	30分
简答题	2小题	15分	30分
论述题	1小题	20分	20分
材料分析题	2小题	20分	40分
活动设计题	1小题	30分	30分
合计	—	—	150分

更多考试资讯

为方便考生了解更多考试信息，文旌课堂（https://www.wenjingketang.com）综合收集全国及各地的考试政策并第一时间更新相关资讯，以供考生查看。

02 知结构，明考情

根据最新的幼儿教师资格考试大纲，保教知识与能力科目共分为七个模块。结合近 5 年的考试真题分析，这七个模块具体对应的考查题型如下。

	模块	考查题型
保教知识与能力	模块一　学前儿童发展	单选、简答、材料分析
	模块二　学前教育原理	单选、简答、论述、材料分析
	模块三　生活指导	单选、论述
	模块四　环境创设	单选、简答、论述
	模块五　游戏活动的指导	单选、材料分析
	模块六　教育活动的组织与实施	单选、活动设计
	模块七　教育评价	单选

03 知题型，明技巧

（一）单项选择题

在历年幼儿教师资格考试中，上述各个模块在单项选择题中的题量分布较为稳定。其中，学前儿童发展模块占 3～5 题，学前教育原理模块占 2～5 题，生活指导、环境创设等其他模块占 0～2 题。单项选择题虽然考试范围广泛，但总体难度不大，学习时应注意对理论知识的理解和记忆，针对题干信息进行辨析。

考试中，单项选择题常考的题目大致可分为概念型、材料型、比较型和否定型四类。

（1）概念型。这类选择题主要依据某一理论知识直接命题，主要考查对考点识记的准确性，有时也会结合举例，考查数量为 1～2 题。作答时，可根据理论知识，直接选择正确答案。

【例】幼儿认真完整地听完教师讲的故事。这一现象反映了幼儿注意的（　　）特征。

A. 选择性　　B. 广度　　C. 稳定性　　D. 分配

【答题点拨】本题主要考查幼儿注意的品质。其中，注意的稳定性是指注意力在同一活动范围内所维持的时间长短，维持的时间越长，注意的稳定性就越高。幼儿认真完整地听完老师讲的故事，与“注意的稳定性”的概念描述相符，因此直接得出答案 C。

【答案】C。

（2）材料型。这类选择题会先给出一段材料，然后要求根据材料内容选择答案，主要考查分析材料、灵活运用理论知识的能力，考查数量为 2～3 题。作答时，可抓住材料的关键词分析作答。

【例】妈妈带 3 岁的岳岳在外度假。阿姨打来电话问：“你们在哪里玩?”岳岳说：“我们在这里玩。”这反映了岳岳思维具有（　　）特征。

A. 具体性　　B. 不可逆性　　C. 自我中心性　　D. 刻板性

【答题点拨】本题考查皮亚杰的认知发展理论。皮亚杰将儿童的认知发展分为四个阶段，分别是：感知运动阶段（0～2 岁）、前运算阶段（2～7 岁）、具体运算阶段（7～11 岁）和形式运算阶段（11 岁及以后）。由题干中的年龄“3 岁”可知岳岳处于前运算阶段。前运算阶段儿童的思维主要有五个特点，分别是：泛灵论、自我中心性、不可逆性、缺乏守恒概念和刻板性。自我中心性是指儿童难以理解他人的观点，只能从自己的角度理解事物、认识世界。题干中岳岳的回复“我们在这里玩”说明岳岳只能从自己的角度出发，认为电话另一端的阿姨一定知道他在哪里，这正是自我中心性的体现。

本题中“3 岁”和“这里”为题目的关键词，“3 岁”揭示出岳岳所处的认知发展阶段，从而想到该阶段的五个思维特点，通过“这里”进而锁定“自我中心性”。

【答案】C。

（3）比较型。这类选择题一般要求在四个相似或相关联的选项中，选择最符合题意的一项，题干中往往有“最合理”“最可能”“最适宜”“最恰当”等提示语。

【例】对幼儿如厕，教师最合理的做法是（　　）。

A. 允许幼儿按需自由如厕　　B. 要求幼儿排队如厕

C. 控制幼儿如厕次数　　D. 控制幼儿如厕的间隔时间

【答题点拨】本题考查幼儿园一日生活主要环节中的如厕。幼儿生理发展不成熟，如厕频率较成人高，但教师对幼儿的如厕行为不应加以控制。而且《幼儿园工作规程》第二十二条指出，幼儿园应当培养幼儿良好的大小便习惯，不得限制幼儿便溺的次数、时间等。

答题时，要仔细分析、比较四个选项，结合所学知识，善用排除法。C、D 两项中，教师对幼儿的如厕次数和间隔进行了限制，显然是不合理的，应当排除；B 项中，教师要求幼儿排队如厕的做法是合理的，但与 A 项比较，可发现“允许幼儿按需自由如厕”显然更照顾了幼儿个体的需求和感受，题干要求选择“最合理的做法”，故正确答案为 A。

【答案】A。

（4）否定型。这类选择题的题干一般包含“不是”“不恰当”“不属于”等否定性词语，主要考查逆向思维能力。

【例】下列（　　）不是婴儿期出现的基本情绪体验。

A. 羞愧　　B. 伤心　　C. 害怕　　D. 生气

【答题点拨】本题考查幼儿情绪情感的发展。羞愧感属于高级情感，在幼儿期随着道德感的发展而形成。而婴儿天生就具有愉快、伤心、害怕和生气等基本的情绪体验。

答题时，可采用排除法，逐一排除肯定选项，最后选择符合题意的选项。本题要求选择不是婴儿期出现的基本情绪体验，通过查看选项发现 BCD 三项均是婴儿天生就具有的情绪体验，可全部排除。这类题一般不难，但一定要细心、专注，尽量把所有的选项都浏览一遍，做好适当标记，切不可因粗心而答错。

【答案】A。

（二）简答题

简答题主要集中在学前儿童发展、学前教育原理、环境创设这三个模块。作答时，一定要紧贴题意，围绕题目作答；用清晰的逻辑分条表述，点明要点；另外，每一要点最好有简短的解释说明；还要注意和论述题相区别，做到言简意赅。考试中，简答题的常考题目大致可分为观点原理类、原因分析类、价值意义类和实施方法类。

（1）观点原理类。这类简答题要求对幼儿教育中的一些现象、问题，幼儿身心发展过程中表现出来的特点、趋势、规律，或者两个概念的异同等作出简要的陈述，回答“是什么”的问题。学习时要注意对一些观点概念的识记和理解，并能用恰当的语言进行阐述。

【例】简述幼儿口语表达能力的发展趋势。

（2）原因分析类。这类简答题要求对某一现象的原因进行分析阐述，题干中常有“为什么”“原因”等关键词，回答的是“为什么”的问题。对这类问题，作答时要事实充分，论证全面，逻辑清晰，把道理讲清楚。

【例】为什么幼儿园教育内容要贴近幼儿园生活？

（3）价值意义类。这类简答题强调某一教学实践活动或举措的意义或价值。在回答时可采用“促进”“有利于”“有助于”等词语来提高答题的专业性和有效性。此外，应注意从幼儿、家长、教师、幼儿园、社会等多个角度进行阐述。

【例】简述幼儿园美育的意义。

（4）实施方法类。这类简答题主要考查“怎么做”的问题，强调实践过程和具体方法。答题时应明确阐述所采用的方法、策略、途径和措施等，并注意操作的程序性。

【例】作为幼儿教师，如何在保教活动中营造良好的心理氛围。

（三）论述题

论述题主要考查学前教育原理、生活指导、环境创设三个模块的内容，不仅要求识记和理解所学知识，还要求深入分析问题，结合实际情况展开论述。论述题的题干一般包含“是什么”“为什么”“怎么做”三种提问方式，每道题会涉及其中的1～2点。

【例】什么是幼儿园环境？为什么幼儿园教育中要强调创设良好的幼儿园环境？请联系实际说明。

【参考答案及答题点拨】

（1）对于幼儿教育而言，广义的幼儿园环境是指幼儿园教育赖以进行的一切条件的总和。它包括幼儿园内部小环境，又包括园外的家庭、社会、自然、文化等大环境。狭义的幼儿园环境专指幼儿园中对幼儿身心发展产生影响的物质和精神条件的总和，不仅涵盖幼儿园的全体工作人员、幼儿园房舍、设备设施、空间布局等有形要素，还包括信息、规章制度、观念和文化传统等无形要素。（首先要仔细审题，紧扣题目，用理论知识全面论述清楚“是什么”的问题）

（2）良好的幼儿园环境能够促进幼儿的发展，具体表现在以下几个方面。

① 为幼儿提供发展保障。幼儿要在幼儿园内吃饭、睡觉、游戏等，只有具备相应功能的建筑、空间设备才能使幼儿感到安全、方便、舒适和愉悦。

② 促进幼儿的身心健康。宽敞的空间、齐全的设备器具可以使幼儿的身体得到锻炼；具有探索性的环境可满足幼儿的好奇心，激发幼儿的探究热情，培养幼儿的探究能力；文明有序的集体活动环境有利于培养幼儿的适应能力；融洽和谐的人际环境可使幼儿乐观自信。

③ 激发幼儿的创造潜能。幼儿不是环境创设的消极旁观者和享用者，而是环境创设的积极参与者和互动者。在环境创设的过程中，幼儿会参与设计构思、材料搜集、动手制作和布置的全过程，激发幼儿自我发展的主人翁意识。在与环境的交互过程中，幼儿会根据自己的需要自由选择环境、探索环境和驾驭环境，其积极性、主动性、创造性因而可以得到最大限度的释放。

④ 促进幼儿的美育教育。精心创设的幼儿园环境可使幼儿感受并喜爱环境中的美，丰富幼儿的感性经验和审美情趣，提高幼儿表现美和创造美的能力。

⑤ 促进幼儿的自我管理。良好的幼儿园环境能起到提醒和熏陶的作用，使幼儿养成良好的行为习惯和生活习惯，甚至是受益终身的好习惯。（针对“为什么”从幼儿身心发展的规律和特点以及意义或作用等方面作答；如果题目涉及到“怎么做”的问题，应分条列出具体措施，并结合教育实践对每项措施进行论述。）

（四）材料分析题

材料分析题一般考查学前儿童发展、游戏活动的指导两个模块的内容，偶有涉及学前教育原理模块的内容。

◆ 学前儿童发展模块的相关题目，一般是先描述一段场景，然后要求分析该场景中幼儿表现出的发展特点，或者就幼儿在场景中表现出的行为分析其原因、提出教育建议等。

【例】小班张老师观察发现，小明和甘甘上楼梯时都没有借助扶手，而是双脚交替上楼梯，下楼梯时，小明扶着扶手双脚交替下楼梯，甘甘则没有借助扶手，每级台阶都是一只脚先下，另一只脚跟上慢慢挪下楼梯。

问题：

（1）请从幼儿身心发展的角度分析小班幼儿上下楼梯的动作发展特点。

（2）分析两名幼儿表现的差异及可能的原因。

◆ 游戏活动的指导模块的相关题目一般采用图文结合的形式呈现某一游戏情景，要求分析幼儿在游戏里中的行为表现，或者评析老师的教育行为是否恰当，并提出教学建议等。

【例】教师在户外投放了一些“拱桥”（见图 1），希望幼儿通过走“拱桥”提高平衡能力。但是，有幼儿却将它们翻过来，玩起了“运病人”游戏（见图 2），他们有的拖，有的拉，有的抬……玩得不亦乐乎。对此，两位教师反应不同。A 教师认为应该立即劝阻，并要求幼儿走“拱桥”；B 教师认为不应阻止，应支持幼儿的新玩法。

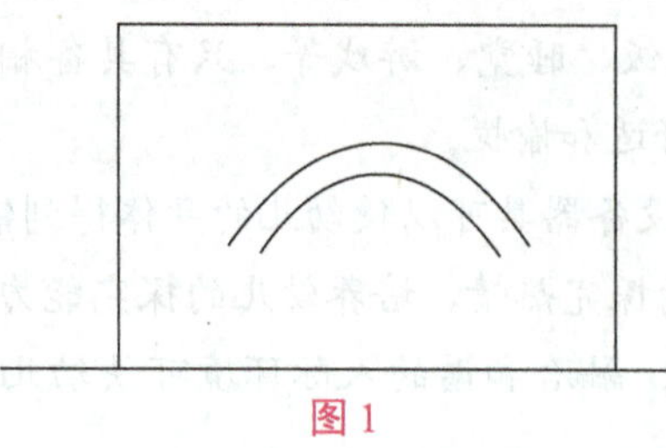
图 1

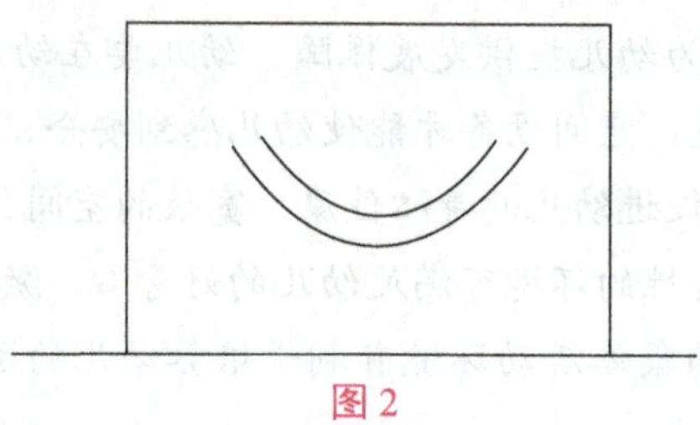
图 2

问题：

（1）你更赞同谁的想法？为什么？

（2）材料中，你认为“运病人”的游戏，有什么价值。

在回答材料分析题时，可以先看问题，看清楚问题的构成（几个问题，上下问之间是否有联系等），弄明白材料反映的问题和考点（有时问题中会对考点进行提示，如从幼儿身心发展的角度分析）；知道用哪些考点回答问题后，再回到材料中，找到材料内容对考点的具体体现，进行分析。答案常采用先简明阐述理论，后结合材料论述的呈现方式。另外注意，切不可无中生有、答非所问。

（五）活动设计题

活动设计题是幼儿教师资格考试中极为重要的一种题型，主要考查教师必须具备的活动设计能力。常考的活动可分为主题活动和领域活动。

◆ 主题活动一般要求围绕主题设计子活动，要求写出主题活动总目标、一个子活动（即某一领域活动）的完整方案、两个子活动的名称和目标。

【例】最近，大三班许多小朋友用大大小小的纸盒制作小汽车等物品。马老师发现，制作的汽车装饰不太一样，但结构差不多，往往只有车厢、车轮、车灯等。马老师认为可以根据这种情况生成一个“汽车”主题活动，引发幼儿的深度学习。

请帮助马老师设计“汽车”主题活动。

（1）写出主题活动的总目标。

（2）围绕主题设计三个子活动。写出其中一个子活动的具体活动方案，包括活动名称、目标、准备和主要环节。

（3）写出另外两个子活动的名称、目标。

◆ 领域活动一般只要求考生设计一个具体活动。

【例】中班下学期，陈老师发现，班上仍有一些幼儿会抢别人的玩具，他们的理由是：“我喜欢这个玩具，我要玩”。

请设计一个教育活动，解决上述问题。要求写出活动名称、活动目标、活动准备及活动过程。此活动可围绕社会领域展开，如：

1. 抢东西的行为是不对的；

2. 学会人际交往的能力、游戏的能力、学会沟通，学会解决问题；

3. 分享、合作、互帮互助等良好道德情感的培养。

作答活动设计题时，应注意以下几点。

（1）活动名称要完整，包含年龄班、活动类型和活动名称。

（2）主题活动总目标一般为4～6条，尽量涉及健康、语言、社会、科学、艺术五大领域，涵盖认知、技能、情感三个维度，相比子活动的目标要更加概括。

（3）子活动（即某一领域活动）目标要从认知、技能和情感三个维度进行设计，且目标要具体，不可宏大、空泛。

（4）活动准备包括教师开展教学活动所需的物质准备和幼儿参与活动所需的经验准备。

（5）具体领域活动的过程要步骤明确、条理清晰，一般包括导入、展开和结束部分。不同领域的活动要具有鲜明的特点，有助于相应目标的达成。

（6）活动延伸是为了巩固幼儿在活动中习得的经验和技能，进而拓展到校园、活动区或家庭的活动，一般没有固定的模式。

04／最后，想对你说

人生的考试有很多，幼儿教师资格考试只是许多船影中的一片白帆，它不难，却和你的梦想有关。加油，坚持，你会遇到更好的自己。

人生证途，文旌课堂伴你乘风破浪！

考纲要求

- 理解婴幼儿发展的含义、过程及影响因素等。
- 了解儿童发展理论主要流派的基本观点及其代表人物，并能运用有关知识分析论述儿童发展的实际问题。
- 了解婴幼儿身心发展的年龄阶段特征、发展趋势，能运用相关知识分析教育的适宜性。
- 掌握幼儿身体发育、动作发展的基本规律和特点，并能够在教育活动中应用。
- 掌握幼儿认知发展的基本规律和特点，并能够在教育活动中应用。
- 掌握幼儿情绪、情感发展的基本规律和特点，并能够在教育活动中应用。
- 掌握幼儿个性、社会性发展的基本规律和特点，并能够在教育活动中应用。
- 理解幼儿发展中存在个体差异，了解个体差异形成的原因，并能运用相关知识分析教育中的有关问题。
- 掌握观察、谈话、作品分析、实验等基本研究方法，能运用这些方法初步了解幼儿的发展状况和教育需求。

最新解读

要想做好一名幼儿教师，首先必须对幼儿有所理解，即熟悉婴幼儿生理与心理发展的基本规律、年龄阶段特征、个体差异及其影响因素的相关知识，然后能够运用这些知识及幼儿教育研究的基本方法进一步了解幼儿。

因此，本模块涉及的考点较多，同时也较为分散。在历年考试中，本模块所占的比例非常大，题型覆盖面也比较广。考试大纲中要求“了解”“掌握”的内容一般会出单项选择题或简答题，而要求“理解”或“应用”的内容，则可能以论述题、材料分析题的形式进行考查。考生要注意对本模块内容的全面把握、重点复习。

考点导图

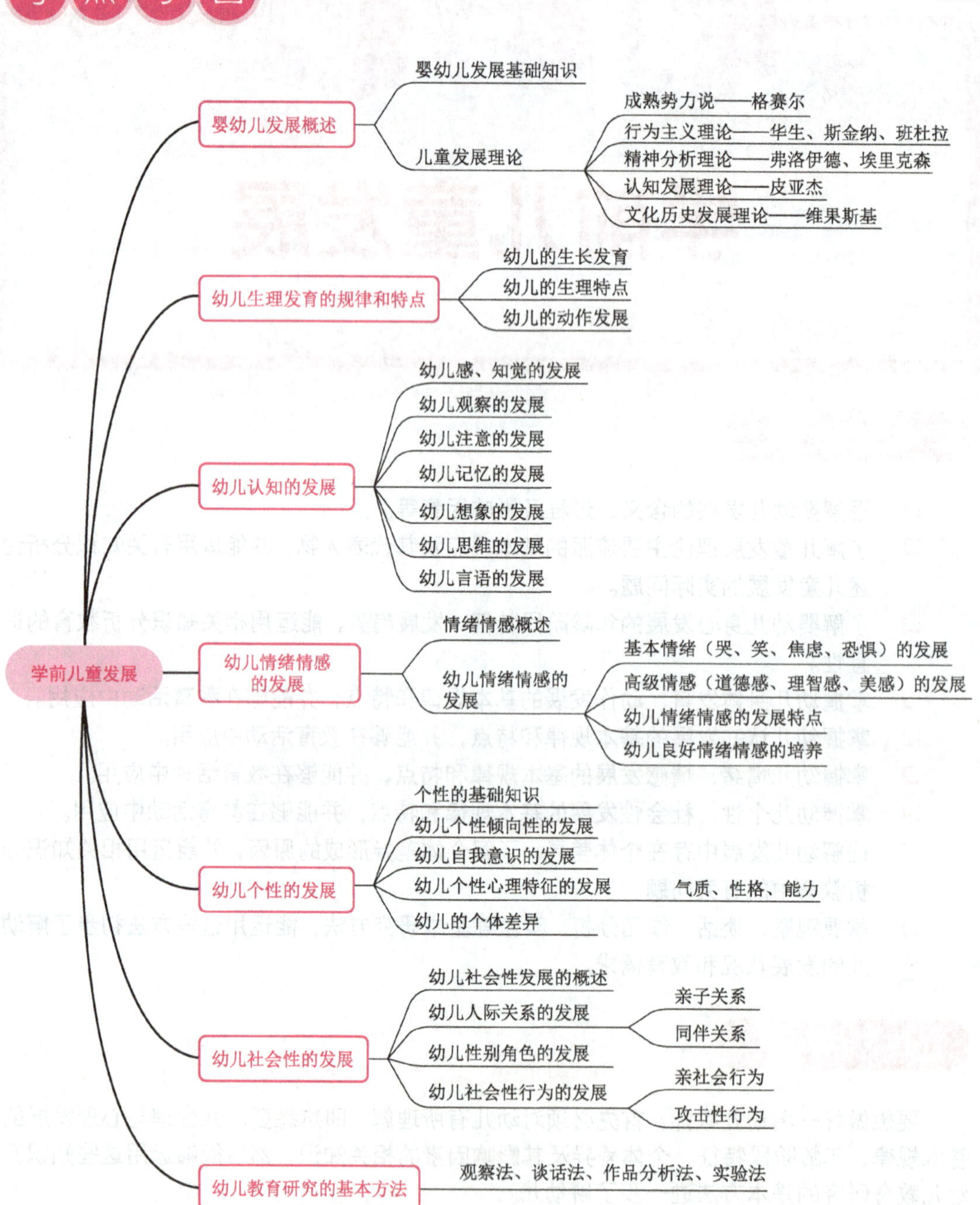

第一章 婴幼儿发展概述

考情分析

题型	2022 年上半年	2022 年下半年	2023 年上半年	2023 年下半年	2024 年上半年	2024 年下半年
单项选择题	2 题 6 分	1 题 3 分	1 题 3 分	2 题 6 分	1 题 3 分	1 题 3 分
简答题	—	—	—	—	—	—
论述题	—	—	—	—	—	—
材料分析题	—	—	—	—	1 题 20 分	—
活动设计题	—	—	—	—	—	—
总计	2 题 6 分	1 题 3 分	1 题 3 分	2 题 6 分	2 题 23 分	1 题 3 分

（1）本章内容是近年幼儿园教师资格考试中的重要考点，考试中主要以单项选择题和材料分析题的形式进行考查。考查内容既有纯粹的知识记忆，也有特定情境的分析理解。

（2）学习时要重点掌握婴幼儿身心发展的年龄特征、发展趋势及儿童发展理论的不同观点，尤其注意不同教育家与其理论观点的对应，并能够结合相关知识对材料进行分析。

【注】本书的考点按考试大纲的要求和考试考查频率进行星级划分。其中：三星（★★★）代表需掌握的、考查频率高的考点；两星（★★）代表需理解的、考查频率较高的考点；一星（★）代表需了解的、考查频率较低的或未考查过的考点。

考点精讲

第一节 婴幼儿发展基础知识

一、婴幼儿发展的概念（★）

婴幼儿（即学前儿童）发展是指婴幼儿在成长中，身体和心理方面有规律地进行量变与质变的过程。其中，身体的发展是指婴幼儿机体的正常生长和发育，包括形态的增长和功能的成熟；心理的发展是指婴幼儿的认知过程、情感、意志和个性的发展。

婴幼儿身体的发展与心理的发展是密切相关的。年龄愈小，其身体发展和心理发展之间的相互影响也就愈大。

二、婴幼儿发展的过程（★）

婴幼儿发展的过程是指从出生到幼儿期不同阶段的连续生长发育的过程。生长发育的规律是年龄越小生长发育越快，年龄大了以后则减慢。其中，婴儿出生后第一年的前半年是生长发育最快的时期。

我国学者参照外国学者的划分标准，并结合我国儿童自身的特点，形成了我国儿童的发展阶段划分，如图 1-1-1 所示。

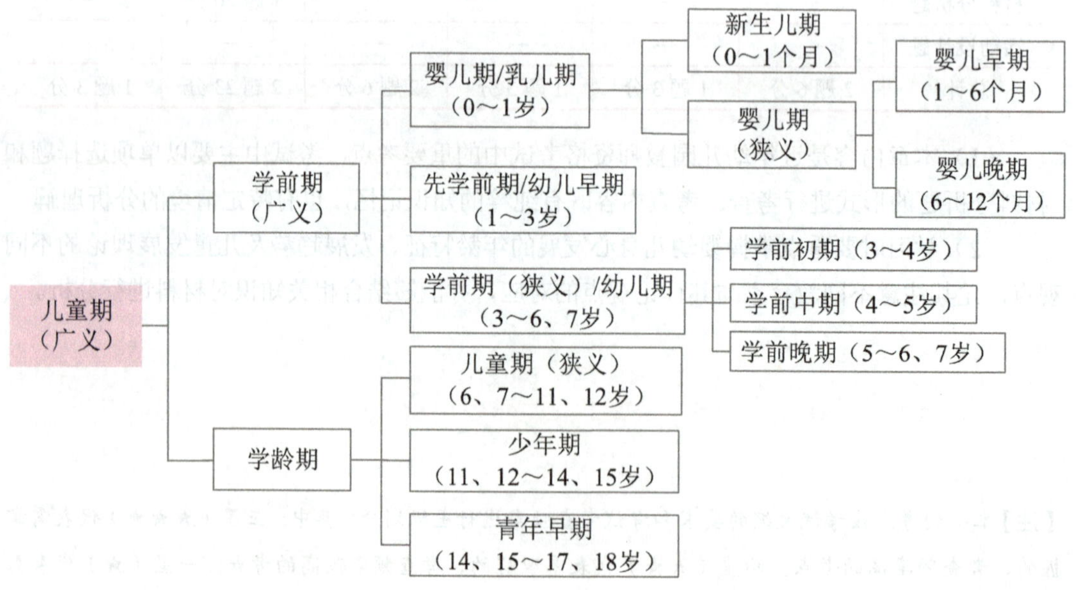

图 1-1-1 我国儿童发展阶段的划分

三、婴幼儿发展的影响因素（★★）

（一）生物因素

遗传素质和生理成熟是制约学前儿童发展的生物因素。

1. 遗传素质

遗传素质是指婴幼儿从亲代那里获得的生理解剖方面的生物特点，如体貌、身体的内部构造、感官和神经系统的特征等。遗传素质对婴幼儿发展的作用体现在以下两个方面。

> 需要注意的是，遗传素质是婴幼儿身心发展的物质前提，但对婴幼儿的发展不起决定作用。

（1）遗传素质提供了婴幼儿身心发展的最基本的自然物质前提。

（2）遗传素质奠定了婴幼儿身心发展个体差异的最初基础。

2. 生理成熟

生理成熟是指机体生长发育的程度或水平。生理成熟对婴幼儿心理发展的影响体现在以下三方面。

（1）生理成熟的顺序制约着婴幼儿心理发展的顺序。

婴幼儿的生理发育和成熟是遵循一定的顺序或规律的，影响或制约着婴幼儿心理发展的顺序。

（2）生理成熟的快慢影响着婴幼儿心理发展的速度。

生理成熟对儿童心理发展的具体作用是使心理活动的出现和发展处于准备状态。如果在某种生理结构和机能达到一定成熟水平时，适时地给予适当的刺激，就会使相应的心理活动有效地出现和发展；如果机体尚未成熟，那么即使给予再多的刺激和训练，也难以取得预期的效果。

（3）生理成熟的个体差异是婴幼儿心理发展个体差异的生理基础。

处在某个发展阶段的婴幼儿具体的生理特征成熟的时间和速度存在着明显的个体差异。这些差异影响并制约着儿童心理发展的个体差异。

（二）社会因素

环境和教育是影响儿童心理发展的社会因素。社会因素对婴幼儿心理发展的作用体现在以下两个方面。

（1）社会环境使遗传所提供的心理发展的可能性变为现实。

虽然遗传提供了婴幼儿身心发展的可能性，但如果人类后代不生活在社会环境里，那么这种可能性也不会变成现实，如狼孩的故事。

（2）社会生活条件和教育条件从根本上制约着婴幼儿心理发展的方向和水平。

儿童的心理从一开始就是社会的产物，婴幼儿的心理发展主要靠学习，以及社会生活条件和教育的影响。

家庭是儿童生长的最初环境。家庭的物质环境、心理环境和教养方式为婴幼儿的发展奠定了基础。教育作为社会环境中最重要的因素，在一定程度上对婴幼儿的心理发展起着主导作用。

真题再现

生活在不同环境中的同卵双胞胎的智商测试分数很接近，这说明（　　）。

A. 遗传和后天环境对儿童的影响是平行的

B. 后天环境对智商的影响较大

C. 遗传对智商的影响较大

D. 遗传和后天环境对智商的影响相当

【解析】遗传素质提供了人类心理发展的最基本的自然物质前提。题干中的双胞胎虽然生活的环境不一样，但是智商测试分数很接近，说明环境对智商的影响较小，而遗传对智商的影响较大，故选 C。

【答案】C。

（三）婴幼儿的活动

婴幼儿心理的发展离不开活动，活动是儿童心理发展的必要条件。婴幼儿的活动主要包括对物的活动、和人的交往活动以及游戏活动。其中，游戏活动是婴幼儿的主要活动形式。活动对婴幼儿心理发展的作用体现在以下两个方面。

（1）婴幼儿心理是在活动中产生、发展并表现出来的。

在活动中，婴幼儿不仅能认识更多的事物，逐步掌握知识技能，而且能逐步体会到人对事物的情感和态度，从而促使其各种心理过程和个性特征得到发展。

（2）婴幼儿心理的内部矛盾是在活动中产生并转化的。

婴幼儿的心理发展过程不是被动地接受客观因素影响的过程。其心理本身也会积极地参与并影响这个发展过程。只有通过婴幼儿本身的积极活动，外界环境和教育的要求（客观因素）才能成为婴幼儿心理反应的对象，才能转化为儿童的主观心理成分（主观因素）。只有通过活动，儿童才有可能反作用于客观世界。

小旌妙记

婴幼儿发展的影响因素是教师资格考试中的高频考点，考查形式为单项选择题和材料分析题，可在理解的基础上通过下列口诀记忆：

遗传是前提，生理有规律，环境很现实，教育占主导，活动很必要。

应注意的是，教育的主导作用只有在遗传正常的情况下才会发生作用。

四、婴幼儿身心发展的年龄特征（★★★）

婴幼儿身心发展的年龄特征包括生理年龄特征和心理年龄特征。其中，心理年龄特征是指各个年龄阶段中，所表现出来的一般的、典型的和本质的特征。

婴幼儿心理发展的年龄特征具有稳定性和可变性。稳定性是指每一阶段的儿童表现出来的典型特征是共同的、普遍的；同时，儿童的心理年龄特征受不断变化的外界条件（主要是社会和教育条件）的制约，使儿童心理发展的年龄特征具有可变性。

（一）婴儿期（0～1岁）

婴幼儿越小，其身心发展的速度越快。因此婴儿期是婴幼儿身心发展最快的一个时期，这个时期又可以细分为三个阶段。

1. 新生儿期（0～1个月）

（1）无条件反射。

新生儿生来就具有了应付外界刺激的本能，即无条件反射。无条件反射是个体心理发生的基础。

新生儿的无条件反射主要有：吸吮反射、觅食反射、吞咽反射、眨眼反射、抓握反射、巴宾斯基反射、游泳反射、迈步反射。这些无条件反射有些会在婴儿的成长过程中相继消失。

（2）条件反射。

新生儿的无条件反射并不能应付复杂的外界环境，因此，新生儿出生后不久就会建立条件反射。条件反射使儿童获得了维持生命、适应新生活需要的新机制。条件反射的出现是婴儿心理发展的标志。

2. 婴儿早期（1～6个月）

（1）视觉和听觉迅速发展。

满月以后，婴儿的眼睛更加灵活了。例如，他的视线可以追随着物体移动。2～3个月以后，婴儿对声音的反应也比以前积极了。当他听见说话声或铃声时，会把身体和头转过去，用眼睛寻找声源。半岁以内的婴儿认识周围事物主要靠视觉和听觉。

（2）手眼协调动作开始发生。

4～5个月时，婴儿手的运动和眼球的运动协调一致，即能抓住看到的东西。这是手眼协调的主要标志。

（3）主动招人。

主动招人是婴儿最初的社会性交往需要。婴儿早期的孩子，往往主动发起和他人的交往。哭通常是婴儿最初社会性交往需要的体现。

（4）开始认生。

婴儿5～6个月开始认生。认生的出现是儿童认知发展和社会性发展过程中的重要变化。一方面，明显表现出了婴儿感知辨别能力和记忆能力的发展；另一方面，表现出了儿童情绪和人际关系发展上的重大变化，即儿童出现了对亲人的依恋和对熟悉程度不同的人的不同态度。

真题再现

1. 婴儿手眼协调发生时间为（　　）。

A. 2~3 个月　　B. 4~5 个月　　C. 7~8 个月　　D. 9~10 个月

【答案】B。

2. 婴幼儿的“认生”现象通常出现在（　　）。

A. 5~6 个月　　B. 6~12 个月　　C. 1~2 岁　　D. 2~3 岁

【答案】A。

3. 婴儿晚期（6~12 个月）

（1）身体动作迅速发展。

从 6 个月开始，幼儿陆续学会抬头、翻身、坐、爬、站、走等动作，开始摆脱成人的怀抱。

（2）手的动作开始形成。

从半岁到 1 岁，幼儿手的动作日益灵活，五指分工动作和重复连锁动作逐渐发展。

（3）言语开始萌芽。

幼儿能重复、连续地发出音节，而且较清楚，如“妈——妈——”“爸——爸——”。

（4）依恋关系发展。

此阶段，幼儿依恋关系日益发展，分离焦虑相当明显，即亲人离去后长时间哭闹、情绪不安。

（二）先学前期（1~3 岁）

先学前期是幼儿真正形成人类心理特点的时期。儿童在这一时期学会走路，开始说话，出现思维，有了最初的独立性。

（1）学会独立行走。

此阶段的幼儿从学会开始迈步逐渐发展到学会独立行走，但由于生理原因的限制，行走还不自如。

（2）学会使用工具。

1 岁半左右的幼儿初步学会根据物体的特性来使用工具。

（3）言语形成。

随着与成人的交往日益发展，幼儿在短短的两三年里，不仅能理解成人对他说的话，而且能够运用口语比较清楚地表达自己的思想，同时，还能根据成人的言语指示调节自己的行为。言语的形成和发展进一步促进了幼儿心理活动的有意性和概括性的发展。

（4）思维萌芽。

此阶段幼儿开始形成最初的概括和推理能力。如能够把性别不同、年龄不同的人加以分类，主动叫“爷爷”“奶奶”或“哥哥”“姐姐”等。与此同时，想象也开始发生。2 岁左右，幼儿已经能够拿着物体进行想象性活动，出现游戏的萌芽。

（5）自我意识萌芽。

2 岁左右，幼儿的自我意识萌芽，有了自己的主意，独立行动的愿望表现得很强烈，知道“我”和他人的区别，在语言上逐渐分清“你”“我”，在行动上要“自己来”。其中，掌握代名词“我”是自我意识的萌芽最重要的标志。

（三）幼儿期（3～6 岁）

从 3 岁起，多数幼儿开始离开父母进入幼儿园，过集体生活。生活范围扩大的同时，幼儿的身心也发生了很多变化。

小班幼儿的年龄特征

1. 学前初期（3～4 岁，小班）

（1）初步的生活自理。

幼儿逐渐学会初步的生活自理，能进餐，能控制大小便，能在成人的帮助下穿衣，能用语言表达自己的思想和要求。

（2）情绪作用大。

此阶段，幼儿的情绪很不稳定，极易受周围环境的影响。例如，看见其他幼儿哭了，自己也会莫名地哭起来；当老师拿来新玩具，马上又笑了。而且，幼儿的行动常常受情绪支配，年龄越小越突出。例如，高兴时听话，不高兴时说什么也不听。

（3）爱模仿。

3～4 岁的幼儿独立性差，模仿性强，对成人的依赖性也很强。他们往往通过模仿掌握别人的经验，教师常常是幼儿模仿的对象。

（4）思维仍带有直觉行动性。

思维依靠动作进行，是先学前期儿童的典型特点。学前初期的幼儿，即小班幼儿，仍然保留着这个特点。他们不会做复杂的分析综合，只能从表面去理解事物。因此，对小班幼儿更要注意正面教育，讲反话常常会适得其反；对幼儿提要求也要具体，最好说“眼睛看着黑板”，而不要说“认真听讲”，因为幼儿不容易接受一般性的、抽象的要求。

2. 学前中期（4～5 岁，中班）

（1）爱玩、会玩，活泼好动。

中班的幼儿更加活泼好动，动作灵活，头脑里主意也多。4 岁左右是幼儿游戏蓬勃发展的时期。中班幼儿不但爱玩而且会玩，他们能够自己组织游戏、规定主题、合作分工、安排角色。中班幼儿游戏的情节也比较丰富，内容更加多样化。

（2）开始接受任务。

4～5 岁幼儿的有意注意、有意记忆、有意想象等过程都比 3 岁幼儿有了较大发展，自我控制能力增强，出现了最初的责任感，开始能够接受严肃的任务。

（3）思维具体形象。

中班幼儿的思维是典型的具体想象思维，即他们虽较少依靠行动来思维，但是其思维过程还必须依靠实物的形象做支撑，而且常常根据自己的具体生活经验理解成人的语言。

（4）人际关系发展。

这一时期，幼儿的人际关系发生了重大变化，同伴关系开始打破亲子关系和师生关系的优势地位。

3．学前晚期（5～6 岁，大班）

（1）好学、好问。

幼儿在此时期表现出强烈的求知欲和好奇心，但与小、中班有所不同：小、中班幼儿的好奇心较多表现在对事物表面的兴趣上，如“这是什么”“那是什么”；大班幼儿不仅问“是什么”，还要问“为什么”。

（2）抽象概括能力开始发展。

这一时期，幼儿的思维仍然以具体形象思维为主，但出现了抽象概括能力的萌芽。幼儿开始能够根据概念分类，并且对因果关系也有所理解。

（3）开始掌握认知方法。

5～6 岁幼儿出现了有意识地自觉控制和调节自身的心理活动，并掌握了一定的方法。例如，在注意活动方面，幼儿能够采取各种方法使自己的注意力不分散。

（4）个性初具雏形。

这一时期，幼儿初步形成了比较稳定的心理特征，出现较为稳定的态度、情感、兴趣等。幼儿开始能够控制自己，不再随波逐流，表现得比较有主见。

五、婴幼儿心理发展的基本趋势（★★）

（一）从简单到复杂

婴幼儿最初的心理活动只是非常简单的反射活动，之后越来越复杂。这种从简单到复杂的发展趋势表现在两个方面。

（1）从不齐全到齐全。婴幼儿的各种心理过程在出生的时候并不齐全，而是在发展过程中逐步齐全的。

（2）从笼统到分化。婴幼儿最初的心理活动是简单笼统、弥散而不分化的，后来逐渐分化、明确开来。

（二）从具体到抽象

婴幼儿的心理活动最初是非常具体的，之后越来越抽象和概括化。

（1）从认识的发展过程看，婴幼儿最初只有具体的感觉过程，之后出现较为概括化的知觉和表象，再发展到思维。

（2）从思维的发展过程看，婴幼儿的思维最初是直观行动思维，然后发展为具体形象思维，最后萌发抽象逻辑思维。

（3）从情绪的发展过程看，最初引起婴幼儿情绪活动的是非常具体的事物，之后才是越来越抽象的事物。

（三）从被动到主动

儿童的心理活动最初是被动的，之后心理活动的主动性逐渐发展起来，直到形成成人所具有的主观能动性。这种趋势主要表现在以下两方面。

（1）从无意向有意发展。

新生儿的原始反射是本能活动，是对外界刺激的直接反应，完全是无意识的。随着年龄的增长，儿童逐渐开始出现自己能意识到的、有明确目的的心理活动。然后，儿童发展到不仅能够意识到心理活动的目的，还能够意识到自己的心理活动进行的情况和过程。

幼儿心理发展始终遵循着一定的趋势进行：从笼统到开始分化；从具体到出现抽象概括的萌芽；从被动到出现最初的主动性；从非常零乱到出现系统性的萌芽。

（2）从主要受生理制约发展到自己主动调节。

随着生理的成熟，生理因素对心理活动的制约和局限作用渐渐减少，心理活动的主动性逐渐增长。

（四）从零乱到成体系

幼儿心理活动最初是零散混乱的，心理活动之间缺乏有机联系，而且非常容易变化。随着年龄的增长，心理活动逐渐有了系统性，儿童个体有了稳定的情绪，出现其特有的个性。

第二节　儿童发展理论

一、成熟势力说（★）

成熟势力说简称成熟论，强调学前儿童的发展取决于个体的生理成熟，主要代表人物是美国心理学家格塞尔（1880—1961）。

在格塞尔看来，支配儿童发展的因素有两个：成熟和学习。其中，成熟是发展的重要条件，决定了机体的发展方向和模式，因此成熟是推动儿童发展的主要动力。而学习并不是发展的主要原因，只要具备了相应的成熟水平，学习就会很容易。格塞尔用著名的“双生子爬梯实验”，证明了此观点。

小旌提示

格塞尔成熟势力说的缺陷在于过分夸大了生理成熟的作用，而忽视了儿童发展的其他条件。

格塞尔提倡自然教育，认为儿童的发展应遵循五个原则：发展方向的原则、相互交织的原则、机能不对称的原则、个体成熟的原则和自我调节的原则。其中，个体成熟的原则是格塞尔的核心原则，即认为个体的发展取决于成熟，而成熟取决于基因所决定的时间表。

知识拓展

★ 双生子爬梯实验 ★

1929年，格塞尔首先对双生子T和C进行了行为基线的观察，确认他们的发展水平相当。在双生子出生第48周时，对T进行爬楼梯、搭积木、肌肉协调和运用词汇等训练，对C则不作训练。训练持续了6周，期间T比C更早地显示出某些技能。到了第53周当C达到爬楼梯的成熟水平时，对他开始集中训练，发现只要少量训练，C就赶上了T的熟练水平。进一步观察发现，55周时T和C的能力没有差别。据此，格塞尔断言，儿童的学习取决于生理上的成熟，成熟之前的学习与训练难有显著的效果。

——摘自《儿童发展心理学》

二、行为主义理论（★★）

行为主义学派创立于20世纪初期，是西方心理学的主要流派之一。该学派不同阶段的代表人物有华生、斯金纳和班杜拉。

（一）华生的经典行为主义

美国心理学家华生（1878—1958）是行为主义的创始人。他认为心理的本质就是行为，心理学研究的对象就是可观察到的行为。华生否认遗传在个体成长中的作用，认为一切行为都遵循着“刺激（S）—反应（R）”的学习过程，通过刺激可以预测反应，通过反应可以推测刺激。学习本质上是刺激与反应之间的关系。

小旌提示

华生在教育问题上夸大了环境和教育的作用，主张教育万能论，认为后天教育能够完全决定人的发展，否定了遗传素质的作用。

（二）斯金纳的操作行为主义

美国心理学家斯金纳（1904—1990）在华生行为主义的基础上，用操作性条件作用来解释行为的习得。他把行为分为两种：一种是由已知刺激引起的行为，称为应答性行为；另一种不需要刺激引发，而是在一定情境中自然产生并由于结果的强化而固定下来的行为，称为操作性行为。

斯金纳认为，人的行为大部分是操作性的，行为的习得与及时强化有关，学习的实质就是建立操作和强化物之间的联结。因此，可以通过强化来塑造儿童的行为。

1．强化

斯金纳认为人的行为是由活动的结果决定的，行为结果对行为本身具有重要影响。他将这种影响称为强化。强化包括正强化和负强化。

（1）正强化是指某一行为如果给幼儿带来感到愉快和满足的东西，如食物、金钱、赞誉等，他就会倾向于重复该行为。

（2）负强化是指某一行为如果会消除幼儿的不快和厌恶，如劳累、责骂等，他也会倾向于重复该行为。

2．惩罚

惩罚是指如果某一行为会导致幼儿不快乐，或导致幼儿感到快乐的东西被取消，他就会倾向于终止和避免这一行为的出现。

3．消退

消退是指当幼儿做出以前曾被强化过的行为，如果在这次行为之后不再有强化物出现，那么，此类行为在将来发生的概率便会降低。消退是减少不良行为、消除坏习惯的有效方法。

小旌归纳

规律		刺激动机	行为发生的概率	示例
强化	正强化	增加愉快刺激	增加行为发生的概率	乖乖洗手，奖励小红花
	负强化	摆脱厌恶刺激	增加行为发生的概率	乖乖洗手，可以不做家务
惩罚		呈现厌恶刺激	减少行为发生的概率	不洗手，受到批评
消退		无强化物/不理睬	减少行为发生的概率	孩子哭闹时，父母置之不理

（三）班杜拉的社会学习理论

美国心理学家班杜拉（1925—）于 1977 年提出了社会学习理论，即学习是个体为满足社会需要而掌握社会知识、经验和发展其个性而进行的活动。他的社会学习理论以观察学习为核心，认为儿童是通过观察他们生活中重要人物的行为而学习的。

1. 观察学习

观察学习是指人通过观察他人的行为及其结果而习得新行为的过程。在观察学习中，观察学习的对象称为榜样或示范者。

（1）观察学习的分类。

班杜拉将观察学习分为以下三类。

① 直接的观察学习，即观察者对示范行为的简单模仿。幼儿的主要学习方式是直接的观察学习。

② 抽象性观察学习，即观察者从对他人行为的观察中获得一定的行为规则或原理，从而能够根据这些规则或原理表现出某种类似的行为。

③ 创造性观察学习，即观察者通过各个不同榜样的行为特点进行新的组合，从而形成一种全新的行为方式。

（2）观察学习的过程。

班杜拉认为，观察学习包括注意、保持、再现和动机四个具体过程，因此新行为的习得过程是一个复杂的认知过程。

① 注意过程：观察者注意并知觉榜样情景的过程。

② 保持过程：观察者记住从榜样情景了解的行为，以表象和言语形式将它们在记忆中进行表征、编码以及存储。

③ 再现过程：观察者将头脑中有关榜样情景的表象和符号概念转化为外显的行为。

④ 动机过程：观察者因表现所观察到的行为而受到激励。

2. 强化

班杜拉认为，习得的行为是否被表现出来会受到强化的影响。强化分为三种类型。

（1）直接强化，即观察者因表现出观察行为而受到强化。

【例】乐乐每次饭前洗手，老师就表扬他，增加他下次饭前洗手的概率。

（2）替代强化，即学习者通过观察他人行为所带来的奖励性后果受到强化，从而改变了自己的行为。

斯金纳和班杜拉的理论中都有强化的观点。斯金纳侧重刺激导致的行为结果一定是上升的，但是班杜拉的强化行为结果可能是上升的，也可能是下降的。做题时，若题干侧重行为频率增加，即属于斯金纳的强化；若题干侧重看到不同的情形有不同表现，则属于班杜拉的强化。

【例】不爱洗手的亮亮，看到乐乐洗手受到了老师的表扬，就变得爱洗手了。

（3）自我强化，即个体通过将自己设立的行为标准与行为的现实成果加以对比和评价，进而调节自己的行为。

【例】乐乐每次饭前洗手就奖励自己一朵小红花，增加下次饭前洗手的概率。

真题再现

1. 班杜拉的社会认知理论认为（ ）。

A. 儿童通过观察和模仿身边人的行为学会分享

B. 操作性条件反射是儿童学会分享的重要学习形式

C. 儿童能够学会分享是因为儿童天性本善

D. 儿童学会分享是因为成人采取了有效的惩罚措施

【解析】根据班杜拉的理论，幼儿学会分享是因为观察到他人分享，进而习得的一种新行为，故选 A。B 项描述的是斯金纳的观点，C、D 两项都是错的。

【答案】A。

2. 萌萌怕猫，当她看到青青和猫一起玩很开心时，她对小猫的恐惧也降低了，从社会学习理论的视角看，这主要是（ ）学习。

A. 替代强化　　B. 自我强化

C. 操作性条件反射　　D. 经典性条件反射

【解析】其中，替代强化是指学习者通过观察他人行为所带来的奖励性后果受到强化，从而改变了自己的行为。题干中萌萌作为学习者，观察到青青和小猫一起玩的行为，并从青青的开心中受到鼓舞，从而降低自己对小猫的恐惧，因此属于替代强化。故选 A。

【答案】A。

三、精神分析理论（★★）

精神分析理论是从治疗人的心理障碍开始发展起来的，是现代西方心理学的主要流派之一，代表人物是弗洛伊德和埃里克森。

（一）弗洛伊德的精神分析理论

奥地利的西格蒙德•弗洛伊德（1856—1939）是精神分析学派的创始人。他针对学前儿童的心理发展提出了人格结构理论和性欲阶段理论。

1. 人格结构理论

弗洛伊德认为，在人格发展上存在“本我”“自我”“超我”三个主要的、连续的阶段。

（1）“本我”，遵循快乐原则。“本我”处于潜意识层面，位于人格结构的最底层，包括各种生理需要。此阶段婴儿的所有活动，都是“本能冲动”或原始反射，以追求自身欲望的满足。例如，一个处于饥饿中的婴儿不会等待，马上就要吃奶。

（2）“自我”，遵循现实原则。“自我”是人类人格中的理性水平，位于人格结构的中间层，是在与环境的关系中儿童逐步形成的一种心理组织。“自我”一方面使“本我”适应现实的条件，从而调节、控制或延迟“本我”欲望的满足，另一方面还要协调“本我”

与“超我”之间的矛盾。

（3）“超我”，遵循道德原则。“超我”是人格的社会成分，位于人格结构的最高层。儿童在“超我”阶段，努力像他人一样，接纳别人的价值观与信念，将成人对他们的要求转化为自己的行为，形成规则并自觉遵守。如果自己的行为符合自我期望，就感到骄傲，否则就感到焦虑。

2. 性欲阶段理论

弗洛伊德的精神分析理论强调性本能、潜意识与情感在心理发展中所起的作用。弗洛伊德所指的“性”，不仅包括两性关系，还包括儿童通过吮吸、排泄和身体某些部位受到刺激而产生的快感。因此，弗洛伊德通过五个阶段儿童性心理的发展及表现来解释儿童人格发展的特征，如表 1-1-1 所示。

表 1-1-1　儿童性心理的五个阶段

阶段	大致年龄段	性心理的发展及表现
口唇期	0～1 岁	婴幼儿从吸吮、咬和吞咽等口腔活动中获得快乐和满足
肛门期	1～3 岁	幼儿感知大小便排泄过程，并从中获得满足，产生快感
性器期	3～6 岁	表现出对生殖器的极大兴趣，喜欢抚弄自己的性器官，产生恋父、恋母情结
潜伏期	6～11 岁	兴趣转向外部世界，有好奇心，渴望知识，与同伴娱乐、运动，发展友谊
生殖期	11、12 岁以后	开始对异性感兴趣，逐渐有了与性别有关的职业计划、婚恋理想等，成为较现实的和社会化的成人

（二）埃里克森的人格发展阶段理论

埃里克森（1902—1994）是一个出生于德国的精神分析学家，他把人的一生分为了八个人格发展阶段（见表 1-1-2）。在每一阶段都有一个明确的发展危机或任务，而这一危机是每个人在这一阶段必须解决的。其中，学前儿童处于前三个阶段。

表 1-1-2　埃里克森的人格发展阶段

阶段	大致年龄段	冲突	主要任务
婴儿期	0～1 岁半	基本信任对不信任	发展对周围世界尤其是对社会环境的基本态度，培养信任感
儿童早期	1 岁半～3 岁	自主性对羞愧、怀疑	学会各种动作，学说话、做事，要求独立，从而产生自主感
学前期	3～6 岁	主动性对内疚感	探索新世界，自己能做出判断，承担并学习掌握新任务
学龄期	6～12 岁	勤奋对自卑	培养乐观、进取、勤奋的人格
青春期	12～18 岁	自我统一对角色混乱	将自己的能力、信念和性格等统合起来，形成整体评价

续表

阶段	大致年龄段	冲突	主要任务
成年早期	18～30 岁	亲密对孤独	发展恋爱等亲密关系，培养亲密感
成年中期	30～60 岁	创造对停滞	关心他人的需要
成年晚期	60 岁以后	完善对失望	自我调整与适应，培养完善感

小旌妙记

埃里克森的人格发展阶段理论在教师资格考试中属于重要考点，考查形式为单项选择题，重点考查前三个阶段的发展任务和对应年龄。可在理解的基础上通过口诀记忆：

婴儿要信任，早期自主莫羞愧，学前主动不内疚。

真题再现

1. 根据埃里克森的人格发展阶段理论，1 岁半～3 岁儿童形成的人格品质是（　　）。

A. 信任感　　B. 主动性

C. 自主性　　D. 自我同一性

【解析】根据埃里克森的人格发展阶段理论，幼儿在 1 岁半～3 岁，主要的发展危机是自主对羞愧。儿童必须学习自主，自己吃饭、穿衣及照顾自己的个人卫生等。儿童若无法独立，可能会怀疑自己的能力，并觉得羞愧。因此，应着重在此时期培养儿童的自主性。

【答案】C。

2. 照料者对婴儿的需求应给予及时回应是因为：根据埃里克森的观点，在生命中第一年的婴儿面临的基本冲突是（　　）。

A. 主动性对内疚感　　B. 基本信任对不信任

C. 自我统一对角色混乱　　D. 自主性对害羞

【解析】根据埃里克森的人格发展阶段理论，婴儿期（0～1 岁半）面临的基本冲突是基本信任和不信任的冲突。

【答案】B。

四、认知发展理论（★★★）

当代国际著名的瑞士儿童心理学家让·皮亚杰（1896—1980）因其对儿童思维和智力的研究而闻名于世。他的主要成就是提出了认知发展理论。

（一）认知发展观

1. 四个基本概念

扫一扫
图式、同化和顺应

皮亚杰认为认知发展的本质是适应。他用四个基本概念——图式、同化、顺应和平衡来解释这一理论。

（1）图式。

图式即认知结构，是人在认识世界的过程中形成的自己独特的知觉、理解和思考方式。

（2）同化。

同化是主体将环境中的信息纳入并整合到已有的认知结构的过程。通过同化，主体可以加强并丰富原有的图式。同化使图式得到量变。

（3）顺应。

顺应是当主体的图式不能适应新环境时，就要改变原有图式或创造新的图式，以适应环境需要的过程。顺应使图式得到质的改变。

（4）平衡。

平衡是主体通过同化和顺应这两种形式来达到机体与环境的平衡的过程。皮亚杰认为主体与环境的平衡是适应的实质。

为了更好地理解这个理论过程，以 2 岁的小明认识小动物猫和狗为例进行说明，如图 1-1-2 所示。

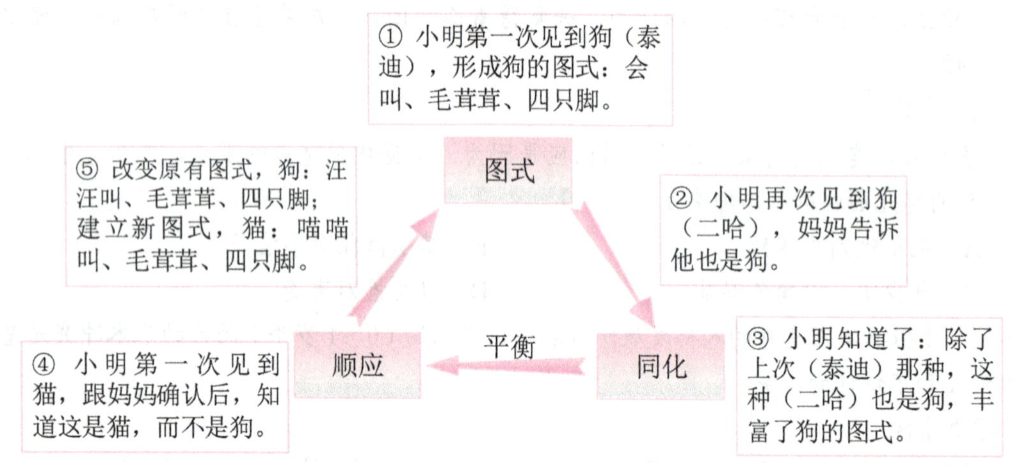
① 小明第一次见到狗（泰迪），形成狗的图式：会叫、毛茸茸、四只脚。
图式
② 小明再次见到狗（二哈），妈妈告诉他也是狗。
同化
③ 小明知道了：除了上次（泰迪）那种，这种（二哈）也是狗，丰富了狗的图式。
平衡
顺应
④ 小明第一次见到猫，跟妈妈确认后，知道这是猫，而不是狗。
⑤ 改变原有图式，狗：汪汪叫、毛茸茸、四只脚；建立新图式，猫：喵喵叫、毛茸茸、四只脚。

图 1-1-2　认知发展观的四个基本概念

2. 四个影响因素

皮亚杰认为，儿童的发展既不是先天结构的展开，也不完全取决于环境的影响，而是由成熟、经验、社会环境和平衡化这四个因素共同影响的，具体如表 1-1-3 所示。

表 1-1-3　认知发展观的四个影响因素

因素	主要影响
成熟	成熟指机体的成长。机体成熟给儿童心理发展提供可能性和必要条件
自然经验	通过与外界物理环境的接触而获得自然经验，这是儿童不断发展的又一个必要条件 自然经验分为两种：一种是物理经验，如物体的大小、外形等；另一种是数理逻辑经验，这是主体自身动作协调的经验，如 10 粒石子无论怎样排列，数目都是 10
社会环境	社会互动和社会传递，主要是指他人与儿童之间的社会交往和教育的影响作用。其中，儿童自身的主动性是其获得社会经验的重要前提
平衡化	平衡化的作用基于两个方面：第一，成熟、经验和社会环境三个因素的作用必须加以协调；第二，每一认知结构的形成和发展，都是连续不断的同化和顺应的自我调节活动过程

（二）儿童认知发展阶段

皮亚杰把儿童认知发展分为四个阶段：感知运动阶段（0～2 岁）、前运算阶段（2～7 岁）、具体运算阶段（7～11 岁）和形式运算阶段（11 岁及以后）。

1．感知运动阶段（0～2 岁）

该阶段，儿童还没有语言和思维，只能依靠感知和动作来适应外界环境，是儿童智力发展的萌芽阶段。

在这个阶段，儿童逐渐形成了客体永久性。客体永久性是指当某一物体从儿童视野中消失时，儿童知道该物体仍然存在。儿童大约在 9～12 个月获得客体永久性，而在此之前，儿童往往认为不在眼前的事物就不存在了。

2．前运算阶段（2～7 岁）

进入前运算阶段，儿童能运用表象和符号思维，即儿童能用表象或语言作为中介来描述外部世界，扩大了儿童生活和心理活动的范围。这一阶段儿童的思维主要有五个特点。

（1）泛灵论——“万物皆有灵，万物皆有情”。儿童无法区别有生命和无生命的事物，常把人的意识、动机、意向推广到无生命的事物上。例如，他们会认为盘子会疼、桌子会伤心等。

（2）自我中心性。儿童难以理解他人的观点，只能从自己的观点理解事物、认识世界，认为所有的人都有相同的感受。皮亚杰的“三山实验”体现了儿童以自我为中心的特点。

知识拓展

★ 三山实验 ★

三山实验，是心理学家皮亚杰做过的一个著名的实验。实验材料是一个包括三座高低、大小和颜色不同的假山模型。实验首先要求儿童从模型的四个角度观察这三座山，然后要求儿童面对模型而坐，并且放一个玩具娃娃在模型的另一边，要求儿童从四张图片中指出哪一张是玩具娃娃看到的“山”。结果发现儿童无法完成这个任务。他们只能从自己的角度来描述“三山”的形状。皮亚杰以此来证明儿童的自我中心性。

（3）不可逆性。在儿童看来事物关系是单向的，不可逆的，即儿童此时不能反过来思考问题。例如，儿童只知道自己有个哥哥，但并不知道自己就是哥哥的弟弟。

（4）缺乏守恒概念。儿童认识不到在事物的表面特征发生某些改变时，其本质特征并不发生变化。皮亚杰通过“守恒实验”证明了处于前运算阶段的儿童还不具备“守恒概念”，该阶段的儿童只能从一个维度看待问题。

（5）刻板性。儿童只能把握事物的单一静止状态，而很难理解事物是发展变化的。当儿童的注意集中在某个方面时，他就不能同时关注其他方面。

真题再现

1. 菲儿把一颗小石头放到小鱼缸里，小石头很快就沉到了缸底。菲儿说：“小石头不想游泳了，想休息了。”从这里可以看出菲儿思维的特点是（　　）。

A. 直觉性　　B. 自我中心

C. 表面性　　D. 泛灵论

【解析】题干中菲儿把无生命的小石头看作是有生命的物体，体现了泛灵论的思维特点，故选 D。

【答案】D。

2. 皮亚杰的“三山实验”考察的是（　　）。

A. 儿童的深度知觉　　B. 儿童的计数能力

C. 儿童的自我中心性　　D. 儿童的守恒能力

【答案】C。

3. 具体运算阶段（7～11 岁）

在这一阶段，儿童的认知结构由前运算阶段的表象图式演化为运算图式，儿童开始组织各种方法进行正确的逻辑运算（如分类等），但还离不开具体事物的支持。此时，儿童以逻辑思维为主，思维具有可逆性，守恒概念形成，“自我中心”的程度下降。

4. 形式运算阶段（11 岁及以后）

这个时期，儿童思维逐步抽象化，能够根据逻辑推理、归纳或演绎的方式解决问题，能理解符号的意义、隐喻和直喻，具有一定的概括能力。其思维具有可逆性、补偿性和灵活性。

阶段	年龄段	思维特征
感知运动阶段	0～2 岁	（1）儿童只能依靠感知和动作来适应外界环境 （2）获得客体永久性（9～12 个月）
前运算阶段	2～7 岁	（1）泛灵论 （2）自我中心性 （3）思维具有不可逆性 （4）缺乏守恒概念 （5）思维具有刻板性
具体运算阶段	7～11 岁	（1）针对具体物体可以运用逻辑运算（如分类） （2）思维具有可逆性 （3）守恒概念形成 （4）自我中心式的思维方式逐渐减少
形式运算阶段	11 岁及以后	（1）思维抽象化 （2）能理解符号的意义、隐喻和直喻，具有一定的概括能力 （3）思维具有可逆性、补偿性和灵活性

【注意】认知发展理论的四个阶段、对应的年龄段以及每个阶段的特征，可以通过口诀记忆：

赶前剧情，灵儿奇异（感前具形，0、2、7、11）。

五、文化历史发展理论（★）

苏联心理学家维果斯基（1896—1934）是文化历史发展理论的创始人。他从历史发展角度来考察儿童高级心理机能的发生发展过程，被认为与皮亚杰具有相同的地位。

（一）理论概述

维果斯基认为，个体心理发展受社会历史发展以及社会规律的制约。他把人类的心理机能分为两类：一类是作为动物进化结果的低级心理机能；另一类是作为历史发展结果的高级心理机能，即以符号系统为中介的心理机能。高级心理机能以心理工具为中介，受到社会历史发展规律的制约。

在维果斯基看来，心理发展是个体的心理自出生到成年，在环境与教育的影响下，在低级心理机能的基础上，逐渐向高级机能转化的过程。

（二）最近发展区

维果斯基认为儿童的发展有两种水平，一是儿童的现有水平，即由一定的已经完成的发展系统所形成的儿童心理机能的发展水平；二是即将达到的发展水平。这两种水平之间的差异就是最近发展区。最近发展区的大小是儿童心理发展潜能的主要标志。

因此，维果斯基提出“教学应当走在发展的前面”，即教学应着眼于学生的最近发展区，把潜在的发展水平变成现实的发展水平，并创造新的最近发展区。

真题再现

1. 梅梅和芳芳在娃娃家玩，俊俊走过来说：“我想吃点东西。”芳芳说：“我们正忙呢！”俊俊说：“我来当爸爸炒点菜吧！”芳芳看了看梅梅，说：“好吧，你来吧！”从俊俊的社会性发展来看，下列（　　）最贴近他的最近发展区。

   A. 能够找到一个自己喜欢的玩伴

   B. 开始使用一定的策略成功加入游戏小组

   C. 在4～5名幼儿的角色游戏中进行合作性互动

   D. 能够在角色游戏中讨论装扮的角色行为

【解析】维果斯基的最近发展区理论认为，儿童的现有水平与即将达到的发展水平之间的差异就是最近发展区。题干中俊俊通过主动询问的方式加入到另两名幼儿的游戏中，说明其已经达到“找到喜欢的玩伴”和“使用一定的策略加入小组”的水平，在角色选择上“我来当爸爸炒点菜吧”这一语句表明了俊俊本身已具备角色行为。因此ABD三项属于俊俊的现有水平。

另外从俊俊的社会性发展来看，题干中俊俊只是加入了另两位幼儿的游戏中，但他们之间并没有分工也没有共同的目标，所以现有水平处于联合游戏，而合作游戏需要幼儿之间有共同的目标，在游戏中进行合作性互动以达到目的。俊俊显然并没有到达这一水平。因此“在角色游戏中进行合作性互动”属于俊俊的最近发展区。故选C。

【答案】C。

2. 教师拟定教育活动目标时，以幼儿现有发展水平与可以达到水平之间的距离为依据，这种做法体现的是（　　）。

   A. 维果斯基的最近发展区理论

   B. 班杜拉的观察学习理论

   C. 皮亚杰的认知发展理论

   D. 布鲁纳的发展教学法

【解析】维果斯基认为儿童的发展有两种水平，一是儿童的现有水平，二是即将达到的发展水平，这两种水平之间的差异就是最近发展区。教学应以幼儿现有发展水平与可以达到水平之间的距离为依据，把潜在的发展水平变成现实的发展水平，以促进幼儿的发展。故选A。

【答案】A。

知识拓展

其他认知理论

1．道德认知

道德认知即对现实道德关系和道德规范的认识，包括道德印象的获得、道德概念的形成和道德思维能力的发展等。美国儿童发展心理学家科尔伯格提出了“道德发展阶段”理论，对认知性道德发展模式的发展做出了重要贡献。

2．元认知

近20多年来，元认知成为心理学研究的热点之一，并对教育实践产生了一定影响。美国心理学家佛拉维尔这样定义元认知：元认知是一个人所具有的关于自己思维活动和学习活动的认知和监控，即对自己思考过程的认知与理解。其核心是对认知的认知。元认知实质是描述了人类自我意识在认知、调节上的一种功能。

3．心理理论

“心理理论”是儿童关于心理世界的知识，是指个体对自己和他人的心理状态（认知、信念、需要、情绪等）的认识，并由此对相应行为作出因果性的解释和预测的能力。心理理论问题是由普瑞马克和伍德拉夫于1978年提出的。如果儿童能够正确地理解他人会拥有“错误信念”（false belief），那么，就可以判断这时的儿童已具有了心理理论能力。

实战演练

答案与解析

一、单项选择题

1．（　　）是婴幼儿心理发展的物质前提与基础，它制约了婴幼儿发展的可能性。

A．生物因素　　B．社会因素　　C．环境因素　　D．心理因素

2．看到榜样的某种行为受到表扬来强化自己相应的学习行为或学习行为倾向，这种强化属于（　　）。

A．直接强化　　B．间接强化　　C．替代强化　　D．自我强化

3．格塞尔所提出的成熟势力说是通过（　　）实验证明的。

A．双生子爬梯　　B．小白鼠　　C．狗分泌唾液　　D．动物走迷宫

4．弗洛伊德认为“自我”遵循（　　）。

A．快乐原则　　B．现实原则　　C．道德原则　　D．开放原则

5. 按皮亚杰的观点，2～7 岁儿童的思维处于（　　）。

A. 具体运算阶段　B. 形式运算阶段　C. 感知运动阶段　D. 前运算阶段

6. 在婴儿表现出明显的分离焦虑对象时，表明婴儿已获得（　　）。

A. 条件反射观念　B. 母亲观念　C. 积极情绪观念　D. 客体永久性观念

7. 个体认识到他人的心理状态，并由此对其相应行为做出因果性推测和解释的能力称为（　　）。

A. 元认知　B. 道德认知　C. 心理理论　D. 认知理论

8. 午餐时餐盘不小心掉到地上，看到这一幕的亮亮对老师说：“盘子受伤了，它难过地哭了。”这说明亮亮的思维特点是（　　）。

A. 自我中心性　B. 泛灵论　C. 不可逆性　D. 不守恒

9. 芳芳数积木，花花问她有几块三角形，芳芳点数：“1、2、3、4、5、6，6 个三角形”，花花又给他四块，问她现在有多少块三角形积木？芳芳边点数边说：“1、2、3、4、5、6、7、8、9、10，我有 10 块啦！”就数学领域而言，下列哪一条最贴近芳芳的最近发展区（　　）。

A. 认识和命名更多的几何图形

B. 默数、接着数等计数能力

C. 以一一对应的方式数 10 以内的物体，并说出总数

D. 通过实物操作进行 10 以内加减法的运算能力

二、简答题

1. 简述小班幼儿身心发展的年龄特征。

2. 简述班杜拉社会学习理论的主要观点。

第二章 幼儿生理发育的规律和特点

考情分析

题型	2022年上半年	2022年下半年	2023年上半年	2023年下半年	2024年上半年	2024年下半年
单项选择题	1题3分	—	1题3分	1题3分	—	—
简答题	1题15分	—	—	—	—	—
论述题	—	—	—	—	—	—
材料分析题	—	—	—	—	—	—
活动设计题	—	—	—	—	—	—
总计	2题18分	—	1题3分	1题3分	—	—

（1）本章考点简单，但比较零散，主要以单项选择题、简答题的形式考查。

（2）学习时应全面理解并掌握幼儿生理发育的特点和规律，熟记重要考点。

第一节 幼儿的生长发育

一、幼儿生长发育的规律（★★）

生长是指身体各个组织、器官以及整个身体的大小、长短和重量的增加与变化，是机体量的改变。发育是指细胞、组织、器官以及系统功能的不断成熟与完善，是机体质的改变。幼儿的生长发育是按照一定的规律进行的。

（一）连续性和阶段性

身体发育从幼稚到成熟是一个连续的过程。这个连续的过程可分为若干阶段，每一个阶段都具有一定的特点。这些阶段前后承接、相互联系：前一个阶段是后一个阶段发育的基础，后一个阶段是前一个阶段发育的延续。如果前面阶段出现问题，就会影响后面阶段的发育。

俗话说的“三翻、六坐、八爬、周会走”是指婴幼儿一般 3 个月会翻身，6 个月会坐，8 个月会爬，11～12 个月会站，1 岁左右会走。

（二）程序性

幼儿身体的生长发育遵循由上到下、由近到远、由粗到细、由简单到复杂的规律，具有一定的程序性。如幼儿出生后动作发育的规律是：先抬头，后抬胸，再会坐、立、行（由上到下）；从臂到手，从腿到脚学会活动（由近到远）；从全掌抓握到手指拾取（由粗到细）；先画直线，后画圆（由简单到复杂）。

（三）不均衡性

（1）各年龄段身体发育速度不均等。

各年龄段身体发育的速度是不同的，有快有慢，呈波浪式。在人的生长发育过程中，共有两个生长发育的高峰，第一个是在婴儿期，第二个是在青春期。

（2）身体各部分的生长速度不均等。

身体各部分的生长发育速度是不均等的，因而身体各部分的增长幅度也不一样。每一个健康的儿童在迈向身体成熟的过程中，遵循“1，2，3，4”的规律，即头颅增长 1 倍，躯干增长 2 倍，上肢增长 3 倍，下肢增长 4 倍。

（3）各系统的发育不均衡。

从出生到发育成熟，人体各系统的发育是不均衡的，如图 1-2-1 所示。神经系统（尤其是大脑）发育最早，在胎儿期和出生后一直是领先发育的。淋巴系统在出生后 10 年内迅速发育，之后淋巴系统的发育速度逐渐放缓。生殖系统在童年时期几乎没有发展。

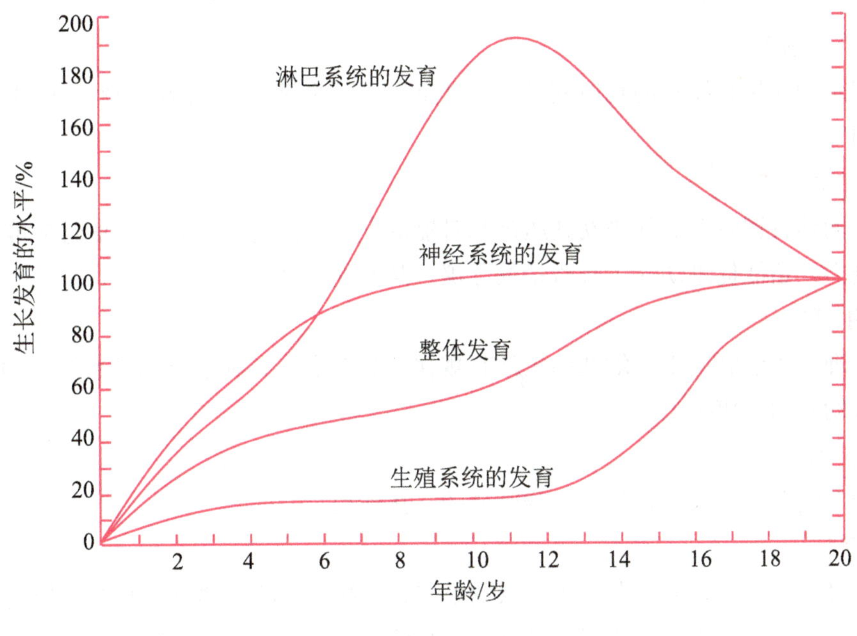

图 1-2-1　人体发育情况

人体各系统的发育时间和速度虽然各有不同，但机体是统一的整体，各系统的发育相互联系、相互影响、相互制约。这恰恰是机体整体协调发展的需要。

（四）个体差异性

尽管每一个儿童在发育过程中，都存在上述的发育规律，但由于先天遗传以及后天环境条件的差异，个体发育不可能一致，必然呈现高矮、胖瘦、强弱，以及智力的不同。每个幼儿都有自己发育的速度和特点，没有两个人的发育是完全一样的。

真题再现

人体各大系统中，发育最早的是（　　）。

A. 淋巴系统　　B. 生殖系统　　C. 神经系统　　D. 消化系统

【答案】C。

二、幼儿生长发育的影响因素（★）

（一）遗传因素

遗传对幼儿的生长发育具有很大的作用。研究证实，人类的身高、体型、智力以及外貌等均受遗传因素的影响。其中，身高和体型受遗传因素影响的程度更大。

（二）环境因素

1. 营养物质

营养是幼儿生长发育的物质基础。充足而又合理的营养供给能够使幼儿的生长潜力得到更好的发挥。

2. 体育锻炼

适当的体育锻炼能够促进幼儿肌肉和骨骼的发育，提高幼儿对环境的适应能力，增强机体免疫力，还能促进幼儿生长激素的分泌，从而促进幼儿的生长发育。

3. 生活制度

在合理的生活制度下，幼儿的生活有规律、有节奏，有利于身体各系统协调地工作，进而促进幼儿的健康生长。

4. 疾病

疾病对幼儿的生长发育具有十分明显的干扰作用。

5. 其他

社会经济、文化教育等人文环境以及季节、气候等自然条件对幼儿的生长发育也有一定的影响。如一年之中，幼儿春季身高增长最快，秋季体重增长最快。

三、幼儿生长发育的评价指标（★）

幼儿生长发育的评价指标包括形态指标、生理指标和心理指标。

（一）形态指标

生长发育的形态指标是指身体及其各部分在形态上可测出的各种量度，如身高、体重、头围、坐高等。其中，身高和体重是最基本的指标。

1. 身高

身高是指人站立时颅顶到脚与地面相及处的垂直高度，是反映骨骼生长发育的重要指标。幼儿身高的增长主要是下肢长骨的增长，因此身高中点随着年龄的增长而下移。新生儿身高的中点位于脐以上，1 岁时移至脐，6 岁时移到下腹部。

2. 体重

体重是指人体（包括组织、器官、体液等）的总重量。幼儿体重随着年龄的增长而增长，但应与身高协调。

3. 头围

头围是指以眉间点为起点，经枕后点至起点的围长。其大小反映脑和颅骨的发育程度。在胎儿期，脑的发育处于领先地位，故出生时头相对较大。

4. 胸围

胸围是指经过胸中点的胸部水平围度，反映身体形态和呼吸系统的发育状况。婴儿出生时胸围比头围小 1～2 cm，后逐渐发育，一般在 1 岁时赶上头围。

5. 坐高

坐高是指从头顶点到坐骨结节最下点所在平面的垂直距离，可以反映内脏器官的发育状况。坐高与身高相比较可以反映躯干和下肢的比例关系。随着年龄的增加，下肢的增长速度不断加快，故坐高占身高的比例随年龄增长而下降。

真题再现

评价幼儿生长发育最重要的指标是（　　）。

A. 体重和头围　　B. 头围和胸围　　C. 身高和脚围　　D. 身高和体重

【解析】身高和体重能较为准确地评价身体发育的状况，是评价幼儿生长发育最重要的指标。

【答案】D。

（二）生理指标

1. 身体发育的功能指标

身体发育的功能指标是指各系统、各器官在生理功能上可测出的各种量度。脉搏和血压是循环系统的基本指标，肺活量是呼吸系统的基本指标，握力和背肌力是运动系统的基本指标。

2. 生化和临床检验指标

生化和临床检验指标是指能够反映身体内部生物化学组成及含量的指标，如血液中的红细胞、白细胞、血小板等。

（三）心理指标

心理指标主要指感觉、知觉、语言、记忆、思维、情感、意志、性格和社会适应力等的发展状况。通过对幼儿心理的观察和研究，可以促进幼儿的心理卫生和身体发育。

第二节 幼儿的生理特点

一、幼儿神经系统的特点与保育（★★）

神经系统是全身各系统发育的基础，妊娠 3 个月后幼儿的神经系统已基本形成。

（一）幼儿神经系统的特点

1. 脑发育迅速

（1）脑细胞数目飞速增长。

出生前半年至出生后一年是脑细胞数目增长的重要阶段。在这个阶段，早期刺激和早期教育非常重要。

（2）脑重迅速增加。

脑的生长可由脑重的增加得到反映。新生儿脑重约 350 g，1 岁时脑重约 950 g，6 岁时脑重到达 1 200 g，约占成人脑重的 85%～90%。

（3）脑细胞耗氧量大。

在基础代谢状态下，幼儿脑的耗氧量极大，约为全身耗氧量的 50%，而成人仅为 20%。

2. 神经髓鞘化

3～6 岁幼儿，随年龄的增长，髓鞘逐渐形成。髓鞘包裹在神经突起的外面，类似电线的绝缘外皮。它使神经兴奋在沿神经纤维传导时速度加快，并保证其定向传导，是新生儿的神经系统发展必不可少的过程。

3. 容易兴奋和疲劳

幼儿高级神经系统的抑制过程不够完善，兴奋过程强于抑制过程，表现为易激动、好动而不好静、自控能力差、注意力不集中。

（二）幼儿神经系统的保育

（1）提供丰富的营养，促进大脑发育。

（2）保证充足的睡眠。幼儿的神经系统发育尚未成熟，需要较长的睡眠时间进行修整。不同年龄段的人所需要的睡眠时间不同，具体参见表 1-2-1。

表 1-2-1　各年龄段的人所需要的睡眠时间

年龄	0～1 岁	1 岁	2 岁	3～5 岁	5～7 岁	7～13 岁	成人
睡眠时间（小时/天）	18～20	14～15	13～14	12～13	11～12	9～10	8

（3）开展体育锻炼。

（4）开窗通风，保持室内良好的空气环境。

（5）科学用脑，合理安排幼儿的活动，防止脑疲劳。

二、幼儿运动系统的特点与保育（★★）

运动系统由骨、骨连结和骨骼肌三部分组成。骨骼形成了人体的基本形态，并为肌肉提供附着。骨与骨的连结为骨连结。骨骼肌附着在骨骼上，通过收缩和松弛，牵动骨骼产生各种运动。

（一）幼儿运动系统的特点

1. 骨骼

（1）较柔软、软骨多。

新生儿的软骨较多。随着年龄的增加，幼儿骨骼不断加长、加粗，长骨两端的软骨也在不断钙化，骨头逐渐变得坚硬。在 10 岁左右，儿童的腕骨才能全部钙化。

（2）有机物多、无机物少，弹性大而强度小，容易变形。

幼儿骨骼的成分与成人不同，所含的有机物多、无机物少，导致骨骼弹性大、容易变形。一旦发生骨折，还可能出现折而不断的现象，称为青枝骨折。

（3）骨膜较厚。

骨膜是骨表面除关节外所被覆的坚固的结缔组织包膜。幼儿的骨膜较厚，含有丰富的血管，有利于骨的生长和再生。所以当幼儿的骨骼受损伤时，恢复较成人快。

2. 肌肉

（1）易疲劳。

幼儿肌肉中含水分较多，蛋白质及糖元少，能量储备能力差，导致力量和耐力不足，容易疲劳。

（2）协调性和灵活性差。

幼儿的骨骼肌较稚嫩，且由于神经系统发育不完善，对骨骼肌的控制能力较差。因此幼儿年龄越小，其身体动作越笨拙。

（3）大肌肉群发育早，小肌肉群发育晚。

支配幼儿上下肢活动的大肌肉群发育得较早，而手指和腕部等处的小肌肉群发育得较晚。所以，3～4 岁幼儿能够完成大肌肉主导的跑跳等动作，但手部小肌肉控制直线绘图却很困难。

> **小旋提示**
>
> 长跑属于周期型的运动，主要以不断循环、反复某些基本的动作为基础，需要足够的耐力。而幼儿年龄小，肌肉中的水分较多，容易产生疲劳，所以对幼儿来说，不适合进行长跑。而投掷、跳绳和拍球这类运动的动作结构简单，单次耗能较少，幼儿较易学习和掌握。

3. 关节和韧带

幼儿的关节囊比较松弛，关节周围的韧带也不够结实，容易发生脱臼。

（二）幼儿运动系统的保育

1. 保证营养和睡眠

幼儿应多摄取含钙、磷、蛋白质和维生素 D 丰富的食物，以促进骨骼的钙化和肌肉的发育。另外，幼儿在运动过程中容易疲劳，应保证幼儿充足的睡眠和休息。

2. 多晒太阳

阳光中的紫外线能刺激骨髓，使红细胞增多，并能促进钙的吸收，提高骨骼对钙的摄取和利用，有利于骨骼的生长发育。

3. 培养正确姿势

在学前期，应注意培养幼儿正确的坐、立、行姿势，避免幼儿睡软床和久坐沙发，不宜让幼儿拎重物，或者单肩负重，也不宜对幼儿的精细动作要求过高。

4. 合理运动，保证安全

对幼儿应合理地组织体育锻炼和户外活动，但不宜进行肌肉训练、开展拔河、长跑等剧烈运动；运动前应做好准备活动，运动后要及时整理。运动的过程中注意安全，预防脱臼、肌肉损伤等意外事故的发生。

5. 穿戴宽松适度

幼儿穿戴的衣服、鞋帽应宽松适度。过紧的衣服、鞋子会影响幼儿骨骼、肌肉的发育。反之，过于肥大、宽松的穿戴会造成幼儿的活动不便，影响其动作的发展。

 真题再现

为保护幼儿的脊柱，成人应该（　　）。

A. 推荐幼儿用单肩背包　　B. 鼓励幼儿睡硬床

C. 组织幼儿从高处往水泥地上跳　　D. 要求幼儿长时间抬头挺胸站立

【解析】幼儿骨骼发育还没有定型，睡硬床利于幼儿的骨骼定型，故选 B。A 项，幼儿使用单肩背包容易引起脊柱侧弯；C 项，组织幼儿从高处往水泥地上跳，容易造成幼儿的骨骼受伤；D 项，要求幼儿长时间抬头挺胸站立，不利于幼儿的脊柱发育。

【答案】B。

三、幼儿呼吸系统的特点与保育（★★）

人体的呼吸系统由呼吸道和肺构成。呼吸道是气体进出人体的通道，包括鼻、咽、喉、气管和支气管。肺是气体进行交换的场所。

（一）幼儿呼吸系统的特点

1. 鼻

幼儿的鼻腔短而狭窄，鼻黏膜脆弱且血管丰富，因而易受感染和出血。此外，由于幼儿的鼻泪管较短，鼻腔感染往往会侵及结膜，出现眼睑红肿、眼屎多等症状。

2. 咽

幼儿的咽部狭小、垂直，且有发育极不完善的扁桃体，因而易受感染。又因其咽鼓管短、粗、斜度小，咽部感染还易导致咽鼓管阻塞，从而引发中耳炎。

3. 喉

幼儿的喉腔狭窄，黏膜柔嫩，毛细血管和淋巴组织丰富，一旦发炎肿胀就会变得更为

狭窄，从而导致呼吸困难。另外，幼儿的声门短而窄，声带短而薄，所以声调较成人高而尖。

4. 气管和支气管

幼儿的气管和支气管较成人狭窄，软骨柔软。管腔内黏膜柔嫩且血管丰富。黏液腺分泌的黏液少而干燥，黏膜上纤毛运动能力较差。

5. 肺

幼儿胸腔狭窄，呼吸肌不发达，每次呼出和吸入的气体量小，易患肺炎。

（二）幼儿呼吸运动的特点

1. 呼吸频率快

幼儿的呼吸量较成人少，但新陈代谢旺盛，耗氧量大，因此呼吸频率较快。

2. 呼吸节律性不强

幼儿的呼吸往往是深浅交替的。这与呼吸中枢发育不完善有关。随着年龄的增长和神经系统发育的逐步完善，呼吸的节律性会逐渐加强。

3. 以腹式呼吸为主

婴幼儿的呼吸肌发育不完全，胸廓活动范围小，呼吸时膈肌上下移动明显，呈腹式呼吸。2 岁之后，婴幼儿学会站立行走，腹腔器官下降，肋骨由水平位逐渐成斜位，呼吸肌也逐渐发达，开始出现腹胸式呼吸。

（三）幼儿呼吸系统的保育

1. 科学进行体育锻炼

适当的体育锻炼可以增强幼儿呼吸肌的力量，促进胸廓和肺的发育，增加肺活量，提高呼吸系统对病毒和细菌的抵抗力。

2. 培养良好的习惯

（1）用鼻呼吸。

教育幼儿不张嘴呼吸，养成用鼻呼吸的习惯，发挥鼻腔的保护作用。

（2）注意卫生。

教育幼儿咳嗽或打喷嚏时要注意用手帕捂住口、鼻，不要对着他人；不要随地吐痰，以防传播疾病；不挖鼻孔，以防鼻黏膜受损导致鼻腔感染或鼻出血。

（3）正确擤鼻涕。

幼儿应学会正确擤鼻涕的方法：擤鼻涕时应让幼儿上身稍微前倾，先用手指压住幼儿的一侧鼻翼，让幼儿稍稍用力向外擤出对侧鼻翼的鼻涕；再用同样的方法擤出另一侧鼻腔内的分泌物。

真题再现

教师引导幼儿擤鼻涕的正确方法是（　　）。

A. 把鼻涕吸进鼻腔

B. 先捂住一侧鼻孔，再轻擤另一侧

C. 同时捏住鼻翼两侧擤

D. 用手背擦鼻涕

【答案】B。

3. 注意保护嗓子

（1）幼儿音域窄，不宜唱成人的歌曲。

（2）冬天不要顶着寒风喊叫、唱歌。

（3）不要在大汗淋漓时马上吃冷食。

（4）伤风感冒时要多喝水、少说话。

4. 避免异物进入呼吸道

尽量避免幼儿玩扣子、玻璃球等小物件，以免他们将其放入鼻腔或口腔，造成危险。此外，还要培养幼儿良好的进餐习惯，如吃饭时不说笑、不打闹，以免食物进入呼吸道引起呛咳，甚至窒息。

5. 保持空气新鲜

幼儿经常活动的室外要有一定的绿植；室内要经常开窗通风，使用的家具等要无毒、无害。此外，还要教育幼儿不要蒙头睡觉，以保证吸入新鲜的空气。

四、幼儿消化系统的特点与保育（★）

人体的消化系统由消化道和消化腺两大部分组成。其中，消化道包括口腔、咽、食管、胃、小肠和大肠等，消化腺主要有唾液腺、肝和胰等。

（一）幼儿消化系统的特点

1. 口腔

幼儿的口腔黏膜柔嫩，血管分布丰富，因此易受感染。

2. 牙齿

幼儿的牙主要是乳牙，共 20 颗，约于 2 岁半时出齐。乳牙牙体小、数目少、咀嚼功能较差；牙根浅，钙化程度不够，容易发生龋齿。

幼儿在大约 6 岁左右，恒牙开始萌出，最先萌出的恒牙是“第一恒磨齿”（又称“六龄牙”），上下左右共四颗。乳牙逐渐被恒牙代替，这个过程叫换牙。恒牙共 28～32 颗，其中 28 颗在 14 岁前全部出齐。

知识拓展

乳牙的作用

（1）咀嚼食物，帮助消化。幼儿可以借助牙齿咀嚼更多样的食物，吸收更加丰富的营养。

（2）促进颌面部的正常发育。1～3 岁是儿童颌面部迅速发育的阶段。乳牙萌出后，咀嚼的力量不断挤压牙根，使“下巴骨”迅速生长，脸型逐渐“拉长”。在牙齿和颌骨的衬托下，使面容端正、和谐、自然。

（3）有助于正常发音。3 岁以前是儿童学习口头语言的重要阶段，乳牙正常萌出，有助于正常发音。

（4）有利于恒牙的顺利萌出。若乳牙过早缺失，邻近的牙会向空隙倾倒，恒牙就不能在正常位置萌出，导致牙列不齐。

3. 舌

幼儿的舌宽而短，灵活度较差，因此，他们的发音不太准确，协助吞咽的能力也比较差，但味觉比较敏感。

4. 食管

幼儿的食管比成人短而且狭窄，黏膜薄嫩，管壁较薄，弹性组织发育较差，易受损伤。

5. 胃

婴儿的胃呈水平状态，故易出现漾奶，1 岁以后，胃的位置状态与成人相似。幼儿的年龄越小，胃的容量越小，且分泌的胃液在质和量上均不如成人，故消化能力较弱，应该少食多餐。

有很多正常的新生儿，出生后的头几个星期常常在吃完奶后从口边流出一些奶液，每天可有多次，这种情况俗语叫“漾奶”。

6. 肠

幼儿的肠管相对比成人长，消化道的面积相对比成人大，肠黏膜发育良好。因此，幼儿吸收能力强，但屏蔽作用弱，容易吸收食物中的有害物质，引起中毒。此外，幼儿肠壁肌肉组织和弹力纤维尚未发育完善，肠蠕动能力比成人弱，因此，如果食物停留在大肠的时间较长，容易引起便秘。

7. 唾液腺

人出生时唾液腺还没有发育好，分泌的唾液较少，因此口腔黏膜易干燥而受损。幼儿 3 个月以后，唾液腺功能逐渐完善，但口腔尚浅，且吞咽的习惯还没有形成，因此唾液常常流到口腔外，称为生理性流涎。2 岁之后这种状况基本消失。

8. 肝胆

幼儿肝脏的体积比例相对比成人大，肝糖原贮存量少，容易感到饥饿。胆囊分泌胆汁较少，对脂肪的消化能力差，肝的解毒能力也较差。

（二）幼儿消化系统的保育

1．爱护牙齿

（1）避免外伤。幼儿不要咬过硬的东西，运动时避免磕碰到牙齿。

（2）注意漱口和刷牙。一般，幼儿 2 岁左右可以学习用清水漱口，3 岁左右可以学习刷牙。

2．提供恰当的饮食

（1）提供适量需咀嚼的食物，如米饭、馒头等。

（2）注意少食多餐，在一日三餐之外可进行两次加餐。

（3）以清淡、易消化食物为主，忌油腻、酸辣。

3．培养良好的进餐习惯

（1）餐前洗手，餐后漱口，防止病从口入。

（2）进餐时细嚼慢咽，以促进机体对营养物质的消化和吸收。

（3）定时、定量进餐，少吃零食，保证食欲；不挑食，以确保营养的全面获取。

（4）安静进餐，不比进餐速度，不边玩边进餐等。

（5）进餐时保持愉快的情绪，餐前、餐后不进行剧烈运动。

（6）多吃蔬菜、水果等，适量饮水，适当运动，以促进肠道蠕动。

4．培养良好的排便习惯

（1）培养幼儿每天定时排便的习惯。如每天早餐后，留出一些时间训练幼儿排便。

（2）教育幼儿排便时不能做其他事情，以养成专心排便的习惯。

五、幼儿循环系统的特点与保育（★）

人体的循环系统包括血液循环系统和淋巴系统。其中，血液循环系统是由心脏和血管组成的一个遍布全身的封闭式管道系统，血液在这个管道系统内循环流动。淋巴系统是血液循环的辅助部分，主要功能是将全身的淋巴液运至静脉。

（一）幼儿循环系统的特点

1．心脏

（1）心肌收缩能力差，心率快。

幼儿的心脏发育不完善，心肌收缩能力较弱，每次泵出的血量较少。为了满足机体新陈代谢的需要，只有增加搏动频率来弥补，因此，幼儿年龄越小，心率越快。

（2）心脏活动的节律性差。

幼儿的神经系统发育不够完善，对心脏的控制能力差，心率的快慢容易受各种因素（如紧张、进食、哭闹、兴奋等）影响。因此，幼儿常常会出现心率节律不规则的现象。

正常情况下，脉搏的跳动频率和心率一致，所以脉搏又称脉率。3～6 岁幼儿安静时的脉率为 90～110 次/分；运动时心脏活动加快，低强度运动中幼儿脉率为 130～150 次/分，对幼儿较适宜；中等强度运动中幼儿脉率为 150～170 次/分，幼儿呈现中度疲劳；高强度运动中幼儿脉率为 170～190 次/分，幼儿呈现重度疲劳。

2．血管

（1）幼儿的动脉血管相对比成人粗，且毛细血管丰富。

（2）血管比成人短，血液循环时间也较短。

（3）血管弹性好，血压比成人低。幼儿的年龄越小，血压越低。

3．血液

（1）血液量多，新陈代谢旺盛。

（2）血液循环量增加快，容易发生贫血。

（3）血液中的水分和血浆较多，凝血物质较少，因此幼儿一旦出血，凝固时间较长。

（4）白细胞的吞噬能力较差，其防御机能在 12～13 岁时才发育完善。

4．淋巴系统

淋巴系统，具有防御功能，属于非特异性免疫。幼儿的淋巴系统尚未发育成熟，故防御能力较差，感染后易于扩散。需要注意的是，4～10 岁儿童的扁桃体发育达到高峰，故学前期常见的扁桃体肥大往往是生理现象。

真题再现

3～6 岁幼儿运动时，正常脉率高峰区间应是（　　）。

A. 90～110 次/分　　B. 110～130 次/分

C. 130～150 次/分　　D. 150～170 次/分

【答案】C。

（二）幼儿循环系统的保育

（1）摄入含铁和蛋白质丰富的食物，纠正挑食、偏食的不良习惯，防止贫血。

（2）适度的锻炼可以增强幼儿心脏的生理功能，促进血液循环。但运动前要热身，运动后要整理。

（3）幼儿发热时，心率加快，容易疲劳，因此要注意卧床休息，减少活动，以免对心脏造成伤害。

（4）幼儿的服装、领口、鞋袜不要过紧，桌子前缘不要压迫胸口，以保证血液循环通畅。

六、幼儿泌尿系统的特点与保育（★）

人体的泌尿系统包括肾、输尿管、膀胱和尿道。它们的主要作用分别是泌尿、输尿、贮尿和排尿。

（一）幼儿泌尿系统的特点

1. 肾

幼儿的肾脏功能差，排泄及再吸收的能力较差。

2. 膀胱

幼儿膀胱容量较小，且膀胱的肌肉层较薄，弹性组织发育不完善，因此贮尿机能差。幼儿年龄越小，每天排尿次数越多。3 岁以前的幼儿主动控制排尿的能力较差，时常出现遗尿。

3. 尿道

幼儿的尿道较短，且生长速度较慢；尿道黏膜柔嫩，容易受伤。女孩尿道口接近肛门，易引起上行性感染（即细菌经尿道进入体内，引起膀胱、输尿管和肾感染）。

（二）幼儿泌尿系统的保育

1. 培养良好的排尿习惯

（1）保证幼儿饮水充足，满足其新陈代谢的需要，促进尿液的形成。

（2）训练幼儿自主控制排尿的能力。

（3）控制活动时间，或中途组织幼儿排尿，以防遗尿。

（4）训练幼儿有意识地短时间抑制排尿（憋尿），以刺激膀胱的生长发育，防止尿频。

2. 保持卫生，预防感染

（1）注意幼儿外阴部卫生，教会幼儿便后用柔软、洁净的手纸从前往后擦屁股。

（2）教育幼儿不要直接坐在地上。1 岁左右幼儿应穿封裆裤，要常洗澡，勤换衣服。

（3）注意观察幼儿尿液的颜色，发现异常及时就医。

七、幼儿内分泌系统的特点与保育（★）

人体的内分泌系统是重要的调节系统。它释放的激素对人体的生长发育、新陈代谢、免疫功能等具有重要作用。幼儿的生长发育离不开内分泌系统的调节。

（一）幼儿内分泌系统的特点

1. 脑垂体机能活跃

脑垂体是人体最重要的内分泌腺，主要分泌生长激素。学前期，脑垂体生长迅速、机能活跃，大量分泌生长激素。但生长激素白天分泌少，夜间分泌多。在生长发育期间，生长激素分泌不足会导致侏儒症，生长激素分泌过多会导致巨人症。

小旋提示

患侏儒症的人成年后身高不足 1.3 米，但身体各部分的比例较匀称，且智力大多正常。患巨人症的人成年后身高多在 2 米以上，食欲强，肌肉发达；但在衰退期，会出现精神不振、乏力等症状。

2. 甲状腺稳步发育

甲状腺在人出生时已经形成，以后持续发育。

碘的缺乏会严重影响幼儿甲状腺的功能，阻碍幼儿的正常发育。如果妊娠期缺碘，婴儿出生后易患呆小病（又称“克汀病”）；如果碘元素摄入过多也可能导致甲状腺功能亢进症，简称“甲亢”（俗称“大脖子病”）。

（二）幼儿内分泌系统的保育

（1）合理摄入含有各类维生素、微量元素的食物。碘缺乏地区的幼儿应注意碘的摄入，如食用加碘盐和含碘的食物等。

（2）保障幼儿充足的睡眠，以使脑垂体分泌足量的生长激素，促进其生长发育。

（3）不滥用营养品、吃含有激素的食品或观看成人影视等，以防止性早熟。

八、幼儿感觉器官的特点与保育（★）

（一）幼儿眼睛的特点与保育

1. 幼儿眼睛的特点

（1）眼球未发育完善，呈生理性远视。

幼儿的眼球还没有发育完善，眼球较小，前后径较短，呈生理性远视。随着年龄的增长，眼球逐渐发育完善，一般到 5 岁左右，可发育到正常视力水平。

（2）晶状体弹性好，视物不易疲劳。

幼儿晶状体的弹性好，具有很强的调节能力，使近在眼前的物体也能清晰地成像在视网膜上。因此，他们即便把书放在离眼睛很近的地方看，也不觉得眼睛累。但幼儿如果形成近距离视物的习惯，上学后若用眼过度就会导致近视。

（3）玻璃体透明度高，视觉敏锐。

幼儿的玻璃体透明度较高，因此对光很敏感，视觉比较敏锐，且年龄越小越明显。

2. 幼儿眼睛的保育

（1）培养幼儿良好的用眼习惯，读书、绘画时要保持正确的姿势和适当的距离。

（2）提供良好的采光环境和适合幼儿身高的桌椅。

（3）幼儿读物字体要大、字迹图案要清晰。

（4）注意眼部卫生，不用手揉眼，不使用他人的毛巾。

（5）不玩弹弓、小刀、竹签等危险物品，以免眼睛受伤。

（6）不直视太阳或强反光的镜子、玻璃等，以免损伤眼睛。

（7）远离沙土飞扬的场所，以免异物入眼。

（8）定期检查视力，发现异常（弱视、斜视、散光等）及时矫正。

（9）注意摄入维生素 B 和鱼肝油等，预防夜盲症和干眼症。

（二）幼儿耳朵的特点与保育

1. 幼儿耳朵的特点

（1）耳廓娇嫩，易生冻疮。

幼儿的耳廓皮下组织很少，血液循环差，因此冬天容易生冻疮。这种冻疮天暖后可自愈，但到寒冷时若不加以保护会复发。

（2）外耳道短窄，容易长疖。

幼儿的外耳道短且窄，皮下组织少，软骨与皮肤发育不完善。若眼泪、脏水等流入外耳道，或因掏耳朵等损伤外耳道，易长疖。耳疖可导致疼痛，还可并发听力减退。

（3）咽鼓管短直，易受感染。

幼儿的咽鼓管比较短，管腔宽，位置平直，因此，鼻咽部的细菌容易经咽鼓管进入中耳，引起中耳炎。此外，由于幼儿的鼓膜血管与硬脑膜血管相连，中耳的炎症还可能会导致脑膜炎。

（4）对噪声敏感。

幼儿的听觉较成人敏锐，尤其对噪声更敏感。若幼儿长期生活在噪声环境中，容易导致听觉迟钝、烦躁不安、消化不良、睡眠不足及智力减退。

2. 幼儿耳朵的保育

（1）尽量不给幼儿掏耳朵，以免损伤外耳道和鼓膜，引起外耳道感染或听力下降。

（2）及时清除幼儿鼻腔中过多的分泌物。在洗澡、洗头时，及时清理灌入外耳道的污水，以免引起外耳道感染或中耳炎。

（3）与幼儿说话的音量、视听设备播放的音量等都要适中，以尽量减少环境中的噪声。

（4）教育幼儿听到震耳的声音时，要捂耳或张口，以防止强音震破耳膜，影响听力。

（5）教育幼儿轻声说话，用自然的声音唱歌，以保护耳膜。

> **小旌提示**
>
> 正常情况下，耵聍会随着幼儿的运动、侧身睡、打喷嚏等动作自动掉出来，因此不必刻意为其掏耳朵。倘若发生耳塞，可请医生取出。

（三）幼儿皮肤的特点与保育

1. 幼儿皮肤的特点

（1）幼儿皮肤的表皮薄，保护机能差，易损伤和感染。

（2）幼儿皮肤不易适应外界气温的变化，寒冷时易受凉或生冻疮，热时易中暑。

（3）幼儿皮肤渗透作用强，农药、酒精都可经皮肤被吸收到体内，引起中毒。

2. 幼儿皮肤的保育

（1）培养幼儿良好的卫生习惯，如勤洗澡，勤洗头，勤换内衣，勤剪指甲，增强皮肤的保护功能，预防皮肤病和传染病的发生。

（2）给幼儿使用中性洗浴用品及洗涤剂，以免刺激皮肤。

（3）不应给幼儿化妆、烫发、戴首饰等，以防止对皮肤造成伤害。

（4）选择宽松舒适、质地柔软、吸水性强、不掉色的衣料做内衣。

（5）加强体育锻炼，增强身体的冷热适应能力。

第三节 幼儿的动作发展

一、幼儿动作发展的规律（★★）

（一）由整体到局部规律（由整体到分化）

幼儿最初的动作是全身性的、笼统的。以后幼儿的动作逐渐分化，向着局部化、准确化和专门化的方向发展。

（二）首尾规律（从上至下）

幼儿最早发展的动作是头部动作，其次是躯干动作，最后是脚的动作，即幼儿最先学会抬头和转头，然后是翻身和坐，接着是使用手臂，最后才学会腿和脚的运动，能直立行走和跑、跳。

（三）远近规律（由近及远）

幼儿动作的发展从身体中部开始，即越接近中央部分（头和躯干）的动作发展越早，而远离身体中心的肢端动作发展较迟。例如，幼儿拿取远处的物体时，一般先抬肩，再伸手指物。

（四）大小规律（由粗到细）

生理的发展从大肌肉到小肌肉，因此幼儿先学会大肌肉、大幅度的粗大动作，之后才逐渐学会小肌肉的精细动作。例如，婴儿开始拿东西时是满把抓，然后是几个指头拿东西，后来可以用两个指头拿，最后能用指尖拿东西。幼儿不同年龄阶段动作发展的规律，如表 1-2-2 所示。

表 1-2-2 幼儿不同年龄阶段动作发展的规律

年龄阶段 \ 动作分类	粗大动作的发展	精细动作的发展
2~3 岁	（1）走路节奏均匀，能够后退、侧行、跑和跳跃 （2）投掷或抓取物体时身体生硬 （3）用脚去推玩具 （4）捡起物体而不会摔倒	（1）穿和脱简单的衣服、鞋袜 （2）使用汤勺、转门把手 （3）开始模仿画直线

续表

动作分类 年龄阶段	粗大动作的发展	精细动作的发展
3～4 岁	（1）能够走直线 （2）投掷时上身出现弯曲 （3）骑脚踏车 （4）单腿能够站立数秒	（1）扣纽扣 （2）倒牛奶 （3）自己吃饭 （4）使用剪刀 （5）涂画、画垂直线和圆圈
4～5 岁	（1）左右脚能交替下楼梯 （2）跑步平稳协调 （3）能够单足跳 （4）投掷时身体转动 （5）学会双手接球	（1）使用筷子吃饭 （2）沿着线用剪刀剪下东西 （3）粗略地画人和图案 （4）简单折纸
5～6 岁	（1）跑步速度加快 （2）经常蹦蹦跳跳 （3）投掷和抓取动作熟练 （4）换脚跳 （5）学习骑自行车、溜冰和游泳	（1）系鞋带 （2）串珠子 （3）握笔，临摹一些图案和字母 （4）出现用手偏好

（五）正反规律（先正后反）

幼儿动作是正面的动作先发展，反面的动作后发展。如幼儿一般先会伸手取物，再会随意放下；先会向前行走，再会向后退。

（六）无有规律（从无意到有意）

幼儿最初的动作是无意的。之后，动作越来越多地受心理、意识的支配。

真题再现

下列（　　）活动的重点不是发展幼儿的精细动作能力。

A. 扣纽扣　　B. 使用剪刀　　C. 双手接球　　D. 系鞋带

【解析】精细动作指较小的动作，主要靠小肌肉完成。例如用大拇指和食指捏起东西、转动脚趾或用嘴唇和舌头品尝等。粗大动作指涉及胳膊、腿、足部肌肉或全身的较大幅度的动作，如爬、跑、跳等。选项中扣纽扣、使用剪刀、系鞋带等都属于精细动作，而用双手接球则属于大肌肉动作。故选 C。

【答案】C。

二、幼儿动作发展的阶段（★）

（一）反射动作阶段

幼儿从出生到 4 个月处于反射动作阶段。在这一阶段，幼儿有许多不需要意识支配的本能动作，即无条件反射。

（二）最初动作阶段

幼儿 2 岁前处于掌握人生最初动作的阶段。在这一阶段，幼儿能够抓握物体、独自坐、开始迈步等。

（三）基础动作阶段

基础动作阶段是指儿童 2～7 岁的阶段。在这一阶段，幼儿能够控制自己的肌肉，保持稳定，并开始能够自由运动。

（四）专门化动作阶段

基础动作阶段结束后，儿童逐渐步入专门化动作阶段。这个阶段，动作处于转变、应用和终生使用的状态。

扫一扫

答案与解析

单项选择题

1．由于幼儿的肌肉中水分多，蛋白质及糖元少，不适合他们的运动项目是（　　）。

A．长跑　　B．投掷　　C．跳绳　　D．拍球

2．适宜幼儿使用的洗涤剂是（　　）。

A．酸性洗涤剂　　B．碱性洗涤剂

C．中性洗涤剂　　D．任何洗涤剂

3．3～4 岁的幼儿画直线很困难，这是因为（　　）。

A．肌肉易疲劳　　B．腕骨未钙化

C．神经系统发育不完善　　D．小肌肉群发育晚

4．乳牙共 20 颗，于（　　）出齐。

A．1 岁半左右　　B．2 岁左右　　C．2 岁半左右　　D．3 岁左右

5．婴幼儿最先发展起来的是下列（　　）动作。

A．俯撑　　B．抬头　　C．坐立　　D．爬行

第三章

幼儿认知的发展

考情分析

题型	2022年上半年	2022年下半年	2023年上半年	2023年下半年	2024年上半年	2024年下半年
单项选择题	1题3分	1题3分	1题3分	—	1题3分	2题6分
简答题	—	1题15分	1题15分	—	1题15分	—
论述题	—	—	—	—	—	—
材料分析题	1题20分	—	—	—	—	—
活动设计题	—	—	—	—	—	—
总计	2题23分	2题18分	2题18分	—	2题18分	2题6分

（1）本章内容的考点较多，且在历年幼儿园教师资格考试中考查的比重较大，常以单项选择题、简答题和材料分析题的形式出现，考查方式灵活多样，应在理解的基础上归纳记忆。

（2）学习时要重点掌握幼儿认知发展的特点和规律，并能够对具体的问题情境进行分析。

第一节　幼儿感、知觉的发展

一、感、知觉的基本知识（★★）

（一）感、知觉的概念

1. 感觉

感觉是人脑对直接作用于感觉器官的刺激物的个别属性的反映，如花的味道、颜色等。感觉是人们认识世界的开端，是一切心理活动的基础。

2. 知觉

知觉是人脑对直接作用于感觉器官的刺激物的整体属性的反映。例如，我们看到百合花的颜色、形状，又闻到它的香味，头脑中就形成了百合花的形象，进而产生了对百合花的知觉。

感觉是知觉的基础，知觉是感觉的深入。

（二）感、知觉的特性

1. 感觉的特性

（1）感受性与感觉阈值。

感觉系统只能对一定强度范围内的刺激做出反应，即刺激物只有达到一定强度才能引起人的感受。这个刺激的强度范围为感受阈值，感觉系统相应的感受能力为感受性。

（2）感觉适应。

感觉适应是指相同刺激持续作用于同一感受器而使感受性发生变化的现象。刺激的持续作用可以引起感受性的提高，也可以引起感受性的降低。

视觉适应有两种：当由亮处进入暗处时，最初眼前一片漆黑，经过一段时间后，视觉敏感度逐渐提高，才能够看清楚暗处的物体，称为暗适应；当从暗处进入亮处时，最初只能感到一片刺眼的亮光，而看不清物体，只有稍等一会才能恢复视觉，称为明适应。

【例】久入芝兰之室而不闻其香，久入鲍鱼之肆而不闻其臭。

（3）感觉对比。

感觉对比是指不同刺激作用于同一感受器而使感受性发生变化的现象。

根据刺激呈现时间的不同，感觉对比可分为同时对比和继时对比。

同时对比是指两个刺激同时作用于同一感受器产生的感觉对比现象。

【例】月明星稀。

继时对比是指两个刺激物先后作用于同一感受器产生的感觉对比现象。

【例】喝糖水后接着吃橘子，会觉得橘子很酸。

（4）联觉效应。

联觉是指一种感觉引起另一种感觉的心理现象。联觉是不同感觉相互作用的结果，常见的有色温联觉、色听联觉和视听联觉。

【例】看到红色会觉得温暖，看到蓝色会觉得清凉。

（5）感觉后效。

感觉后效是指刺激作用停止以后，感觉现象仍能短暂保留一段时间的现象。

【例】余音绕梁。

2．知觉的特性

（1）知觉的选择性。

知觉的选择性是指个体受自己的需要和兴趣等因素的影响，把某些刺激信息或刺激的某些方面作为知觉对象，而把其他刺激或刺激的其他方面作为背景的现象。

【例】鹤立鸡群、万绿丛中一点红。

（2）知觉的理解性。

知觉的理解性是指人们往往根据自己的经验来理解当前知觉的对象，并用语言加以概括。

【例】一千个读者，就有一千个哈姆雷特。

（3）知觉的恒常性。

知觉的恒常性是指当知觉条件发生变化时，人脑中的知觉形象仍然保持相对不变。常见的知觉恒常性有大小恒常性、形状恒常性和颜色恒常性。

【例】白雪在红霞的映衬下显出粉色，但我们仍然知道它是白色的。

（4）知觉的整体性。

知觉的对象由不同的部分和属性构成，但是人并不把知觉的对象感知为个别的孤立部分，而总是把它知觉为一个整体。

【例】窥一斑而知全豹。

知识拓展

★ 知觉的选择性对幼儿教育活动的启示 ★

教师在组织教育活动、制作版画、绘制挂图、运用教具时都应当遵循知觉的选择性规律。讲课时，重要的内容要加重语气，辅以合适的表情、手势，使之从其他内容中突出出来。制作板画或绘制挂图时必须在色彩、线条、大小以及位置等方面多加考虑，要用背景把知觉对象衬托出来，使幼儿对知觉对象能够明确认识、容易掌握。对小班幼儿尤其要注意加大对象与背景的差别。

二、幼儿感觉的发展（★★★）

感觉可分为外部感觉和内部感觉。外部感觉是由来自体外的刺激引起的，反映外部事物的个别属性，主要有视觉、听觉、味觉、嗅觉和触觉。内部感觉是由机体内部的刺激引起的，反映机体的位置、运动和内脏器官的不同状态，主要有运动觉、平衡觉和机体觉。幼儿各种感觉的具体发展特征，如表 1-3-1 所示。

表 1-3-1　幼儿各种感觉的具体发展特征

感觉		发展
视觉	视力	（1）新生儿的视觉发育相对不成熟，看东西比较模糊 （2）新生儿的最佳视距是 20 cm （3）视力随年龄增长而上升，但发展速度不均衡 （4）1～2 岁幼儿视力为 0.5～0.6，3 岁时可达 1.0，4～5 岁趋于稳定
	颜色视觉	（1）出生 2～4 个月开始辨别颜色，4 个月表现出颜色偏好 （2）学前初期（3～4 岁）初步辨认红、橙、黄、绿等基本色，但在辨认紫色等混合色以及蓝与天蓝等近似色时较困难 （3）学前中期（4～5 岁）能认识基本色、混合色，并能说出基本色的名称 （4）学前晚期（5～6 岁）不仅能认识颜色，而且能在画画时调出需要的颜色，并能正确说出黑、白、红、蓝、绿、黄、棕、灰、粉红、紫等颜色的名称
听觉		（1）新生儿对拖长的纯音反应较明显，爱听人的声音，最爱听母亲的、柔和的、高声调的声音 （2）3 个月时能将头转向声源 （3）6 个月时能敏感识别母亲的声音 （4）8 个月时能区别不同语音的意义 （5）1 岁时能听懂自己的名字 （6）4 岁时听觉发育已趋于完善
味觉		（1）出生时已相当敏感，天生爱吃甜的东西 （2）2 个月时能分辨酸、甜、苦、辣等味道
嗅觉		（1）发展稍逊色于味觉 （2）出生 1 周左右可嗅出母乳的香味
触觉		（1）口腔触觉的探索早于手的触觉探索 （2）出生 5 个月左右，手眼协调出现，标志着手的探索活动的开始 （3）7 个月左右时发生积极主动的触觉探索
动觉		大肌肉动觉发展早于小肌肉
痛觉		（1）新生儿痛觉感受性很低 （2）痛觉感受性随年龄增长而逐渐提高

真题再现

下面几种新生儿的感觉中，发展相对最不成熟的是（　　）。

A. 视觉　　B. 听觉　　C. 嗅觉　　D. 味觉

【解析】初生婴儿已开始眨眼及转动眼球，但双眼还未能完全协调运动。由于视网膜上的黄斑仍未发育完全，他们只能见到黑、白、亮、暗的差别，所见到的影像都是一片朦胧。视觉、听觉、嗅觉、味觉相较之下，发展最不成熟的就是视觉，故选 A。

【答案】A。

三、幼儿知觉的发展（★★★）

（一）空间知觉

空间知觉包括形状知觉、大小知觉、方位知觉和距离知觉。其中，形状知觉和大小知觉是对物体属性的知觉，而方位知觉和距离知觉是对物体之间位置关系的知觉。

1. 形状知觉

形状知觉是人们对物体形状的感知。幼儿对不同几何图形的辨别难度有所不同，由易到难的顺序是：圆形→正方形→半圆形→长方形→三角形→八边形→五边形→梯形→菱形。4 岁～4 岁半是幼儿辨别几何图形正确率增长最快的时期。

2. 大小知觉

大小知觉是头脑对物体的长度、面积、体积在量方面的感知。6 周大的婴儿已经有了对物体大小知觉的恒常性，2 岁半～3 岁的幼儿已经能够按语言指示拿出大皮球或小皮球，3 岁以后的幼儿判断大小的精确度有所提高。4 岁以后，幼儿能用语言说出图形的大小，如“这个第一大，这个第二大……”。

3. 方位知觉

方位知觉是个体对自身或物体所处位置和方位的知觉。一般来说，3 岁幼儿仅能辨别上下，4 岁开始辨别前后，5 岁开始能以自身为中心辨别左右，7 岁才能以他人为中心辨别左右，以及两个物体之间的左右方位。

由于幼儿只能辨别以自身为中心的左右方位，因此，幼儿园教师面向幼儿做示范动作时，其动作要以幼儿的左右为基准，即“镜面示范”。

> **小旌提示**
>
> 幼儿方位知觉的发展早于对方位词的掌握，因此教师应在教学中把方位词和事物结合起来。例如，说“伸出右手，就是伸出拿汤匙的那只手”，不要抽象地说“左右”，避免引起混乱。

4. 距离知觉

距离知觉是辨别物体远近的知觉。幼儿能分清熟悉的物体或场所的远近，但对于较广阔的空间距离，则还不能正确认识。幼儿常常不懂得近物大、远物小，近物清楚、远物模糊等视觉信号。

深度知觉又称立体知觉，是距离知觉的一种，即对同一物体的凹凸程度或不同物体的近远距离的知觉。研究表明，6个月大的婴儿已有深度知觉。

知识拓展

★ 视崖实验 ★

视崖实验是沃克和吉布森曾进行的一项旨在研究婴儿深度知觉的实验，被称为发展心理学的经典实验之一。

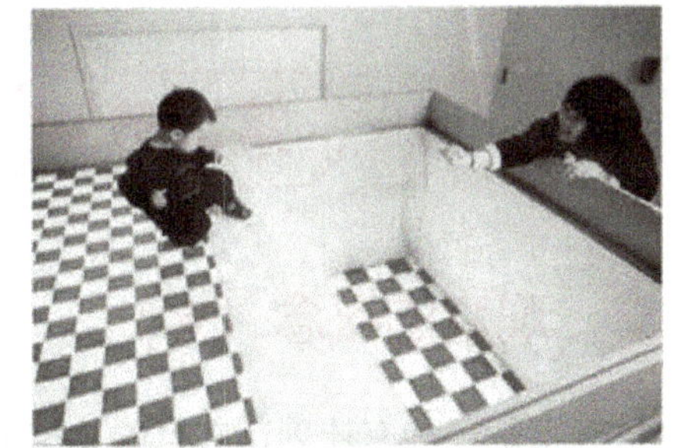

研究者制作了平坦的棋盘式的图案，用不同的图案构造以造成悬崖的错觉，并在图案的上方覆盖玻璃板。实验的主旨是考察婴儿是否敢爬向具有悬崖特点的一侧。

将2～3个月大的婴儿腹部向下放在“视觉悬崖”的一边，发现婴儿的心跳速度会减慢，这说明他们体验到了物体深度。当把6个月左右的婴儿放在玻璃板上，让其母亲在另一边招呼婴儿时，发现婴儿会毫不犹豫地爬过没有深度错觉的一侧，但却不愿意爬过看起来具有悬崖特点的一侧。

小旌妙记

幼儿空间知觉的发展是教师资格考试中的重要考点，考查形式为单项选择题。学习时应重点掌握：① 幼儿辨别几何图形的难易顺序，可通过口诀记忆：圆正半—长三八—五梯菱；② 幼儿方位知觉的发展过程，可通过口诀记忆：上下—前后—自左右—他左右；③ 视崖实验是对幼儿具有深度知觉的验证。

（二）时间知觉

时间知觉是对客观事物的延续性、顺序性和速度的反映。幼儿时间视觉的发展特点包括以下几点。

（1）时间知觉的精确性和年龄呈正相关。

幼儿年龄越大，时间知觉的精确性越高。7～8岁是儿童时间知觉迅速发展的时期。

（2）时间知觉的发展水平与幼儿的生活经验相联系。

幼儿初期已有一些初步的时间概念，但往往和他们自身的作息制度和具体的生活活动相联系。如他们理解的“早晨”，就是指起床的时间，“下午”就是指爸爸妈妈来接自己放学回家的时间。

（3）幼儿对时间单元的知觉和理解有一个由中间向两端、由近及远的发展趋势。

研究表明，幼儿先能理解的时间单元是“天”和“小时”，然后是“周”“月”或“分钟”“秒”等更大或更小的时间单元。在“天”中，最先理解的是“今天”，然后是“昨天”和“明天”，接着才是“前天”“后天”。对于与时间有关的常用副词，同样也是以现在为起点，逐步向过去和未来延伸。

（4）幼儿理解和利用时间标尺（包括计时工具）的能力与年龄呈正相关。

幼儿往往不能理解计时工具的意义。研究表明，大约到7岁，儿童才开始利用时间标尺估计时间。

第二节 幼儿观察的发展

一、观察的概念（★）

观察是一种有计划、有目的、有组织、比较持久的高级知觉过程，是人类对客观世界的主动认识过程。观察力是分辨事物细节的能力，是智力结构的组成部分。

二、幼儿观察发展的特点（★）

幼儿期是观察力初步形成的阶段，一般在3岁后比较明显，主要特点表现在以下几个方面。

（一）目的性加强

幼儿观察的目的性随年龄的增长逐渐加强。小班幼儿往往不能进行自觉的、有意识的观察。他们的观察往往事先无目的或容易在观察中受外界刺激和个人情绪、兴趣的影响而忘记了目的。而中、大班幼儿能够按照成人规定的观察任务进行观察。

（二）持续性延长

小班幼儿观察持续的时间短，与其观察的目的性不强有关。随着年龄的增长，幼儿的观察持续的时间逐渐延长。

（三）细致性增加

幼儿的观察一般是笼统的、不细致的，即幼儿观察时，只看事物的表面和明显的、较大的部分，而不去看事物较隐蔽的、细致的特征；只看事物的轮廓而不看其中的关系。例如，6岁左右的儿童容易混淆“p”和“q”、“目”和“日”等形近符号。随着年龄的增长，幼儿观察的细致性有所提高。

（四）概括性提高

小班幼儿观察时常常不能把事物的各个方面联系起来，因而也不能发现事物之间或事物组成部分之间的相互联系。

随着年龄的增长，儿童对图画的观察概括性逐渐提高，具体可分为 4 个阶段。幼儿对图画的观察主要处于前两个阶段。

（1）认识“个别对象”阶段：只能对图画中各个事物产生孤立零碎的知觉，不能把事物联系起来。

（2）认识“空间关系”阶段：只能直接感知到各个事物之间外表的、空间位置的联系，不能看到其中的内部联系。

（3）认识“因果关系”阶段：观察到各个事物之间不能直接感知到的因果关系。

（4）认识“对象总体”阶段：观察到图画中事物的整体内容，能够把握图画的主题。

（五）观察方法形成

幼儿初期，观察时常常一边看一边用手指点。随着年龄的增长，幼儿有时会用点头代替手的指点，有时会用出声的自言自语来帮助观察。幼儿末期，可以摆脱外部动作，借助内部言语控制和调节自己的知觉。幼儿的观察，从依赖于外部动作，向以视觉为主的内心活动逐渐发展，观察方法逐渐形成。

三、幼儿观察力的培养（★）

幼儿的观察力是教师在实践活动中通过有目的、有意识地培养而发展起来的。主要的培养策略有以下几点。

（1）明确观察的目的和任务，使幼儿具有相应的知识准备。

（2）培养幼儿观察的兴趣，使其养成观察的习惯。

（3）发挥教师的言语指导作用，启发幼儿运用多种感官参与观察。

（4）教给幼儿有效的观察方法，充分培养幼儿的观察力。

第三节　幼儿注意的发展

一、注意的基本知识（★★）

（一）注意的两个特点

注意是一种心理状态，是心理活动对一定对象的指向和集中。指向性和集中性是注意的两个基本特点。

注意的指向性是指人在清醒的每一瞬间，心理活动都指向某个对象，而离开其他对象。

注意的集中性是指心理活动停留在客观事物上的强度或紧张度，即心理活动在指向某一事物的同时，就会对这个事物全神贯注，把精神都集中到这一事物上，使活动能够进行下去并且得以完成。

（二）注意的功能

1. 选择功能

注意的选择功能能使人在某一瞬间选择有意义的、符合活动需要的客观事物，而避开或排除那些无关事物，从而使心理活动具有一定方向性。

2. 保持功能

注意的保持功能能使人的心理活动持续停留在所选择的对象上，直到达到活动目的。

3. 调节和监督功能

注意的调节和监督功能能使人的心理活动沿着一定的目标和方向进行，并根据当前需要做出调整，及时发现并改正错误，以适应瞬息万变的客观环境。

（三）注意的类型

根据注意过程中有无预定目的和是否需要意志努力，注意可分为无意注意、有意注意和有意后注意。

1. 无意注意

注意的类型

（1）概念。

无意注意也称不随意注意，没有预定目的，不需要意志努力。这种注意是被动的、不自觉的，是对环境变化的应答性反应。

【例】大街上听到警笛鸣叫，行人会不由自主地扭头观望。

（2）引起无意注意的条件。

① 客观条件，即刺激物本身的特点，包括刺激物的强度、新异性、运动变化以及刺激物间的对比关系。环境中那些强烈的、新奇的、巨大的、鲜艳的、活动的、反复出现的事物容易引起无意注意。

② 主观条件，即人本身的状态，包括人对事物的需要、兴趣、态度，以及个人的情绪状态、心境和主观期待等。例如，一个饥肠辘辘的人，美食最容易引起他的无意注意。

2. 有意注意

（1）概念。

有意注意也称随意注意，有预定目的，也需要意志努力。它是注意的一种积极、主动的形式。

【例】上课时学生认真听老师讲课。

（2）引起有意注意的条件。

① 目的和任务。有意注意是有预先目的和任务的注意。目的越具体、越明确，完成任务的愿望越强烈，那些和目的、任务有关的事物就越容易引起注意。

② 间接兴趣。间接兴趣是对活动结果的兴趣。有时活动过程本身并不吸引人，甚至是枯燥乏味的，但活动结果却很吸引人，能引起强烈兴趣，这种兴趣便是间接兴趣。稳定的间接兴趣对引起和保持有意注意有很大作用。

③ 活动组织。单调重复的刺激会严重影响有意注意的持久性和注意强度，容易使个体产生疲劳。因此，合理地组织活动有利于有意注意，如一个具有良好学习习惯和学习方法的人，就可以在规定的时间内高强度保持注意，从而高效完成任务。

④ 坚强的意志。外界的刺激物、机体的某些状态（疾病、疲劳等）、无关的思想和情绪都可能干扰正在进行的活动。因此，除了采取必要的措施，还需要用坚强的意志和干扰作斗争。

3. 有意后注意

（1）概念。

有意后注意也称随意后注意，有预定目的，但不需要意志努力。它是在有意注意的基础上，经过学习、训练或培养个人对事物的直接兴趣达到的，是一种更高级的注意。

【例】专业篮球运动员运球上篮，动作一气呵成，每一个步伐和投球动作的控制都已成为下意识动作。

（2）引起有意后注意的条件。

① 直接兴趣。直接兴趣是由活动过程本身引起的，培养有意后注意的关键在于发展对活动的直接兴趣。

② 活动自动化。当个体对活动高度熟练时，容易运用有意后注意。

小旌归纳

注意	预定目的	意志努力	示例
无意注意	×	×	行人注意到突然传来的警笛声
有意注意	√	√	比赛选手注意到赛题内容
有意后注意	√	×	球员在球场上行云流水的动作

二、幼儿注意发展的特点（★★★）

（一）无意注意占优势

3 岁前幼儿的注意基本上属于无意注意。在整个幼儿园时期，幼儿的无意注意都占主要地位。引起幼儿无意注意的原因主要有以下两点。

1. 刺激物本身的特点

刺激强烈，对比鲜明，新颖和变化多样的事物，如草地上的一朵花、树上的一只鸟等都容易引起幼儿的无意注意。

2. 幼儿本身的特点

随着幼儿兴趣、需要和生活经验的丰富，幼儿开始对更多的事物产生无意注意。只要是幼儿需要或感兴趣的事物，如小汽车、小动物的模型等都容易引起幼儿的无意注意。

（二）有意注意初步发展

3 岁后，幼儿的有意注意逐渐形成和发展。

（1）幼儿的有意注意受大脑发育水平的限制。

有意注意是由脑的高级部位，特别是额叶控制的。额叶的发展比脑的其他部位迟缓，大约在儿童 7 岁时才能发展成熟。因此在幼儿期，有意注意未能充分发展。

（2）幼儿的有意注意是在外界环境，特别是成人的要求下发展的。

进入幼儿园后，幼儿必须遵守幼儿园的各种行为和活动规则，完成老师布置的任务，还需在集体中承担一定的责任和义务。环境的变化、目的与任务的明确，使得幼儿的有意注意得到发展。同时，幼儿的有意注意需要成人帮助其明确目的和任务，并用言语进行指导。

（3）幼儿的有意注意是在一定的活动中发展的。

幼儿会有意地注意游戏的规则、活动的方式等，在具有具体任务的实际活动中，把幼儿的智力与实操结合起来，使有意注意得以发展。

三、注意的品质与幼儿活动指导（★★★）

（一）注意的稳定性与活动指导

注意的稳定性是指注意力在同一活动范围内所维持的时间长短。持续的时间越长，注意的稳定性就越高。

【例】专心学习，1 小时内不走神。

一般来说，幼儿年龄越大，注意的稳定性也越高。研究证明，在良好的教育环境下，3～4 岁幼儿能够集中注意 3～5 分钟，4～5 岁幼儿可以持续注意 10 分钟，5～6 岁幼儿能集中注意 20 分钟左右。

教师在指导幼儿的学习、活动中应做到以下三点。

（1）教育教学的内容和难易程度符合幼儿的心理发展水平。

（2）教育教学内容要新颖有趣、富于变化。

（3）作业任务应根据幼儿年龄特点进行布置。

（二）注意的广度与活动指导

注意的广度又称注意的范围，是指一个人在同一时间内能够清楚地觉察和把握对象的数量。

【例】眼观六路、耳听八方。

幼儿注意的范围比较小，但随着年龄的增长，幼儿注意的范围在逐渐扩大。幼儿的注意广度取决于注意对象的特点，还取决于活动任务的多少，以及自身的知识经验。

要提高幼儿教育和活动效果，教师在教学过程中应努力做到以下三点。

（1）活动之前，让幼儿明确活动的目的和任务。

（2）给幼儿的刺激物应当集中，排列有规律，能成为互相联系的整体，不可杂乱无章。

（3）采用幼儿喜欢的方式或方法教学，丰富幼儿的知识经验。

（三）注意的转移与活动指导

注意的转移指主体根据新的任务，有意识地调动注意，从一个对象转移到另一个对象或由一种活动转移到另一种活动的现象。

【例】学完《综合素质》后，开始学习《保教知识与能力》。

幼儿还不善于转移注意，尤其是小班幼儿，以致应当注意另一对象时，却难以从原来的对象移开。大班幼儿则能够随要求比较灵活地转移自己的注意。

根据幼儿注意转移的发展特点，在组织活动时应注意以下两点。

（1）有意识地训练幼儿的注意力，将幼儿的注意转移到有利于其身心健康发展的活动上来。

（2）教育教学内容要符合幼儿的兴趣需要和年龄特征。

（四）注意的分配与活动指导

注意的分配是指在同一时间内，把注意放到两种或几种不同的对象或活动上。

【例】幼儿一边唱歌一边跳舞，一边说话一边摆弄玩具等。

幼儿注意的分配是有条件的，如果同时进行的活动都是幼儿能够熟练掌握的，或者活动之间有一定关联，那么幼儿的注意分配就容易完成。

要提高幼儿注意分配的能力，应做到以下三点。

（1）注重培养幼儿的有意注意和自我控制能力。

（2）可以把活动拆分为不同部分，让幼儿分别熟悉。

（3）要使同时进行的多种活动在幼儿头脑中产生联系。

知识拓展

★ 注意的选择性 ★

注意具有选择性。在众多的信息刺激中，注意的选择性表现为偏向于对一类刺激注意得多，而对另一类事物注意得少。幼儿注意的选择性随着幼儿年龄的增长而发展。

幼儿注意的选择性有三个特点。

（1）幼儿对某一事物的注意往往是因为他们对这一事物感兴趣。

（2）幼儿一般只能注意到事物比较明显的特征。

（3）幼儿注意的选择性受外界强化的影响。例如，在阅读活动中，两名幼儿分别在看有关汽车和恐龙的书，如果教师与看恐龙书的幼儿说话或表扬他，另一名幼儿也会想要看有关恐龙的书。

需要注意的是，强化幼儿注意的关键在于启发或引导，而不是表扬或批评等方式本身。

真题再现

1. 幼儿认真完整地听完教师讲的故事。这一现象反映了幼儿注意的（　　）特征。

A. 选择性　　B. 广度　　C. 稳定性　　D. 分配

【解析】注意的稳定性是指注意力在同一活动范围内所维持的时间长短，维持的时间越长，注意的稳定性就越高。幼儿认真完整地听完老师讲的故事，说的是注意的稳定性。

【答案】C。

2. 小班集体教学活动一般都安排 15 分钟左右，是因为幼儿有意注意的时间一般是（　　）。

A. 20～25 分钟　　B. 3～5 分钟

C. 15～18 分钟　　D. 10～11 分钟

【解析】一般而言，小班幼儿的有意注意只能保持 3～5 分钟。题干中给出的“15 分钟”是干扰信息，事实上集体教学中很多是需要幼儿的无意注意的。

【答案】B。

四、幼儿注意的分散（★★★）

注意的分散是指幼儿的注意离开了当前应该指向的对象，而被一些与活动无关的刺激物所吸引的现象。

【例】小花猫钓鱼时，被飞来的红蝴蝶所吸引，而不能专心钓鱼。

（一）幼儿注意分散的原因

引起幼儿注意分散的原因有很多，主要有以下几点。

注意的转移与注意的分散有着本质的区别。注意的转移是根据新任务的需要，主动地把注意转移到新的对象上，使一种活动合理地代替另一种活动，是一个人注意灵活性的表现。注意的分散是由于受到无关刺激的干扰，使自己的注意离开了需要注意的对象，而不自觉地转移到无关活动上。

1．无关刺激的干扰

幼儿以无意注意为主，他们很容易被新异的、多变的或强烈的刺激物所吸引，从而使他们正在进行的活动受到干扰。

2．疲劳

幼儿神经系统的机能还未充分发展，长时间处于紧张状态或从事单调、枯燥的活动便会使大脑产生一种“保护性抑制”。幼儿起初表现为没有精神，继而注意力开始涣散。

造成幼儿疲劳的另一重要原因是缺乏科学的生活规律。有些家长不重视幼儿的作息制度，晚上让幼儿长时间看电视，或让幼儿和成人一样晚睡，导致幼儿睡眠不足。还有一些父母为幼儿在双休日安排过多的活动，如去公园、逛商店、访亲友等，破坏了原来的生活规律，使幼儿得不到充分休息，而且过于兴奋。

3．缺乏兴趣和关注度

兴趣、成就感和他人的关注度等是构成幼儿参与活动动机的重要因素。对于自我意识尚在发展中的幼儿来说，这些因素会直接影响其活动时的注意状况。

4．目的要求不明确

教师对幼儿提出的要求不具体，或者活动的目的不能为幼儿所理解，也是引起幼儿注意力不集中的原因。幼儿在活动中常常因为不明确应该干什么而左顾右盼，注意分散。

5．教学活动组织不合理

在组织教学活动时，如果只利用幼儿的一种注意形式，也容易导致幼儿注意分散。例如，只用新异刺激来引起幼儿的无意注意，当新异刺激失去新异性后，幼儿便不再注意。

（二）幼儿注意分散的预防措施

1．排除无关刺激的干扰

教室周围的环境要尽量安静，教室布置不要过于繁杂；游戏时不要一次呈现过多的刺激物；教师应在课前把玩具、图画书等收起放好；上课时运用的挂图等教具不要过早呈现，用过应即时收起；对年幼的儿童更不要出示过多的教具。另外，教师本身的装束要整洁大方。

2．制订合理的作息制度

成人应制订合理的生活起居制度，保证幼儿有充分的睡眠和休息。晚间不要让幼儿看电视到太晚；周末不要让幼儿外出玩得太久。幼儿的生活有规律，才能保证他们有充沛的精力从事学习等活动。

3. 关注幼儿的兴趣和需要

教育活动应符合幼儿的兴趣和需要。活动内容应贴近幼儿的生活，选择他们关注和感兴趣的事物。在活动过程中，成人要给予幼儿适当的关注，增强其满足感和成就感。

4. 合理安排教育活动

合理安排教育活动，提高教育活动质量，是防止幼儿注意分散的重要保证。教师要多方面改善活动内容，改进活动方法。

（1）使用清晰、生动、色彩鲜明的教具；使用突出中心、主题与背景对比鲜明的挂图或图片。

（2）教师的语言要形象生动，为幼儿所能理解。活动前应保证幼儿已明确活动目的。

（3）灵活地交替运用无意注意和有意注意。

五、幼儿注意力的培养（★★）

（1）设立良好的环境，防止幼儿分散注意。

幼儿注意的分散常常是因为无关刺激物的干扰。因此，幼儿教师应当保持活动地点周围的安静，教室墙面布置要突出主题，教师衣着要大方得体，用眼神或细微的动作提醒个别注意力不集中的幼儿。当幼儿的注意受到干扰后，要尽快把幼儿的注意吸引到原来的主题上来。

（2）选用新颖的教具，吸引幼儿注意。

幼儿的注意以无意注意为主。因此，在教育教学过程中应选用新颖的教具吸引幼儿注意。例如，设置拼积木游戏，可让幼儿在玩中认识各种色块，拼搭不同造型；选用恰当的动物图片，以简单的故事形式编成加减法应用题，让幼儿的注意紧紧围绕教学的主题。

（3）明确活动目的，帮助幼儿发展有意注意。

随着幼儿年龄的增长，有意注意会逐步发展。大多数知识经验的获得有赖于有意注意。在各项活动中，教师要提出具体的活动目的和方式，激发幼儿完成任务的愿望和积极性，增强幼儿的自我控制力，促进他们有意注意的发展。

（4）注意个体差异，让每个幼儿都有所发展。

幼儿注意的发展有明显的个体差异，如有的幼儿能长时间地看小人书、听故事、做手工，有的则表现为非常好动，注意力难以持久集中。对于好动的幼儿，教师应有意识地多给他们安排一些可以加强注意稳定性的练习活动，如搭积木、画画、穿珠子等。

第四节　幼儿记忆的发展

一、记忆的基础知识（★★）

（一）记忆的概念

记忆是人脑对过去经历过的事物的反映。从信息加工的视角看，记忆是人脑对所输入的信息进行编码、储存和提取的过程。记忆包括识记、保持和恢复三个基本环节。

1．识记

识记是指识别和记住事物，从而积累知识经验的过程。

2．保持

保持是指将已获得的知识经验在头脑中存储并巩固的过程。

3．恢复

恢复是指把头脑中的知识经验重新呈现或提取出来的过程，包括再认和回忆（又称再现）两种形式。

（1）再认是指事物重新呈现时能够再认识，如回答选择题。

（2）回忆是指事物不在当前时能够回想起来，如回答问答题。

知识拓展

艾宾浩斯遗忘曲线

如果识记过的东西不能恢复，或者恢复发生错误，就产生了遗忘。

德国心理学家艾宾浩斯（H. Ebbinghaus）研究发现，遗忘在学习之后立即开始，而且遗忘的进程并不是均匀的。最初遗忘速度很快，以后逐渐放缓。他认为“保持和遗忘是时间的函数”，他用无意义音节（由若干音节字母组成、能够读出、但无内容意义的音节）作为记忆材料进行记忆实验，并根据他的实验结果绘成描述遗忘进程的曲线，即著名的艾宾浩斯遗忘曲线。

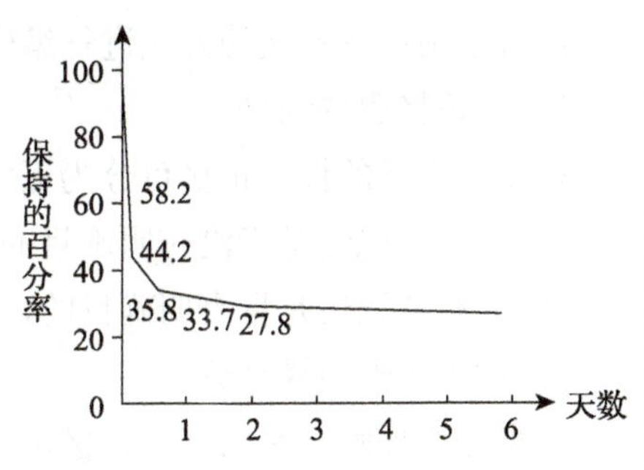

（二）记忆的类型

1．按记忆内容划分

根据记忆内容，可以把记忆分为运动记忆、情绪记忆、形象记忆和语词记忆。

（1）运动记忆是对身体的运动状态或动作技能的记忆。

【例】一个人从小学会游泳，长大后即便多年不游泳，也能较快地恢复。

（2）情绪记忆是对个体对曾经体验过的情绪情感的记忆。

【例】一朝被蛇咬，十年怕井绳。

（3）形象记忆是对感知过的事物具体形象的记忆。

【例】游览过颐和园之后，在脑海中留下万寿山的形象。

（4）语词记忆是指以语言材料为内容的记忆。

【例】概念、定理、公式等。

2. 按记忆保持的时间划分

根据记忆保持时间的长短，记忆可以分为瞬时记忆、短时记忆和长时记忆。

（1）当客观刺激停止作用后，感觉信息在极短的时间内被保存下来，这种记忆叫瞬时记忆或感觉记忆。

【例】匆匆过马路时对周遭景色的记忆。

瞬时记忆是记忆系统的开始阶段，存储时间极短，大约为 0.25～1 秒；但容量较大；主要以图像、声像等物理特征进行编码。

（2）短时记忆是指 1 分钟以内的记忆，也称为工作记忆。

【例】电话接线员接线时对用户号码的记忆。

短时记忆是瞬时记忆和长时记忆的中间阶段，保持时间大约为 5 秒到 1 分钟；容量是 7±2 个信息单位；编码方式以言语听觉形式为主，也存在视觉和语义的编码。

（3）长时记忆是指信息经过加工后，在头脑中长时间保留下来的记忆。

【例】小时候背过的古诗词长久地留在记忆里。

长时记忆的保持时间在 1 分钟以上，甚至保持终生；容量没有限制；以意义的方式进行编码。

> **小旌提示**
>
> 信息单位是指彼此之间没有明确联系的独立信息，被称为组块。

3. 按记忆目的划分

根据有无目的性，记忆可分为无意记忆和有意记忆。

（1）无意记忆是指没有明确目的，也不需要意志努力的记忆。

（2）有意记忆是指有明确目的，需要一定意志努力的记忆。

4. 按人的理解性划分

根据是否理解记忆内容，记忆可分为机械记忆和意义记忆。

（1）机械记忆是指人对所记材料的意义和逻辑关系不理解，而采用简单的、机械重复的方法进行的记忆。

（2）意义记忆是指人根据对所记材料的内容、意义及其逻辑关系的理解进行的记忆，也称为理解记忆或逻辑记忆。

二、幼儿记忆的发展趋势和特点（★★）

（一）幼儿记忆的发展趋势

1. 记忆保持时间延长

研究表明，幼儿记忆保持的时间随着年龄的增长而延长。幼儿最初出现的是短时记忆，长时记忆的出现和发展稍晚。一般来说，3 岁前幼儿的记忆不能永久保持，称为“幼年健忘”；3～4 岁后才出现可以保持终生的记忆。

2. 记忆提取方式的发展

幼儿最初的记忆全部是再认性质的记忆，2 岁左右出现回忆。在整个学前期，回忆都落后于再认。回忆和再认的差距随着年龄的增长而缩小。

3. 记忆容量的增加

（1）记忆广度增加。记忆广度是指在单位时间内能够记忆的材料的数量。人类短时记忆的广度为 7±2 个信息单位，幼儿一开始并不具有这么大的记忆广度。

（2）记忆范围扩大。随着年龄的增长，记忆材料种类逐渐增多，内容逐渐丰富，幼儿的信息加工能力逐渐增强。

4. 记忆内容的变化

幼儿最早出现的是运动记忆，2 周左右出现。6 个月左右的幼儿已有明显的情绪记忆。6～12 个月的幼儿依靠表象进行形象记忆，并和动作记忆、情绪记忆紧密联系。语词记忆在幼儿掌握语言的过程中逐渐发展，也是发展最晚的记忆。

（二）幼儿记忆的变化特点

1. 无意记忆占优势，有意记忆逐渐发展

3 岁前的幼儿基本上只有无意记忆。3 岁时幼儿才出现有意记忆的萌芽，而在整个幼儿期无意记忆的效果都优于有意记忆。到小学阶段，有意记忆才会赶上无意记忆。

2. 较多运用机械记忆

幼儿对于自己并不了解的内容，通过反复背诵就能记住。因此，幼儿时期运用较多的是机械记忆。但无论是机械记忆还是意义记忆，其效果都随着年龄的增长而提高。

3. 形象记忆占优势，语词记忆逐渐发展

幼儿形象记忆的效果高于词语记忆的效果。在整个幼儿时期形象记忆占主要地位。随着幼儿年龄的增长，两种记忆都在发展，而且形象记忆和词语记忆的差距日益缩小。

4. 记忆的意识性和方法逐渐发展

幼儿有意记忆和意义记忆随着年龄的增长而发展。意义记忆向机械记忆渗透，语词记忆向形象记忆渗透，并且日益接近，反映出幼儿记忆的意识性和记忆方法都在逐渐发展。

三、幼儿记忆策略的发展（★★）

记忆的策略

（一）幼儿记忆策略的发展阶段

记忆策略是人们为有效地完成记忆任务而采用的方法或手段。

儿童记忆策略的发展可分为三个阶段：一般来说，幼儿 5 岁以前没有记忆策略；5～7 岁处于过渡期，不能主动使用策略，但经过诱导可以使用策略；10 岁以后儿童的记忆策略逐步稳定并发展起来，能自发地产生和使用策略。

（二）幼儿常用的记忆策略

幼儿常用的记忆策略有复述策略、精细加工策略、组织策略和提取策略。

1. 复述策略

复述策略是为了保持信息而运用内部语言在大脑中重现学习材料或刺激，以便将注意力维持在学习材料上的方法。这是一种非常重要的储存策略。

【例】画线是阅读时常用的一种复述策略。

2. 精细加工策略

精细加工策略是一种将新学习材料与头脑中已有知识联系起来，从而增加新信息的意义的深层加工策略。记忆术是一种常用的精细加工技术，它能在新材料和视觉想象或语义知识之间建立联系。比较流行的记忆术有位置记忆法、缩略词法、谐音法和视觉想象法等。

【例】记忆时，把字母“h”记成椅子。

3. 组织策略

组织策略是指根据知识经验之间的内在关系对学习材料进行系统有序的分类整理和概括，使之结构合理化。

【例】幼儿能对词语进行归类，如将猫、狗、羊归为动物，将花、草、树归为植物等。

4. 提取策略

提取策略是指主体在进行回忆的时候，将存储于长时记忆中的某种信息分离出来并使之进入自己的意识水平之中的方法和手段。提取策略的核心是对线索的利用，对幼儿来说，记忆刺激出现的实地情景对信息的提取具有重要的意义。

【例】当幼儿看到胡萝卜时，提醒幼儿什么小动物爱吃胡萝卜，从而让幼儿想起“兔子爱吃胡萝卜”。

真题再现

按顺序展示“护士”“兔子”“月亮”“救护车”“胡萝卜”“太阳”图片让儿童记忆，儿童回忆说：刚看到了救护车和护士，兔子与胡萝卜，太阳与月亮。这些儿童运用的记忆策略为（　　）。

A. 复述策略　　B. 精细加工策略　　C. 组织策略　　D. 习惯化策略

【答案】C。

四、幼儿记忆能力的培养（★）

（一）激发兴趣和主动性

为幼儿提供形象、鲜明、生动、富有浓厚情绪色彩的记忆材料，以游戏为主，用生动活泼的操作性活动来开展教育，激发幼儿的兴趣和主动性，从而更好地培养其记忆能力。

（二）明确记忆任务

记忆任务的明确，可以提高大脑皮层有关区域的兴奋性，形成优势兴奋中心。因此，在日常活动中，成人要向幼儿提出具体明确的记忆任务，以促进幼儿记忆的发展。此外，成人还要对幼儿完成记忆任务的情况给予及时的肯定和赞扬。

（三）丰富生活经验

幼儿观察、注意到的事物越多，所获得的知识经验就越多，幼儿的记忆内容也就越丰富。因此，成人要多带幼儿接触自然与社会，丰富其生活经验。

（四）运用记忆策略

记忆策略的获得与运用能有效地提高幼儿的记忆水平与效果。因此，成人应注意幼儿记忆策略的培养，有意识地引导幼儿使用假想法、谐音法、形象法、歌诀法等来完成记忆任务。

第五节　幼儿想象的发展

一、想象的基础知识（★）

（一）想象的概念

想象是人们对头脑中已有的表象进行加工和改造，建立新形象的过程。

想象的两大特点是形象性和新颖性。形象性是指想象处理的主要是直观生动的图像信息，而不是词和符号。新颖性是指想象产生的新形象不同于个体亲身感知过的、简单再现于人脑中的记忆表象。它可以是个体从未亲身经历过、现实中尚未存在或者根本不可能存在的事物的形象。

（二）想象的类型

1. 按想象的目的性划分

按照有无目的性，想象可分为无意想象和有意想象。

（1）无意想象。

无意想象又称不随意想象，是指没有预定目的，在一定刺激的影响下，不由自主地进行的想象，是一种最简单的、初级形式的想象。

【例】幼儿把天上的白云想象成棉花糖和大白兔。

（2）有意想象。

有意想象是指有一定目的，在一定意志努力下自觉进行的想象。

【例】文学艺术家在头脑中构思的人物形象、故事情节等。

2. 按想象内容的新颖程度和形成方式划分

根据想象内容的新颖程度和形成方式的不同，想象可以分为再造想象和创造想象。

（1）再造想象。

再造想象是指根据言语的描述和图样的示意，在人脑中形成相应新形象的过程。

【例】幼儿听老师讲《孙悟空大闹天宫》的故事后，头脑中形成孙悟空的形象。

（2）创造想象。

创造想象是指根据一定的目的和任务，在头脑中独立创造新形象的过程。创造想象比再造想象更复杂，具有独立性、首创性和新颖性。

【例】鲁迅头脑中祥林嫂的形象。

3. 按想象的内容划分

根据想象的内容，想象可分为经验性想象、情境性想象、愿望性想象和拟人化想象。

（1）经验性想象：幼儿凭借个人生活经验和个人经历开展想象活动。

【例】中班的超超小朋友对夏日的想象是：小朋友们在水上世界玩耍，一会儿游泳，一会儿玩滑梯，一会儿又吃冷饮。

（2）情境性想象：幼儿的想象活动是由画面的整个情境引起的。

【例】中班的霓霓对暑假的想象是：坐在电风扇下，奶奶从冰箱中拿出西瓜让我们一起吃。

（3）愿望性想象：在想象中表露出个人的愿望。

【例】大班幼儿田田说："妈妈，我长大了也想和你一样，做一个老师。"

（4）拟人化想象：把客观物体想象成人，用人的生活、思想、情感、语言等等去描述。

【例】中班幼儿玲玲去过海洋馆后，对妈妈说："有的鱼睁着眼睛盯着我看，好像在说'我认识你'。"

二、幼儿想象的特点（★★）

幼儿想象的特点

（一）以无意想象为主，有意想象开始发展

幼儿时期以无意想象为主，小班幼儿尤为突出。有意想象在幼儿期开始萌芽，幼儿晚期表现明显。

1. 无意想象的特点

（1）想象无预定目的，常由外界刺激引起。

幼儿的想象常常是由外界刺激直接引起的，想象活动不能指向一定的目标。例如，幼儿绘画时，开始并不知道自己要画什么，画了一个圆，老师说看着像橙子，幼儿就说自己画了一个橙子。

（2）想象主题不稳定，内容零散。

幼儿的想象很难按一定目的坚持下去，容易从一个主题转换到另一个主题，进一步导致幼儿想象的内容不成系统。例如，幼儿在玩沙子时，一会儿堆城堡，一会儿做蛋糕，一会儿挖地道，做出很多没有联系的物体形象。

（3）以想象的过程为满足。

幼儿的想象往往不追求达到一定的目的，只满足于想象进行的过程，会对有兴趣的内容反复进行想象。例如，幼儿反复听同一个故事依然兴致盎然。

（4）想象过程受情绪和兴趣的影响。

幼儿在想象的过程中常表现出很强的兴趣性和情绪性。情绪和兴趣高涨时，幼儿想象就活跃。例如，受到成人表扬或支持的想象活动，幼儿就能长时间地坚持下去；而受到冷落或没有被成人及时肯定的想象活动，就变得索然无味而被幼儿放弃了。

2. 有意想象开始发展

（1）中班以后，幼儿的想象开始具有一定的有意性和目的性。例如，通过教师对故事前半部分的描述，幼儿进行有意想象，创编故事的结尾。

（2）大班以后，幼儿想象的目的性进一步明确，主题逐渐稳定，而且想象具有一定的独立性。例如，对于神话故事中的主人公，有些幼儿会为其命运担心；而有的幼儿则会说：“不用怕，这个故事是假的”，表明他们对想象内容有了一定的评价。

（二）以再造想象为主，创造想象开始发展

1. 以再造想象为主

整个幼儿时期，幼儿以再造想象为主，表现为想象在很大程度上具有复制性和模仿性。幼儿的再造想象特点如下。

（1）想象依赖于成人的语言描述。

幼儿在听故事时，想象随着成人的讲述而展开。如果讲述配以直观图像，幼儿想象会进行得更好。游戏中也是如此，年龄越小的幼儿越依赖于教师的语言提示进行想象。例如，较小的幼儿抱着一个娃娃，只是静静地坐着，可能完全不进行想象。当教师走过来说：“娃娃在睡觉吗？”幼儿的想象才活跃起来。

（2）想象常根据外界情境的变化而变化。

从想象的发生和进行来说，幼儿的想象是无意的、被动的。从想象的内容来说，幼儿的想象是再造的，且常根据外界情境的变化而变化。

（3）实际行动是幼儿想象的必要条件。

幼儿捏橡皮泥时，起初他并不知道自己要捏什么。过了一会儿，他突然说“看，小兔子”，但根本看不出来是什么。当他捏的形状恰巧比较符合他头脑中小兔子的表象时，头脑中就唤起了小兔子的表象，说自己捏了个小兔子。这种想象的创造性成分较少。

2. 创造想象开始发展

（1）幼儿最初的创造想象是无意的自由联想，称为表露式创造。

（2）幼儿创造性想象的形象和原型略有不同，或者只是在常见模式的基础上有一点改造。

（3）幼儿创造性想象的情节逐渐丰富，从原型发散出来的数量和种类增多，还能从不同中找出非常规性的相似。

（三）想象的夸张性

1. 夸张事物的某个部分或某种特征

幼儿常常把事物的某个部分或某种特征在想象中加以夸大。绘画是幼儿想象发展的良好途径，因此幼儿绘画时，常把外界给自己的强烈的感受表现出来。例如，在幼儿的绘画中，可发现长颈鹿的脖子特别长；大象的头特别大。这些夸大部分，常是幼儿印象特别深刻的部分。

真题再现

一名幼儿画小朋友放风筝，将小朋友的手画得很长，几乎比身体长了 3 倍，这说明了幼儿绘画具有（　　）。

A. 形象性　　B. 抽象性　　C. 象征性　　D. 夸张性

【答案】D.

2. 想象有时和现实混淆

幼儿经常将想象的东西和现实混淆，表现在以下三个方面。

（1）把渴望得到的东西说成已经得到的东西。例如，婷婷看到小静正在玩漂亮的芭比娃娃，就说“我家也有”，其实婷婷家没有。

（2）把希望发生的事情当成已发生的事情。例如，琪琪周末想去游乐园玩，但是天气不好没能去成。周一开学后，她对小朋友说：“我去游乐园玩了。”

（3）在参加游戏或欣赏文艺作品时，往往身临其境与角色产生同样的情绪反应。例如，小班幼儿在玩“老鹰抓小鸡”的游戏时，凶猛的“老鹰”一下子抓到“鸡妈妈”尾巴上的“小鸡”，被抓住的“小鸡”吓得哇哇直哭并拼命挣扎。

三、幼儿想象力的培养（★）

幼儿期是想象最为活跃的时期，想象贯穿于幼儿的各种活动中，对幼儿的认知、情绪、游戏、学习活动起着十分重要的作用。因此，教师要注意发展幼儿的想象力。

（一）扩大视野，发展语言

知识和经验的积累是幼儿想象力发展的基础。因此成人要指导幼儿去感知客观世界，让他们去看、去听、去观察、去模仿。通过参观、旅游等活动开阔幼儿的视野，积累感性知识，丰富生活经验，增加表象内容，为幼儿的想象增加素材。

此外，语言可以表现想象，幼儿的语言水平直接影响着想象的发展。因此成人还要通过故事续编、仿编诗歌、适时停止故事讲述等形式发展幼儿的语言表达能力。

（二）保护好奇心，激发求知欲

好奇是人的天性，求知是人的本能。成人在保护好幼儿好奇心的同时，还要善于将好奇心引发为求知欲，多深入幼儿的世界中，用幼儿的眼睛去看事物，用提问、启发等方法调动他们的想象，给他们足够大的想象空间。

（三）在游戏中鼓励和引导想象

玩具和游戏材料是引起幼儿想象的物质基础。在游戏活动中，特别是角色游戏和造型游戏中，随着游戏情节的发展变化，幼儿的想象异常活跃，逐渐发展。因此教师要提供多种游戏材料，在游戏中鼓励和引导幼儿大胆想象。

（四）在活动中创造想象

有目的、有计划的训练是提高幼儿想象力的重要措施。例如，文学活动中的讲故事能发展幼儿的再造想象，绘画活动中的创造性涂鸦能激发幼儿广泛的联想，使他们在已有的经验基础上构思、加工、创造自己满意的内容。因此，教师可让幼儿自己结合经验和想象讲故事、绘画、搭积木等。

第六节　幼儿思维的发展

一、思维的基础知识（★）

（一）思维的概念

思维是人脑对客观事物间接的、概括的反映。它反映的是客观事物的本质及其规律性的联系。思维是人类认识的高级阶段，是在感觉基础上实现的理性认识形式。

（二）思维的特点

1．间接性

思维的间接性是指思维能对感官不能直接感知的事物，借助于一些媒介和头脑加工来进行反映。

【例】我们早晨起来看到屋外地面上非常湿，就知道昨天夜里下过雨。

2．概括性

思维的概括性是指思维反映一类事物所具有的共性，反映的是事物之间普遍的、必然的联系。

【例】万有引力定律。

（三）思维的类型

根据所要解决的问题的性质、内容和解决问题的方式，思维可以分为直观行动思维、具体形象思维和抽象逻辑思维。

1．直观行动思维

直观行动思维又称为直觉行动思维，是指依靠对事物的感知和实际操作来进行的思维。直观行动思维是最低水平的思维。幼儿最初的思维以直观行动思维为主，3 岁前幼儿的思维离不开自身的动作。

【例】幼儿将玩具拆开，又重新组合起来，离开玩具或者动作停止，思维也就停止了。

2．具体形象思维

具体形象思维是利用物体在头脑中的具体形象来解决问题的思维。3～7 岁的儿童更多的是运用形象思维解决问题。

【例】幼儿在计算“3+4=7”时，不会对抽象数字进行加减，而是在头脑中用 3 个手指加上 4 个手指，或 3 个苹果加上 4 个苹果进行计算。

3．抽象逻辑思维

抽象逻辑思维是运用概念，根据事物的逻辑关系来进行的思维。抽象逻辑思维是靠言语进行的思维，是人类所特有的思维。幼儿阶段只是抽象逻辑思维的萌芽。

【例】人脑思考太阳为什么会东升西落、季节为什么会有春夏秋冬等。

真题再现

小班幼儿玩橡皮泥时，往往没有计划性。橡皮泥搓成团就说是包子，搓成条就说是油条，长条橡皮泥卷起来就说是麻花。这反映了小班幼儿（　　）。

A．具体形象思维的特点　　B．直观行动思维的特点

C．象征性思维的特点　　D．抽象逻辑思维的特点

【解析】题干中幼儿对“包子”“油条”和“麻花”的认知是在其对橡皮泥的实际操作的基础上建立的，即直观行动思维离不开幼儿自身的动作。

【答案】B。

（四）思维的过程

人们运用储存在头脑中的知识经验，对外界输入的信息进行分析、综合、比较、分类、抽象和概括化的过程，就是思维的过程。其具体内容如表 1-3-2 所示。

表 1-3-2　思维的具体过程

过程	概念	示例
分析	在头脑中把事物的整体分解成各个部分、方面或个别特征	把一棵树分解为根、茎、叶、花等；把电脑分解为显示器、主机、鼠标、键盘等
综合	在头脑中把事物的各个部分、特征、属性结合起来形成一个整体	把文章的各个段意综合起来，就能把握全文的思想
比较	在头脑中把各种事物或现象加以对比，确定它们之间的相同点、不同点及其关系	人们要挑选电脑，首先要了解各种品牌电脑的、性能、外形以及价格等
分类	在头脑中根据事物或现象的共同点和差异点，把它们区分为不同的种类	生物可以分为动物和植物；动物又可以分为脊椎动物和无脊椎动物等
抽象	在头脑中把同类事物或现象的共同的、本质的特征抽取出来，并舍弃个别的、非本质的特征	人们从手表、闹钟、座钟、挂钟等对象中抽取出它们共同的、本质的特征即“能计时”，舍弃它们的非本质特征如大小、高度、形状等
概括	在头脑中把抽象出来的事物的共同的、本质的特征综合起来并推广到同类事物中去	人们把“生物”的本质属性——有生命，综合起来，推广到其他事物上，指出：“凡是有生命的物质都叫生物”

（五）思维的形式

思维的基本形式包括概念、判断和推理。其具体内容如表 1-3-3 所示。

表 1-3-3　思维的基本形式

过程	概念	示例
概念	人脑反映事物本质属性的思维方式	由不在同一直线上的三条线段首尾顺次连接所组成的封闭图形叫作三角形
判断	事物之间或事物与其特征之间联系的反映，是概念与概念之间的联系	天天是红星幼儿园大一班的小朋友
推理	在已有判断的基础上推断出新的判断的过程	根据判断“天天是红星幼儿园大一班的小朋友”和“可可是红星幼儿园中一班的小朋友”，得出“天天和可可都是红星幼儿园的小朋友”或“可可不是大一班的小朋友”的结论

二、幼儿思维的发展趋势和特点（★★★）

1 岁以前的婴儿，只有对事物的感知，而没有思维。随着活动和言语的发展，1 岁以后的婴儿开始对事物有了概括的反映，从此出现了人类思维的初级形式。

幼儿早期以直观行动思维为主，幼儿中期以具体形象思维为主，幼儿晚期抽象逻辑思维开始萌芽。具体的发展趋势和特点如下。

（一）直观行动思维在发展

3 岁前的幼儿主要是直观行动思维。3 岁后，直观行动思维继续发展，并且发生了质的变化。这些变化主要表现在以下三个方面。

（1）解决的问题复杂化。

2 岁幼儿的直观行动思维只能解决一些非常简单的问题。3 岁以后，幼儿在有主题、有情节的游戏、绘画、手工等活动中解决的问题逐渐复杂化。例如，在日常生活中，幼儿有时不直接问妈妈要某个东西，而是缠着妈妈讨论这个东西，用间接的方式达到自己的目的。

（2）解决问题的方法概括化。

2 岁左右幼儿的思维方法是依靠详尽的、展开的实际行动。思维的每一步和实际行动都分不开，而且常常是在行动中“顿悟”而解决问题的。3 岁后，思维所依靠的行动逐渐概括化，解决问题过程中的某些行动可以压缩或省略。

（3）语言的作用逐渐增强。

在幼儿最初的思维中，语言往往在行动之后，只是作为行动的总结。之后，语言仍然离不开直观形象，直观和行动在思维中还占有相当大的比重。但语言对思维的调节作用越来越大，而直观和行动则只起到引起注意、补充和加强语言的作用。

（二）具体形象思维占据主导地位

在直观行动思维的基础上，幼儿思维的具体形象性逐渐发展，并在幼儿期占据主导地位，并具有以下几方面的特点。

（1）具体性。

幼儿思维的内容是具体的。他们能够掌握代表实际东西的概念，不易掌握抽象概念。比如，“家具”这个词比“桌子”“椅子”等抽象，幼儿较难掌握。

（2）形象性。

幼儿思维的形象性，表现在幼儿依靠事物的形象来思维。幼儿的头脑中充满着各种各样颜色和形状的事物的生动形象。例如，爷爷总是长着白胡子，穿白大褂的都是医生，兔子总是“小白兔”等。

> 需要注意的是具体性和形象性是具体形象思维的两个最为突出的特点。

（3）经验性。

幼儿常常根据自己的生活经验来进行思维，而不是根据成人的逻辑推理进行思维。例如，幼儿把热水倒进浴缸里，问他原因时，他解释说：“老师讲过喝开水不生病，小鱼也应该喝开水”。

（4）拟人性。

幼儿往往把动物和物体当做人来看待。他们把自己的行动经验和思想感情加到小动物或玩具身上，和它们说话、做游戏。例如，幼儿总是认为太阳是“太阳公公”，月亮是“月亮姐姐”。

（5）表面性。

幼儿只根据具体接触到的表面现象来进行思维，并不反映事物的本质联系。例如，一个 5 岁的幼儿看到阿姨给新生儿喂奶时，奶水从乳房里流出来，他认真地问：“阿姨，那里面（指乳房）也有果汁吗？”

幼儿只从表面理解事物，因而不理解词的转义。例如，幼儿听妈妈说：“看那个女孩长得多甜！”他问：“妈妈，你舔过她吗？”

幼儿也难以理解“反话”。例如，一位老师用反话对一个幼儿说：“你吃不吃饭？不吃饭就去睡觉吧！”幼儿果真就放下碗筷，到床上去睡觉了。

（6）片面性。

由于不能抓住事物的本质特征，幼儿的思维常常是片面的。在解决问题的过程中，幼儿只能照顾到事物的一个维度，而不能兼顾两个维度，所以还不能形成守恒。思维的片面性还常常使幼儿“好心办坏事”。

（7）固定性。

思维的固定性指幼儿的思维缺乏灵活性，在日常生活中常常“认死理”。例如，手工活动中，小朋友都等着老师发剪刀，可是发到中途剪刀不够了，于是老师拿生活区的剪刀给他们，他们说什么都不肯要。

（8）近视性。

思维的近视性是指幼儿只能考虑到事物眼前的影响，而不会更多地去思考事情的后果。例如，一个男孩不小心摔破了头，左右额头上各缝了几针。父母担心他将来留下疤痕。可是男孩自己却特别开心，认为自己又长了两只眼睛。幼儿思维的近视性常常导致成人和幼儿之间的矛盾。成人给幼儿的告诫，幼儿往往不能理解。

真题再现

1. 小红知道 9 颗花生吃掉 5 颗，还剩 4 颗，却算不出“9–5”等于多少？说明小红的思维具有（　　）。

A. 具体形象性　　B. 抽象逻辑性

C. 直观动作性　　D. 不可逆性

【解析】幼儿时期典型的思维方式是具体形象思维，需要借助具体的事物或事物的表象进行思维，题干中小红知道 9 颗花生吃掉 5 颗，还剩 4 颗，这说明小红能够借助具体的事物进行思维，但是算不出“9–5”等于多少，说明她还不能运用逻辑运算思维。故选 A。

【答案】A。

2. 青青的妈妈说："那孩子的嘴真甜！"青青问："妈妈，您舔过她的嘴吗？"这主要反映了青青（　　）。

A. 思维的片面性　　B. 思维的拟人性

C. 思维的生动性　　D. 思维的表面性

【解析】思维的表面性是指，幼儿只从表面理解接触到的事物，不能理解词语的深层意思。材料中青青对妈妈的话只是表面的理解，故选D。

【答案】D。

3. 一名4岁幼儿听到教师说"一滴水，不起眼"，结果他理解成了"一滴水，肚脐眼"。这一现象主要说明幼儿（　　）。

A. 听觉辨别力弱　　B. 想象力非常丰富

C. 语言理解凭借自己的具体经验　　D. 理解语言具有随意性

【解析】幼儿的思维常常是根据自己的生活经验来进行的，而且幼儿先理解的是比较具体的词，之后才能逐渐理解较抽象的词。"肚脐眼"较"不起眼"更具体，更生活化，幼儿可能早就具备了对"肚脐眼"的认知经验，而对"不起眼"还比较陌生。

【答案】C。

（三）抽象逻辑思维开始萌芽

5～6岁的幼儿开始能够对事物的一些本质特征进行初步的认识，抽象逻辑思维开始萌芽，主要表现在以下两方面。

（1）幼儿不但能广泛了解事物的现象，而且开始要求了解事物的原因、结果、本质、相互关系等。他们遇到什么事情都喜欢问"为什么"。例如，"螃蟹为什么横着爬，天为什么是蓝色的？"等等。

（2）幼儿的思考力进一步发展，逐步能反映事物的内在本质及事物间的规律性联系。幼儿能根据事物内部的共同特点来进行概括，如把汽车、电车、轮船、三轮车放到一起，说"它们都可以让人乘坐"；把狮子、老虎、狐狸、狼、大象放到一起，说"它们都是动物"。幼儿已能够准确运用玩具、水果、家具、交通工具等概念，而且能结合生活中的大量事实，理解一些更抽象的概念，如"勇敢""认真"等。

真题再现

大班幼儿认知发展的主要特点是（　　）。

A. 直觉行动性　　B. 具体形象性　　C. 抽象逻辑性　　D. 抽象概括性

【解析】幼儿早期以直观行动思维为主，中期以具体形象思维为主，晚期抽象逻辑思维开始萌芽，但仍以具体形象思维为主。大班幼儿思维的主要特点是具体形象性，需要借助具体的形象事物或事物的表象进行思维。

【答案】B。

三、幼儿思维过程的发展（★★★）

在学前期，幼儿思维的基本过程都有所发展。

（一）分析与综合

幼儿在分析、综合活动中对事物复杂的组成部分还不能把握。随着语言在幼儿分析、综合中作用的增加，幼儿逐渐学会凭借语言在头脑中进行分析与综合。

（二）比较

比较是分类的前提，通过比较才能进行分类。幼儿对事物进行比较有以下特点。

（1）逐渐学会找出事物的相应部分。

（2）先学会找物体的不同处，后学会找物体的相同处，最后学会找物体的相似处。

小旌妙记

幼儿比较能力的发展趋势可通过口诀记忆：找不同——找相同——找相似。

（三）分类

分类活动能反映幼儿的概括水平，分类能力的发展是逻辑思维发展的一个重要标志。

1. 幼儿分类能力的发展

幼儿分类能力的发展情况可归纳为以下五类。

（1）不能对物体进行分类。

（2）按照感觉特点分类，包括按照颜色、形状、大小或其他特点分类。例如，把桌子和椅子归为一类，因为都是四条腿的。

（3）按照生活情境分类，把日常生活情境中经常在一起的东西归为一类。例如，书包是放在桌子上的，就把书包和桌子归为一类。

（4）按照功用分类，例如，桌子和椅子是写字用的，碗和筷是吃饭用的，车和船是拉人用的等。

（5）按照概念分类，例如，按交通工具、玩具、家具等进行分类，并能给这些概念下定义说明分类原因。

不同年龄阶段的幼儿分类能力发展情况有所不同，如表 1-3-4 所示。

表 1-3-4 不同年龄阶段的幼儿的分类能力发展情况

大致年龄段	分类能力
4 岁以下	基本上不能分类
5~6 岁	由不会分类向开始发展初步分类能力过渡
5 岁半~6 岁	从依靠外部特点分类发展为依靠内部隐蔽特点进行分类
6 岁以后	开始逐渐摆脱具体感知和情境性的束缚，能够按照物体的功用及内在联系进行分类

2. 幼儿分类能力的培养

（1）在日常生活中丰富幼儿的生活经验，随时随地培养幼儿的分类能力。

（2）在教学活动中培养幼儿的分类能力。教师提供可操作的教具和玩具，让幼儿动手感知事物的属性、颜色、大小、形状及其他特点，潜移默化地渗透关于分类的相关经验，以间接指导为主加强幼儿分类能力的发展。

（3）在游戏活动中培养幼儿的分类能力。

真题再现

为了解中班幼儿分类能力的发展，教师选择了"狗、人、船、鸟"四张图片，要求幼儿从中挑出一张不同的。很多幼儿拿出来"船"，他们的理由分别是：狗、人和鸟是在一起出现的，船不是；狗、人、鸟都有头、脚和身体，而船没有；狗、人、鸟是会长大的，而船是不会长大的。

问题：

（1）请结合上述材料分析中班幼儿分类能力的发展特点。

（2）基于上述材料中幼儿的发展特点，教师如何实施教育。

【参考答案】（1）中班幼儿分类能力受其具体形象思维的特点约束，从主要按照颜色、形状、大小分类发展成按照事物属性及事物自身隐蔽的内部特征来进行分类。结合材料可知，中班幼儿的分类能力有以下特点。

① 依据生活情境分类，幼儿把日常生活情境中经常在一起的东西归为一类，狗、人、鸟是幼儿真实生活的反映，并与他们的日常生活息息相关。

② 依据感觉特点进行分类，如颜色、形状、大小或其他特点分类，材料中幼儿会将狗、人、鸟分成一类，是因为它们最突出的特点就是都有头、脚和身体。

③ 依据事物的概念进行分类，狗、人、鸟会长大，因为他们有生命，是生物；而船是没有生命的，是非生物。

（2）幼儿分类能力的培养应该在不同的环境中进行，根据幼儿身心发展的阶段性和连续性的特点，由易到难、由浅入深地进行培养。

① 在日常生活中丰富幼儿的生活经验，随时随地培养幼儿的分类能力。如在日常生活中可以让幼儿学习垃圾分类，对可回收的塑料瓶、纸制品及不可回收的果皮进行分类。

② 在教学活动过程中，教师提供可操作的教具和玩具，让幼儿动手感知事物的属性、颜色、大小、形状及其他特点，潜移默化地渗透关于分类的相关经验，以间接指导为主加强幼儿分类能力的发展。

③ 在游戏活动中培养幼儿的分类能力，通过游戏教幼儿分类，激发幼儿对分类的兴趣。

（四）概括

幼儿的概括水平处于从表面的、具体的感知和经验的概括，到开始进行某些内部的、靠近本质概括的发展阶段。

四、幼儿思维形式的发展（★★★）

（一）幼儿概念的发展

幼儿对事物概念的掌握直接受概括水平的制约，具体特点如下。

1. 内涵不精确，外延不适当

幼儿掌握的概念只反映事物外部的表面特征，而不能反映事物的本质特征。例如，幼儿认为头发长的是女生，头发短的是男生。同时幼儿的概念外延可能过宽或过窄。例如，幼儿把萝卜归为“果实”。

2. 以掌握实物概念为主，并向掌握抽象概念发展

幼儿先掌握的概念大都是实物概念，且以低层次概念和具体特征为主。

幼儿初期所掌握的实物概念主要是其所熟悉的事物，如幼儿会指着图画里的狗说：“这是狗”。幼儿中期已能掌握实物某些比较突出的特征，由此获得实物的概念，如幼儿看到狗后会发出“汪汪汪”的声音。幼儿晚期开始初步掌握某一事物较为本质的特征，如功用的特征或若干特征的总和，例如，知道“笔是用来写字的”“狗都爱吃骨头”等。

3. 掌握数概念晚于实物概念

（1）数概念的发生。

幼儿数概念的发生阶段为：辩数（1 岁半～2 岁）→认数（2 岁～3 岁半）→点数（3 岁半～4 岁）。

（2）数概念的形成。

幼儿数概念的形成阶段为：口头数数（即唱数）→给物说数→按物取数→掌握数概念。

（3）掌握数概念。

掌握数概念包括掌握数的顺序、数的实际意义和数的组成。

① 数的顺序。3 岁左右的幼儿已经能够学会口头数 10 以内的数。

② 数的实际意义。当幼儿学会口头数数后，逐渐学会手口一致地按物点数，然后学会说出物体总数。这时就可以说幼儿掌握了数的实际意义。

③ 数的组成。幼儿在实物加减的过程中认识到两个或更多的数可以合并为一个大的数，大数也可以分成很多小的数，即掌握了数的组成。幼儿掌握了数的组成，就形成了数的概念。

4. 空间概念和时间概念的发展与幼儿掌握的词相联系

（1）幼儿较易掌握“上下”“前后”等空间概念，而较难掌握“左右”概念。

（2）幼儿对时间顺序概念的掌握受时间循环周期长短的影响。

（3）7 岁以后，儿童基本能掌握空间关系和时间关系。

真题再现

下列幼儿行为表现中，数概念发展水平最低的是（　　）。

A. 按数取物　　B. 按物说数　　C. 唱数　　D. 默数

【答案】C。

（二）幼儿判断的发展

（1）从判断形式看，幼儿的判断从以直接判断为主，开始向间接判断发展。

（2）从判断内容看，幼儿的判断从反映事物的表面联系，逐渐向反映事物本质联系发展；从反映物体的个别联系逐渐向反映物体多方面的特征发展。

（3）从判断依据看，幼儿从以对待生活的态度为依据，开始向以客观逻辑为依据发展。

（4）从判断依据的意识看，幼儿起先没有意识到判断的依据，以后逐渐开始明确意识到自己的判断依据。

（三）幼儿推理的发展

1. 转导推理

幼儿最初的推理是转导推理，即从一些特殊的事例到另一些特殊事例的推理。转导推理以从一个具体的观察中形成一个具体的结论为基础。这种推理是 3～4 岁幼儿常见的推理形式。

【例】幼儿盼盼知道给小树浇水，树会长出叶子。当他在动物园里看到梅花鹿时说："如果往它头顶上浇水，那树枝（指鹿角）一定能长出树叶来。"

2. 归纳推理

归纳推理是从个别到一般的推理方法，即从许多个别事实中概括出一般原理。幼儿还不能完全抓住概念的本质，只能根据事物的表面特征进行推理。

【例】幼儿根据"猫会叫，狗会叫"推导出"小动物会叫"。

3. 演绎推理

演绎推理是从一般到个别的推理方法，即用已知的一般原理考察某一特殊的对象，推演出有关这个对象的结论。演绎推理的典型形式是三段式，通常包括大前提、小前提和结论三部分。幼儿的演绎推理直到 5～7 岁才逐渐发展。

【例】幼儿根据"水果可以生吃"（大前提）和"苹果是水果"（小前提），可以推出"苹果可以生吃"的结论。

4. 类比推理

类比推理是对事物或数量之间关系的发现和应用，在某种程度上属于归纳推理。3～6 岁的幼儿已经具有一定的类比推理能力。一般来说，3 岁的幼儿还不会进行类比推理，4 岁的幼儿类比推理开始发展，但水平很低。

【例】根据耳朵用来听，眼睛用来看，鼻子用来闻，可以类比推理出舌头用来尝。

真题再现

下雨天走在被车轮碾过的泥泞路上，晓雪说："爸爸，地上一道一道的是什么呀？"爸爸说："是车轮压过的泥地儿，叫车道沟。"晓雪说："爸爸脑门儿上也有车道沟（指皱纹）。"晓雪的说法体现的幼儿思维特点是（　　）。

A. 转导推理　　B. 演绎推理　　C. 类比推理　　D. 归纳推理

【解析】晓雪根据"泥地儿上的一道道痕迹"与"爸爸脑门儿上的痕迹"相同，推出爸爸脑门儿上的痕迹也是"车道沟"，这属于类比推理。

【答案】C。

五、幼儿理解的发展（★★）

理解是个体运用已有的知识经验去认识事物的本质和规律的思维活动。幼儿对事物的理解有以下发展趋势。

（1）从对个别事物的理解，发展到理解事物的关系。

（2）从主要依靠具体形象来理解事物，发展到依靠语言说明来理解事物。

（3）从对事物做简单、表面的理解，发展到理解事物较复杂、较深刻的含义。

（4）从主观情感来理解，发展到比较客观地理解。

（5）从不理解事物的相对关系，发展到逐渐能理解事物的相对关系。

六、幼儿思维能力的培养（★★）

（一）创设机会

幼儿初期的思维离不开直接的感知。教师应创造让幼儿参与活动与操作的条件和机会，提供可以直接感知的活动材料，让幼儿多看、多听、多闻、多尝试、多动手，并鼓励幼儿边操作、边思考。在充分操作的基础上，教师还要引导幼儿根据自己的经验进行归纳和总结，由表象代替动作，逐步实现直观行动思维向具体形象思维的过渡。

（二）丰富认识

教师应根据幼儿思维的具体形象性特点，提供鲜明、形象、生动、直观的玩具教具和活动材料，以游戏法、观察法、操作练习法、实验法等为主要教学方法，不断丰富幼儿的感性知识。此外，幼儿思维水平的局限性使他们的想法往往很片面、很表面，常常会做出令成人匪夷所思的事情，教师应予以理解，而不是给予简单、粗暴的批评。

（三）发展言语

幼儿言语的发展是幼儿思维向更高水平的抽象逻辑思维发展的必要条件。教师应当通过讲故事、复述故事等方法让幼儿掌握更多的词汇，正确使用口头言语表达自己的想法。

（四）注重游戏

游戏在幼儿思维发展的过程中起着重要的作用。因此要重视幼儿的游戏活动，给幼儿提供适合他们年龄特点的玩具，鼓励幼儿去玩。让幼儿通过彩泥、拼图、过家家、搭积木、画画等玩的过程去体验成功的愉悦，增进对事物的兴趣，促进思维的发展。

第七节 幼儿言语的发展

幼儿言语的发展是衡量幼儿心理发展水平的重要标志。

一、言语的基础知识（★）

（一）言语与语言

语言是以词为基本单位，以语法为构造规则的符号系统，是人们表达思想感情和进行交流的重要工具。

言语是一个人运用语言工具进行思考和社会交往的行为过程。通过言语活动，人们可以理解对方的语言，或表达自己的思想和情感，并与人沟通、交流。

（二）言语的分类

言语可以分为外部言语和内部言语，如图 1-3-1 所示。

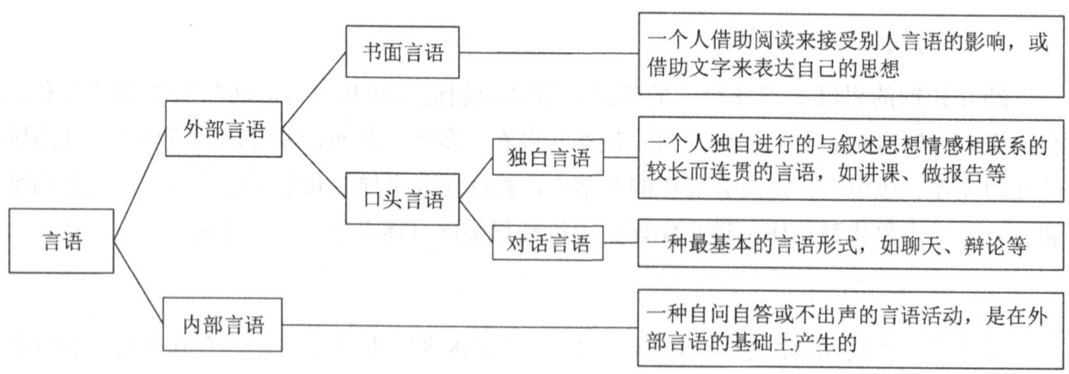

图 1-3-1　言语的分类

二、幼儿言语发展的阶段（★★★）

言语活动包括对语言的感知和理解以及发出语言两个方面。幼儿言语活动的这两方面在发生发展的过程中并不是同步的。其发展趋势是语音知觉发展在前，正确语音发展在后；理解语言发展在前，语言表达发展在后。

（一）前言语阶段（0～1岁）

婴儿时期是前言语阶段，又称言语的准备阶段。

1. 言语发生的准备

言语发生的准备表现在两个方面。

（1）说出词的准备，包括发出语音和说出最初的词。

（2）理解词的准备，包括语音辨别和对语词的理解。

2. 前言语阶段的三个小阶段

（1）简单发音阶段（0～3个月）。

新生儿因呼吸而发出声音，哭是婴儿最早的发音。从3～4个月开始，婴儿在吃饱睡足时会发出“啊咕”等声音。但这些声音大多没有任何符号意义。

（2）连续音节阶段（4～8个月）。

在这个阶段，婴儿发出的声音出现明显的元音和辅音，而且会连续重复同一音节，如“da—da—da”“ba—ba—ba”等。这个阶段也被称为连续发音阶段。

（3）模仿发音（9～12个月）

这个阶段，婴儿开始模仿成人的语音，发出的音明显增加了不同音节的连续发音，音调也开始多样化，但掌握语音还需要把发出的音与语词所代表的事物结合起来。这是幼儿学话的萌芽。

（二）言语发生阶段（1～3岁）

从1岁起，幼儿进入正式学习语言的阶段。1到1岁半的幼儿理解言语的能力发展很快，在此基础上开始主动说出一些词；2岁以后，幼儿的言语表达能力迅速发展，逐渐能用较完整的句子表达自己的思想。此时期，幼儿口语的发展可分为两大阶段。

1. 不完整句阶段

（1）单词句阶段（1岁～1岁半）。

这一阶段，幼儿言语的发展主要表现在言语理解方面。同时，他们开始主动说出有一定意义的词，并采用以下方法表达自己的意思。

① 单音重叠。幼儿喜欢说重叠的字音，如“抱抱、袜袜”等。

② 以音代物。幼儿喜欢用象声词代表物体的名称，如将狗说成是“汪汪”，将小汽车说成是“嘀嘀”。

③ 一词多义。幼儿见到猫说“猫猫”，见到毛手套、毛领子一类带毛的东西也会说“猫猫”。

④ 以词代句。幼儿会用一个词代表一个句子，如幼儿说“球”，表达的语义可能是“我要玩气球”。

（2）双词句阶段（1 岁半～2 岁）。

这一阶段，幼儿开始说由双词或三词组合在一起的句子。例如，一个幼儿说：“奶奶，饭”，意思是“奶奶在做饭”。因为这种句子的表现形式是断续的、简略的，结构不完整的，类似电报文件，所以也被称为“电报句”。

真题再现

1 岁半的幼儿想给妈妈吃饼干时，会说“妈妈”“饼”“吃”，并把饼干递过去，这表明该阶段幼儿语言发展的一个主要特点是（　　）。

A. 电报句　　B. 完整句

C. 单词句　　D. 简单句

【解析】1 岁半～2 岁幼儿言语的发展处于双词句阶段，说出的句子断续、不完整，像发电报一样，所以被称为电报句。

【答案】A。

2. 完整句阶段

幼儿 2 岁以后，开始学习运用合乎语法规则的完整句更准确地表达自己的思想。2～3 岁是人生初学说话的关键时期。在良好的语言环境下，幼儿在此时期的言语发展最为迅速。这一时期，幼儿言语的发展主要表现在以下两个方面。

（1）能说出完整的简单句，并出现复合句。

此时期的幼儿渐渐能用简单句表达自己的意思，并开始会说一些复合句。幼儿说出的句子逐渐变长，由各种词类构成，日趋完整、复杂。同时，语言表达的内容方面也发生了质的变化，开始能把过去的经验表达出来。

（2）词汇量迅速增长。

2～3 岁幼儿的词汇量增长非常迅速，几乎每天都能掌握新词，并且学习新词的积极性非常高，经常指着某种物体问“这是什么？”“那是什么？”，当成人把物体的名称告诉他们时，他们便学会了一个新词。

（三）基本掌握口语阶段（2、3～6、7 岁）

2 岁以后，特别是 3 岁到入学前，是幼儿基本掌握口语阶段。幼儿在掌握语音、词汇、语法和口语表达能力方面都迅速发展，为入学后学习书面语言打好基础。

小旌归纳

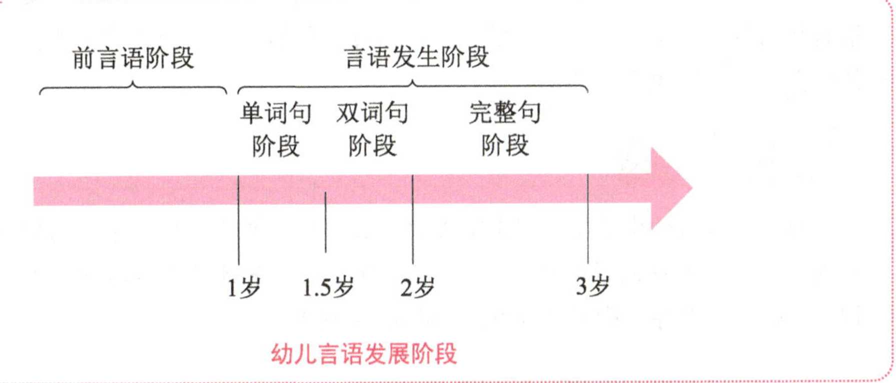

幼儿言语发展阶段

三、幼儿言语发展的规律（★★★）

幼儿言语的发展主要是口头言语的发展，包括语音、词汇、语法和口语表达能力。

（一）幼儿语音的发展

1．掌握本民族全部语音

随着生理的成熟和言语知觉的发展，幼儿的发音能力也迅速发展。3～4 岁的幼儿已初步掌握本民族、本地区的全部语音，但在实际使用语音时，有些音还常常发不正确。

2．语音意识的发展

幼儿在 2 岁以后逐渐出现对语音的意识，开始辨别、模仿发音。4 岁时，幼儿的语音意识明显地发展起来，开始自觉地对待语音。幼儿语音意识的形成主要表现在他们能够评价别人发音的特点并能有意识地自觉调节自己的发音。

（二）幼儿词汇的发展

1．词汇量增加

幼儿期是人一生中词汇量增加最快的时期。一般估计，3 岁幼儿的词汇为 800～1 100 个，4 岁为 1 600～2 000 个，5 岁为 2 200～3 000 个，6 岁可以达到 3 000～4 000 个[①]。3～6 岁幼儿的词汇量以逐年大幅度增长的趋势发展。

2．词类范围日益扩大

幼儿一般先掌握实词，后掌握虚词。实词按照名词→动词→形容词→量词的顺序由易到难地掌握。在幼儿词汇中，最初名词占主要地位，但随着年龄的增长，名词所占的比例逐渐减小，词类范围日益扩大。

① 幼儿词汇量的数据来源于《幼儿心理学》。

3．词类运用逐渐丰富

对幼儿来说，使用频率最高的是代词，其次是动词，再次是名词。幼儿最初掌握的是和饮食起居等日常生活直接相关的词，以后逐渐积累一些与日常生活距离较远的词，甚至开始掌握与社会现象有关的词。

小旌妙记

在幼儿言语的发展中，词类掌握的先后顺序和词汇使用频率的高低顺序是易混淆的内容，可以用口诀帮助记忆：① 掌握顺序：名东姓梁（名词→动词→形容词→量词）；② 频率顺序：带动明（代词>动词>名词）。

4．词义理解逐渐加深

随着生活经验的丰富与思维的发展、词汇量的不断增加，幼儿对所掌握的每一个单词本身的含义理解也逐渐加深。

幼儿最初对词义的理解具有三个突出特点。

第一，对词的意义理解不确切。一方面，理解过于笼统，常常用一个词代表多种事物；另一方面，理解非常具体，只能理解动词和名词的具体意义。

第二，对词义的理解过宽或过窄。由于幼儿对词义理解得不确切，导致对词的含义的理解过宽或过窄。过宽也称过度泛化，比如，“狗”指很多动物；过窄也称扩展不足，比如，“狗”特指他的毛绒玩具而不包括别的狗。

第三，出现“造词现象”。3～5 岁的幼儿常常出现乱用词或乱造词的现象，比如“一只裤子、两条鞋”。

（三）幼儿语法的发展

1．从不完整句到完整句

最初，幼儿的句子结构是不完整的，多是单词句和电报句。2 岁以后，逐渐出现较完整的句子；6 岁左右，大部分幼儿会使用完整句进行交流。

2．从简单句到复合句

2 岁左右的幼儿说出的绝大多数是简单句，如“我吃饭饭”。到幼儿中期，简单句仍占多数。但随着年龄的增长，简单句所占的比例逐渐减少，复合句逐渐发展，如“妈妈唱歌，宝宝睡觉觉”。

3．从无修饰句到修饰句

幼儿最初的句子是没有修饰语的。2 岁半时，开始出现有简单修饰的句子；3 岁～3 岁半是复杂修饰句数量增长最快的阶段；4 岁时，有修饰的句子开始占大多数。

4．从陈述句到非陈述句

幼儿最开始能说出的句子一般都是陈述句。此后随着年龄的增长，幼儿的言语能力迅速发展，3～4 岁基本能够理解大人说的话，也能说出疑问句、祈使句、感叹句等非陈述句。

真题再现

一名从未见过飞机的幼儿，看到蓝天上飞过的一架飞机说：“看，一只很大的鸟！”从语言发展的角度来看，这现象反映的特点是（　　）。

A. 过度规范化　　B. 扩展不足

C. 过度泛化　　D. 电报句式

【解析】“过度泛化”是指幼儿在语言习得的过程中，对一些语言单位的理解或使用超出了目标语言范围的现象。题干中幼儿把“飞机”说成是“大鸟”，这里的“大鸟”已经超出了“大鸟”的正常范围。

【答案】C。

（四）幼儿表达能力的发展

幼儿时期是口语发展的关键时期。幼儿的言语是从外部的对话言语，发展到独白言语，再经过渡言语发展到内部言语。

1. 从对话言语到独白言语

幼儿的言语是在与成人的交往互动中发展起来的，所以 3 岁前的幼儿基本上以对话言语为主。

独白言语是幼儿的认知能力发展到一定阶段的产物。幼儿在与同伴和成人的交往中，有了向别人表达自己的思想感情、讲述自己的知识经验的需求，这就促成了独白言语的发生和发展。

2. 从情境言语到连贯言语

情境言语是指幼儿在独自叙述时不连贯、不完整并伴有各种手势、表情、听者需结合当时的情境审查手势和表情、边听边猜才能懂得幼儿想法的言语。3 岁前幼儿的言语主要是情境言语。

连贯言语是指句子完整、前后连贯，能反映完整而详细的思想内容，听者从语言本身就能理解讲述者意思的言语。随着年龄的增长，情景言语的比重逐渐下降，连贯言语的比重逐渐上升。6～7 岁幼儿已能熟练使用连贯言语。

3. 出现过渡言语

大约 4 岁左右，幼儿开始出现过渡言语。过渡言语的进一步发展便产生了内部言语。过渡言语主要为出声的自言自语——一种介于外部言语和内部言语之间的言语形式，皮亚杰把它称为“自我中心语”。具体包括以下两种形式。

（1）游戏言语。幼儿一边做各种游戏动作，一边说话，用语言补充和丰富自己的行动。在绘画活动中也常常有这种情况，用语言来补充不能画出的情节。

（2）问题言语。这种言语的特点是比较简短、零碎，常常在遇到问题或者困难时出现，或用以表现困惑、怀疑、惊喜等。当幼儿找到解决问题的办法时，也会用这种言语表示所采取的办法。4、5 岁幼儿的“问题言语”最为丰富。

4. 掌握表达技巧，讲述逻辑性提高

在教师的指导下，幼儿的表述逐渐完整、连贯清晰而有逻辑，而且能够根据需要恰当地运用声音的高低、强弱、大小、快慢和停顿等语气和声调的变化，逐渐掌握表达技巧。同时，幼儿在独立讲述中的逻辑水平逐渐提高，主要表现为讲述的主题逐渐明确，层次逐渐清楚。

四、幼儿言语能力的培养（★★）

幼儿的言语能力是在社会环境与教育的影响下形成和发展的。因此，要重视在实践活动中发展幼儿的言语能力。

（一）组织语言教育活动

在幼儿园的语言活动中，要求幼儿用词恰当，句子完整，表达清楚、连贯，并及时帮助幼儿纠正发音；要运用有效的教学方法，调动幼儿说话的积极性，并给予其反复练习的机会，以及做出良好的示范，促进幼儿言语的发展和言语的规范化。

（二）创设良好的语言环境

生活是语言的源泉，因此，要使幼儿广泛地认识周围环境，扩大眼界，丰富知识面，增加词汇。同时，要给幼儿提供更多的交往机会，尤其是和小朋友的交往，并重视幼儿在交往中用词的准确性和句子的完整性。

（三）随时随地进行言语教育

教师可以组织收听广播、看电视、阅读图书、朗读文学作品等活动帮助幼儿丰富和积累文学语言。在一日生活中，幼儿通过随时的观察、交谈等来获得大量的感性认知。

在平时的教育活动中，教师要坚持说普通话，尽量做到吐字清晰、正确，潜移默化地去影响幼儿的言语发展。

（四）注重因材施教

由于每个幼儿的个性特征和智力水平都存在差异，言语的积极性和驾驭语言的能力也不一样，因此，教师在教育活动中，不能忽视对幼儿的个别教育。

实战演练

答案与解析

一、单项选择题

1. 1岁半～2岁的幼儿使用的句子主要是（　　）。
   A. 单词句　　B. 电报句　　C. 完整句　　D. 复合句
2. 冬冬边玩魔方边自己小声嘀咕："转一下这面试试，再转这面呢？"这种语言被称为（　　）。
   A. 角色语言　　B. 对话语言
   C. 内部语言　　D. 自我中心语言
3. 幼儿开始学跳舞时，注意了脚的动作，手就一动不动；注意了手的动作，脚步就又乱了，这说明幼儿注意的（　　）。
   A. 稳定性比较差　　B. 范围比较小
   C. 转移能力有限　　D. 分配能力较差
4. 在幼儿的记忆中占主要地位，比重最大的记忆形式是（　　）。
   A. 动作记忆　　B. 情绪记忆　　C. 形象记忆　　D. 语词记忆
5. 以下（　　）是幼儿最难理解的时间概念。
   A. 今天和明天　　B. 白天和夜晚　　C. 前天和后天　　D. 上午和下午
6. 幼儿在想象中常常表露出个人的愿望。例如，大班幼儿晴晴说："妈妈，我长大了也想和你一样做一个医生。"这是一种（　　）。
   A. 经验性想象　　B. 情境性想象　　C. 愿望性想象　　D. 拟人化想象
7. 幼儿常把没发生和期望的事情当作真实的情况，这说明幼儿（　　）。
   A. 好奇心强　　B. 说谎
   C. 移情　　D. 想象与现实混淆
8. 幼儿诺诺吃糖后马上又吃橘子，觉得橘子好酸；妈妈喂她喝了苦瓜汤后，她觉得白开水变甜了。这体现了（　　）现象。
   A. 联觉　　B. 同时对比　　C. 感觉补偿　　D. 继时对比
9. 2～6岁的幼儿掌握的词汇数量迅速增加，词类范围不断扩大。该时期幼儿掌握词汇的先后顺序通常是（　　）。
   A. 动词、名词、形容词　　B. 动词、形容词、名词
   C. 名词、动词、形容词　　D. 形容词、动词、名词
10. 我们看到橙子的形状和形状，嗅到它的香味，尝到它的酸甜，就在头脑中形成了橙子的整体形象。这种反映形式属于（　　）。
    A. 感觉　　B. 知觉　　C. 表象　　D. 概念

二、简答题

1．简述如何培养幼儿的想象力。

2．茵茵已经上了中班，她知道把 2 个苹果和 3 个苹果加起来，就有 5 个苹果。但是问她 2 加 3 等于几，她直摇头。根据上述案例简述中班幼儿数学学习的思维特点及教育的启示。

三、材料分析题

莉莉和小娟玩游戏，她们想让 5 个娃娃睡觉，但是没有小床，于是她们找到木板做小床。莉莉说：“床不够。”小娟挑出 2 个留着长头发的娃娃说：“她们长大了，不需要午睡了。”莉莉说：“对，那让她们去玩吧。”然后，莉莉将 3 个需要睡觉的娃娃中最大的一个放在中等大小的盒子里。小娟试图把中等大小的娃娃放在最小的盒子里，但放不进去，于是莉莉说：“换一换。”然后将最小的娃娃放在了最小的盒子里，中等大的娃娃放在中等大的盒子里，最大的娃娃放在最大的盒子里。小娟说：“娃娃们，好好睡觉吧。”

问题：

（1）从学习与发展的角度，分析上述案例中莉莉和小娟的行为。

（2）这次游戏后，教师应当如何支持莉莉和小娟的学习与发展。

第四章 幼儿情绪情感的发展

考情分析

题型	2022 年上半年	2022 年下半年	2023 年上半年	2023 年下半年	2024 年上半年	2024 年下半年
单项选择题	1 题 3 分	1 题 3 分	1 题 3 分	1 题 3 分	—	—
简答题	—	—	—	—	—	—
论述题	—	—	—	—	—	—
材料分析题	—	—	—	—	—	—
活动设计题	—	—	—	—	—	—
总计	1 题 3 分	1 题 3 分	1 题 3 分	1 题 3 分	—	—

（1）本章以幼儿情绪、情感的发展为核心内容，考查方式主要为单项选择题，所占分值较少。

（2）学习时要重点掌握幼儿的基本情绪和高级情感，熟记其发展特点和基本规律，能够运用相关知识分析具体的问题情境。

考点精讲★

第一节 情绪情感概述

一、情绪情感基础知识（★）

（一）情绪情感的概念

情绪一般指个体在其需要是否得到满足的情境中直接产生的心理体验和相应的反应。情绪与机体的生理需要相联系，是原始的、低级的、简单的态度体验。

情感是指个体意识到自己与客观事物的关系后而产生的稳定的、深刻的心理体验和相应的反应。情感与社会需要相联系，是后继的、高级的、复杂的态度体验。

情绪具有情境性、机动性和暂时性，往往随着情境的改变和需要的满足而减弱或消失；而情感具有较强的稳定性、深刻性和持久性，通常用来描述那些具有稳定的深刻社会意义的感情。二者具体的区别如表 1-4-1 所示。

表 1-4-1　情绪和情感的区别

区别项目	性质	出现时间	稳定性	表现形式
情绪	生理性	出现早	不稳定	外显
情感	社会性	出现晚	稳定	内在

稳定的情感是在情绪的基础上产生的，并通过情绪来表达。情绪离不开情感的变化，反映情感的深度，情绪中蕴含着情感。

（二）情绪的状态

根据情绪发生的强度、紧张度和持续时间的长短等特性，可以把情绪分为心境、激情和应激等三种表现形式。

1. 心境

心境是一种微弱、平静而持久的情绪状态，具有弥散性、持久性和感染力。心境一经产生就会在相当长的一段时间内，使人的整个心理活动都染上某种情绪色彩，影响人的整个行为表现，成为情绪生活的背景。

【例】小旌拿到幼儿教师资格证后，兴奋的状态持续了好几个月。

2. 激情

激情是一种强烈的、爆发式的、持续时间短暂的情绪体验，具有爆发性和冲动性，同时伴有明显的生理变化和行为表现。暴怒、恐惧、狂喜等都属于激情。

【例】愤怒时暴跳如雷，狂喜时手舞足蹈。

3．应激

应激是在出乎意料的紧急和危险的情况下所引起的高度紧张的情绪状态。日常生活中突遇大火、地震，飞行员在执行任务时遭遇恶劣天气等情况下，人们的心理就会高度警惕和紧张，并产生相应的反应，这就是应激。

【例】开车时，司机踩急刹车的情绪状态就属于应激。

（三）情感的分类

幼儿的社会性高级情感主要体现在道德感、理智感和美感三个方面。

1．道德感

道德感是人们运用一定的道德标准评价自身或他人的行为时所产生的一种情感体验。

【例】小文看到小丽随手扔垃圾，马上去向老师告状，就是小文道德感的体现。

2．理智感

理智感是人们认识和追求真理的需要是否得到满足而产生的一种情感。它与幼儿的认识活动、求知欲、解决问题、探索真理等活动相联系。

【例】人们在探求未知领域时所展现出来的求知欲和好奇心，问题得到解决时收获的喜悦都属于理智感。

3．美感

美感是人们对事物审美的体验。它是根据一定的美的特征而产生的。

【例】欣赏千岛湖的美丽风光时的美好情感体验。

二、情绪情感的作用（★）

（一）动机作用

情绪和情感对人的行为可以产生推动或抑制的作用。积极的情绪和情感可以提高活动的积极性，促进活动的顺利进行；消极的情绪和情感可能会降低活动的积极性，干扰活动任务的完成。例如，害怕一般会让人逃避，厌恶会让人想躲避，而高兴、喜爱等积极情绪和情感会使人想去接近或探索某一事物。

（二）适应作用

情绪和情感是有机体适应生存和发展的一种重要方式。婴儿出生时还不具备独立生存的能力，需要成人的照顾，而与成人进行交流的主要方式就是依赖情绪传递信息。成人也正是通过婴儿的情绪反应及时为婴儿提供各种生活条件。

（三）组织作用

情绪是心理活动的监控者。它对其他心理活动具有组织作用。积极情绪起协调、组织的作用，消极情绪起破坏、瓦解的作用。研究表明，心情愉快时，思路格外灵敏；而心情沮丧时，思路变得迟钝、混乱。

（四）信号作用

情绪和情感是人们表达、传递自身需要及状态（如愉快、愤怒等）的信号，并通过面部表情、体态表情和言语表情等来表现出来。成人通过观察这些情绪情感信号，可以推断幼儿此时的情绪情感状态。

第二节 幼儿情绪情感的发展

一、幼儿基本情绪的发展（★★★）

（一）哭

新生儿的哭主要是生理性的，代表不愉快的情绪。随着年龄的增长，幼儿的哭表现出社会性情绪。同时，幼儿的啼哭会减少，一方面由于幼儿对外界环境的适应能力逐渐增强，不愉快的情绪减少了；另一方面，幼儿逐渐学会了用动作和语言来表达自己的不愉快，从而取代了哭的表情。

（二）笑

笑是愉快情绪的表现，幼儿的笑比哭发生得晚，主要有以下几种类型。

1. 自发性的笑

婴儿最初的笑是自发性的，也称内源性的笑，通常发生在婴儿睡眠中或困倦时，并且是突然出现的、低强度的。这是一种生理表现，不是交往的表情手段。

2. 诱发性的笑

诱发性的笑是由外界刺激引起的，可以分为反射性的诱发笑和社会性的诱发笑。

（1）反射性的诱发笑。

新生儿在第三周时开始出现清醒时间的诱发笑。例如，轻轻触摸或吹其皮肤敏感区 4～5 秒，他就会微笑。这种诱发性的微笑是反射性的。

（2）社会性的诱发笑。

研究发现，从第 5 周开始，婴儿能够区分社会和非社会的刺激。人的出现，包括人脸、人声最容易引起婴儿发笑，这表明婴儿开始出现“社会性微笑”。

3．不出声的笑和出声的笑

3～4 个月前的婴儿一般只出现笑的表情，而没有笑的声音。3～4 个月的婴儿才会笑出“咯咯”声。

4．无差别的笑和有差别的笑

婴儿 4 个月前的笑是不分对象的，是无差别的笑。例如，3 个月大的婴儿对面向自己的人脸，不论是谁，不论表情怎样，都报以微笑。4 个月大的婴儿开始出现有差别的笑，即婴儿只对亲近的人笑，或者对熟悉的人脸比对不熟悉的人脸笑得更多。有差别的微笑的出现，是儿童最初的有选择的社会性微笑发生的标志，是真正意义上的社会性微笑。

（三）恐惧

婴幼儿的恐惧是逐渐分化的，大致经历了以下四个阶段。

1．本能的恐惧

恐惧是婴儿一出生就有的情绪反应，是一种本能的反应。婴儿本能的恐惧不是由视觉刺激引起的，而是由听觉、肤觉引起的，如刺耳的声音等。

2．与知觉和经验相联系的恐惧

婴儿从 4 个月左右开始出现与知觉发展相联系的恐惧，不愉快的经验刺激会引起恐惧情绪。也是从这个时候起，视觉对恐惧的产生逐渐起主导作用。

3．怕生

怕生是婴儿对陌生刺激物的恐惧反应。婴儿 6 个月左右出现怕生，并与依恋同时产生。随着婴儿对母亲等亲人依恋的形成，怕生情绪也逐渐变得明显、强烈。

4．预测性的恐惧

随着想象的发展，2 岁左右的幼儿出现了预测性恐惧，如怕黑、怕坏人等。这些和想象相联系的恐惧情绪，往往是由环境的不良影响造成的。

（四）焦虑

焦虑经常和恐惧联系在一起，但焦虑不同于恐惧。恐惧有具体的对象和内容，而焦虑只是一种朦胧的、游移的、不确定的心神不定。

幼儿的焦虑往往与环境中的无助状态相联系，集中表现为陌生人焦虑和分离焦虑。

1．陌生人焦虑

陌生人焦虑是指婴幼儿对陌生人的警觉反应。大多数婴儿在形成对亲人的依恋之前（即出生后至 6、7 个月之前），对陌生人的反应通常是积极的。但 6、7 个月之后，他们开始害怕陌生人，8～10 个月时最为严重。随着幼儿身心的发展和交往能力的提高，陌生人焦虑会逐渐减弱。

2．分离焦虑

分离焦虑是指幼儿与依恋对象（通常是父母）分离时，因过度担忧依恋对象和自己的安全、过度害怕分离及与依恋对象再也不能相聚而表现出来的焦虑行为。如哭泣、身体不适、拒绝分离、拒绝上幼儿园等。通常幼儿从 6、7 个月起，就会明显表现出这种分离焦虑，随着年龄的增长，分离焦虑的强度会逐渐减弱。

真题再现

1. 婴儿出生大约 6～10 周后，人脸可引发其微笑。这种微笑被称为（ ）。

A. 生理性微笑 B. 自然微笑 C. 社会性微笑 D. 本能微笑

【解析】5 周以后，婴儿能够区分人和其他刺激的区别。人的出现，包括人脸、人声容易引起婴儿微笑，这种微笑开始具有交流的意义，属于社会性微笑，故选 C。

【答案】C。

2. 下列（ ）不是婴儿期出现的基本情绪体验。

A. 羞愧 B. 伤心 C. 害怕 D. 生气

【解析】羞愧属于高级情感，在幼儿期随着道德感的发展而形成。婴儿天生就具有愉快、伤心、害怕和生气等基本的情绪体验。

【答案】A。

3. 初入幼儿园的幼儿常常有哭闹、不安等不愉快的情绪，说明这些幼儿表现出了（ ）。

A. 回避状态 B. 抗拒性格 C. 分离焦虑 D. 黏液质气质

【答案】C。

二、幼儿高级情感的发展（★★★）

幼儿 2 岁后，道德感、理智感和美感开始发展，情感内容也日益丰富和深刻。

（一）道德感

道德感是因自己或他人的言行举止是否符合社会道德标准而引起的情绪体验。1 岁的幼儿并没有真正意义的道德感，3 岁前的幼儿只有同情、怕羞等道德感的萌芽。例如，完成了成人简单的委托，受到表扬后体验到“尽了责任”的愉悦情感。3 岁以后的幼儿在集体中生活，随着各种行为规范的掌握和成人的道德评价的影响，幼儿的道德感逐步发展起来。

小班幼儿的道德感主要指向个别行为，而且往往由成人的评价而引起。

中班幼儿比较明显地掌握了一些概括化的道德标准，不但关注自己的行为是否符合道德标准，而且开始关心别人的行为是否符合道德标准。中班幼儿常常“告状”，这就是由道德感激发出来的一种行为。

大班幼儿的道德感进一步发展。他们对好与坏、好人与坏人有鲜明的不同感情，并且爱小朋友、爱集体等感情也有了一定的稳定性。

（二）理智感

幼儿时期是理智感开始发展的时期。例如，小班幼儿在成人的指导下，可以用积木搭出一个房子时，会高兴地拍手。6 岁幼儿的理智感还表现在喜欢进行各种智力游戏，如下棋、猜谜等。

幼儿的理智感有一种特殊的表现形式就是好奇、好问。如果幼儿的问题得到解决，幼儿就会感到极大满足，否则就会不高兴。幼儿理智感的另外一种表现形式是与动作相联系的“破坏”行为，如幼儿把刚买回来的飞机模型拆得四分五裂，实际上这是幼儿探究的一种方式。

（三）美感

小班幼儿的美感表现在喜爱色彩鲜艳的艺术作品或物品，喜欢外貌美丽、穿戴漂亮的老师。中班幼儿则能够从音乐、绘画作品中，从自己从事的美术、舞蹈、朗诵等活动中得到美的享受。大班幼儿开始不仅满足于色彩鲜艳的要求，还要求颜色搭配协调等。

美感在某种程度上和道德感的发展一脉相承，凡是符合社会道德规范的行为，都能够引起幼儿心灵美的体验。

真题再现

幼儿看见同伴欺负别人会生气，看见同伴帮助别人会赞同，这种体验是（　　）。

A. 理智感　　B. 道德感

C. 美感　　D. 自主感

【解析】道德感是因自己或别人的言行举止是否符合社会道德标准而引起的情绪体验。题干中，幼儿“生气”和“赞同”是在评价别人的行为是否符合道德标准时而产生的心理体验。

【答案】B。

三、幼儿情绪情感的发展特点（★★★）

（一）幼儿情绪情感的一般特点

1. 不稳定性

婴幼儿的情绪是不稳定的，容易变化，表现为两种对立的情绪在短时间内可以互相转换。

【例】当幼儿因为得不到喜爱的玩具而哭泣时，成人递给他一块糖，他就会立刻笑起来。

2. 冲动性

幼儿的自控能力差，容易激动。当幼儿处于非常激动的状态时，甚至完全听不见别人说话，短时间内难以平静下来。年龄越小，这种冲动性越明显。

【例】幼儿得不到想要的玩具时，就会大哭大闹，大人说什么也听不进去。

3．外露性

婴儿期的幼儿情绪完全外露，丝毫不加控制和掩饰，想哭就哭，想笑就笑。幼儿情绪外露的特点，有利于成人及时了解他们的情绪，并给予正确的引导和帮助。

到了2岁左右，幼儿从日常生活中逐渐了解了一些初步的行为规范，知道了有些行为是需要克制的。

【例】常常有一些初上幼儿园的孩子由于离开熟悉的家庭环境而哭起来，却又一边抽泣，一边自言自语地说："我不哭了，我不哭了。"

4．易感染性

易感染性是指幼儿的情绪容易受周围人的情绪所影响。

【例】听故事时，一个幼儿笑，其他幼儿也会跟着哈哈笑起来。

幼儿到了大班以后，情感的稳定性会逐渐增强，但仍容易受到家长和教师的感染。所以，家长和教师在幼儿面前必须注意控制自己的不良情绪。

真题再现

有时一名幼儿哭，会惹得周围的幼儿跟着一起哭。这表明幼儿的情绪具有（　　）。

A．冲动性　　B．易感染性　　C．外露性　　D．不稳定性

【答案】B。

（二）幼儿情绪情感的发展趋势

幼儿情绪情感的发展趋势主要体现在以下方面。

1．社会化

婴儿的情绪反应是与个体的基本生活需要是否得到满足相联系的。随着年龄的增长，幼儿的情绪反应逐渐与社会性需要相联系。例如，幼儿非常希望被人注意、被人重视，并要求与别人交往等都是社会化的表现。

幼儿情绪的社会化主要体现为以下几点。

（1）情绪中社会性交往的成分不断增加。

（2）引起情绪反应的社会性动因不断增加。3～6岁幼儿情绪反应的动因，除了与满足生理需要有关的事物外，还有大量与社会性需要有关的事物。

（3）情绪表达的社会化。幼儿理解（辨别）面部表情的能力，以及运用社会化表情手段的能力逐渐增强。

2．丰富和深刻化

（1）幼儿情绪情感逐渐丰富化。一方面，幼儿的情绪表现变得越来越分化、复杂，由简单的哭、笑发展到多种情绪表现。另一方面，情感指向的事物不断增加，有些先前不

太能引起幼儿体验的事物，随着幼儿年龄的增长，会引发其情感体验。

（2）幼儿情绪情感更加深刻化。情感的深刻化是指情感指向事物性质的变化，从指向事物的表面到指向事物的内在。例如，年纪小的幼儿对父母的依恋，主要是由于父母能够满足他的基本生活需要，而年龄稍大的幼儿对父母的依恋还包含对父母的尊重和爱戴等内容。

3．自我调节化

幼儿自我调节情绪的能力进一步发展，能够在成人的指导下调节自己的情绪。

（1）情绪冲动性逐渐减少。

（2）情绪稳定性逐渐增加。

（3）情绪从外露到内隐，控制与掩饰的成分增加。

真题再现

4～5 岁的幼儿在商场看到自己喜爱的玩具时，已不像 2～3 岁那样吵着要买，他能听从成人的要求，并用语言安慰自己："家里有许多玩具了，我不买了。"对这一现象最合理的解释是（　　）。

A. 4～5 岁幼儿形成了节约的概念

B. 4～5 岁幼儿的情绪控制能力进一步发展

C. 4～5 岁幼儿能够理解玩其他玩具同样快乐

D. 4～5 岁幼儿自我安慰的手段有了进一步发展

【解析】4～5 岁幼儿的情绪调节能力进一步发展，能够在成人指导下调节自己的情绪。题干中的幼儿正是在成人的指导下，运用自我说服法进行情绪调节。

【答案】B。

四、幼儿良好情绪情感的培养（★★★）

（一）营造良好的情绪环境

幼儿的情绪不稳定，很容易受到周围环境的影响，其情绪发展主要依靠周围情绪氛围的熏陶。在幼儿园教育中应注意保持和谐的气氛，创造有利于幼儿情绪放松的环境。同时，教师应给予幼儿较多的关注和关爱，努力理解和尊重幼儿，建立良好的师幼关系，促进幼儿情绪的发展。

（二）成人的情绪自控示范

成人的情绪自控示范对幼儿情绪的发展十分重要。因此，成人要善于控制自己的不良情绪，避免喜怒无常，对幼儿既不溺爱，也不吝惜爱。当幼儿犯错误或闹情绪时，成人首先应克制自己的情绪，理智冷静地对待幼儿的情绪与态度。

（三）积极鼓励和引导

1. 正面肯定和鼓励

正面积极的肯定和鼓励，将极大地增强幼儿的自信心和能力感。但如果成人面对幼儿的负面情绪采取打骂、恐吓、哄骗、批评和惩罚等处理方式，或者给幼儿定性，贴上胆小或坏脾气等标签，幼儿就会消极、无行动热情、缺乏自我认同。

2. 耐心倾听幼儿说话

成人往往由于太忙，没时间听幼儿说话，或者有时觉得幼儿说的话幼稚可笑，不屑一顾。这些消极的应对会使幼儿感受到挫败、压抑和孤独，继而产生消极低落甚至愤怒的情绪。当这些负面情绪累积到一定程度时，幼儿可能会通过故意犯错来表达自己的不满，以引起成人的注意。因此，要允许幼儿诉说其感受，不要妄加评论，要学会耐心倾听，关注幼儿真实的情感体验。

3. 正确运用暗示和强化

幼儿的情绪在很大程度上受成人暗示。如果家长在外人面前总是对自己孩子加以肯定，说："他很勇敢，打针从来不哭。"这个孩子很容易在这种暗示下控制自己的情绪。如果家长总是对别人说："我家的孩子很胆小，爱哭。"这种暗示很容易造成孩子的消极情绪。因此，成人要正确运用暗示，强化幼儿的积极情绪。

（四）帮助幼儿控制不良情绪

在面对幼儿的负面情绪时，成人更要讲究方式方法，为幼儿进行疏导。

1. 转移法

转移法是指把注意力从产生消极否定情绪的活动或事物上转移到能产生积极肯定情绪的活动或事物上来。例如，3 岁的幼儿刚进入幼儿园时会哭闹，教师常采用逗幼儿玩玩具或者讲图画故事等方法，使幼儿的情绪得到好转。对 4 岁以上的幼儿，当他处于情绪困扰之中时，则可以用精神的而非物质的转移方法。

2. 冷却法

当幼儿情绪十分激动时，可以采取暂时置之不理的办法，他自己会慢慢地停止哭喊。当幼儿处于激动状态时，成人切忌情绪激动，否则幼儿的情绪会更加难以平静，切记不要对幼儿大声喊叫"你再哭，我打你"或"你哭什么，不准哭，赶快闭上嘴"之类的话。

3. 消退法

消退法指的是撤销促使某些不良行为强化的因素，从而减少这些行为的发生。对于孩子的消极情绪，可以采用消退法。

例如，幼儿宁宁不愿意把水果分给别人吃，就连父母要吃他手里的水果，他都会哭闹不止。后来父母决定用消退法，对他的哭闹不予理睬。第一天吃水果时，父

冷却法与消退法要注意区分。冷却法更多针对的是短暂爆发的情绪，而消退法主要是针对长期、不良的行为习惯。

母把一个水果切成几块，给了宁宁其中一块，宁宁拿着水果哭了好久，看着父母不理睬他，只好把手里的水果吃了。第二天，宁宁哭闹的时间缩短了。后来，宁宁哭闹的时间逐渐减少，最后看着父母把他手里的水果拿去分给大家吃也不哭了。

（五）教会幼儿调节自己的情绪

幼儿表现情绪的方式大多是在生活中学会的。因此，在生活中，有必要教给幼儿有意识地调节情绪及其表现方式的方法。

1. 反思法

让幼儿想一想自己的情绪表现是否合适。例如，在幼儿的要求不能得到满足时，让他想想自己的要求是否合理；和小朋友发生争执时，让他想一想是否错怪了对方以及还有哪些解决问题的方法等。

2. 自我说服法

幼儿初入园由于要找妈妈而伤心地哭泣时，可以教他对自己大声说："好孩子不哭。"幼儿起先是边说边抽泣，以后渐渐地不哭了，并从内心认同自己是个好孩子。

3. 想象法

遇到困难或挫折而伤心时，让幼儿想象自己是"大姐姐""大哥哥""男子汉"或某个英雄人物等。

真题再现

星期一，已经上小班的松松在午睡时一直哭泣，嘴里还一直唠叨，说："我要打电话给爸爸来接我，我要回家。"老师多次安慰他，可他还一直在哭。老师生气地说："你再哭，爸爸就不来接你了。"松松听后情绪更加激动，哭得更加厉害了。

问题：请简述上述教师的行为，并提出三种帮助幼儿控制情绪的有效方法。

【参考答案】这位教师的做法是不对的，他的做法其实就是一种负面的情绪教育——"以暴制暴"。"你再哭，爸爸就不来接"这样的严惩、恐吓和威胁性质的语言，不但会扼杀孩子的自尊心，还会使幼儿丧失心理安全感。

针对上述材料中幼儿情绪激动的情形，教师应：采取积极的教育态度，找到幼儿情绪激动的真正原因，寻找情绪背后的需求和想法，及时安慰；引导幼儿宣泄负面情绪，给幼儿"心理玩具"，提供缓解情绪的物品；给幼儿讲有治疗作用的故事等。

帮助幼儿控制情绪的有效方法如下：

第一种，转移法。转移法是指把注意力从产生消极否定情绪的活动或事物上转移到能产生积极肯定情绪的活动或事物上来。

第二种，冷却法。当幼儿情绪强烈对立时，成人要把教育的重点放在抚慰幼儿的情绪上，使幼儿尽快恢复理智，而不要"针尖对麦芒"，可以采取暂时不予理睬的办法，待幼儿冷静下来后，让他反思一下自己刚才的情绪表现是否合适，要求是否合理等。

第三种，消退法。对待幼儿的消极情绪可以采用条件反射消退法。

总之，在教师的情绪关注和培养下，随着年龄的增长，孩子的情绪会逐渐丰富，自我调节水平也会日益提高。

实战演练

答案与解析

一、单项选择题

1.“小孩儿的脸，六月的天，说变就变”这句俗语说明（　　）。

A．幼儿的意志力差　　B．幼儿的自我意识发展不完善

C．幼儿的情绪需要由生理控制　　D．幼儿的情绪不稳定

2．中班幼儿华仔抢了菲菲心爱的娃娃后，看看菲菲伤心地哭了而感到内疚，这说明华仔具有了一定的（　　）。

A．道德感　　B．理智感　　C．成就感　　D．美感

3．幼儿从 5 岁左右开始特别喜欢提问题，对回答结果十分关心，并由此产生愉快、满足或失望、不满等情绪。这表明此时期的幼儿已明显出现了（　　）。

A．道德感　　B．美感　　C．理智感　　D．自我效能感

4．中班幼儿告状现象频繁，这主要是因为幼儿（　　）。

A．道德感的发展　　B．羞愧感的发展

C．美感的发展　　D．理智感的发展

5.“没有观众看戏，演员也没劲了”，这说明（　　）可以帮助幼儿控制情绪。

A．冷处理法　　B．转移法　　C．消退法　　D．反思法

二、简答题

简述婴幼儿调节负面情绪的主要策略有哪些？

三、材料分析题

3 岁的阳阳从小跟奶奶生活在一起。刚上幼儿园时，奶奶每次送他到幼儿园准备离开时，阳阳总是又哭又闹。当奶奶的身影消失后，阳阳很快就平静下来，并能与小朋友们高兴地玩。由于担心，奶奶每次走后又折返回来。阳阳再次看到奶奶时，又立刻抓住奶奶的手，哭泣起来。

问题：针对上述现象，请结合材料进行分析：

（1）阳阳的行为反映了幼儿情绪的哪些特点？

（2）阳阳奶奶的担心是否有必要？教师该如何引导？

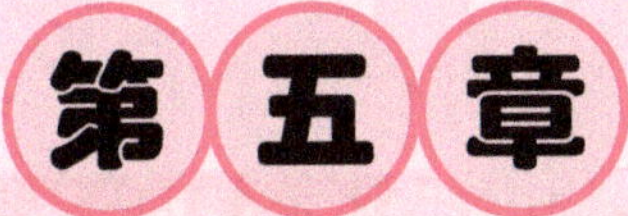

第五章

幼儿个性的发展

考情分析

题型	2022 年上半年	2022 年下半年	2023 年上半年	2023 年下半年	2024 年上半年	2024 年下半年
单项选择题	—	—	—	1 题 3 分	2 题 6 分	1 题 3 分
简答题	—	—	—	—	—	—
论述题	—	—	—	—	—	—
材料分析题	—	—	1 题 20 分	—	—	—
活动设计题	—	—	—	—	—	—
总计	—	—	1 题 20 分	1 题 3 分	2 题 6 分	1 题 3 分

（1）本章内容以单项选择题的考查形式为主，偶见于材料分析题，但也要注意在论述题或活动设计题中结合幼儿的个体差异等相关知识作答。

（2）学习时要重点掌握幼儿个性发展的规律和特点、幼儿自我意识的发展，理解幼儿发展中存在个体差异，了解个体差异形成的原因，并能运用相关知识分析教育中的有关问题。

第一节 个性的基础知识

一、个性的概念（★）

个性是一个人比较稳定的、具有一定倾向性的各种心理特点或品质的独特组合。人与人之间个性的差异主要体现在待人接物的态度和言行举止中。

个性不是天生的，而是人的心理发展到一定的水平后形成的。

二、个性的结构（★）

个性是一个复杂的、多面的、多层次的心理系统，包含个性倾向性系统、自我意识系统和个性心理特征系统，如图 1-5-1 所示。

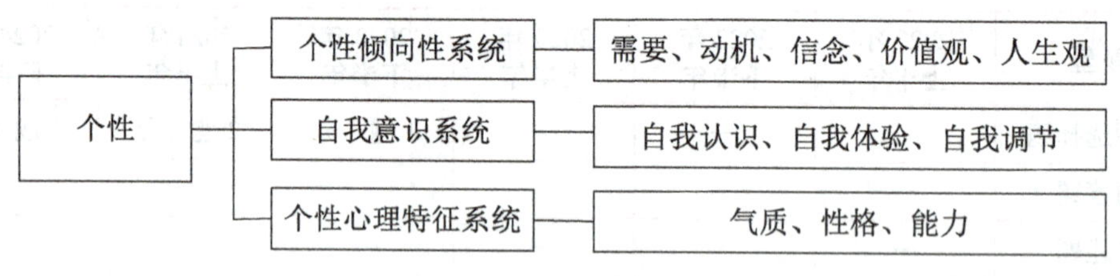

图 1-5-1　个性的结构

（一）个性倾向性系统

个性倾向性是指一个人所具有的意识倾向，也就是人对客观事物的稳定的态度。它是一个人从事活动的基本动力，决定一个人的行为方向，主要包括需要、动机、兴趣、理想、信念、价值观和世界观等。其中，世界观在个性倾向性系统中居于最高层次。

（二）自我意识系统

自我意识是人对自身的认识，可分为自我认识、自我体验和自我调节。自我意识是人的心理能动性的体现，对个性的形成与发展具有调控作用。

（三）个性心理特征

个性心理特征是一个人身上经常表现出来的本质的、稳定的心理特点，主要包括气质、性格和能力。幼儿个性发展的主要内容就是个性心理特征开始形成。

三、个性的基本特征（★）

个性的基本特征包括独特性、整体性、稳定性和社会性。

（一）独特性

不同的遗传因素、生存条件及教育环境，形成了人各自独特的心理特点。人在气质、性格、能力、兴趣、喜好、信念和意志等方面的表现千差万别，每个人都有属于自己的心理面貌。

【例】人心不同，各如其面。

（二）整体性

个性是由气质、性格和能力等多种成分或特征所组成的有机整体。这些成分或特征相互作用、相互依存、相互影响，使一个人行为的各个方面都体现出统一的特征。

【例】一个脾气急的人往往动作快、吃饭急、做事喜欢一口气干完。

（三）稳定性

个性是人的心理发展到一定水平才出现的，心理的成熟水平决定了个性的稳定性。一个人经常出现的、较为稳定的心理特征和一贯的行为体现了个性的稳定性。

【例】江山易改，本性难移。

个性的稳定性只是相对的，人的个性并非一成不变的。个性特征作为人的生活历程的反映，必然随着社会环境的变迁而发生相应变化。另外，重大事件及环境的突变都可能改变一个人的个性。

（四）社会性

人的本质是一切社会关系的总和。个性的社会性是个性最本质的属性，个性的本质方面就是由人的社会关系决定的。生活在同一社会群体中的人也有一些相同的个性特征。

【例】德国人办事严谨，法国人热情浪漫，中国人的性格都或多或少有儒家思想的烙印。

小旌妙记

个性的基本特征可以通过口诀记忆：整体独特，社会稳定。

第二节　幼儿个性倾向性的发展

幼儿在2岁左右个性开始萌芽，各种心理特征有了某种倾向性的表现，但还未形成稳定倾向。幼儿个性倾向性的发展主要体现在需要、动机和兴趣的发展等方面。

一、幼儿需要的发展（★）

（一）需要的概念

需要是人脑对生理和社会的需求的反映，在心理学上通常被体验为一种不满足感，或者是有获得某种对象和现象的必要感。

（二）幼儿需要的发展

幼儿需要的发展遵循着一个规律，即年龄越小，生理需要越占主导地位。随着年龄增长，幼儿的社会性需要逐渐增强，需要的发展逐渐出现明显的个性特点。

（1）开始形成多层次、多维度的整体结构。

幼儿既有生理与安全的需要，也有交往、游戏、尊重、学习等社会性需要，并且各种需要的水平也在不断发展。

（2）优势需要有所发展。

幼儿期是需要发展的活跃期。从 5 岁开始，幼儿的社会性需要迅速发展，求知、劳动和求成的需要开始出现。6 岁时，幼儿希望得到尊重的需要强烈，同时对友情的需要开始发生。

二、幼儿动机的发展（★）

（一）动机的概念

动机是在需要的刺激下直接推动人进行活动以达到一定目的的内部动力。

（二）幼儿动机的发展

随着幼儿社会性需要及目的性的发展，幼儿的活动动机有了较大变化，主要表现在以下三个方面。

（1）从动机互不干涉到形成动机之间的主从关系。

（2）从直接、近景动机占优势发展到间接、远景动机占优势。

（3）从外部动机占优势发展到内部动机占优势。

三、幼儿兴趣的发展（★）

（一）兴趣的概念

兴趣是人积极地接近、认识和探某种事物，并与肯定情绪相联系的心理倾向。

（二）兴趣的特点

兴趣具有指向性、情绪性和动力性三个特点。

（1）指向性。任何兴趣都针对特定的事物，而且这种指向具有持久性，并非一时的心血来潮。

（2）情绪性。人们普遍认为，兴趣和愉快的情绪状态相联系。

（3）动力性。兴趣可以使人在充满乐趣的状态下主动、高效地从事相关活动。兴趣是活动的原动力，起着发动内心力量的作用。

（三）幼儿兴趣的发展阶段

1. 兴趣发展的初级阶段（0～1 岁）

我国情绪心理学家孟昭兰将该时期幼儿兴趣的发展具体分为下列阶段。

（1）1～3 个月：先天反射性反应阶段。婴儿对声、光、运动刺激产生持续反应。

（2）4～9 个月：相似性物体再认知觉阶段。适宜的声、光等刺激的重复出现会引起幼儿的兴趣。幼儿对刺激做出活动反应，使有趣的现象得以保持，并由此产生快感。

（3）9 个月以后：新异性探索阶段。当新异的事物出现时，幼儿主动做出重复性动作去认识、探索新异物体本身。如幼儿不断地抛丢玩具。

2. 多种兴趣发展阶段（1～3 岁）

1 岁以后，幼儿的兴趣逐渐丰富起来，对多种事物产生了兴趣。具体包含以下四方面的事物。

（1）活动的、微小的物体，如天上的飞机、鸟、昆虫等。

（2）突然消失不见的物体，如给幼儿看一下，然后迅速藏起来的玩具。

（3）成人的动作或活动，如妈妈梳头，爸爸刮胡子。

（4）因果关系，如因为地球围绕太阳转，就有了春夏秋冬。

2 岁以后，幼儿对语音的兴趣加强，并开始有意识地模仿。

3. 兴趣的广泛发展并逐渐稳定阶段（3～6 岁）

在婴儿期兴趣发展的基础上，幼儿的兴趣进一步广泛发展并逐渐稳定下来，具体表现在以下方面。

（1）兴趣的范围。

游戏是幼儿期占主导地位的兴趣来源。不管什么样的游戏，无论玩了多少遍，幼儿对游戏的兴趣始终不会改变。同时，幼儿对因果关系的兴趣发展迅速，从问“是什么”“有什么用”到“为什么”。这种兴趣不仅表现在幼儿的言语中，也表现在幼儿的行为中，他们喜欢拆东西，看看到底是怎么回事。

（2）兴趣的稳定性。

随着年龄的增长，幼儿的兴趣逐渐稳定，并表现出明显的个体差异。例如，有的幼儿对昆虫感兴趣，有的幼儿对汽车感兴趣，有的幼儿对涂色感兴趣。

第三节 幼儿自我意识的发展

一、自我意识的概念（★）

自我意识指个体对自己所作所为的看法和态度，包括对自己的身心状态以及自己与客观世界的关系的意识。在认识自我的过程中，个体是把认识的目光对着自己的，这时的个体既是认识者，也是被认识者。

自我意识是个性系统中最重要的组成部分，制约着个性的发展。自我意识发展水平越高，个性也就越成熟和稳定。

知识拓展

★ 阿姆斯特丹的点红实验 ★

阿姆斯特丹借用动物学家盖勒帕在黑猩猩研究中使用的点红测验（以测定黑猩猩是否知觉“自我”这个客体），使有关婴儿自我觉知的研究取得了突破性进展。实验开始，实验者在婴儿毫无察觉的情况下，在其鼻子上点一个无刺激红点，然后观察婴儿照镜子时的反应。根据假设，如果婴儿在镜子里能立即发现自己鼻子上的红点，并用手去摸它或试图抹掉，表明婴儿已能区分自己的形象和加在自己形象上的东西，这种行为可作为自我认识出现的标志。研究表明，24个月的婴儿几乎都会利用镜中的影像去抹掉不属于自己的“红点”，说明婴儿自我意识中的自我认识成分已经出现。

二、幼儿自我意识发展的阶段（★）

幼儿自我意识的发展是一个逐渐发生发展的过程，通常分为下列阶段。

（一）自我感觉的发展（1岁前）

1岁前的婴儿不能把自己与周围的事物区别开，甚至不知道手、脚是自己身体的一部分。例如，婴儿有时会咬自己的手指，甚至会把自己咬疼而哭叫起来。到1岁末时，婴儿才能慢慢意识到手脚是自己的，这就是自我感觉阶段。

（二）自我认识的发展（1～2岁）

幼儿认识到自己是一个独立的人的前提是要和妈妈分离。这个过程可以从幼儿发展中的“母子同一性”现象中看出，即幼儿很小的时候觉得自己和妈妈是同一个人，以后逐渐知道妈妈和自己是两个人，自己是一个独立的整体。1岁以后，随着幼儿学会叫“妈妈”，说明婴儿已经能把自己当作一个独立的个体来看待。

（三）自我意识的萌芽（2～3 岁）

自我意识的产生与言语的发展相联系。在掌握了相关的词汇后，幼儿逐渐学会像其他人那样叫自己的名字。但他只是把名字理解为属于自己的信号，遇到别人也叫同样的名字时，就会感到困惑。

2～3 岁的幼儿可以掌握代名词“我”，这是幼儿自我意识萌芽的最重要标志。此后，幼儿开始用“我”来表达自己的意愿。这时，幼儿的自我意识就产生了。

（四）自我意识各方面的发展（3 岁以后）

进入幼儿期后，幼儿的自我评价、自我体验和自我控制逐渐发展起来。

三、幼儿自我意识各方面的发展（★★★）

（一）自我评价的发展

1. 从依赖成人的评价到自己独立评价

幼儿初期还没有独立的自我评价。他们的自我评价往往依赖于成人对他们的评价，如“妈妈说我是个乖宝宝”。到了幼儿晚期，幼儿开始出现独立的评价。

2. 从对个别方面的评价发展到对多方面的评价

4 岁以上的幼儿一半以上可以进行自我评价，但主要是从个别方面或局部来评价自己，之后逐渐向具体、细致的方向发展。6 岁的幼儿开始发展到能从多方面进行自我评价。

3. 从对外部行为的评价向对内心品质的评价过渡

幼儿初期的自我评价基本上都是对自己外部行为的评价，到了 6 岁左右，儿童才开始出现对内心品质的评价过渡的倾向。

4. 从主观情绪评价到初步客观评价

幼儿开始的自我评价往往不是从事实出发，而是从情绪出发进行的。随着年龄的增长，他们的自我评价会逐渐趋于客观。

5. 从没有依据的评价到有依据的评价

幼儿初期的评价往往是没有依据的。到了幼儿中期，幼儿逐渐意识到评价应该有依据，发展为有依据的评价。

（二）幼儿自我体验的发展

（1）从初步的内心体验发展到较强烈的内心体验。

3 岁左右的幼儿基本上不会用语言表达自己的内心体验。4 岁左右的幼儿开始用语言表达自己内心的感受，如“我不开心”“我生气”等。到了 5～6 岁，幼儿学会用“很”“太”等修饰词来表达自己较强烈的内心体验。

（2）从受暗示性的体验发展到独立的体验。

成人的暗示对幼儿的自我体验产生起着重要的作用，年龄越小，这种表现越明显。

（3）愉快和愤怒是生理需要的表现，发展较早。委屈、自尊和羞愧是社会性体验的表现，发展较晚。

（三）幼儿自我控制的发展

自我控制

幼儿自我控制能力主要表现在独立性、坚持性和自制力等方面。幼儿自我控制发展的趋势主要有以下几点。

（1）从主要受他人控制发展到自己控制。

3 岁左右的幼儿，自我控制的能力是比较差的，在遇到外界诱惑时，主要受成人的控制，而一旦成人离开，就很难控制自己。

（2）从不会自我控制发展到使用控制策略。

控制策略是影响幼儿控制能力的一个重要因素。年龄较小的幼儿还不会使用控制策略。随着年龄的增长，幼儿逐渐学会使用简单的控制策略。

（3）自我控制的发展受父母控制特征的影响。

研究表明，父母要求少或要求低的幼儿有高攻击性的特征，父母严厉的幼儿有情绪压抑、盲目顺从等过度自我控制的倾向。幼儿在父母控制下形成的自我控制的特征，在儿童后期自我控制的发展中能保持稳定。

知识拓展

★ 延迟满足实验 ★

实验者发给 4 岁被试的儿童每人一颗好吃的棉花糖，并告诉他们：如果马上吃掉，就只能吃一颗；如果等 20 分钟后再吃，就能吃到两颗。有的孩子急不可待，把棉花糖马上吃掉了；而另一些孩子则耐住性子、闭上眼睛或头枕双臂做睡觉状，也有的孩子用自言自语或唱歌来转移注意以克制自己的欲望，从而获得了更丰厚的报酬。

这个实验用于分析幼儿承受延迟满足的能力。试验证明，那些能够延迟满足的孩子自我控制能力更强，他们能够在没有外界监督的情况下适当地控制、调节自己的行为，抑制冲动、抵制诱惑，坚持不懈地保证目标的实现。

真题再现

1. 让脸上抹有红点的婴儿站在镜子前，观察其行为表现，这个实验测试的是婴儿（　　）方面的发展。

A. 自我意识　　B. 防御意识　　C. 性别意识　　D. 道德意识

【解析】点红实验是一个有关幼儿自我意识的实验：如果幼儿知道镜子中的人是自己，就会用手去擦红点。

【答案】A。

2. 研究儿童自我控制能力和行为的实验是（　　）。

A. 陌生情景实验　B. 点红实验　C. 延迟满足实验　D. 三山实验

【解析】延迟满足实验，又称棉花糖实验，是研究儿童自我控制能力和行为的实验，故选 C。A 项，陌生情景实验是研究儿童依恋类型的实验；B 项，点红实验是研究儿童自我意识的实验；D 项，三山实验是研究儿童自我中心性的实验。

【答案】C。

第四节 幼儿个性心理特征的发展

心理学上，人们通常把人的个性心理特征分为气质、性格和能力。

一、幼儿气质的发展（★★★）

（一）气质的概念

气质是指人的心理活动典型而稳定的动力特征。这些特征影响人的心理活动速度、强度、稳定性和指向性等，相当于人们日常生活中所说的“脾气”“秉性”和“性情”等。

现代心理学家一般认为，气质是与生俱来的，具有天赋性、遗传性和稳定性，一旦形成就很难改变。气质受个体先天生物因素的影响，受高级神经活动的制约，每个人都有不同的气质特征。气质是个性中最稳定、最早出现的心理特征。

（二）气质的类型

1. 传统的气质类型

古希腊的医生希波克拉底根据日常观察，认为人体内有四种体液——血液、黏液、黄胆汁和黑胆汁。根据四种体液在人身体中的所占的比重不同，将人的气质分为四种类型，即胆汁质、多血质、黏液质和抑郁质，具体如表 1-5-1 所示。

表 1-5-1　传统气质类型的特点

气质类型	神经类型	气质类型的特点	代表人物
胆汁质	强、不平衡	直率热情、精力旺盛 好冲动、易躁易怒、脾气急	张飞、李逵、鲁智深
多血质	弱、平衡、灵活	活泼好动、反应迅速、热爱交际、适应性强 粗枝大叶、见异思迁	猪八戒、王熙凤

续表

气质类型	神经类型	气质类型的特点	代表人物
黏液质	强、平衡、不灵活	安静、稳重踏实、自制力强（性格坚韧）、适于从事耐心、程序化的工作 可塑性差、有些死板、缺乏生气	沙和尚、林冲
抑郁质	弱	敏锐、观察力强 孤僻、不善交际、多愁善感、适应能力差	林黛玉

四种气质类型虽有一定的代表性，但实际上人的气质呈现出来的特点复杂多样。一般的人往往不仅具有某种典型的气质类型的特点，而且会同时具有两种以上的基本类型的特点。

2. 托马斯、切斯的气质类型

近年来，托马斯、切斯的气质类型也被广泛运用。他们按适应性、生活节律、情绪状态和活动水平等将幼儿的气质具体划分为以下三种类型。

（1）容易型：生理机能活动有规律，节奏明显，情绪一般积极、愉快，容易适应新环境，也容易接受新事物和不熟悉的人。

（2）困难型：生理机能活动缺乏规律性，烦躁易怒、爱发脾气、不易安抚，对新事物接受很慢，很难适应新环境。

（3）迟缓型：活动水平低，行为反应强度弱，情绪低落，逃避新刺激、新事物，对新环境适应缓慢。但在没有压力的情况下，对新异刺激会慢慢发生兴趣，在新情境中能逐渐活跃起来。

活动水平指一天内婴幼儿表现出来的所有动作。活动水平高的幼儿睡眠较少，成天蹦蹦跳跳；活动水平低的幼儿睡眠较多，不太活跃。

（三）不同气质类型幼儿的培养

（1）正确认识幼儿的气质特点。

① 要了解幼儿的气质特点。

家长和教师可对幼儿在游戏、学习、劳动等活动中的情感表现、行为态度等进行反复细致的观察，从而了解幼儿的气质特点。

② 要接受幼儿的气质特点。

接受幼儿先天遗传的某些气质特征，找出幼儿气质特征中的闪光点，通过言传身教帮助幼儿养成良好的行为习惯，在教育中以幼儿为主体，开展适合其天性的活动。

③ 不要轻易对幼儿的气质类型下结论。

幼儿虽然表现出各种气质特征，但成人不要轻易下结论，断定一个幼儿属于某种气质类型。这是因为在实际生活中，纯粹属于某种气质类型的人是极少的，某一种行为特点可能为几种气质类型所共有。

（2）家长应根据幼儿的气质特点有针对性地进行教育。

不同的幼儿对同样的教养方式可能会有不同的反应。所以，父母要了解自己孩子的气质特征，因材施教。一方面，帮助幼儿改正或消除消极的气质特征（如孤僻、畏怯、急躁、任性等）；另一方面，积极鼓励与表扬幼儿气质中的积极特征（如行动敏捷、灵活、乐于与人交往等）。消极特征的纠正和积极特征的发展可以引起整个气质类型的改变。

（3）教师应根据幼儿的气质特点开展教育。

教师进行教育和教学工作时，要针对幼儿的气质特点，提出不同要求，采取适当措施，区别对待。

① 巧妙利用不同气质类型幼儿的心理特点因势利导。例如，对抑郁质的幼儿，由于他们比较敏感，所以不宜在公开场合点名指责，要多表扬其成绩，培养其自信心，激发他们活动的积极性；对胆汁质的幼儿要注意不宜针锋相对去激怒他们，要教会他们自制，并逐步养成安静遵守纪律的习惯；对多血质的幼儿，要培养其耐心、专心做事的习惯；对黏液质的幼儿，要引导他多和其他幼儿交往，鼓励他多参加集体活动。

② 注意和防止一些极端气质类型幼儿的病态倾向发展。通常抑郁质幼儿在极不稳定的情况下易发生像紧张、胆怯、恐惧、强迫等具有神经焦虑症倾向的障碍；而胆汁质儿童的极端化发展则可能与一些更具有攻击和破坏性的行为有关。教师要学会分辨一些基本的心理障碍倾向，采取科学的态度慎重对待他们。

气质本身并没有好坏之分，每一种气质既有优点又有缺点。教育的目的不是设法改变幼儿原有的气质，而是要引导幼儿克服缺点，发展优点，使幼儿在原有气质的基础上建立优良的个性特征。

真题再现

人的个性心理特征中，出现最早、变化最缓慢的是（　　）。

A. 性格　　B. 气质　　C. 能力　　D. 兴趣

【答案】B。

二、幼儿性格的发展（★★★）

（一）性格的概念

性格是指一个人表现在态度和行为方面的比较稳定的个性心理特征，是区别人的个性的主要心理标志。其特点表现在对现实的稳定态度和惯常的行为方式。性格是个性的核心。

（二）性格的结构

性格是一种十分复杂的心理结构，由多方面的特征所构成，具体包括性格的态度特征、性格的意志特征、性格的情绪特征和性格的理智特征。

（1）性格的态度特征，表现在人对现实态度方面的特点。

（2）性格的意志特征，表现在人自觉调节自己行为方面的特点。

（3）性格的情绪特征，表现在人受情绪影响的程度和情绪受意志控制的程度。

（4）性格的理智特征，表现在人的认识活动方面的特点。

（三）幼儿性格的差异

幼儿的性格是在先天气质类型的基础上，在与父母的相互作用中逐渐产生的。幼儿性格的最初表现是在婴儿期。3 岁左右，幼儿出现了最初的性格差异，主要表现在合群性、独立性、自制力和活动性等方面。

1. 合群性

从幼儿与同伴的交往过程中，可以看出明显的区别。如有的幼儿比较随和，富有同情心，看到小伙伴哭了会主动上前安慰，发生争执时容易让步。而有一些幼儿则存在明显的攻击行为。

2. 独立性

幼儿的独立性在 2～3 岁时表现得比较明显。独立性强的幼儿可以独立做很多事情，如自己洗手、自己吃饭。而有些幼儿离不开妈妈，表现出很强的依赖性。

3. 自制力

3 岁左右，在正确的教育下，有些幼儿已经掌握了初步的行为规范，并学会了自我控制，如不随便要东西，不抢别人的玩具。而有些幼儿则不能控制自己，当要求得不到满足时，就以哭闹为手段要挟父母。

4. 活动性

有的幼儿活泼好动，对任何事物都表现出很强的兴趣，且精力充沛。而有的幼儿好静，喜欢做安静的游戏，一个人看书或看电视等。

> **小旌提示**
>
> 幼儿性格的差异还表现在坚持性、好奇心及情绪等方面。在正常的教育条件下，这些差异将逐渐成为幼儿稳定的个人特点。

（四）幼儿性格的特点

幼儿的性格受家庭教育、幼儿园教育及生活环境的影响，容易改变，因此幼儿性格具有很大的可塑性。总体来说，幼儿阶段的性格主要有以下几方面的特点。

1. 活泼好动

活泼好动是幼儿的天性，也是幼儿性格最明显的特征之一。

2. 喜欢交往

孩子进入幼儿期后，在行为方面最明显的特征之一就是喜欢和同龄或年龄相近的小伙伴交往。

3. 好奇好问

幼儿有着强烈的好奇心和求知欲，主要表现在探索行为和好奇好问。好问是幼儿好奇心的一种突出表现。

4．模仿性强

模仿性强是幼儿时期的典型特点，小班幼儿表现尤为突出。幼儿模仿的对象可以是成人，也可以是儿童。对成人更多的是对教师或父母行为的模仿，这是由于这些人是幼儿心目中的偶像。

5．好冲动

幼儿性格在情绪方面的表现就是不稳定、好冲动。

三、幼儿能力的发展（★）

（一）能力的概念

能力是指人们成功地完成某种活动所必须具备的个性心理特征。能力具有三个特点：能力和活动密切联系；能力直接影响活动效率；完成一种活动需要多种能力的结合。

（二）能力的类型

1．一般能力和特殊能力

（1）一般能力又称智力，指多数活动所需要的能力。如观察力、记忆力、思维力、想象力和注意力等。其中，抽象概括能力是一般能力的核心。

（2）特殊能力指顺利完成某些特殊活动所必须具备的能力，如鉴赏力、定向力、创造力、逻辑判断能力和组织领导能力等。它只在特殊领域内发挥作用，是完成有关活动不可缺少的能力。

2．模仿能力和创造能力

（1）模仿能力是指仿效他人举止行为而引起与之相类似的活动的能力，如模仿歌星唱流行歌曲。

（2）创造能力是指产生新思想，发现和创造新事物的能力，如科学发现、文学创作等。

3．认识能力、操作能力和社交能力

（1）认识能力是学习、研究、理解、概括和分析的能力。

（2）操作能力是操纵、制作和运动的能力，如动手能力、体育运动能力等。

（3）社交能力是人们在社会交往活动中所表现出来的能力，如组织管理能力、语言感染能力等。

（三）幼儿能力发展的特点

1．多种能力的呈现与发展

（1）操作能力最早表现。

（2）言语能力在婴儿期发展迅速。

（3）模仿能力、认知能力迅速发展。

（4）特殊能力有所表现。

（5）创造能力开始萌芽。

2. 智力结构随年龄的增长而变化

幼儿的智力结构是随着年龄的增长而发展的，其趋势是越来越复杂化、复合化和抽象化。不同的智力因素有各自迅速发展的年龄段。幼儿期是智力发展最快的时期，从出生至5岁智力发展最为迅速。

3. 出现了主导能力的萌芽

主导能力也称优势能力，即在一个人各种能力的有机结合中，往往有一种能力起主导作用，另一些能力处于从属地位。学前期幼儿已经出现了主导能力的差异。例如，有的幼儿在绘画方面有特殊才能，有的幼儿在语言方面表现出优势。

4. 智力发展迅速

本杰明·布鲁姆发现儿童智力发展有一定的规律。幼儿的智力发展极为迅速，4岁时就完成了智力发展的50%，8岁时已完成了80%。7岁前儿童脑发育的研究同样证明学前期是儿童智力发展的关键时期。

第五节 幼儿的个体差异

一、幼儿个体差异的概念（★）

个体差异是指个体之间在稳定的心理特点上的差异，包括性格、能力、兴趣等方面的差异。幼儿教育心理学中的个体差异，着重分析幼儿在幼儿园学习活动中，在智力、性格、性别和学习类型等方面表现出来的差异。

二、幼儿个体差异的类型（★★）

（一）幼儿智力差异

由于智力是个体先天禀赋和后天环境相互作用的结果，个体智力的发展存在明显的差异。智力的个体差异包括智力发展水平差异、智力类型差异和智力表现早晚的差异。

1. 智力发展水平差异

智力发展水平的差异是指个体与同龄团体智商稳定的平均数相比较所表现出的差异。研究表明，个体智力水平呈正态分布，即智力水平属于中等水平的幼儿占大多数，智力水平极高和极低的幼儿占少数。

2. 智力类型差异

智力类型差异是指根据个体在知觉、记忆、表象、思维和言语等活动中的特点与品质不同，智力表现形式也不同。例如，有的幼儿具有语言天赋，有的幼儿具有音乐天赋，有的幼儿擅长进行空间想象等。

3. 智力表现早晚的差异

人的智力表现存在着早晚差异。有的人从小就表现出了超常的智力，被称为早慧的儿童、小天才；而有的人却大器晚成。

（二）幼儿性格差异

性格的个体差异表现在性格特征差异和性格类型差异两个方面。

1. 性格特征差异

关于性格的特征差异，一般从以下四个方面进行分析。

（1）对现实态度的性格特征，包括对社会、集体和他人的态度，对劳动、工作和学习的态度，对自己的态度等。

（2）性格的理智特征，是指人们在感知、记忆、思维、想象等认识过程中所表现出来的习惯化了的行为方式。

（3）性格的情绪特征，是指个体在情绪活动时的强度、稳定性、持续性及主导心境等方面表现出来的个体差异。

（4）性格的意志特征，主要表现在个体对自己行为的控制和调节方面的性格特征，如自觉性、果断性、自制力及坚韧性等方面的特征。

2. 性格类型差异

性格的类型差异是指一个人身上所有性格特征的独特结合。按照不同的划分标准，性格可以划分为不同的类型，具体如表 1-5-2 所示。

表 1-5-2　性格类型

划分依据	性格类型	性格特征
内外向	外向型	感情外露，不拘小节，勇于进取，适应环境快，但有时轻率
	内向型	深沉老练，处事谨慎，深思熟虑，交际面窄，灵活性差
独立性	独立型	有主见，不易受外来因素干扰，有坚定的信念，独立判断事物，能独立思考和解决问题
	顺从型	缺乏主见，易受他人意见左右，依赖性强，易与人相处
性格的特征差异	理智型	以理智衡量一切，并支配自己的行为，做事能三思而后行，很少受情绪影响
	情绪型	不善于思考，行为易受情绪左右，常感情用事
	意志型	活动目标明确，富有主动性和意志力，行为不易受外界因素干扰

幼儿期是幼儿性格初步形成的时期，此时幼儿的性格已经表现出明显的个体差异。性

格的类型会影响幼儿学习的速度和质量，也是幼儿个体全面发展的基础，因此，幼儿教育应更重视幼儿良好性格的培养。

（三）幼儿性别差异

2～3 岁的孩子，开始知道自己是男孩还是女孩，并渐渐懂得男孩与女孩的区别。通过模仿同性别的人，逐渐出现性别角色心理的萌芽。

性别差异不仅会影响幼儿学习某种技能的速度，还会影响到幼儿的学习方式。例如，女孩在智力发展的某些方面比男孩快一些。大部分女孩开口说话比男孩早，在遣词造句方面也比男孩要好些、早些。在数学方面，从童年到少年，女孩的算术比男孩稍强。可是在此之后，男孩在数学推理方面就要略显优势。

（四）幼儿学习类型差异

学习类型的差异

学习类型是个人对学习情境的一种特殊反应倾向或习惯方式。它主要包括认知风格、学习策略、内外控制点等。学习类型具有独特性、稳定性。学习类型的差异通过个体的认知、情感、行为习惯等方面表现出来。其中，个体认知风格的差异主要表现在场独立型和场依存型、冲动型与沉思型等方面。

场依存型的幼儿对客观事物的判断易受外界因素影响，社会敏感性强；场独立型的幼儿倾向对事物进行独立判断。冲动型的幼儿认识问题速度快，但错误多；沉思型的幼儿认识问题时谨慎全面，错误少。

真题再现

教师要根据幼儿的个体差异进行教育，下列现象不属于幼儿个体差异表现的是（　　）。

A. 某幼儿往常吃饭很慢，今天为了得到老师的表扬，吃得很快

B. 有的幼儿吃饭快，有的幼儿吃饭慢

C. 某幼儿动手能力很强，但语言能力弱于同龄幼儿

D. 男孩通常比女孩表现出更多的身体攻击性行为

【解析】幼儿在智力、性格、性别、学习类型等方面都存在差异。选项 B 属于能力发展水平的差异，选项 C 属于智力类型的差异，选项 D 属于性别差异，选项 A 体现的是暂时情况，并不是个体差异的表现。

【答案】A。

三、个体差异形成的原因（★★）

幼儿个体差异形成的原因，可以分为客观因素和主观因素两大类。

（一）客观因素

遗传因素和环境因素是影响个体发展的两大客观因素。

1. 遗传因素

遗传素质是由遗传基因决定的个体内在因素，决定生长发育的可能性。幼儿生长发育的家族性、种族性是遗传因素影响机能的具体表现。

2. 环境因素

环境因素包括自然条件和社会环境，决定个体生长发育的现实性。自然条件是个体维持生命所必需的条件，如地理条件、气候变化和食物等；社会环境是个体的社会生活条件和教育条件，包括社会、家庭和学校等。

遗传因素是个体发展的基础和内在根据，环境因素是个体发展的外因条件。遗传因素可以使一个人的发展达到某个上限，环境因素决定个体在遗传因素的可变范围内实际达到的水平和高度。

（二）主观因素

影响幼儿个体差异的主观因素包括需要、兴趣爱好、能力性格、自我意识以及心理状态（如注意、激情、心境）等。

四、尊重幼儿个体差异（★★★）

（一）尊重幼儿个体差异的意义

（1）享有适当的教育是每个儿童的权利。

教师首先要从保护儿童基本权益的角度去认识尊重幼儿个体差异的重要性，要树立享受适当的教育是每个儿童的权利的理念。只有做到尊重幼儿的个体差异，关注个别幼儿的特殊需要，确认每个幼儿都有被关注的权利，才能有效保证教育机会的平等。

（2）尊重幼儿的个体差异是儿童全面发展的桥梁。

每个幼儿的发展都具有自身的独特性，全面发展是每个儿童的需要。尊重幼儿的个体差异，有利于幼儿通过多种渠道参与到学习过程中，充分利用多种感官去学习，有利于幼儿的全面发展。

（二）尊重幼儿个体差异的举措

（1）细心观察，全面了解幼儿。

教师通过有目的、有意识的观察，可以获得大量具体真实的信息，从而了解每个幼儿的基本能力、情感、行为和不同的学习特点等，并发现每个幼儿的潜能和需求。

（2）识别优势与弱势，寻求突破口。

幼儿找到他所擅长的领域后，就会乐于在其中探索，并逐步建立良好的自我感觉，以更大的信心去迎接更大的挑战。教师只有真正了解、分析幼儿，才能识别幼儿的优势与劣势，找到突破口，让优势带动劣势，最终促进幼儿全面和谐发展。

（3）用心琢磨，读懂孩子，因材施教。

教师要了解幼儿的个性，努力进入孩子们的内心世界，了解他们的需求，发现其闪光点，通过循序渐进的教育方式，帮助他们树立信心。还要善于发现不同幼儿在不同发展领域的差异性，满足不同幼儿的兴趣需要，给予他们不同的关爱，实施不同的教育方法，让每个幼儿都能在原有的基础上得到提高。同时，教师要从幼儿实际出发，对幼儿的个性发展采取有针对性的教育。

答案与解析

一、单项选择题

1．“我跑得快”“我是个能干的孩子”“我会讲故事”“我是个男孩”，这样的语言描述主要反映了幼儿（　　）的发展。

A．自我概念　　B．形象思维　　C．性别认同　　D．道德判断

2．下列针对幼儿个体差异的教育观点，（　　）不妥。

A．应关注和尊重幼儿不同的学习方式和认知风格

B．应支持幼儿富有个性和创造性的学习和探索

C．应确保同校幼儿在同一时刻达成同样的目标

D．应对有特殊需要的幼儿给予特别关注

3．明明总是跑来跑去，在班级里也非常活跃。他的行为主要反映了其气质（　　）的特征。

A．趋避性低　　B．反应阈限高

C．节律性好　　D．活动水平高

4．幼儿乐乐是一个有朝气、活泼好动、动作敏捷的孩子，不管遇到生人还是熟人都主动打招呼，不怯场，爱表现。但他粗枝大叶，兴趣不稳定，注意力容易分散。以上说明乐乐是一个（　　）气质类型的幼儿。

A．胆汁质　　B．多血质　　C．抑郁质　　D．粘液质

5．下列关于幼儿气质的描述，不正确的是（　　）。

A．气质没有好坏之分

B．气质是人一出生就有的，新生儿期就会有所表现

C．气质与人的神经系统密切相关，受遗传影响较大

D．气质是不稳定的，变化性很大

6．有的幼儿擅长绘画，有的幼儿擅长动手制作，还有的幼儿很会讲故事。这说明幼儿具有（　　）的差异。

A．智力发展速度　　　　B．智力水平

C．智力发展早晚　　　　D．智力类型

二、论述题

论述教师尊重幼儿个体差异的意义与举措。

三、材料分析题

1．小虎精力旺盛、爱打抱不平，做事急躁、马虎，爱指挥人，稍有不如意就大发脾气动手打人，事后也后悔但难克制。

问题：

（1）你认为小虎的气质属于什么类型？为什么？

（2）如果你是小虎的老师，你准备如何根据其气质类型的特征实施教育。

2．在一项行为实验中，教师把一个大盒子放到幼儿面前，对幼儿说："这里面有一个很好玩的玩具，一会我们一起玩，现在我要出去一下，你等我回来。我回来前，你不能打开盒子看，好吗？"幼儿回答："好的！"教师把幼儿单独留在房间里，下面是两名幼儿在接下来的两分钟独处时的不同表现。

幼儿一：眼睛一会看墙角，一会看地上，尽量不让自己看面前的盒子。小手也一直放在自己腿上。教师再次进来问："你有没有打开盒子看？"幼儿说："没。"

幼儿二：忍了一会，禁不住打开盒子偷偷看了一眼。教师再次进来问："你有没有打开盒子看？"幼儿说："没有，这个玩具不好玩。"

问题：

请分析上述材料中两名幼儿各自表现出的行为特点。

第六章

幼儿社会性的发展

考情分析

题型	2022 年上半年	2022 年下半年	2023 年上半年	2023 年下半年	2024 年上半年	2024 年下半年
单项选择题	—	1 题 3 分	—	—	—	1 题 3 分
简答题	—	—	—	1 题 15 分	—	1 题 15 分
论述题	—	—	—	—	—	—
材料分析题	—	1 题 20 分	1 题 20 分	—	—	—
活动设计题	—	—	—	—	—	—
总计	—	2 题 23 分	1 题 20 分	1 题 15 分	—	2 题 18 分

（1）本章内容的考查形式以单项选择题、简答题和材料分析题为主，但也要注意在论述题或活动设计题中结合幼儿社会性培养的相关知识作答。

（2）学习时要重点掌握幼儿社会性发展的基本规律和特点，在理解的基础上进行记忆，并能够利用相关知识分析、解决教育中的实际问题。

第一节　幼儿社会性发展的概述

一、幼儿社会性发展的概念（★）

社会性是指人在社会交往中获得的情感、性格、处理人际关系等方面表现出的心理和行为特征。

【例】学前儿童为加入同伴游戏而主动把玩具分享给别人。

幼儿社会性发展（有时也称作幼儿的社会化）是指幼儿从一个生物人，逐步掌握社会的道德规范与社会行为技能，成长为一个社会人，逐步融入社会的过程。它是个体在与社会群体、幼儿集体以及同伴的相互作用和相互影响的过程中实现的。

★　个性与社会性　★

注意个性与社会性的区分。个性强调的是独特性，是个人的行为方式，如幼儿豆豆对青蛙特别感兴趣。社会性强调的是普遍性，是人们在社会组织中符合社会规范的共性的行为方式，如同伴交往中要互帮互助、合作分享。

二、幼儿社会性发展的内容（★）

幼儿社会性发展的主要内容包括亲子关系、同伴关系、性别角色、亲社会行为和攻击性行为。其中，亲子关系和同伴关系是幼儿社会性发展的重要内容，属于人际关系的范畴；性别角色是幼儿作为一个有特定性别的人在社会中的适当行为的总和；亲社会行为和攻击性行为则属于幼儿道德发展的范畴。

三、幼儿社会性发展的意义（★）

（1）社会性发展是幼儿身心健全发展的重要组成部分。

体格的发展、认知的发展和社会性的发展是儿童全面发展的三大方面。社会性发展作为重要的一环，是幼儿身心健全发展中不可忽略的重要组成部分。

（2）学前儿童社会性发展是儿童未来发展的重要基础。

学前期是幼儿社会性发展的关键时期。幼儿的社会认知、社会情感、社会行为技能在学前期都会迅速发展。幼儿社会性发展的好坏直接关系到儿童未来人格发展的方向和水平。

第二节 幼儿人际关系的发展

一、幼儿亲子关系的发展（★★★）

（一）亲子关系的概念

亲子关系有狭义与广义之分。狭义的亲子关系是指幼儿早期与父母的情感关系，即依恋。广义的亲子关系是指父母和子女的相互作用方式，即父母的教养态度与方式。

（二）依恋的发展

依恋是指婴儿寻求并企图保持与另一个亲密的身体和情感联系的一种倾向。它是儿童与父母相互作用的过程中，在情感上逐渐形成的一种联结。

婴儿与主要照料者（一般是母亲）的依恋大约在第 6、7 个月里形成，同时开始害怕陌生人，即“认生”。

1. 婴儿依恋发展的阶段

（1）无差别社会性反应阶段（0～3 个月）。

这个时期的婴儿还不具有对人的区分能力，所以他们对所有人的反应几乎都是一样的。他们喜欢所有的人，喜欢听所有人的声音，注视所有人的脸，只要看到人的面孔或听到人的声音就会微笑、咿呀作语、手舞足蹈，也不介意被陌生人抱起。

（2）有差别社会性反应阶段（3～6 个月）。

这一时期，婴儿开始区分不同的人，对他所熟悉的人与对陌生人的反应是不同的。在母亲面前，婴儿表现出更多的微笑、咿呀学语、依偎和接近；在其他熟悉的人面前，这些积极的反应要相对少一些，对陌生人的积极反应则更少。此时，婴儿虽能从人群中找出母亲，但仍旧不会介意和母亲分开。

（3）特殊情感联结阶段（6 个月～2 岁）。

从 6～7 个月起，婴儿对母亲出现了明显的依恋，形成了对母亲的情感联结。他对母亲的存在特别关注，特别愿意和母亲在一起。当母亲离开时，他就会哭喊；只要母亲在身边，他就能安心地玩。与此同时，婴儿见到陌生人，大多不再微笑、咿呀作语，而开始怕生。

7～8 个月时，婴儿形成对父亲的依恋。并且，除父母外，婴儿还会依恋祖父母等家庭成员。之后，幼儿进入集体教育机构，还会对教师形成依恋。

（4）目标调整的伙伴关系阶段（2 岁以后）。

2 岁以后的幼儿能认识并理解成人的情感、需要和愿望，知道成人爱自己，不会抛弃自己。此时，幼儿学会把母亲当成一个伙伴，并知道在交往时应考虑母亲的需要和兴趣，据此调整自己的情绪和行为反应。所以，当母亲需要做其他事情时，幼儿也不会大声哭闹。

小旌归纳

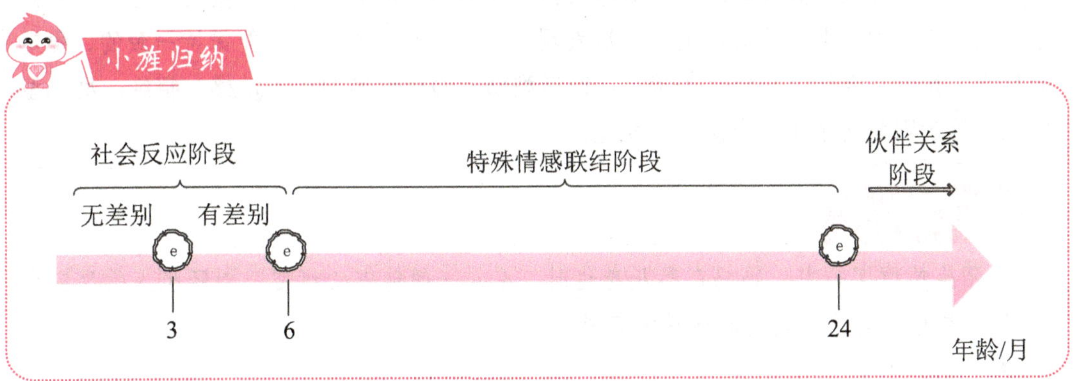

2．婴儿依恋的类型

美国心理学家爱因斯沃斯根据婴儿在陌生情境中与母亲分离后的行为和情绪表现，将婴儿的依恋分为以下三种类型。

（1）回避型依恋。

这类幼儿在陌生情境中，母亲是否在场对他们的活动没有影响。母亲离开时，他们不会表现出明显的分离焦虑。母亲返回时，他们也不会主动寻求接触，甚至当母亲主动接近时反而转过身去，对母亲采取回避态度。这类幼儿在忧伤时，陌生人的安慰效果与母亲差不多，不会表现出明显的陌生焦虑。这类儿童也被称为“无依恋的儿童”。

（2）安全型依恋。

这类幼儿和母亲在一起时，把母亲作为“安全基地”，愉快地探究周围环境。当陌生人进入时，他们有点警惕，但会继续玩，无烦躁不安表现。当把他们留给陌生人时，他们会停止玩，并试图找到母亲，有时甚至哭；当母亲回来时，他们显得比以前同母亲更亲热；当再次被留给陌生人时，他们则很容易被安慰。

（3）反抗型依恋。

这类幼儿在陌生情境中，难以主动地去探究周围环境，且探究活动较少，表现出明显的陌生焦虑。与母亲分离后，他们感到强烈的不安，表现出很强的分离焦虑。当再次同母亲团聚时，他们一方面试图主动接近母亲，一方面又对来自母亲的安慰进行反抗，表现出一种愤怒的矛盾心理。

知识拓展

母亲对幼儿依恋类型的影响

爱因斯沃斯等人的研究发现，高敏感性的母亲能使1岁的孩子形成安全型依恋；反之，那些低敏感性、低反应的母亲喂养的孩子大多形成回避型或反抗型的依恋。在考虑了母亲抚养类型与婴儿依恋间的关系后发现，安全型幼儿的母亲多能保持一致的、稳定的敏感、接纳、合作、易接近等特征，回避型幼儿的母亲倾向于不敏感、拒绝，反抗型幼儿的母亲则倾向于干涉或忽略、拒绝。

真题再现

1. 在陌生情境实验中，妈妈在婴儿身边时，婴儿一般能安心玩耍，对陌生人的反应也比较积极。婴儿对妈妈的这种依恋属于（　　）。

A. 回避型　　B. 无依恋型

C. 安全型　　D. 反抗型

【解析】安全型依恋的幼儿，当最初和母亲在一起时，会很愉快地玩耍，当陌生人进入时，他们有点警惕，但会继续玩，无烦躁不安表现。

【答案】C。

2. 如果母亲能一贯具有敏感、接纳、合作、易接近等特征，其婴儿容易形成的依恋类型是（　　）。

A. 回避型依恋　　B. 安全型依恋

C. 反抗型依恋　　D. 紊乱型依恋

【解析】儿童安全型依恋的形成，更多得益于母亲的敏感应对、积极反应、接纳合作等。

【答案】B。

3. 良好依恋的培养

（1）注意增加“母性敏感期”的母子接触。

有研究认为，最佳依恋的发展需要在“母性敏感期”增加母子接触。他们把正常医院条件下的母子接触和理想条件下的母子接触作比较。医院的做法是：出生时让妈妈看下孩子，10小时后孩子再在妈妈身边稍留一会儿，然后每隔4小时哺乳一次。而理想条件是：出生后3小时便有了定时的母子接触，在开始的3天里，每天妈妈会搂抱孩子5个小时。结果发现，理想条件下的孩子与妈妈的关系更密切，对面注视的次数越多，后期依恋关系更好。

（2）增加父母与孩子的身体接触。

父母要经常抱抱、亲亲孩子，多和孩子进行身体接触，和孩子一起玩耍，同时保持愉快的情绪，高高兴兴地和孩子玩。

（3）父母要及时回应孩子的信号。

父母要关注孩子的行为和情绪，对孩子发出的信号敏感并及时做出反应，给予孩子一定的关照。

（4）尽量避免父母与孩子长时间分离。

研究表明，孩子与父母的长期分离会影响孩子正常的心理发展。尤其对于 6~8 个月大的孩子，他们正处于与他人建立情感联系的关键时期。所以，父母要尽量克服困难，陪伴在孩子身边。

知识拓展

★ 父母的陪伴对幼儿健康成长的意义 ★

父母是幼儿的第一任老师，父母的陪伴直接影响到幼儿个性品质的形成，对幼儿的健康成长具有重要意义。

（1）父母的陪伴为幼儿提供健康成长的物质条件。父母可以为幼儿提供合理均衡的营养，保证幼儿充足的睡眠和适宜的锻炼，满足幼儿生长发育的必要条件；同时，父母能及时发现并治疗幼儿的病痛隐患，可以帮助幼儿养成良好的生活卫生习惯，提高幼儿的自我保护能力，形成使其终身受益的生活能力和文明生活方式。

（2）父母的陪伴教育有利于幼儿认知的发展。孩子出生后，父母给予的爱抚、营养、生活环境及玩具等都为促进幼儿智力的发展提供了丰富的信息刺激；另外，在父母的陪伴和引导下，可以使幼儿学会分享、换位思考，有利于幼儿社会化的成长。

（3）父母可以为幼儿创设温馨的人际环境，让幼儿充分感受到亲情和关爱。父母陪伴带来的安全依恋有助于幼儿积极地探索，帮助其形成积极稳定的情绪情感。

（4）父母的陪伴有利于幼儿心理需求的发展。在民主型亲子关系中，父母善于与孩子交流，支持孩子的正当要求，尊重孩子的需要，积极支持孩子的爱好、兴趣；同时对孩子提出明确而又合理的要求，将控制、引导性的训练与积极鼓励幼儿的自主性和独立性相结合起来，有利于幼儿的独立性、主动性、自我控制、积极探索等方面的发展。

（三）亲子关系的类型

亲子关系一般有民主型、专制型和放任型三种。不同亲子关系对幼儿的社会性形成具有不同的影响。

1. 民主型

民主型父母用平等的态度对待孩子，把孩子当作独立的个体，能够尊重孩子的意见和观点，允许孩子表达自己的看法，能够纠正孩子的不当行为。在这种家庭中成长的孩子多数独立性较强，善于自我控制和解决问题，有自信，人际交往发展较好。

2. 专制型

专制型父母不允许孩子违反父母的意志，漠视孩子的想法，在情感上给予孩子的关怀较少。在这种家庭中长大的孩子大多缺乏主动性，容易胆小、懦弱、抑郁和易情绪化，不善于与人交往。

3. 放任型

放任型的父母或是对孩子关怀过度、百依百顺、宠爱娇惯；或是不关心孩子，与孩子缺乏交流，忽视孩子的要求，任其自然发展。这种家庭中成长起来的孩子表现得很不成熟，自我控制能力尤其差，往往形成好吃懒做、生活不能自理、胆小怯懦、自命不凡、意志薄弱、缺乏独立性等诸多不良品质。这种情况在男孩儿身上表现得尤为明显。

二、幼儿同伴关系的发展（★★）

同伴关系是年龄相同或相近的幼儿建立的一种共同活动并相互协作的关系，或者是指同龄人或心理发展水平相当的个体在交往过程中建立和发展起来的一种人际关系。

（一）幼儿同伴交往的意义

同伴关系是幼儿重要的社交关系，帮助幼儿建立良好的伙伴关系，避免交友困难，对他们的社会性发展有重要意义。

1. 有助于幼儿学习社交技能

幼儿在同伴那里得到的反应较模糊、缺乏指导性。因此，幼儿必须提高自己的社交技能，使其信号和行为反应更富有表现性，从而使交往活动顺利进行。

在同伴交往中，幼儿会遇到各种不同的交往场合和情景，幼儿正是根据具体情况来不断调整、修正自己的行为方式，从而掌握较为适宜的社交技能。

2. 有助于幼儿形成积极的情感和行为

同良好的亲子关系一样，幼儿之间良好的交往关系也会使幼儿产生安全感和归属感。同时，某个幼儿积极友好的行为，如分享、微笑等，能引发其他幼儿的积极反应，从而使幼儿向积极、友好的方向发展。

3. 促进幼儿认知能力的发展

不同的幼儿有各自不同的生活经验和认知基础，他们在共同活动中也会有不同的表现。同伴交往为幼儿提供了分享知识经验、互相模仿、互相学习的重要机会，有助于幼儿认知的发展。

4. 有助于幼儿自我意识的发展

同伴的行为就像一面“镜子”，为幼儿提供自我评价的参照，使幼儿更好地认识自己。同时，不同的行为会得到同伴的不同反应，从而使幼儿既可以了解自身的行为，又可以认识到自身行为与他人的关系，进而调节、控制自身的行为。

（二）幼儿同伴交往的发展

婴儿很早就能够对同伴的出现和行为做出反应。大约 2 个月时，婴儿能注视同伴；3～4 个月时，婴儿能够相互触摸和观望；6 个月时，他们能彼此微笑和发出“咿呀”的声音。但婴儿的这些反应并不具有真正的社会性质，他们只是把同伴当作物体或玩具。直到出生后的下半年，真正具有社会性的相互作用才开始出现。

1. 3 岁前幼儿同伴交往发生的特点

一般把 0～3 岁婴幼儿的交往分成三个阶段。

（1）物体中心阶段。这个阶段的婴幼儿虽有相互作用，但大部分注意都指向玩具或物体，而不是指向其他婴幼儿。

（2）简单相互作用阶段。这时的婴幼儿对同伴的行为能做出简单反应，并试图支配其他婴幼儿的行为。

（3）互补的相互作用阶段。这个阶段的婴幼儿对他人行为的模仿更为常见。同伴间出现了互动的或互补的角色关系，如“追赶者”和“逃跑者”、“躲藏者”和“寻找者”、“给予者”和“接受者”等，为他们以后的合作性交往奠定了基础。

2. 游戏中同伴交往发展的特点

3～6 岁幼儿之间绝大多数的社会交往是在游戏情境中发生的，具有以下三个发展特点。

（1）3 岁左右幼儿游戏中的交往主要是非社会性的。幼儿在游戏中各玩各的，彼此之间没有联系。

（2）4 岁左右的幼儿，联合游戏逐渐增多，游戏时彼此有一定的联系。他们有时说笑、互借玩具，但这种联系是偶然的、没有组织的，彼此之间交往不密切。

（3）5 岁以后，幼儿合作性游戏开始发展。在游戏中，幼儿分工合作，有共同的目的、计划，服从指挥，遵守共同的规则，互相协作，一起为玩好游戏而努力。

（三）幼儿同伴交往的类型

在同伴交往中，幼儿各自的行为表现和特点有所不同，主要包括以下几种类型。

1. 受欢迎型

受欢迎型幼儿情绪稳定，反应敏捷，活动的强度和速度适中，在交往中积极主动。这些幼儿喜欢交往，而且善于交往，并经常表现出友好、积极的交往行为，因而受到大多数同伴的喜爱，在同伴中享有较高的地位，具有较强的影响力。

2. 被拒绝型

被拒绝型幼儿情绪不稳定，爱冲动，活动的强度大，速度较快，特别好动，较外向，注意力易分散，坚持性差。他们喜欢和小伙伴们交往，却不会交往。在与同伴的交往中活跃、主动，但经常采取不友好的交往方式，如抢玩具、随意改变游戏规则、推打小朋友等，因而常被同伴排斥、拒绝，在同伴中地位低，同伴关系紧张。

3. 被忽视型

被忽视型幼儿平时很安静，不大喜欢与他人交往，常常独处或独自活动，在交往中表现出退缩或畏缩，很少表现出主动、友好的行为，也很少表现出不友好、攻击性行为。因而既没有多少同伴喜欢他们，也没有什么同伴会很讨厌他们，容易被大多数同伴忽视和冷落。

4. 矛盾型

矛盾型幼儿是指那些被某些同伴喜爱，同时又被另一些同伴讨厌的幼儿，也称为“有争议的幼儿”。这些幼儿一方面能力较强，性格较活泼，能领导大家进行游戏，在某个团体中有一定的权威地位；另一方面有时候会压制同伴，行为具有破坏性，从而引起一些同伴的反感。

5. 一般型

一般型幼儿在同伴群体中处于中间的位置，既不是特别主动、友好，也不是特别被动、惹人讨厌。同伴们大多不是特别喜爱、接纳他们，也不会特别拒绝、忽视他们。这类幼儿能够参与同伴交流、游戏，但表现不是很突出，因而在同伴中的地位一般。

小旌妙记

幼儿同伴交往的类型在教师资格考试中属于重要考点，考查形式为单项选择题和材料分析题。学习时需要掌握不同交往类型幼儿的特点，可以通过“交往意愿”“交往方式”“受欢迎程度”这三方面进行记忆掌握。

（四）影响幼儿同伴交往的因素

1. 幼儿自身因素

（1）行为特征。

幼儿个体之所以交往成败不同、同伴地位各异，主要是因为这些幼儿具有明显不同的行为特征。一般来说，幼儿如果表现出积极、快乐的性情，外表吸引人，有许多双向交往，愿意分享，无攻击行为等更容易受到同伴的欢迎。

（2）认知能力。

研究表明，随着幼儿认知的发展，幼儿游戏的复杂性和规则性逐步加强，合作性的要求也不断提高。因此，认知能力强的幼儿更容易受同伴的欢迎。

2. 家庭因素

积极的亲子关系有利于幼儿的人际交往。幼儿在各种不同场合及不同活动中努力寻找自己的伙伴，但是他们的这种能力是有限的，还需要依靠父母来为自己建立与同龄人的伙伴关系。父母的作用主要体现在三个方面。

（1）为幼儿彼此间的接触提供便利的条件。

如果父母经常安排一些同龄幼儿之间的娱乐活动，幼儿就会有更多的小伙伴，并会比其他幼儿表现出更多的亲社会行为。

（2）父母的教养方式影响幼儿的社会交往。

父母如果建议和指导幼儿使用积极且礼貌的交往语言和行为，幼儿表现出的攻击性行为就较少，而且更容易获取影响同伴行为的能力。同时，亲子之间游戏的协作、积极的情感交流有助于培养幼儿良好的社会交往技能；而父母对幼儿的高度控制、教养方式前后不一和消极的情感则会导致幼儿出现攻击性行为、交往障碍和孤独感。

3. 教师因素

一个幼儿在教师心目中的地位如何，会间接地影响到同伴对这个幼儿的评价。研究发现，教师对一个幼儿特征和价值的认可程度会通过一种复杂的方式影响其他幼儿对这个幼儿的接纳性。社会心理学家认为，在同伴群体的评价标准出现之前，教师是影响幼儿最有力的人物。因此，作为教师，在教育过程中必须注意自己的言行对幼儿的影响。

4. 活动因素

（1）游戏材料。

观察发现，在玩具较少且个人可控制玩具的情况下，幼儿之间的争抢、攻击性行为较多；而在有大型玩具的情况下，幼儿的分享、合作等友好交往行为则较多。因此，为幼儿提供有利于开展合作和互动的大型玩具可以有效促进幼儿同伴关系的发展。

（2）游戏场地。

研究发现，游戏场地过于狭窄或过于宽敞都不利于幼儿在游戏中的交往活动。因此，幼儿游戏的场地应设计合理、大小适宜。

（3）活动性质。

那些社会交往水平较高的表演游戏或集体活动更有利于幼儿的同伴交往。幼儿通过协商分配角色或任务并按照要求规范自身的行为，不仅能够增加幼儿间的互动交往机会，也能够提高幼儿对各种社会角色的理解，从而提高其社会交往能力。

小旌提示

除了上述四个因素外，社会作为幼儿生活的大背景，对幼儿的人际关系、同伴交往起到了潜移默化的作用。

（五）建立良好同伴关系的策略

（1）教会幼儿合作，增强幼儿的自信感。

对于有攻击性行为而遭到同伴拒绝的幼儿，教师需要教他们如何用积极的方式解决冲突。例如，小组讨论、木偶表演、角色扮演等活动和阅读一些相关的儿童读物，都会有利于减少幼儿的攻击性行为。

对于孤僻或容易害羞的幼儿，教师可以引导他们提前活动，鼓励他们不怯场，不怕生，从而增强其交往的自信心，提高其社会交往能力。

（2）教会幼儿游戏，提高幼儿的参与度。

教师可提供游戏的主题和一些需要的材料，用多种方式鼓励幼儿参与到游戏中去，同时主动参与幼儿的游戏，并担任一个角色，还可以针对目标略作示范。

（3）教会幼儿接纳，融洽幼儿的同伴关系。

教师需要帮助被拒绝型幼儿积极、适当地参与同伴的游戏，避免不友好行为的发生。

（4）教会幼儿表达，培养幼儿的积极情感。

教师在幼儿的一日生活中应注意引导幼儿说话礼貌，对同伴微笑、表示赞赏，轮流做事，积极帮助，善于分享等。

第三节 幼儿性别角色的发展

性别角色是社会对男性和女性在行为方式和态度上期望的总称。

一、幼儿的性别概念（★★）

性别角色发展的前提是幼儿对性别概念的掌握，即只有当幼儿知道男孩和女孩是不同的，才能进一步掌握男孩和女孩不同的行为标准。幼儿的性别概念主要包括性别认同和性别恒常性。

1. 性别认同

性别认同是幼儿对自己和他人性别的正确标定。性别认同出现的年龄较早，大致在1岁半到2岁。2岁时，幼儿开始理解性别的概念，能够说出自己的性别。随着年龄的增长，幼儿识别性别的能力进一步增强，4岁是幼儿正确识别他人性别的关键时期。

2. 性别恒常性

性别恒常性是指幼儿认识到自己和他人的性别不随其年龄、情境的变化而改变。性别恒常性出现的时间较晚，并随着幼儿年龄的增长显著发展，幼儿6~7岁时已经基本获得性别恒常性，并且达到稳定的水平。幼儿真正形成性别概念的标志在于是否获得了性别恒常性。

真题再现

幼儿如果能够认识到他们的性别不会随着年龄的增长而发生改变，说明他已经具有（　　）。

A. 性别倾向性　　B. 性别差异性

C. 性别独特性　　D. 性别恒常性

【答案】D。

 幼儿性别角色的发展（★★★）

幼儿性别角色的发展

幼儿性别角色的发展是幼儿社会化进程中的重要组成部分，主要经历了以下三个阶段。

（1）知道自己的性别，并初步掌握性别角色知识（2～3 岁）。

2～3 岁的幼儿能准确说出自己和他人的性别。同时，这个年龄的幼儿已经有了一些关于性别角色的初步知识，如女孩要玩娃娃，男孩要玩坦克等。

（2）自我中心地认识性别角色（3～4 岁）。

这个阶段的幼儿已经能明确分辨出自己的性别，并在性别角色方面的知识逐渐增多，如男孩和女孩在穿衣服和游戏、玩具方面的不同等。但这个阶段的幼儿也能接受各种与性别习惯不符的行为偏差，如男孩认为自己穿裙子也很好。

（3）刻板地认识性别角色（5～7 岁）。

这个阶段，幼儿不仅对男孩和女孩在行为方面的区别认识得越来越清楚，同时开始认识到一些与性别有关的心理因素，如男孩要大胆、勇敢等。幼儿对性别角色的认识也表现出刻板性，他们认为违反性别角色习惯是错误的，如一个男孩玩娃娃会遭到其他男孩的反对等。

 幼儿的性别行为（★★）

幼儿在 2 岁时开始产生性别行为，3 岁以后日益稳定和明显。幼儿的性别行为主要表现在与自己性别特征相符合的行为上，其中最明显的是幼儿的活动兴趣、同伴选择和社会性发展。

1. 活动兴趣

在幼儿的游戏活动中，已经可以看到男女幼儿明显的兴趣差异。男孩更喜欢有汽车参与的运动性、竞赛性游戏，女孩则更喜欢过家家等角色游戏。在对玩具的选择上，男孩通常会喜欢玩具枪、汽车等明显符合男性特征的玩具，而女孩则偏爱洋娃娃等绒布玩具。

2. 同伴选择

在游戏中，幼儿大多会选择与自己同性别的幼儿作为玩伴。但是对选择游戏同伴数量上，男孩和女孩存在差别，学前阶段的男孩喜欢组成两人以上的团体一起游戏，而女孩更喜欢两个人之间的交往。

3. 社会性发展

幼儿期在个性和社会性方面已经有了比较明显的性别差异，并且这种差异不断发展。研究发现，女孩儿在 3 岁时就对照看比她们小的婴儿感兴趣，4 岁时在独立能力、自控能力和关心他人方面优于同龄男孩；而男孩 6 岁时，在好奇心、情绪稳定性和观察能力方面优于女孩。

知识拓展

无性别歧视的学前教育

近年的研究发现，过分区分两性的不同会妨碍幼儿的智力和心理发展。因此，应适当淡化幼儿的性别角色和性别行为。具体淡化性别角色的教育方式有：① 给幼儿上课的既有女老师，也有男老师；② 积木区的玩具不但有汽车、动物，也有布娃娃、公仔和家庭用具；③ 鼓励男女幼儿都使用登高设备；④ 允许所有幼儿在外表上表露自己的情绪；⑤ 教师一视同仁地（不考虑性别）对待吵架、发脾气的幼儿；⑥ 尊重和鼓励幼儿独立和自信的行为。

第四节 幼儿社会性行为的发展

社会性行为是人们在社会活动中对他人或某一事件表现出来的态度、言行和行为反应。社会性行为分为亲社会行为和反社会行为，对于幼儿而言，最重要的反社会行为是攻击性行为。

一、亲社会行为（★★★）

（一）亲社会行为的概念

亲社会行为又被称为积极的社会行为，是指一个人帮助或打算帮助他人或群体的行为及倾向，主要包括同情、分享、合作、谦让和援助等。

亲社会行为的发展是幼儿道德发展的核心问题，是幼儿良好个性品德形成的基础。

小旋提示

需要注意的是，分享、同情及其他利他行为并非自然随年龄增大而增多的，而需要借助于教育来培养。幼儿不可能离开教育而自发成长为符合社会要求的、品德高尚的社会成员。

（二）幼儿亲社会行为的发展特点

1. 0～3 岁幼儿亲社会行为的发展

1 岁左右的幼儿看到别人摔倒、受伤或哭泣时，他们会加以关注，并出现皱眉、伤心的表情。幼儿到 2 岁时，常把自己的玩具拿给别人看，或者送给别人玩。一般认为，2 岁左右的幼儿亲社会行为已经开始萌芽。

2. 3～6 岁幼儿亲社会行为的发展

（1）有研究表明，幼儿的亲社会行为主要指向同伴，极少数指向教师。

（2）幼儿的亲社会行为指向同性伙伴和异性伙伴的次数存在年龄差异。有研究表明，小班幼儿亲社会行为指向同性伙伴、异性伙伴的次数接近，而中班和大班幼儿的亲社会行为指向同性伙伴的次数不断增多，指向异性伙伴的次数不断减少。

（3）在幼儿的亲社会行为中，合作行为最为常见，其次为分享行为和助人行为，而安慰行为和公德行为较少发生。

知识拓展

★ 幼儿的分享行为 ★

分享行为是幼儿期亲社会行为发展的主要方面。从目前的研究看，幼儿分享行为的发展具有如下特点：幼儿的均分观念占主导地位，其中，4～5 岁时分享观念增强，表现为从不会均分到会均分。5～6 岁时分享水平提高，表现为慷慨行为的增多；幼儿的分享水平受分享物品数量的影响。

（三）幼儿亲社会行为的影响因素

1. 移情

移情是指从他人的角度来考虑问题。幼儿亲社会行为的形成是在移情的基础上，产生同情等情感反应，进而产生安慰、援助等行为。移情是产生亲社会行为的根本的、内在的因素。

移情

移情的作用主要表现为：第一，移情可以使幼儿摆脱自我中心，产生利他思想，从而产生亲社会行为；第二，移情能引起幼儿的情感共鸣，使幼儿产生同情心和羞愧感。

2. 社会生活环境

（1）社会文化。

亲社会行为是社会文化的产物。不同文化对幼儿亲社会行为的形成具有不同的影响。

（2）电视媒介。

电视、网络等媒介是幼儿学习亲社会行为的一个重要途径，对幼儿亲社会行为会产生影响。

3. 幼儿的日常生活环境

（1）家庭的影响。

家庭是幼儿形成亲社会行为的主要影响因素。其影响主要表现在两个方面：一是榜样的作用，即父母自身的亲社会行为是幼儿模仿学习的对象；二是父母的教养方式，研究表明，民主的家庭更有利于培养幼儿的亲社会行为。

（2）同伴的相互作用。

同伴的关系对幼儿的亲社会行为具有非常重要的影响。同龄人对幼儿的安慰、帮助和同情等能力的形成起着决定性作用。

二、攻击性行为（★★★）

（一）攻击性行为概述

攻击性行为是指任何有意地对他人的财物、身体或精神造成损害的行为。攻击性行为最大的特点是目的性。

幼儿的攻击性行为可分为工具性攻击行为和敌意性攻击行为。工具性攻击行为是指幼儿为了获得某个物品所做的抢夺、推搡等动作。敌意性攻击行为以人为指向目标，其目的在于打击、伤害对方，如嘲笑、讽刺和殴打等。

真题再现

简述幼儿工具性攻击和敌意性攻击的异同。

【参考答案】相同点:

（1）二者都是攻击性行为，都是伤害他人的行为。攻击性行为是幼儿间一种不受欢迎却经常发生的行为。

（2）二者都带有目的性。

不同点:

（1）工具性攻击行为是幼儿为了获得某个物品所作出的抢夺、推搡等动作。这类攻击本身指向于一个主要的目标或某一物品的获取，多存在于小班。

（2）敌意性攻击行为是以人为指向目标。其目的在于打击、伤害他人，如嘲笑、讽刺、殴打等，多存在于大班。

（二）幼儿攻击性行为的发展特点

幼儿在1岁左右开始出现工具性攻击行为。到2岁左右，幼儿之间表现出一些明显的冲突，如打、推、踢、咬、扔东西等。到了幼儿期，幼儿的攻击性行为在频率、表现形式和性质上都发生了很大的变化。发展特点主要有以下几点。

（1）攻击性行为频繁，主要表现是为了玩具和其他物品争吵和打架。行为多是破坏玩具、物品或直接争夺。

（2）幼儿多依靠身体上的攻击，而非言语的攻击。随着年龄的增长，幼儿使用言语攻击的比例逐渐增大。

（3）幼儿的攻击性行为存在着明显的性别差异。男孩比女孩容易卷入攻击性事件，相互之间言语侮辱也多于女孩。

（4）从工具性攻击转向敌意性攻击。小班幼儿的工具性攻击多于敌意性攻击，而大班幼儿的敌意性攻击则明显多于工具性攻击，如故意向自己不喜欢的成人或小朋友说难听的话。

（三）幼儿攻击性行为的影响因素

1. 父母的惩罚

幼儿的某些生理特征（如荷尔蒙的分泌、外貌体征、体质和气质等），对攻击性行为的表现有一定的影响。但是生理因素只是攻击性行为影响因素的次要部分。

有些父母总是挫伤孩子的情感需要，而且进行对他人漠不关心的不良示范。当这些父母对孩子的攻击性行为无法忍受时，就会惩罚孩子，这就向孩子提供了一个攻击性行为的模仿原型。惩罚能抑制非攻击型幼儿的攻击性，却不能抑制攻击型幼儿的攻击性，反而会加重他们的攻击性行为。

2. 大众传播媒介

大众传播媒介里的攻击型榜样会增加幼儿的攻击性行为。幼儿会从这些电视、电影等暴力节目中观察学习到各种具体的攻击性行为。而且，许多幼儿会将武力视为解决人际冲突的有效手段，并在现实生活中依靠攻击性行为来解决和他人的矛盾。

3. 强化

当幼儿出现攻击性行为时，父母或教师不加制止或听之任之，就等于强化了幼儿的侵犯行为。如果一个幼儿成功地运用攻击策略控制了同伴，也会强化他的攻击性行为。

4. 挫折

攻击性行为产生的主要原因是挫折。对于幼儿来说，家长或教师的不公正会使他们受到挫折，因而他们会比心满意足的幼儿更具有攻击性。

（四）幼儿攻击性行为的抑制策略

（1）尽量满足幼儿合理的心理需要。

成人应公正地对待每个幼儿，尽可能多地关注和尊重每一个幼儿，让每个幼儿都有成功和表现自己的机会；对幼儿的期望要合理，不宜过高，过高的期望只会增加幼儿的挫折感，增加其攻击性行为；还要尽量减少对幼儿不适当的限制，以减少他们的挫折感，进而减少其攻击性行为的产生。

（2）提供宣泄内心压力的多种途径。

当幼儿产生挫折感或不良情绪时，成人不能采用简单的堵截方式（如限制幼儿的活动、不理会幼儿的申辩等）让幼儿“安静”地压抑其攻击性，而要努力创造各种机会，让幼儿宣泄其内心的紧张情绪，以减少其攻击性行为产生的可能性。另外，还可以多与幼儿交谈，交流感情，耐心倾听他们的心声，以减少他们内心负能量的积累。

（3）减少幼儿对攻击性行为的模仿和强化。

成人应为幼儿树立良好榜样，避免简单粗暴地对待幼儿，引导幼儿用科学有效的方法处理冲突、解决矛盾。大众传播媒介应为幼儿提供正义、非暴力的文化氛围。

当幼儿出现攻击性行为时，教师和家长应及时干预、引导，避免让有攻击性行为的幼儿从中获利，还要让被攻击后一味忍让的幼儿学会用对抗、寻求帮助和逃走的渠道来保护自身权益。

实战演练

一、单项选择题

1. 卡卡感冒了，打针时，他一本正经地对护士说："我是男子汉，我最勇敢，我是不会哭的，你来吧！"卡卡的话表明他处在性别角色发展的（　　）阶段。

A．知道自己的性别　　B．自我中心地认识性别角色

C．刻板地认识性别角色　　D．认识他人的性别

2. 田田因为想妈妈哭了起来，冰冰见状也哭了。过了一会儿，冰冰边擦眼泪边对田田说："不哭不哭，妈妈会来接我们的。"冰冰的表现属于（　　）行为。

A．依恋　　B．移情

C．自律　　D．他律

3. 有些婴幼儿既寻求与母亲接触，又拒绝母亲的爱抚，其依恋类型属于（　　）。

A．回避型　　B．安全型

C．反抗型　　D．紊乱型

4. （　　）是幼儿道德发展的核心问题。

A．亲子关系的发展　　B．强化

C．亲社会行为的发展　　D．社交技能的发展

5. 下面（　　）不属于影响学前儿童攻击性行为的因素。

A．榜样　　B．强化

C．移情　　D．挫折

6. 幼儿园促进幼儿社会性发展的主要途径是（　　）。

A．人际交往　　B．操作练习

C．教师讲解　　D．集体教学

二、简答题

1. 影响在园幼儿同伴交往的因素有哪些？
2. 父母陪伴对幼儿健康成长有何意义？

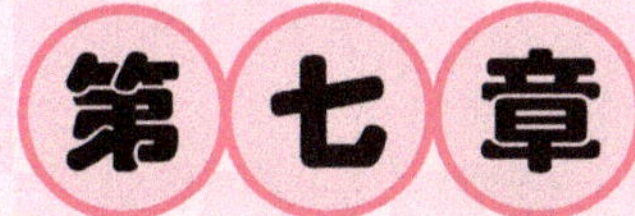

第七章 幼儿教育研究的基本方法

考情分析

题型	2022 年上半年	2022 年下半年	2023 年上半年	2023 年下半年	2024 年上半年	2024 年下半年
单项选择题	—	1 题 3 分	1 题 3 分	—	—	—
简答题	—	—	—	—	—	—
论述题	—	—	—	—	—	—
材料分析题	—	—	—	—	—	—
活动设计题	—	—	—	—	—	—
总计	—	1 题 3 分	1 题 3 分	—	—	—

幼儿教育研究的基本方法为近年幼儿园教师资格考试中的低频考点，偶尔以单项选择题的形式考查。学习时应重点掌握观察、谈话、作品分析、实验等基本研究方法，并能运用这些方法初步了解幼儿的发展状况和教育需求。

一、观察法（★★）

（一）观察法的概念

观察法是指通过感官或借助一定的仪器设备，有目的、有计划地对自然状态下幼儿发生的反应或行为进行系统的、连续的考察、记录、分析，从而获取事实材料的研究方法。

例如，教师要研究幼儿的告状行为，就可对幼儿告状的时间、地点、内容、目的、频率等方面进行观察、记录，分析幼儿产生告状行为的原因，得出幼儿的告状行为是否有年龄差异、性别差异和个别差异的结论。

观察法是幼儿教育研究中最基本的方法，是幼儿园最常用、最实用的研究方法。

（二）观察法的具体方法

1. 日记描述法

日记描述法又称儿童传记法，是对观察对象进行长期的跟踪观察，以日记形式记录观察对象行为表现的方法。

日记描述法是在日常生活中边观察边记录。该方法能系统地获取幼儿身心发展的连续变化，能提供较长期的、较详细的第一手资料。由于观察是在自然情景中持续进行的，资料较真实可靠。

知识拓展

★ 陈鹤琴的日记描述法 ★

陈鹤琴是我国率先采用日记描述法研究儿童心理的教育家。29 岁时，陈鹤琴初为人父。他拿起照相机，镜头对着襁褓中已经熟睡的婴儿连连拍照，然后用钢笔在本子上记录下婴儿从出生一刻起的每一个反应……陈鹤琴对自己的儿子成长发育过程做了长达 808 天的连续观察，并用文字和拍照详细记录下来。他将观察、实验结果分类记载，文字和照片积累了十余本，用以探索中国儿童心理发展及教育规律，最终写成了中国第一部儿童心理学教科书——《儿童心理之研究》。

2. 轶事记录法

轶事记录法是观察者将感兴趣的，并且认为有价值的、有意义的行为和反应，以及表现被观察者个性的行为事件，随即记录下来，供日后分析用的一种观察方法。轶事记录法观察记录的内容可以是典型的行为表现，也可以是异常的行为表现；可以是表现儿童个性的行为事件，也可以是反映儿童身心发展某一方面的行为事件。

3．实况详录法

实况详录法是指详细、完整地记录被观察者在自然状态下所发生的行为，然后对所收集的原始资料进行分类，并加以分析的方法。现代的实况详录法更多是利用录音机、录像机等设备，将观察行为和事件全部记录下来，供以后分析处理。

4．取样观察法

取样观察法即按事先确定的标准，在研究总体中抽取部分对象作为样本，然后以样本的结果推论总体状况。这样既节省时间、人力、物力，又能收集到可靠的观察资料，使观察具有客观性。取样观察法主要有时间取样法和事件取样法。

（三）观察法的注意事项

（1）观察时尽量使幼儿自我感觉不受监督和干扰，以求获得真实资料。

（2）观察的情景应与幼儿日常生活和活动的情景相似，使幼儿感觉自然、放松。

（3）观察的情景应是经过设计和选择的，要能够反映出幼儿某一方面的发展情况。

（4）要考虑到不同年龄的幼儿有不同的发育水平和行为表现。

（5）要注意不同文化背景和教养态度对幼儿有不同的要求和评定标准。

（四）观察法的优缺点

1．优点

（1）能通过观察直接获得资料，不需要其他中间环节，获得的资料比较客观、可靠。

（2）在自然状态下进行，不需要幼儿做出超越自身的反应，尊重幼儿身心发展的特点。

（3）研究者可以考察幼儿身心发展的各个方面，关注个体差异，对幼儿进行恰当的判断和评价。

2．缺点

（1）受到研究者限制，难以做到绝对客观，所得资料不免带有一定的主观性。

（2）需要大量的时间和精力，不适用于大样本研究，会影响研究结果的代表性。

（3）无法探究事物内部联系、内部核心问题等较为隐蔽的问题。

（4）自然状态下的观察缺乏控制，无关变量混杂其中，影响观察结果的有效性。

真题再现

为了解幼儿同伴交往的特点，研究者深入幼儿所在的班级，详细记录其交往过程的语言和动作等。这一研究方法属于（　　）。

A．访谈法　　B．实验法

C．观察法　　D．作品分析法

【解析】由题干可知，研究者以“了解幼儿同伴交往特点”为目的，深入幼儿所在班级，对幼儿的语言、动作进行观察并记录，因此属于观察法。

【答案】C。

二、谈话法（★）

（一）谈话法的概念

谈话法是研究者根据研究目的，寻访被调查对象，通过谈话的方式了解被研究者对某个人、某件事情、某种行为或现象的看法和态度。

在幼儿教育研究中，谈话法可用于研究幼儿的个性，探究其行为表现的根源，了解幼儿的家庭情况、在家表现、家长对孩子的态度、教养方式等，也可用于了解教师的教育观念、教学方法、工作经验，以及他们对幼教工作的意见、建议等。谈话法是获取幼儿心理发展信息的一种简单可行的方法，应用十分普遍。

（二）谈话法的注意事项

为使谈话获得较好的效果，应注意以下问题。

（1）谈话时应有明确的目的，围绕一定的主题进行。

（2）谈话时应注意营造和谐、友好、轻松、愉快的谈话气氛。

（3）谈话过程中，谈话人不能对谈话对象有偏见，也不能对谈话内容加以褒贬或加入个人主观印象。

（4）谈话时，谈话人不能催促谈话对象，也不能给予暗示和启发。

（5）谈话人应语气和蔼、态度亲切，尤其是与幼儿本人谈话时，应使用幼儿容易理解的语言进行谈话。

（三）谈话法的优缺点

1. 优点

谈话法最大的优点是灵活性强，能针对性地收集研究数据。

2. 缺点

（1）比较费时，一般不适合大范围调查。

（2）极易产生偏差。在谈话过程中，既可能受到谈话对象性别、年龄、外貌、种族、社会地位、文化程度、心境、经验、表情或语调等诸多因素的影响导致偏差，也可能因研究者问的问题带有偏见或自相矛盾，或者漏掉该问的问题等导致偏差。

三、作品分析法（★★）

（一）作品分析法的概念

作品分析法是研究者运用一定的心理学、教育学原理和有效经验，对幼儿的作品进行分析研究，从而了解幼儿发展情况的一种方法。研究对象的作品包括作业、日记、作文、笔记、绘画作品、考试试卷和工艺制品等。

（二）作品分析法的优缺点

1．优点

（1）以作品为依据，具有客观性。

在作品分析过程中，强调以研究对象的作品为依据，严格按事先制订的分析单元和类别来记录客观事实，而不是凭研究者的主观印象来记录，要求研究者充分了解幼儿的背景，辨别幼儿的动机和意图。

（2）按程序分析，具有系统性。

对有待分析的作品，均按照选取样本、确定分析维度和类目、按分析维度评判记录的程序进行分析。作品分析的结果用客观的数据、量化的形式、描述性的语言表现出来。

2．缺点

作品分析的结果会受研究者的研究目的、自身的知识、理解能力、价值倾向等因素的影响。特定作品的意义可能会因为分析者的不同而变化。

四、实验法（★）

（一）实验法的概念

实验法是研究者根据研究目的改变或控制幼儿的活动条件，以引起其心理活动的变化，从而揭示特定条件与心理活动之间关系的方法。

（二）实验法的具体方法

实验法可以按实验场地的不同，分为实验室实验法与自然实验法。

1．实验室实验法

实验室实验法是指在实验条件下，严格控制实验环境，借助一定的仪器引起和记录幼儿变化并进行研究的方法。

2．自然实验法

自然实验法是在日常生活等自然条件下，有目的、有计划地创设和控制一定的条件来进行研究的一种方法。

小旋提示

观察法和自然实验法是研究幼儿心理的主要方法。

（三）实验法的优缺点

1. 优点

（1）实验法可以人为地创设条件，对某些在自然观察中不易观察到或不易集中观察到的情景现象进行研究，从而扩大研究范围。

（2）可以揭示变量之间的因果关系，这是其他研究方法难以达到的。

（3）可以重复验证，提高结论的科学性。

（4）实验结果以较为精确的数据说明问题，令人信服。

2. 缺点

（1）实验法由于高度控制会带来环境"失真"。

（2）会有实验人员和实验过程带来负效应。

（3）不可避免地存在样本不足和选择误差。

知识拓展

★ 调查法 ★

调查法是研究者通过幼儿的家长、教师或其他熟悉幼儿生活的成人去了解幼儿的心理的一种方法。根据研究的需要，调查法可分为书面调查法和口头调查法。

真题再现

在儿童的日常生活、游戏等活动中，创设或改变某种条件，以引起儿童心理的变化，这种研究方法是（　　）。

A. 观察法　　B. 自然实验法　　C. 测验法　　D. 实验室实验法

【答案】B。

实战演练

答案与解析

单项选择题

1. 教师根据幼儿的图画来评价幼儿发展的方法属于（　　）。
   A. 观察法　　B. 作品分析法
   C. 档案袋评价法　　D. 实验法

2. 王老师为了了解幼儿在家中的情况，以便更好地开展幼儿教育，特对小（三）班的幼儿进行了家访。王老师采用的方法属于（　　）。
   A. 调查法　　B. 实验法　　C. 观察法　　D. 作品分析法

3. 以下关于谈话法的注意事项不正确的是（　　）。
   A. 谈话时主题应明确
   B. 谈话时，谈话人不能催促谈话对象，但可以给予暗示和启发
   C. 谈话时应注意营造和谐、友好、轻松的谈话气氛
   D. 谈话人应语气和蔼、态度亲切
4. 陈鹤琴写成《儿童心理之研究》主要以对其儿子的研究为基础，他的主要研究方法是（　　）。
   A. 观察研究　　B. 行动研究
   C. 实验研究　　D. 经验总结
5. 下列（　　）不属于观察法的具体方法。
   A. 日记描述法　　B. 轶事记录法
   C. 实况详录法　　D. 问卷调查法

考纲要求

- 理解教育的本质、目的和作用，理解教育与政治、经济和人的发展的关系，能够运用教育原理分析教育中的现实问题。
- 理解幼儿教育的性质和意义，理解我国幼儿教育的目的和任务。
- 了解中外幼儿教育发展简史和著名教育家的儿童教育思想，并能结合幼儿教育的现实问题进行分析。
- 理解学前教育的基本原则，理解幼儿园教育的基本特点，能对教育实践中的问题进行分析。
- 理解幼儿园以游戏为基本活动的依据。
- 理解幼儿园班级管理的目的和意义。
- 掌握《幼儿园教育指导纲要（试行）》在幼儿园教育活动的目标、内容、实施和评价上的基本观点和要求。
- 了解我国幼儿教育的改革动态与发展趋势。掌握在幼儿教育中实施素质教育的途径和方法。

最新解读

本模块“学前教育原理”是在模块一“学前儿童发展”的基础上，由中外教育专家、国家教育部结合多年教育经验的理论总结和指导纲要，对于学前教育教学有着重要的思想教育意义和政策导向作用。其中，“教育的本质、目的、作用”“教育与政治、经济和人的发展关系”是认识和学习学前教育教学的基础；“幼儿教育的目标、任务、原则”是贯彻执行幼儿教育的理论依据。因此，在本模块的学习中，要求考生不仅要掌握教育基本理论知识，重要的是能结合幼儿教育实践问题，如幼儿园班级管理进行分析。

本章的考点较多，题型的覆盖面也比较广，考生要重点复习。

知识导图

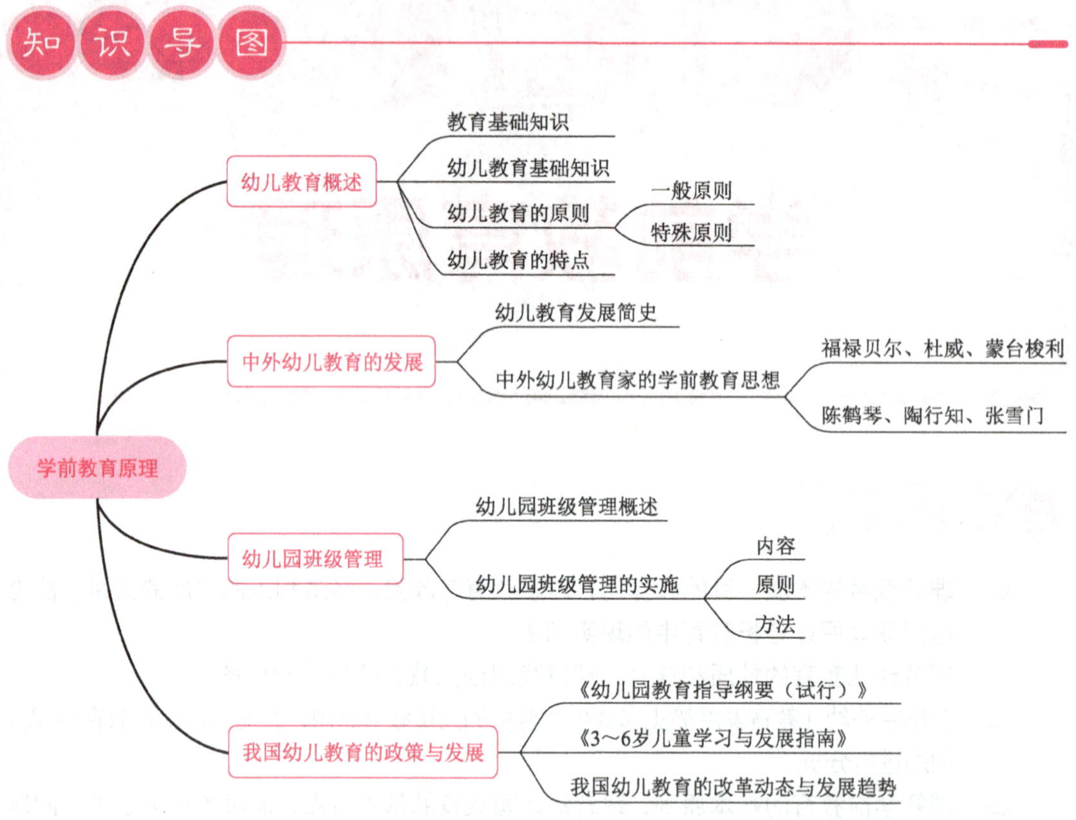

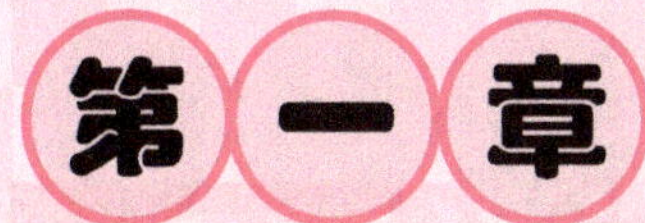

第一章 幼儿教育概述

考情分析

题型	2022 年上半年	2022 年下半年	2023 年上半年	2023 年下半年	2024 年上半年	2024 年下半年
单项选择题	1 题 3 分	1 题 3 分	—	1 题 3 分	—	1 题 3 分
简答题	—	—	—	—	—	—
论述题	1 题 20 分	—	—	1 题 20 分	—	1 题 20 分
材料分析题	—	—	—	—	—	—
活动设计题	—	—	—	—	—	—
总计	2 题 23 分	1 题 3 分	—	2 题 23 分	—	2 题 23 分

（1）本章内容是近年幼儿园教师资格考试中的重要考点，主要以单项选择题、论述题的考查形式灵活考查，分值占比较大。需要注意的是，在解答论述题时，须结合本模块第四章“我国幼儿教育的政策与发展”中的相关政策文件内容作答。

（2）学习时要重点掌握教育与社会发展的关系，幼儿教育的意义、目标及任务，重点理解幼儿教育的特点和原则，并能够结合相关材料进行分析。

第一节 教育基础知识

一、教育的概念（★）

教育的概念有广义和狭义之分。广义的教育泛指一切能增进人的知识技能，发展人的智力和体力，影响人的思想观念的活动，包括学校教育、家庭教育和社会教育。

狭义的教育是指学校教育，即教育者根据一定的社会要求和受教育者的身心发展规律，有目的、有计划地对受教育者施加影响，把受教育者培养成社会所需要的人的活动。

二、教育的本质（★）

教育的本质是一种有目的地培养人的社会活动。教育的本质属性体现以下四方面的特点。

（1）教育是人类所特有的一种有意识的社会活动。

（2）教育是有意识、有目的、自觉地传递社会经验的活动。

（3）教育是以人的培养为直接目标的社会实践活动。

小旌提示

"教育"一词最早见于《孟子·尽心上》当中的"君子有三乐，而王天下不与存焉。父母俱存，兄弟无故，一乐也；仰不愧于天，俯不怍于人，二乐也；得天下英才而教育之，三乐也"。

三、教育的构成要素（★）

教育的构成要素主要包括教育者、受教育者和教育影响。

（一）教育者

教育者是在教育活动中承担教的责任、施加教育影响的人，包括学校教师，教育计划、教科书的设计者和编写者，教育管理人员及参与教育活动的其他人员。其中，学校教师是教育者的主体，是最直接的教育者，在教育活动中起主导作用。

（二）受教育者

受教育者是在教育活动中承担学习责任、以一定的方式接受教育影响的人。受教育者既是教育的对象，又是学习的主体。

（三）教育影响

教育影响也称教育媒介，是教育者和受教育者之间起桥梁或沟通作用的一切事物的总

和，包括教育内容、教育方法和教育手段等。

教育的这三个构成要素既相互独立，又相互影响，共同构成一个完整的实践系统。教育者是教育影响和受教育者之间的纽带；受教育者是教育者施加教育影响的对象；教育影响是教育者对受教育者作用的桥梁，是教育者和受教育者之间相互作用的中介。

四、教育的目的（★）

（一）教育目的的概念

教育目的是把受教育者培养成一定社会需要的人的总要求。教育目的是整个教育工作的方向，是教育活动的出发点和归宿，也是确定课程与教学目标、选择教育内容与方法、评价教育效果的根本根据。

教育目的在教育活动中居于主导地位，贯穿于所有的教育活动中。

知识拓展

★ 我国的教育目的 ★

《中华人民共和国教育法》规定，我国的教育目的是：教育必须为社会主义现代化建设服务、为人民服务，必须与生产劳动和社会实践相结合，培养德、智、体、美等方面全面发展的社会主义建设者和接班人。

（二）教育目的的作用

教育目的在教育活动中具有十分重要的作用。

（1）导向作用。

教育目的无论是对受教育者，还是对教育者都具有目标导向功能。教育制度的建立、教育内容的选择，以及教育过程所采用的方法和手段，都必须按照教育目的进行。

（2）选择作用。

教育目的为教育内容的选择确定了基本范围，保证了教育能够科学地对人类丰富的文化做出有价值的取舍。同时，教育目的也为选择相应的教育途径、方法和形式提供了依据。

（3）激励作用。

教育目的是对受教育者未来发展结果的一种设想，具有理想性的特点，这就决定了它具有激励教育行为的作用。它不仅激励教育者通过一定的方式，把教育目的和培养目标转化为学生的学习目的，也激励受教育者自觉地、积极地参与教育活动。

（4）评价作用。

教育目的既为教育活动指明了方向，又为检查和评价教育活动的质量提供了衡量尺度和根本标准。同时，教育目的只有具体体现在学校教育各个评价体系中，才能发挥其导向和调控功能。

五、教育的功能（★）

（一）个体发展功能和社会发展功能

教育的个体发展功能是指教育对个体发展的影响和作用。它由教育活动的内部结构特征所决定，发生于教育活动内部，也称教育的本体功能或固有功能。

【例】通过教育，小伟收获了知识，开阔了眼界，走出了土生土长的大山，进而找到了一份满意的工作。

教育的社会发展功能是指教育对社会发展的影响和作用。教育作为社会结构的子系统，通过对人的培养影响社会的发展。教育的社会发展功能是教育的本体功能在社会结构中的衍生，是教育的派生功能，包括政治功能、经济功能和文化功能。

【例】教育使人们认识到生男生女都一样，从而优化了人口结构。

（二）正向功能与负向功能

教育的正向功能是指教育有助于社会进步和个体发展的积极影响和作用。

教育的负向功能是指教育阻碍社会进步和个体发展的消极影响和作用。

任何时期的教育都同时存在正向功能和负向功能，只是二者的比重不同而已。多数时期的教育以正向教育为主。

（三）显性功能与隐性功能

显性功能是指教育活动依照教育目的，在实际运行中所出现的与之相吻合的结果。如促进人的全面和谐发展、促进社会进步等。

【例】通过培训班的学习，小王通过了考试，顺利拿到了教师资格证。

隐性功能是指伴随显性教育功能所出现的非预期性的功能。

【例】在培训班的学习期间，小王认识了小李，并成功牵手。

显性功能与隐性功能的区分是相对的，一旦隐性的潜在功能被有意识地开发、利用，就可以转变成显性教育功能。

六、教育与社会的关系（★★）

（一）教育与政治制度的关系

1. 政治制度对教育的制约作用

（1）政权制度决定教育的领导权和受教育权。

在一个社会里，让哪些人受教育、受什么样的教育、达到什么程度、教育的结果如何，都是由社会的政治制度决定的。同时，统治阶级利用国家政权的力量，通过审批、调拨教育经费等办法来掌握教育的领导权。

（2）政治制度决定教育的性质。

教育具有什么样的性质是由社会的政治制度决定的，而且教育的发展变革也受制于社会政治制度的发展变革。

（3）政治制度决定教育的目的。

教育目的集中反映了社会政治制度对受教育者的总要求。在一定的政治制度下的教育目的，就是培养能服从并服务于国家政权的人才。

2．教育对政治制度的影响作用

（1）教育为政治制度培养所需要的人才。

一方面，教育通过培养接班人来维持、巩固和发展社会政治制度；另一方面，教育通过促进个体的社会化来为社会的政治制度服务。相比之下，学校教育在这方面有着特殊重要的作用。

（2）教育形成一种影响政治经济的舆论力量。

学校教育将国家、社会的政治思想传授给学生，而教师、学生等知识分子又向社会广泛宣传一定的思想意识，制造社会舆论，影响社会的风俗习惯和道德风尚等，为社会的政治制度服务等。

> **小旋提示**
>
> 教育对政治制度起着巨大的影响作用，但它不起决定作用。因为教育既不能决定社会发展的方向，更不能成为政治经济发展的动力。

（3）教育可以影响社会的民主化进程。

一个国家的民主程度直接取决于一个国家的政体，但又间接取决于该国人民的文化程度和教育事业发展的程度。教育普及的程度越高，人们的知识越丰富，就越能增强人民的权利意识，认识民主的价值，推崇民主的政策，推动政治的改革和进步。

（二）教育与经济的关系

教育作为一种社会现象，与人类的物质生产生活紧密联系在一起，与人们的经济活动密不可分。随着社会生产力的不断发展，人类社会在一次次的变革中不断前进，教育与经济生活的关系也越来越复杂，二者既相互联系，又相互影响、相互作用。

1．经济对教育的制约作用

（1）经济发展水平制约着教育发展的规模和速度。

人力、时间、物力与财力等是教育发展的必要条件。因此，经济发展的状况影响着教育所能拥有的基础性条件，教育的发展不能超出社会经济发展所能提供的可能范围。

（2）经济发展水平制约着人才的培养规格和教育结构。

教育的根本任务是培养人，不同的经济发展水平对人才的培养规格提出了不同的要求。同时，经济发展水平必然引起教育结构的变化。设立什么样的学校，开设什么样的专业，各级各类学校与各种专业之间的比例如何，都受到一定历史时期经济发展水平和产业结构的制约。

（3）经济发展水平制约着教育的内容、方法、组织形式和手段。

经济的发展必然引起科学技术的发展与更新，而科学技术的发展又必然引起教学内容、方法、组织形式和手段的发展变化。

2. 教育对经济的促进作用

（1）教育通过培养人才促进经济发展。

经济发展取决于劳动力的数量和质量。教育培养人的劳动能力，把潜在的生产力转化为现实的生产力。一个人只有经过教育和训练，掌握一定的劳动知识和技能，并参与生产某种使用价值，创造一定的财富，才能成为现实的劳动力。

教育还可以提高劳动力的质量和素质，改变劳动力的形态，把一个简单劳动力训练成一个复杂劳动力，把一个体力劳动者培养成一个脑力劳动者。

（2）教育通过生产科学技术促进经济发展。

科学技术是第一生产力，教育是生产第一生产力的工作母机，是生产科学技术的重要手段与途径。一方面，教育传播科学文化知识和技术，实现科学文化和技术的再生产，从而提高劳动生产率，促进经济的发展；另一方面，教育生产新的科学知识和技术，而开展科学研究、生产新的科学文化和技术是高等学校的主要职能之一。

小旌妙记

教育与经济的关系是教师资格考试中的重要考点，考查形式主要为简答题。答题时应重点把握“制约”和“促进”两个关键词，参照以下图示作答。

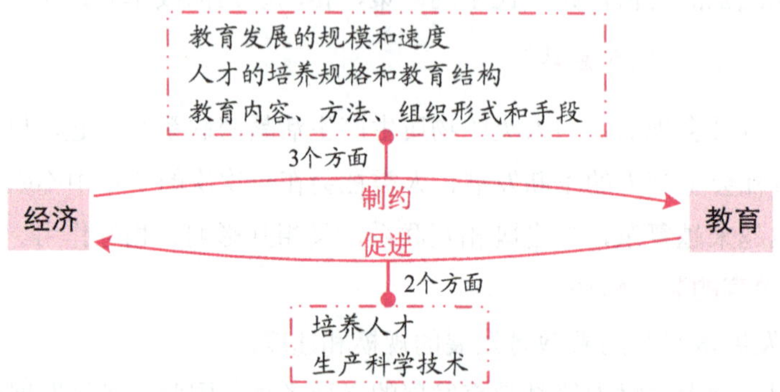

应注意，如果考查前文提到的“教育与政治制度的关系”的简答题，可以从“制约”和“影响”两个关键词入手作答；如果考查下文讲述的“教育与人的发展的关系”的简答题，可以从“制约”和“促进”两个关键词入手作答。

真题再现

简述经济发展与学前教育发展的关系。

【参考答案】学前教育受社会经济发展的制约，具体表现在以下几个方面。

（1）经济发展水平制约着学前教育发展的规模和速度。

（2）经济发展水平制约着人才的培养规格和学前教育的结构。

（3）经济发展水平制约着学前教育的内容、方法和组织形式和手段。

同时学前教育为社会的经济发展服务。教育通过培养人才和生产新的科学技术促进经济发展，学前教育是教育的基础阶段，为社会人才的培养和科技的创新奠定了良好的基础。

（三）教育与人的发展的关系

教育能否培养出社会需要的人才，很重要的一点就是看它是否遵循了人的发展规律。教育和人的发展是相互制约的关系：一方面，教育在个体的身心发展过程中起主导作用；另一方面，教育又要受个体身心发展规律的制约，个体的身心发展状态是教育行为的依据。

1. 人的发展对教育的制约作用

（1）人的身心发展具有顺序性，这就要求教育必须按照由具体到抽象、由深到浅、由简到繁、由低级到高级的顺序进行。

（2）人的发展具有阶段性，这就要求教育工作必须从学生的实际出发，针对不同年龄阶段的学生，提出不同的具体任务，采取不同的教育内容和方法，要根据实际情况区别对待。

（3）人的身心发展具有差异性，这就要求教育必须因材施教，充分发挥每个学生的潜能和积极因素，有的放矢地选择适宜、有效的教育途径和方法手段，使每个学生都能得到最大的发展。

（4）个体发展的不平衡性告诉我们，人的不同素质都有其发展的关键期和最佳期。在关键期内施加教育影响，可以起到事半功倍的效果；错过了关键期的教育，往往事倍功半。因此教育必须适应人的发展的不平衡性，在人的素质发展的关键期内，施以相应的教育。

（5）人的身心发展具有整体性，这就要求教育者把学生看成一个复杂的整体，促进其德、智、体、美等方面全面和谐发展，把幼儿培养成完整的、完善的人。

2. 教育对人的促进作用

（1）教育促进个体社会化。

个体社会化是指个体通过学习内化而适应社会的过程。教育能够促进个体观念的社会化，培养个体的职业意识和角色，帮助个人掌握生活所必需的技能。

（2）教育促进个体个性化。

人的个体个性化是指个体在社会活动中形成独特性的过程。教育能够促进人的主体性发展，促进人的独特性形成，促进人的创造性发展。

第二节 幼儿教育基础知识

一、幼儿教育的概念（★）

幼儿教育是指对3～6岁幼儿所实施的教育，有广义和狭义之分。

广义的幼儿教育是指能够影响幼儿身体成长和认知、情感、性格和社会性等方面发展的有目的的活动。

狭义的幼儿教育，即学前教育，是指幼儿园或其他学前教育机构，对幼儿实施的有目的、有组织、有计划的活动。

我国《幼儿园工作规程》明确指出："幼儿园是对3周岁以上学龄前幼儿实施的保育和教育的机构。幼儿园教育是基础教育的重要组成部分，是学校教育的基础阶段"。

知识拓展

★ 我国学校的基本教育制度 ★

根据《中华人民共和国教育法》，国家实行学前教育、初等教育、中等教育、高等教育的学校教育制度。其图示如下。

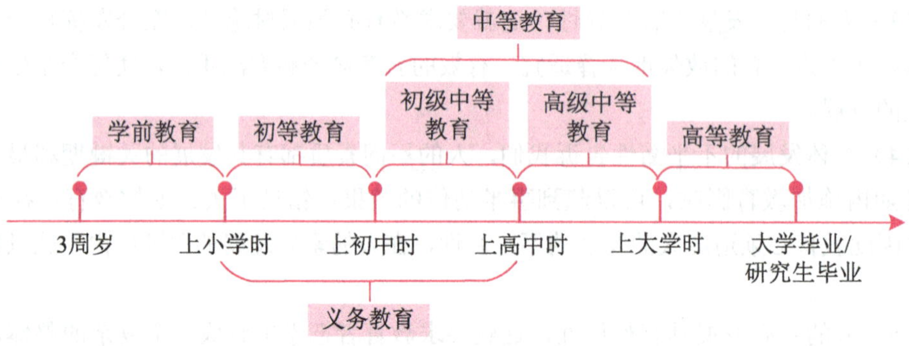

【注】上述图示仅用作大致了解我国学校基本教育制度的示意图，不考虑职业教育等其他细分制度。

二、幼儿教育的性质（★）

幼儿教育是我国学校教育和终身教育的奠基阶段，是我国社会主义教育事业的组成部分，具有基础性和公益性。

（一）基础性

教育是民族振兴的基石，是社会发展的基础。幼儿教育是基础教育的基础、终身教育的开端，是国民教育体系的重要组成部分。它对于促进个体早期的全面健康发展、巩固和提高义务教育质量与效益，提升国民素质、缩小城乡差距、促进教育和社会公平具有重要价值。

（二）公益性

幼儿教育的公益性是指幼儿教育活动应当尊重社会全体成员的共同利益。《中华人民共和国教育法》明确规定："我国教育是一项公益性的事业""教育活动必须符合国家和社会公共利益，任何组织和个人不得以营利为目的举办学校及其他教育机构"。坚持教育的公益性是我国教育事业健康发展的基本要求。

三、幼儿教育的意义（★）

（一）幼儿教育对个体发展的意义

1. 促进生长发育，提高身体素质

幼儿教育根据幼儿生长发育的特点，合理地安排营养和一日生活，科学地组织体育锻炼，培养幼儿良好的生活卫生习惯，增强其对疾病的抵抗能力和对环境的适应能力等，帮助幼儿健康、茁壮地成长。

2. 开发大脑潜力，促进智力的发展

研究证明，幼儿期是语言、形状知觉和数概念等发展的敏感期。在这一时期对幼儿施以适宜的教育，将收到事半功倍的效果。幼儿教育阶段的智力开发是人生其他任何阶段的教育都无法取代的。

3. 发展个性，促进人格的发展

幼儿教育被视为整个社会精神文明建设的重要组成部分。因为，在幼儿期受到的教育和影响，常常会在人的一生中留下印记。不少有心理、行为问题的成人，其症结可以追溯到童年时代。幼儿期的良好教育，能够帮助幼儿形成对人、事、物的基本情感和态度，进而促进其人格的健康发展。

4. 培育美感，促进想象力和创造力的发展

学前期是人的好奇心、求知欲、想象力和创造力等品质形成的关键时期。幼儿喜欢用形象、声音、色彩和身体动作等来思考和表达。因此，对幼儿施以美的教育，满足其爱美的天性，培养其美感和审美情趣，激发其表现美、创造美的欲望，才能进一步发展幼儿的想象力和创造力。

（二）幼儿教育对教育事业发展的意义

幼儿教育为幼儿上小学做准备工作，包括身体素质、生活习惯、学习适应性和社会适

应性等多方面的准备，有助于幼儿适应小学生活，进而推进小学教育工作的开展。

（三）幼儿教育对家庭发展的意义

一方面，幼儿教育机构为家长的工作和学习提供了便利。另一方面，幼儿教育有助于传播科学的育儿方法和理念，能够提升家庭的文明程度、教育水平和幸福指数。

（四）幼儿教育对社会发展的意义

幼儿教育是我国基础教育的重要组成部分，对国家振兴和民族富强具有不可替代的奠基作用。幼儿教育关乎幼儿的受教育权、幼儿接受教育机会的公平以及消除贫困的代际传播，承载着促进社会公平、维护社会稳定与和谐的重要使命。

四、幼儿园教育的目标（★）

（一）幼儿园教育的目标

幼儿园教育目标是国家教育目的在幼儿园教育阶段的具体化，是国家对幼儿园提出的培养人的规格和要求，是全国各类型幼儿教育机构统一的指导思想。

《幼儿园工作规程》第五条具体规定了幼儿园保育和教育的主要目标，具体如下。

（1）促进幼儿身体正常发育和机能的协调发展，增强体质，促进心理健康，培养良好的生活习惯、卫生习惯和参加体育活动的兴趣。

（2）发展幼儿智力，培养正确运用感官和运用语言交往的基本能力，增进对环境的认识，培养有益的兴趣和求知欲望，培养初步的动手探究能力。

（3）萌发幼儿爱祖国、爱家乡、爱集体、爱劳动、爱科学的情感，培养诚实、自信、友爱、勇敢、勤学、好问、爱护公物、克服困难、讲礼貌、守纪律等良好的品德行为和习惯，以及活泼开朗的性格。

> 应该注意，这里规定的是“主要目标”，以四个方面为主线提出，但并不意味着幼儿的发展只局限于这些内容。例如，发展幼儿与他人友好相处的交际能力、自律能力，开发创造性思维和创新精神，萌发环保意识，培养对环境的适应能力等，都属于幼儿素质发展内容，也都是现代社会所需求的。

（4）培养幼儿初步的感受美和表现美的情趣和能力。

（二）制定幼儿园教育目标的依据

1. 社会发展的客观要求

教育是人类特有的社会活动。其职能是把人类的知识、经验和技能等财富有计划、有目的地传播给下一代，并把他们培养成为能社会服务的人。幼儿教育具有社会属性，受到社会性质的制约。因此，教育目标的制定必须符合一定的社会政治、经济文化和科技发展的需求。

2．幼儿身心发展的规律

教育是培养人的活动，人的发展规律对教育有制约作用。如果对幼儿提出过高、过难或过低、过易的教育要求，都违背幼儿身心发展规律，达不到发展潜能的目的。所以，制定教育目标必须以幼儿身心发展的客观规律为依据。

五、幼儿园的双重任务（★★）

我国幼儿园具有“保教幼儿”和“服务家长”的双重任务。

《幼儿园工作规程》明确规定：“幼儿园的任务是：贯彻国家的教育方针，按照保育与教育相结合的原则，遵循幼儿身心发展特点和规律，实施德、智、体、美等方面全面发展的教育，促进幼儿身心和谐发展。幼儿园同时面向幼儿家长提供科学育儿指导。”

（一）幼儿园对幼儿实施保育和教育

保育是指对幼儿身体的照顾、保护、养育和促进，以及对幼儿心理能力的保护和培养。教育是指遵循幼儿身心发展的规律，有目的、有计划地对幼儿初步进行德、智、体、美等方面全面发展的教育。幼儿的保育和教育同等重要，二者不能割裂，也不能偏废。

（二）幼儿园为幼儿家长提供科学育儿指导

当前，科学的育儿观念还未得到充分普及，很多家长容易忽视幼儿的特点和需要，反而从自身的期待出发对幼儿进行教育，过度强调知识教育、定向教育和特色教育。因此，幼儿园在引导家长方面起着不可替代的作用。

真题再现

1．幼儿园的双重任务是（　　）。

A．保教幼儿和服务家长

B．看护幼儿和服务家长

C．培养习惯和传递知识

D．保育和教育幼儿

【答案】A。

2．关于学前教育任务最准确的表述是（　　）。

A．促进幼儿智力发展

B．促进幼儿身心的快速发展

C．促进幼儿社会性发展

D．促进幼儿身心全面和谐发展

【答案】D。

第三节 幼儿教育的原则和特点

幼儿教育的原则是教师在向儿童进行教育时必须遵循的基本要求。这些要求是根据学前教育目标、任务和儿童身心发展的特点，并在总结了长期的学前教育实践经验的基础上提出来的。

幼儿教育的原则包括两部分：一部分是教育的一般原则，是幼儿园、小学、中学教师均应遵循的，它反映了对所有教育者的一般要求；另一部分是幼儿教育的特殊原则，是根据幼儿教育的特点提出来的，是幼儿教育对教师的特殊要求。

一、幼儿教育的一般原则（★★）

（一）尊重幼儿的人格尊严和合法权益的原则

1. 尊重幼儿的人格尊严

作为幼儿教育对象的幼儿首先是一个人，从一出生就具有人格尊严。教师不能因其幼小而歧视他们，不能随意敷衍、盲目指责、任意羞辱幼儿，更不能把幼儿当作宠物玩耍，随意给他们起绰号。教师要将幼儿作为具有独立人格的人来对待，尊重他们的思想感情、兴趣、爱好、要求和愿望等。

2. 保障幼儿的合法权益

幼儿是不同于成人的、正在发展中的社会成员。他们享有不同于成人的许多特殊的权利，如生存权、受教育权、受抚养权、发展权等，这反映了人类对幼儿在社会中的地位和权利的认可与尊重。但是，幼儿毕竟是稚嫩、弱小的个体，他们对自己权利的行使还必须通过成人的教育和保护才能实现。家庭、幼儿园、社会应当保障幼儿的合法权益不受侵犯。因此，教师不仅是幼儿的教育者，也应当是幼儿权益的实际维护者。

（二）发展适宜性原则

幼儿教育的出发点和最终归宿都是促进幼儿身心和谐发展，促进每一个幼儿在现有的水平基础上获得充分的、最大限度的发展。教师进行幼儿教育与课程的设计、组织、实施都应着眼于促进幼儿的发展。所提出的教育目标，既不可随意拔高，也不能盲目滞后，内容的安排应以身心发展的成熟程度为基础，注重幼儿的学习准备。

发展适宜性原则是美国幼儿教育协会 1986 年以后极力倡导的教育理念与实践，当时主要是针对美国教育界普遍出现的幼儿教育“小学化”的倾向提出来的。

（三）目标性原则

教育目标的最终实现，是一切教育活动的出发点和归宿。教师实施教育的所有过程都必须紧紧围绕教育目标来进行。贯彻这一原则应注意以下几点。

1．把握目标的方向性和指导性

教育目标是分层次的，从上到下依次是总体目标、阶段目标和教育活动的具体目标。总体目标具有方向性和指导性；阶段目标起承上启下的作用，既对总体目标进行细化，又对下一层目标起指导作用；而每一次教育活动的具体目标，则是实现总体目标的基本单位。教师必须明确教育目标及其特点，把握教育目标的中心内涵和精神实质，才能使教育活动有序、有效地开展。

2．注重教育目标实施过程的动态管理

课程发展目标是教师制订教育计划、组织教育活动的基本依据。实施过程中教师不仅要注重基本目标的达成度，更要针对本班幼儿的发展情况，及时调整目标或生成新的目标，形成以幼儿发展为本的目标实施的动态过程。

（四）主体性原则

幼儿是学习的主体，只有幼儿积极参与、主动建构，课程才能内化为他们的学习经验，促进其身心发展。发挥主体性原则是指教师要尊重幼儿的人格和需要、激发幼儿的主动性，让幼儿成为活动的主人。贯彻这一原则应注意以下几点。

1．准确把握幼儿发展的特点和现状

在教育与课程的设计、组织、实施以及评价等不同环节，教师应以准确把握幼儿发展的特点和现状为基础，充分考虑幼儿的兴趣和需要，尊重幼儿的学习特点、学习兴趣、学习背景和学习意愿等，为幼儿提供主动学习的机会。

2．在活动之前激发幼儿的学习兴趣和动机

活动前，教师不应只考虑如何教的问题，还应考虑幼儿的实际情况，激发幼儿学习的内部驱动力，思考幼儿如何学习，如何才能充分调动幼儿的积极性、主动性和创造性，让幼儿努力探索新知识、积累新经验。活动中，教师要观察幼儿的活动情况，适时给予支持、指导和帮助。

（五）科学性、思想性原则

幼儿教育具有启蒙性，着重培养幼儿的学习兴趣、方法和情感态度。幼儿教育的目的是促进幼儿身心和谐发展，富有个性地成长，所以必须保证幼儿教育的科学性、思想性。贯彻科学性、思想性原则，要做到以下几点。

1．教育内容应是健康的、科学的

教学内容应健康、科学，对幼儿有积极向上的引导作用。教学方法应正确、规范，有利于幼儿正确地感知客观事物和现象，形成正确的概念和科学的态度。

2. 教育要从实际出发，对幼儿健康发展有利

（1）要从实际出发，对幼儿进行针对性的教育。

（2）教育形式要活泼，教学方法要多样。

（3）教师和家长要以身作则，言行一致，成为幼儿行为的表率。

3. 教育设计和实施要科学、正确

教师和家长要了解幼儿的年龄特征和认识事物的规律，根据幼儿的实际选择、安排相应的教学内容。教师对知识的掌握应准确无误，并注意各学科、各知识之间的联系，选择多种教学手段和方法，科学地组织幼儿的一日活动，合理安排活动时间和活动量。

知识拓展

★ 正面教育 ★

正面教育就是用正确的思想观点对学生实施教育。幼儿教育中也应坚持正面教育的原则。教师告诉幼儿应该怎样做，用树立榜样的方法让幼儿知道怎样做是正确的。

（六）开放办学的原则

幼儿自身、幼儿群体及家庭、社会都是宝贵的教育资源，要充分发挥它们对幼儿的教育作用。幼儿园必须在与社会系统的合作中去完成自身的教育任务，发挥幼儿教育在幼儿成长中的导向作用。如果闭门办学，不仅造成教育自身的封闭、狭隘，而且也是教育资源的极大浪费。所以，幼儿园必须是“开放的”。贯彻这一原则要注意以下几点。

1. 与家长合作共育

家长是教师最好的合作伙伴，家长参与幼儿教育机构的教育能够大大提高幼儿活动的兴趣和积极性。家园共育能使课程计划的可行性、课程实施的适宜性、教育的连续性和有效性都得到保证。

2. 与社区合作

幼儿教育机构可以通过直接利用社区丰富的教育资源，让幼儿走进社会的大课堂。社区的积极参与将使幼儿教育机构的教育变得更生动、更富有时代气息。

3. 幼儿教育机构、家庭、社区三方一致的教育

幼儿教育机构、家庭、社区三方一致的教育，是指幼儿园或托儿所和家庭、社区三方在育儿理念、育儿方式等方面方向一致，相互协作、密切配合、互为补充、相互为用，形成教育合力，最终促进幼儿身心健康和谐地发展。

（七）整合性原则

整合性原则，也称综合性原则，是指将幼儿教育看作一个完整的系统，保证幼儿身心整体健康和谐地发展，综合化地整合课程的各要素，实施教育。贯彻整合性原则应注意以下几点。

1. 活动目标的整合

活动目标应全面考虑幼儿的情感态度、习惯个性、知识经验、综合技能等的培养和提高，即活动教育的主要目标应是整个人的发展，而不能只追求知识技能的获得。

2. 活动内容的整合

活动内容的整合以目标的整合为前提，主要表现是使同一个领域的不同方面的内容或不同领域的内容之间产生有机的联系。内容的整合最终应落实到具体的教育活动之中。

3. 教育资源的整合

教育资源的整合是与教育内容紧密相关的。教育资源中蕴含了多种教育内容，对教育资源的整合有利于教育内容的整合，有利于拓展幼儿教育的空间，丰富幼儿教育的方法、形式和手段。

4. 活动形式和活动过程的整合

将具有一定联系性的教学活动、游戏、日常生活等活动与活动之间加以整合，将集体活动、小组活动、个别活动加以互补运用和整合，使教育活动一致地对幼儿的成长产生积极的、有效的影响。

小旌妙记

幼儿教育的一般原则比较抽象，学习时要结合实例进行理解，利用口诀辅助记忆，切忌死记硬背。

口诀：尊重权益，发展适宜，目标主体，开放办学，整合科、思。

二、幼儿教育的特殊原则（★★）

（一）保教合一的原则

保教合一，也称保教结合或保教并重，是指教师在全面、有效地对幼儿进行教育的同时，重视对幼儿生活上的照顾和保护。它是我国幼儿教育特有的一条原则。

1. 保育和教育是幼儿园两大方面的工作

保育主要是为幼儿的生存、发展创设有利的环境和提供物质条件，给予幼儿精心的照顾和养育，促进其身心健康发展；教育则重在培养幼儿良好的行为习惯、态度，发展幼儿的认知、情感、社会性，引导幼儿学习必要的知识技能等。这两方面构成了幼儿教育的全部内容。

2. 保育和教育工作互相联系、互相渗透

幼儿园保育和教育不可分割的关系是由幼儿教育工作的特殊性和幼儿身心发展的特点决定的。虽然保育和教育有各自的主要职能，但并不是孤立存在的。教育中包含了保育的成分，保育中也渗透着教育的内容。保育和教育是在统一的教育目标指引下，在同一教育过程中实现的。

（二）以游戏为基本活动的原则

游戏是幼儿园的基本活动。游戏最符合幼儿身心发展的特点，是幼儿最愿意从事的活动，能有效促进幼儿发展，具有其他活动所不能替代的教育价值。

1. 游戏是幼儿最好的一种学习方式

游戏是以过程为导向，以乐趣为目的，以内驱动机为主的活动，是促进幼儿身体、智能、道德品质、情感、创造性发展及成长的重要手段。对于幼儿来说，游戏也是一种学习，是一种更重要、更适宜的学习方式。在游戏活动中易于唤起幼儿的学习兴趣，使幼儿在玩中学，学中玩，学得轻松愉快。

2. 游戏是内容和形式的结合

游戏既是课程的内容，又是课程实施的背景，还是课程实施的途径。游戏所涉及的内容与幼儿的兴趣和行为相关联。教师要充分发挥游戏对幼儿发展的作用，保证游戏的时间和空间，提供丰富的游戏材料，使幼儿自主、愉快地游戏。

（三）教育的活动性和直观性原则

1. 教育的活动性

（1）以活动为中介，通过活动促进幼儿的发展。幼儿思维的特点，决定了他们必须通过活动去接触各种事物和现象，与人交往，实际操作物体，才能逐步积累经验，获得真知。

（2）幼儿园不同的活动内容、形式，对幼儿发展的作用是不一样的，因此教师要注意教育活动的多样性。如从类型来看，有集中教育活动、游戏、日常生活活动、亲子活动、劳动等；从活动的领域来看，有健康、科学、语言等活动；从表现形式来看，有听说表达类、运动类、动手制作类、小实验等活动；从组织形式来看，有集体活动、小组活动、个别活动。

2. 教育的直观性

幼儿主要通过各种感官来认识周围的世界，通过直接感知认识周围的事物，形成表象并发展为初级的概念。所以，幼儿的教育应考虑体现直观形象性。

（1）教师要根据幼儿不同年龄的身心发展水平，运用各种形式的直观教学手段，从具体的、有情节的事物向无情节的事物过渡，从实物类型的直观向图片、模型、语言等直观过渡。

（2）教师通过演示、示范、运用范例等直观教学手段，变抽象为形象，化枯燥为生动的同时，还可辅以形象生动、声情并茂的教学语言，帮助幼儿理解教学内容。

（3）通过具体可见或可操作的活动，使幼儿比较容易理解所学的内容，更快地获得各种知识经验。

（四）生活化和一日活动整体性的原则

由于幼儿生理、心理的特点，对幼儿的教育要特别注重生活化并发挥一日活动的整体功能。

1. 教育生活化

教育生活化是将富有教育意义的生活内容纳入课程领域，加强教育与生活的联系，将幼儿在各种情境中的经验加以整合，不论是日常生活中学习积累的，还是在非日常生活中应该了解和认识的，都纳入课程组织结构中。例如，课程安排依照幼儿园生活的自然秩序展开；课程内容依据节日顺序或依据时令、季节的变化规律展开。

2. 生活教育化

生活教育化将幼儿日常生活中已获得的原有经验，加以系统化、条理化，在生活中适时引导，促进幼儿发展。例如，在成人看来并不重要的小昆虫、小石子、树叶等各种各样的自然物，都是幼儿眼中的宝贝，教师若能对幼儿的世界加以观察，并将这些内容有效组织起来，将会使幼儿在感知生活的过程中得到发展。

真题再现

教师在重阳节组织幼儿到敬老院探访老人，反映了幼儿园教育内容选择的（　　）原则。

A. 兴趣性　　B. 时代性　　C. 生活性　　D. 发展性

【解析】幼儿园教育内容来源于生活，在组织幼儿园教学活动时，必须围绕生活展开。题干中教师在重阳节组织幼儿到敬老院探访老人，和幼儿的生活紧密相连，体现了幼儿园教育内容的生活性原则。

【答案】C。

3. 发挥一日活动整体功能

一日活动是指幼儿园每天进行的所有保育、教育活动，不仅包括由教师组织的活动，还包括幼儿的自主自由活动。幼儿园应充分认识和利用一日生活中各种活动的教育价值，通过合理组织、科学安排让一日活动发挥一致的、连贯的、整体的教育功能，寓教育于一日活动之中。

（1）一日活动中的各种活动不可偏废。

无论是幼儿吃、喝、拉、撒、睡一类的生活活动还是教学活动、参观访问等活动，无论是有组织的活动还是幼儿自主自由的活动，都各具重要的教育作用，对幼儿的发展都是不可缺少的。因此，不能顾此失彼，随意削弱或取消任何一种活动。

（2）各种活动必须有机统一为一个整体。

每种活动不是分离地、孤立地对幼儿发挥影响力的，一日活动必须统一在共同的教育目标下，形成合力，才能发挥整体教育功能。因此，如何把教育目标渗透到各种活动中，每个活动怎样围绕目标来展开，就成为实践中应当特别关注的问题。

小旌妙记

幼儿教育的特殊原则是教师资格考试的重要考点，考查形式为单项选择题和简答题，学习时要结合实例进行理解，利用口诀帮助记忆：

保教合一重游戏，活动直观有意义，生活一日要整体。

三、幼儿教育的特点（★）

幼儿教育的特点是由幼儿身心发展的规律和特点以及幼儿教育的性质决定的。

（一）非义务性

幼儿去幼儿园接受教育是自愿的行为，家长完全可以根据孩子和家庭各方面的情况综合考虑是否送孩子进托儿所或幼儿园，以及送孩子进哪所托儿所或幼儿园。幼儿在幼儿园的学习可以很自主和自由，如果幼儿因故未上幼儿园，事后家长和教师不得强迫他们进行课程补习。

（二）启蒙性

幼儿教育的实质是启蒙教育。这就要求幼儿教育要与幼儿的现实发展需要相联系，启于未发、适时而教、循序渐进。启蒙教育应以简单的、基础的、通俗的、易于开启幼儿智慧和萌发优良个性的内容和方式进行教育，从而为幼儿今后的发展打下良好的根基。

（三）直接经验性

由于幼儿的认知水平较低，知识经验欠缺，思维具有具体形象性，所以幼儿的学习是以直接经验为基础，即幼儿只有在游戏和日常生活等活动中通过感官和动作确切地接触到事物并操作它们，才会理解它们。在教育过程中，教师要注意为幼儿提供丰富的实物材料和真实的生活情景帮助他们获得直接经验。

（四）潜在性

相对于教育目的和教育者的期望，幼儿更能感受到环境、活动、材料、游戏以及教师的行为。换言之，幼儿园的教育蕴藏在环境和生活之中，教师的教育意图也蕴含在环境、材料、活动和自身的行为中，可以说幼儿是在教育环境的潜移默化中成长起来的。

真题再现

幼儿学习的基础是（　　）。

A. 直接经验　　B. 课堂学习　　C. 间接经验　　D. 理解记忆

【答案】A。

实战演练

答案与解析

一、单项选择题

1. “标准化的教学很可能束缚幼儿的想象力和创造力，扼杀幼儿的创新精神。”这句话主要体现了教育的（　　）。

A. 正向功能　　B. 负向功能

C. 社会发展功能　　D. 隐性功能

2. 成人在制定幼儿园教育目标的时候，常常按照自己的意愿设计儿童发展的蓝图。该现象表明成人在制定教育目标时忽略了（　　）。

A. 社会经济发展的需要　　B. 教育目的

C. 教育方针　　D. 幼儿身心发展的规律

3. 狭义的教育是指（　　）。

A. 家庭教育　　B. 社区教育　　C. 学校教育　　D. 社会教育

4. 幼儿园具有双重任务，即保教幼儿和（　　）。

A. 服务家长　　B. 服务社区　　C. 服务社会　　D. 服务教育事业

5. 贺老师在教授幼儿认识“圆”时，利用硬币、盘子、车轮和饼干等实物和模型，使幼儿对“圆”获得了鲜明生动的表象，让幼儿对圆形成了正确的理解和认识。贺老师应用的教学原则是（　　）。

A. 直观性原则　　B. 保教合一的原则

C. 巩固性原则　　D. 游戏的原则

6. 教育内容既要符合幼儿已有的发展水平，又能促进幼儿进一步发展，这符合幼儿教育的（　　）原则。

A. 发展适宜性　　B. 价值性　　C. 基础性　　D. 兴趣性

7. 在幼儿园实践中，某些教师认为幼儿进餐、睡眠、茶点等是保育，只有上课才是传授知识、发展智力的唯一途径，不注意利用各环节的教育价值。这种做法违背了（　　）。

A. 发挥一日生活的整体功能原则　　B. 重视年龄特点和个体差异原则

C. 尊重儿童原则　　D. 实践性原则

二、简答题

1. 简述社会政治制度对教育的制约作用。
2. 简述幼儿教育的意义。
3. 简述幼儿教育的原则。

第二章 中外幼儿教育的发展

考情分析

题型	2022 年上半年	2022 年下半年	2023 年上半年	2023 年下半年	2024 年上半年	2024 年下半年
单项选择题	1 题 3 分	—	1 题 3 分	1 题 3 分	1 题 3 分	1 题 3 分
简答题	—	—	—	—	—	—
论述题	—	1 题 20 分	—	—	—	—
材料分析题	—	—	—	—	—	—
活动设计题	—	—	—	—	—	—
总计	1 题 3 分	1 题 20 分	1 题 3 分	1 题 3 分	1 题 3 分	1 题 3 分

（1）本章内容在近年幼儿园教师资格考试中分值低但考频高，考查细致，主要以单项选择题的形式进行考查，也偶见于论述题中。

（2）学习时要注意理解并重点记忆幼儿教育史上的里程碑事件和著名教育家的主要教育思想。

第一节　幼儿教育发展简史

一、幼儿教育随社会形态的发展（★）

幼儿教育起源于生产劳动，是人类延续和发展的重要手段。

（一）原始社会下的幼儿教育

原始社会的生产力低下，生产资料公有，社会还没有划分阶级。幼儿是属于整个氏族的，由社会成员共同负责养育，并由成人传授维持生存所必需的基本知识经验。因此原始社会的幼儿教育是没有阶级性的，每个幼儿受到的教育都是平等的。

（二）奴隶社会和封建社会下的幼儿教育

在奴隶社会和封建社会，生产力和科学文化不断发展。社会的统治阶级为了维护自己的统治，把权力交到自己的子女手中，便利用手中的权力让自己的子女享受专人教育。同时，他们毫不留情地剥夺平民子女受教育的权利，只允许他们跟随父母学习各种劳动知识和技能。为了适应生产力的进一步发展，统治者需要培育一批为统治阶级服务的文化人，于是出现了专门的学校，这就是学校教育。入学前的幼儿教育仍然在家庭中分散地进行。这一时期的教育具有明显的阶级性和等级性。

（三）资本主义社会下的幼儿教育

资本主义社会为幼儿教育的创立提供了客观需要和物质基础。17 世纪中叶，生产力的发展冲破了封建社会的堤坝，资本主义大工业机器生产迅速发展。妇女被迫离开孩子，走出家庭，成为工厂工人。幼儿教育成了严重的社会问题，幼儿教育机构应运而生。

（四）社会主义社会下的幼儿教育

1949 年，中华人民共和国成立，我国的幼儿教育走上了社会主义道路。随着我国社会主义建设的深入，幼儿教育虽有起伏，但总体是向前发展的。1978 年以后，幼儿教育机构逐渐发展，办学形式逐渐丰富、多元起来。特别是 1989 年以来，国家陆续颁布了一系列幼儿教育法律规范，使我国幼儿教育从此跨入了规范化、法制化的轨道。

二、幼儿教育机构的诞生与发展（★★）

（一）幼儿教育机构的诞生

空想社会主义者欧文于 1816 年在苏格兰为 1～6 岁儿童创办了工厂托幼机构，名为

“幼儿学校”。这堪称世界上最早的幼儿教育机构，是为工人子弟开办的。

（二）幼儿园的诞生

1837 年，德国幼儿教育家福禄贝尔创办了一所专门收托幼儿的“保姆养成所”，并于 1840 年将其命名为“幼儿园”，意为让幼儿像自然万物一样在花园中自由茁壮地成长。此后，“幼儿园”这个名字被全世界采用并沿用至今。这是世界上第一所真正意义上的学前教育机构，因此福禄贝尔被称为“幼儿园之父”（或称“幼儿教育之父”）。

（三）我国幼儿教育机构的创办与发展

> “蒙养”二字是中国的传统说法，所谓“蒙以养正”，就是重视人生的正本慎始，主张在婴幼儿智慧蒙开之际就施加正面影响，开发其智慧，促使其更好地成材。

1903 年，湖北巡抚端方在武昌创办了中国第一所学前儿童教育机构——湖北幼稚园。这是我国最早创办的公立幼儿教育机构。1904 年，清政府颁发《奏定学堂章程》（又称癸卯学制），规定学前教育机构名称为蒙养院，湖北幼稚园遂改名为武昌蒙养院。之后，清政府又在长沙、北京和上海相继成立了蒙养院。但它们完全是在模仿日本幼稚园的模式，显露出半封建半殖民的特点。著名教育家陶行知对其进行了尖锐抨击，指出它们害了三种病：一是外国病，二是花钱病，三是富贵病。

1912 年，蔡元培担任中华民国临时政府教育部的第一任部长。在他的主持下制定并公布了“壬子癸丑（1912—1913）学制”，将蒙养院改称蒙养园，收未满 6 岁的儿童。1922 年，教育部又制定并公布了《学校系统改革令》，即壬戌学制，将蒙养院改称幼稚园，规定接收 6 岁以下的儿童。1923 年，陈鹤琴在南京创办了我国第一所幼教实验中心，即私立南京鼓楼幼稚园。

1951 年，中华人民共和国政务院公布《关于改革学制的规定》，产生了新中国第一个学制，规定实施幼儿教育的机构为幼儿园。1989 年，国家教育委员会颁发了《幼儿园工作规程》（1996 年正式施行，以下简称《规程》）。《规程》规定了幼儿园的保育目标、保育任务、保育原则及保育活动的组织形式和方法等，改变了 50 年代以来分科教学一统天下的局面。2001 年，教育部制定了《幼儿园教育指导纲要（试行）》（以下简称《纲要》）。《纲要》只将其第四章“幼儿园的教育”的内容展开并具体化，以在《规程》与教育实践层面之间架起过渡的桥梁。

第二节 中外幼儿教育家的学前教育思想

一、外国幼儿教育家的学前教育思想（★★★）

（一）幼儿教育的孕育与萌芽阶段（18 世纪中期之前）

对幼儿教育价值的发现，可以追溯到柏拉图、亚里士多德和昆体良等人。他们的幼儿教育思想散见于各种著作之中，此阶段为幼儿教育的孕育阶段。15 世纪至 18 世纪中期，夸美纽斯、卢梭等教育家提出了学前教育的基本思想，幼儿教育进入了萌芽阶段。

18 世纪中期之前外国的主要教育家及其学前教育思想如图 2-2-1 所示。

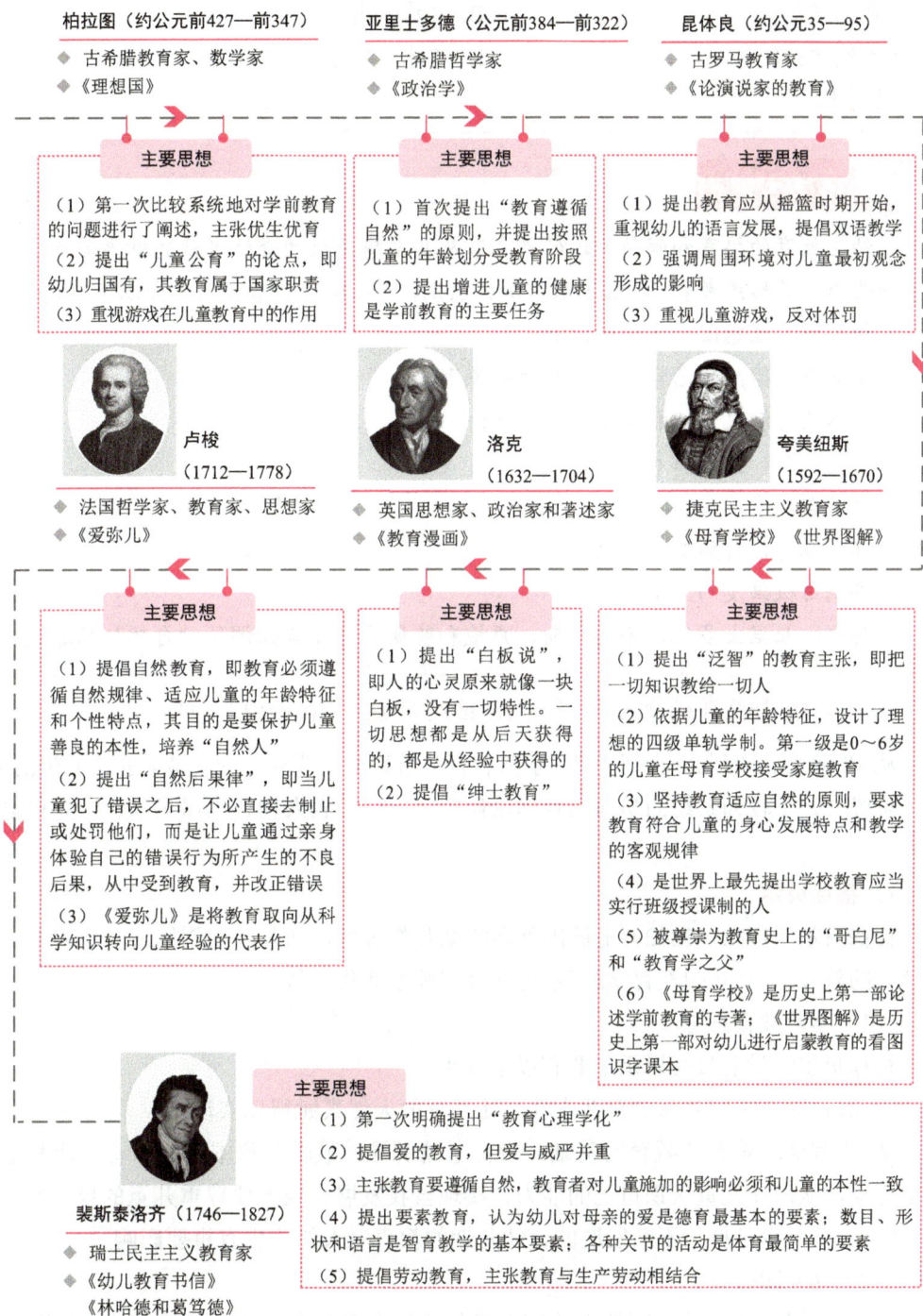

柏拉图（约公元前427—前347）

- 古希腊教育家、数学家
- 《理想国》

主要思想

（1）第一次比较系统地对学前教育的问题进行了阐述，主张优生优育

（2）提出“儿童公育”的论点，即幼儿归国有，其教育属于国家职责

（3）重视游戏在儿童教育中的作用

亚里士多德（公元前384—前322）

- 古希腊哲学家
- 《政治学》

主要思想

（1）首次提出“教育遵循自然”的原则，并提出按照儿童的年龄划分受教育阶段

（2）提出增进儿童的健康是学前教育的主要任务

昆体良（约公元35—95）

- 古罗马教育家
- 《论演说家的教育》

主要思想

（1）提出教育应从摇篮时期开始，重视幼儿的语言发展，提倡双语教学

（2）强调周围环境对儿童最初观念形成的影响

（3）重视儿童游戏，反对体罚

夸美纽斯（1592—1670）

- 捷克民主主义教育家
- 《母育学校》《世界图解》

主要思想

（1）提出“泛智”的教育主张，即把一切知识教给一切人

（2）依据儿童的年龄特征，设计了理想的四级单轨学制。第一级是0～6岁的儿童在母育学校接受家庭教育

（3）坚持教育适应自然的原则，要求教育符合儿童的身心发展特点和教学的客观规律

（4）是世界上最先提出学校教育应当实行班级授课制的人

（5）被尊崇为教育史上的“哥白尼”和“教育学之父”

（6）《母育学校》是历史上第一部论述学前教育的专著；《世界图解》是历史上第一部对幼儿进行启蒙教育的看图识字课本

洛克（1632—1704）

- 英国思想家、政治家和著述家
- 《教育漫画》

主要思想

（1）提出“白板说”，即人的心灵原来就像一块白板，没有一切特性。一切思想都是从后天获得的，都是从经验中获得的

（2）提倡“绅士教育”

卢梭（1712—1778）

- 法国哲学家、教育家、思想家
- 《爱弥儿》

主要思想

（1）提倡自然教育，即教育必须遵循自然规律、适应儿童的年龄特征和个性特点，其目的是要保护儿童善良的本性，培养“自然人”

（2）提出“自然后果律”，即当儿童犯了错误之后，不必直接去制止或处罚他们，而是让儿童通过亲身体验自己的错误行为所产生的不良后果，从中受到教育，并改正错误

（3）《爱弥儿》是将教育取向从科学知识转向儿童经验的代表作

裴斯泰洛齐（1746—1827）

- 瑞士民主主义教育家
- 《幼儿教育书信》《林哈德和葛笃德》

主要思想

（1）第一次明确提出“教育心理学化”

（2）提倡爱的教育，但爱与威严并重

（3）主张教育要遵循自然，教育者对儿童施加的影响必须和儿童的本性一致

（4）提出要素教育，认为幼儿对母亲的爱是德育最基本的要素；数目、形状和语言是智育教学的基本要素；各种关节的活动是体育最简单的要素

（5）提倡劳动教育，主张教育与生产劳动相结合

图 2-2-1　18 世纪中期之前外国的主要教育家及其学前教育思想

真题再现

从科学知识取向转向儿童经验取向的代表性教育著作是（ ）。

A.《理想国》 B.《爱弥儿》

C.《大教学论》 D.《林哈德与葛笃德》

【答案】B。

小旌妙记

幼儿教育的孕育和萌芽阶段的教育家及其思想是教师资格考试的重要考点，多以单项选择题的形式考查。内容零散需加强区别，可在理解的基础上结合以下口诀记忆：

柏拉图，理想国，儿童归国有；

亚里士多德，政治学，遵循自然的原则；

昆体良是演说家，看重摇篮和说话；

夸美泛智，自学班木事；

卢梭自然爱弥儿；

邻有佩奇，自然要爱劳动；

洛克白板画漫画。

其中，亚里士多德、夸美纽斯、卢梭和裴斯泰洛齐都强调了“自然”的原则。

（二）幼儿教育的初创阶段（18 世纪后期—20 世纪中期）

从 18 世纪后期到 20 世纪中期，学前教育从普通教育学中分化出来，进入了初创阶段。这一阶段开始了较为系统的学前教育理论研究，主要代表人物有福禄贝尔、杜威和蒙台梭利等。

1. 福禄贝尔

福禄贝尔（1782—1852）是德国著名的幼儿教育家，幼儿园的创始人。他的主要著作有《人的教育》《幼儿园教育学》《慈母曲及唱歌游戏集》等。

（1）学前教育思想。

福禄贝尔的学前教育思想主要有以下几点。

① 教育应当顺应儿童的自然本性，让儿童的天然禀赋得以实现。

② 自我活动是儿童教育的基础。教育通过引导、鼓励儿童本身的活动，让儿童自己决定行动，从而让儿童认识自己的能力、实现自我发展。成人要尊重儿童的自主性。

③ 强调儿童是持续不断发展的。幼儿期的教育对人的一生有重要影响。

（2）幼儿园教育。

① 福禄贝尔认为幼儿园教育的基本任务就是实现儿童在这一年龄段的良好发展。此

外，福禄贝尔特别重视家庭和母亲在幼儿教育中的作用，他把幼儿园教育作为家庭教育的“补充”。

② 福禄贝尔建立了一个以活动和游戏为主的幼儿园课程体系，包括歌谣、恩物、作业、运动和唱歌等。其中最重要的是恩物和作业。

恩物是一套供幼儿游戏或是进行其他活动时使用的玩具。他把恩物作为上帝赐给儿童的玩具，用于帮助儿童认识自然及其内在的规律。恩物的主要作用在于吸收和接受。

小旋提示

由于历史的限制，福禄贝尔的教育思想是存在缺陷的。他从神秘主义的角度来剖析学前教育是片面和不妥当的。

作业是恩物的发展，是为儿童设计的各种制作活动，如用纸、沙、泥、木、糨糊等制作某种物件。作业可以使儿童的恩物知识得以巩固。作业的主要作用在于表现和建造。

③ 福禄贝尔高度评价游戏的教育价值。他认为“儿童早期的各种游戏，是整个未来生活的胚芽”；游戏不仅能使幼儿感到愉悦，还能促进其身体和感官的发展，提高他们认识自然和社会的能力。

2．杜威

杜威（1859—1952）是美国著名的哲学家和教育家，实用主义的集大成者，20 世纪影响最大的教育家，也是 20 世纪上半期儿童中心主义的重要代表人物。他的主要著作有《我的教育信条》《儿童与课程》《学校与社会》等。

（1）儿童中心主义。

“儿童中心主义”教育原则，是杜威的教育理论甚至整个现代派教育理论中的一个核心要求。他认为，学校生活组织应该以儿童为中心，使得一切主要是为儿童的而不是为教师的。因为以儿童为中心是与儿童的本能和需要协调一致的，所以，在学校生活中，儿童是起点，是中心，而且是目的。杜威强调说，“我们必须站在儿童的立场上，并且以儿童为自己的出发点。”

（2）教育的本质。

杜威提出教育的本质是“教育即生活”“教育即生长”“教育即经验的不断改造”。

“教育即生活”是指教育应当是生活本身，而不是为遥远的未来做准备，因此最好的教育就是“从生活中学习”。与此相对应，杜威又提出“学校即社会”的观点，即教育既然是一种社会生活的过程，那么学校就是社会生活的雏形。

“教育即生长”是指教育要以儿童的本能和能力为依据，使每个人的天性和与生俱来的能力得到健康生长，而不是把外面的东西灌输进一个容器。

杜威认为生活是个体与环境相互作用的过程，经验就是在这种相互作用中产生的。为了不断地适应环境，人必须不断地改造或改组既得经验。基于这一观点，杜威提出了“教育即经验的不断改造”，即教育就是儿童通过自身的活动去获取各种直观经验的过程。

（3）活动无目的论。

杜威反对外在的、固定的、终极的教育目的，认为外在的教育目的不能顾及儿童的兴趣和需要。他认为不应该在教育过程之外强加一个目的，教育目的就在教育过程之中。

（4）活动课程论。

杜威反对以既有的知识编写系统教材，更反对用这种教材进行教育。他要求把课程和教材建立在儿童现在的生活经验基础上。

在活动课程论的基础上，杜威提出了“从做中学”的教学基本原则。他认为儿童是在自己的活动中去获取经验，获得知识的，即“活动中心”。获取直接经验就是获得知识，学的过程其实就是做的过程，即“经验中心”。

真题再现

1. 对杜威“教育即生长”的正确理解是（　　）。

A. 教育以儿童的本能和能力为依据　　B. 儿童的生长以教育目标为依据

C. 教育以促进教师的专业成长为基础　　D. 教育应促进儿童的身体发育

【答案】A。

2. 杜威认为，学校生活的组织中心是（　　）。

A. 教材　　B. 家长　　C. 教师　　D. 儿童

【答案】D。

3. 蒙台梭利

蒙台梭利（1870—1952）是意大利幼儿教育家，是蒙台梭利教育法的创始人。她的主要著作有《蒙台梭利教学法》《童年的秘密》《有吸收力的心灵》等。

（1）儿童的心理发展观。

蒙台梭利认为儿童的心理发展有四个存在内在联系的显著特点。

① 具有独特的心理胚胎期。她认为人类有两个“胚胎”期：一个是在母体内生长发育的过程，可称为“生理胚胎期”；另一个则是人类特有的“心理（或称精神）胚胎期”，即从出生到 3 岁的婴幼儿阶段。在这段时期，儿童通过无意识地吸收外界刺激，形成了各种心理活动的能力。如此，才有了心理。

② 心理具有吸收力。蒙台梭利认为婴幼儿具有一种下意识的感受能力与特殊的鉴别能力，简称“吸收心理”。也就是说，儿童有一种自动成长的冲动。

③ 心理发展具有敏感期。蒙台梭利认为，儿童心理的发展有各种敏感期。当某种敏感期出现时，某种心理的倾向性和可能性就会强烈显示出来，儿童就会强化此方面的学习。过了特定的时期，其敏感性则会消失。

④ 心理发展具有阶段性。第一阶段：0～6 岁，是儿童各种心理功能的形成时期。这一阶段最基本的特点是出现接连不断的敏感期；第二阶段：6～12 岁，是儿童心理发展的

相对平稳期，是儿童增长学识和艺术才能的时期；第三阶段：12～18岁，是人的身心经历发生巨大变化并走向成熟的时期，即青春期。

（2）创设有准备的环境。

蒙台梭利认为一个有准备的环境对幼儿实施教育具有重要作用。所谓有准备的环境，就是给幼儿创立一个有秩序的、充满生机的，有助于儿童创造自我和实现自我的环境。

（3）重视感官教育。

感官教育在蒙台梭利教育体系中占有重要地位。感官教育的主要目的是通过训练儿童的注意、比较、观察和判断能力，提高儿童的感受性。感官教育的实施应遵循循序渐进的原则，并且蒙台梭利提倡幼儿根据自己的能力和需要进行学习。

（4）通过工作使自由与纪律相协调。

蒙台梭利认为儿童的本质是善良、完美、有秩序的，自由是对幼儿本质的顺从。纪律也必然应该是自由的。当一个人是自己的主人，拥有充分的自由时，他就能够节制自己的行为，成为守纪律的人。

蒙台梭利对儿童的“工作”和“游戏”进行了区分。她将儿童使用教具的活动称为“工作”，即“工作”是儿童自发地选择、操作教具并在其中获得身心发展的活动；而将儿童日常的玩耍和使用普通玩具的活动称为“游戏”。她通过“工作”将“自由”和“纪律”这一对矛盾调和起来。

真题再现

下列说法中属于蒙台梭利教育观点的是（　　）。

A. 注重感官教育　　B. 注重集体教学的作用

C. 重视恩物的使用　　D. 通过游戏使自由与纪律相协调

【解析】蒙台梭利认为幼儿成长具有敏感期，注重感官教育。B项，集体教学是马卡连柯教育思想体系的重要方面；C项，重视恩物的使用是福禄贝尔教育观强调的内容；D项，蒙台梭利通过工作使自由与纪律相协调，而非游戏。

【答案】A。

二、我国幼儿教育家的学前教育思想（★★★）

（一）陈鹤琴

陈鹤琴（1892—1982）是我国学前教育和儿童心理研究的开拓者和奠基人，被誉为“中国的福禄贝尔”“中国幼教之父”。他于1923年创办了我国最早的幼儿教育实验中心——南京鼓楼幼稚园，创立了“活教育”理论。“活教育”理论体系包括目的论、课程论、方法论、教学原则和训育原则。他的主要著作有《儿童心理之研究》《家庭教育》等。

1.“活教育”的目的论

陈鹤琴基于时代背景，提出“活教育”的目的是“做人、做中国人、做现代中国人”。他认为这样的人要有强健的身体、建设的能力、创造的能力、合作的态度和服务的精神。

2.“活教育”的课程论

（1）课程的中心。

陈鹤琴提出“大自然、大社会都是活教材”。他主张以自然的环境、社会的环境为幼儿园课程系统的中心，让儿童在与自然、社会的直接接触中，通过亲身体验获取知识和经验。

（2）课程的结构。

陈鹤琴认为“应当把幼儿园的课程打成一片，成为有系统的组织”。他把课程内容划分为健康、社会、科学、艺术和文学五种活动，并强调这五种活动是一个整体，犹如人的五根手指，其骨肉相连，血脉相通，因此被称为“五指活动”。

（3）课程的实施。

陈鹤琴反对实行分科教学，提倡“整个教学法”（又称综合单元教学法），即整个地、系统地教授幼儿应该学习的内容。

3.“活教育”的方法论

活教育方法论的基本原则是“做中教、做中学，做中求进步”。活教育重视直接经验，强调以“做”为中心。陈鹤琴认为“做”就与事物发生直接接触，就会获得直接的经验，就会知道做事的困难，就会认识事物的性质。

真题再现

“做人、做中国人，做现代中国人”这一教育目的的提出者是（　　）。

A. 张雪门　　　　B. 陶行知

C. 陈鹤琴　　　　D. 张宗麟

【答案】C。

（二）陶行知

陶行知（1891—1946）是我国伟大的人民教育家。在教育救国思想的影响下，他毕生从事教育改革，推行生活教育、大众教育，为我国教育事业做出了重大贡献。1927 年，他在南京建立了我国第一所乡村幼儿园——南京燕子矶幼稚园。他的主要著作有《中国教育改造》等。

1. 解放儿童的创造力

陶行知认为儿童有很强的创造力，儿童的创造力是人的才能的精华。于是，他提出从六个方面着手解放儿童的创造力，即解放儿童的头脑、解放儿童的双手、解放儿童的眼睛、解放儿童的嘴巴、解放儿童的空间、解放儿童的时间。

2. 生活教育理论

陶行知将杜威的教育理论进行改造，形成了生活教育理论，主要内容是“生活即教育”“社会即学校”“教学做合一”。

“生活即教育”是指生活决定教育，生活是教育的源泉。

“社会即学校”是指要以社会生活作为学校教育的内容，整个社会作为教育的场所，把教学的课堂延伸到大自然和大社会中去。在大社会中，一切有专长的人都可以传授知识，如农夫、村妇、渔人等都可以做先生，又都可以做学生；马路、弄堂、乡村等凡是生活的场所，也都是教育的场所。

陶行知认为“教学做”是要解决传统教育中学非所用、用非所学的问题。在“教学做”三者中，他强调“做”是中心，在做上教的是先生，在做上学的是学生。他还反复强调“教学做”是一件事，不能分开，怎样做就怎样学，怎样学就怎样教。

3. 创立艺友制

陶行知创立了培养幼儿师资的好方法——艺友制，即学生（又称艺友）与有经验的教师交朋友，在实践中学习当教师，边干边学，积累教学经验。这一制度有利于学生在实践中学习，克服了理论与实际相脱节的弊病，缩短了幼师的毕业期限，并且在短时间内为社会培养了大量有质量的师资。

小旌归纳

陶行知最初根据杜威的观点进行教育实践，但是不符合中国当时的国情，所以他立足于现状，将中国的教育理论进行改造，提出了生活教育理论。因此，杜威与陶行知的教育理论应注意区分。

教育家	教育理论			相同点
杜威	教育即生活	学校即社会	从做中学	提倡生活教育
陶行知	生活即教育	社会即学校	教学做合一	

（三）张雪门

张雪门（1891—1973）是我国著名的幼儿教育家，也是行为课程论的代表人物，与南京的陈鹤琴有“南陈北张”之称。1918 年，他在家乡宁波创办了星荫幼稚园。他的主要著作有《幼儿教育新论》《中国幼稚园课程研究》等。

1. 论教育的目的

张雪门反对以培植士大夫和宗教信徒为目标的幼儿教育，主张以发展儿童个性和以改造中华民族为目标的幼儿教育。

2. 行为课程理论

张雪门研究幼儿教育是从幼稚园的课程入手的。他主张实施“幼稚园行为课程”，认为“课程是经验，是人类的经验”“生活就是教育，5、6 岁的孩子们幼稚园生活的实践，就是行为课程”。他认为行为课程应以儿童在幼稚园的生活为中心，融合在儿童的生活之中使教育生活化。并且，行为课程要在生活中注意实际行为，并把生活和行动看作是相互联系的整体。

中国教育家及其思想是教师资格考试中的高频考点，可通过下列口诀记忆。①陈鹤琴——三做活教育，“三做”即做中教、做中学，做中求进步。②陶行知——两即合一，解放创造力。“两即合一”即生活即教育，社会即学校，教学做合一。③张雪门——行为课程理论。

真题再现

陶行知提出的“六大解放”指的是（　　）。

A. 解放儿童的观察力　　B. 解放儿童的体力

C. 解放儿童的智力　　D. 解放儿童的创造力

【答案】D。

实战演练

单项选择题

1. 欧文创办的幼儿学校是世界上最早（　　）。
   A. 使用恩物开展教学的学前教育机构
   B. 为工人子弟开办的学前教育机构
   C. 为贵族子弟开办的学前教育机构
   D. 为儿童提供“有准备的环境”的学前教育机构
2. 被誉为“中国幼儿园之父”的教育家是（　　）。
   A. 陶行知　　B. 晏阳初　　C. 陈鹤琴　　D. 张雪门
3. 福禄贝尔为幼儿设计的一系列活动玩具材料是（　　）。
   A. 恩物　　B. 作业　　C. 歌谣　　D. 积木

4．我国最早的公立幼儿教育机构是由（　　）创办的。

A．张之洞　　B．梁启超　　C．端方　　D．陶行知

5．卢梭教育理论中，一个最基本的思想是（　　）。

A．教育必须遵循自然规律　　B．“白板说”

C．“社会本位论”的儿童观　　D．“泛智”的教育主张

6．提出“教育即生活”的教育家是（　　）。

A．卢梭　　B．蒙台梭利　　C．福禄贝尔　　D．杜威

7．癸卯学制规定我国幼儿教育机构的名称为（　　）。

A．幼稚园　　B．蒙养院　　C．蒙学园　　D．幼儿园

第三章 幼儿园班级管理

题型	2022 年上半年	2022 年下半年	2023 年上半年	2023 年下半年	2024 年上半年	2024 年下半年
单项选择题	—	—	—	—	—	—
简答题	—	—	—	—	—	—
论述题	—	—	—	—	—	—
材料分析题	—	—	—	—	—	—
活动设计题	—	—	—	—	—	—
总计	—	—	—	—	—	—

（1）本章主要介绍幼儿园班级管理，近 3 年幼儿园教师资格考试未对这部分内容进行考查，仅在早前个别年份（2020 年）以论述题的形式考查过。

（2）学习时应着重理解幼儿园班级管理的目的和意义，重点关注幼儿园班级管理的内容和方法。

第一节 幼儿园班级管理概述

一、幼儿园班级管理的概念（★）

幼儿园班级管理是幼儿园管理的核心工作，是指教师与行政人员遵循国家的幼儿教育政策、法规，按照儿童身心发展规律和保教工作的工作规律，采用科学的工作方式和管理手段，将人、财、物、时间、空间、信息等各要素合理组织起来，为实现国家规定的幼儿教育目标而进行的保教组织管理活动。

二、幼儿园班级管理的目的（★）

幼儿园班级管理中，最重要和最直接的管理对象是幼儿。因此，幼儿园班级管理的目的就是培养幼儿良好的生活习惯、行为习惯和学习习惯，把幼儿培养成个体生活和社会生活的主体。具体体现在以下几个方面。

（1）培养幼儿的自律能力和行为的有序性。

（2）保障幼儿正常的生活和学习。

（3）发展幼儿良好的情绪和情感。

三、幼儿园班级管理的意义（★）

班级管理是幼儿园管理的基础工程，是提高保教质量的重要保证，必须给予高度重视。班级管理的意义具体表现为以下几点。

（1）班级管理有助于协调幼儿园的人力、物力和财力，提高资源的利用效率。

（2）班级管理有助于提高班级保教质量，建立良好的班风、班貌，培养幼儿积极向上的品质。

（3）班级管理的良好效果反过来会促进教师的成长，提高教师的保教水平和管理能力，从而进一步促进幼儿教育事业的发展。

（4）班级管理是展示幼儿园保教工作的窗口，有助于幼儿园建立良好的公共形象，获得长远发展。

第二节 幼儿园班级管理的实施

一、幼儿园班级管理的内容（★★）

幼儿园班级管理一般由生活管理、教育管理、物品管理和其他管理等方面组成。其中，最主要的是生活管理和教育管理，其他方面的管理工作服务于幼儿的生活管理和教育管理。

（一）生活管理

生活管理是指为了保证幼儿的身体正常发育和心理健康成长，保教人员围绕幼儿在园内的起居、饮食等生活方面的需要而进行的管理工作。

生活管理是保育工作的主要内容，也是顺利进行班级管理和教育教学的必要条件。

（二）教育管理

班级保教人员对教育过程精心设计组织，对教育结果进行细致评估，在班主任教师带领下对班级幼儿进行调查研究，这一系列的工作称为幼儿园班级教育管理。

幼儿园班级教育管理是班级保教人员最经常和最基本的管理工作，又是幼儿园各项管理工作的中心部分，是幼儿园管理水平的反映和幼儿园质量的反映，是衡量幼儿园保教工作成果的显性标准。

（三）物品管理

班级物品包括睡眠、洗漱等方面的生活用品，玩具、学具等学习用品及钢琴、电视等教师教学用品。班级物品摆放得当，才能给幼儿一个整齐有序的环境，有利于幼儿的生活、活动和成长，同时也方便教师使用。

（四）其他管理

幼儿园班级管理除了着重进行生活和教育管理外，还有许多与之相关的其他管理，如家园交流管理、班级间交流管理以及幼儿社区活动管理等。它们也是班级常规管理的重要组成部分。

二、幼儿园班级管理的原则（★）

班级管理的原则是对班级进行必要管理时必须遵循的普遍性行为准则。它对班级的全面管理具有重要的指导意义。

（一）主体性原则

主体性原则是指既要发挥教师作为班级管理的主体所具有的自主性、创造性和主动性，又要充分尊重幼儿作为学习者的主体地位。

运用时注意：明确教师对班级管理的职责和权力；教师应充分了解并把握班级的各种管理要素；教师应正确地理解和处理与幼儿的关系。

（二）整体性原则

整体性原则是指班级管理应面向全体幼儿并涉及班内所有管理要素。这一原则保证了班级全体幼儿的共同进步而不是部分幼儿的超常发展，也确保了班级各种管理要素得到充分的利用。

运用时注意：教师对班级的管理不仅是对集体的管理，也是对每个幼儿个体的管理；教师应充分发挥班集体整体的熏陶和约定作用；班级管理不仅是人的管理，还涉及物、时间、空间等要素的管理。

（三）参与性原则

参与性原则是指教师在管理过程中不是以管理者的身份高高在上，而是以多种形式参与到幼儿的活动之中，民主、平等地对待幼儿，成为“平等中的首席”。

运用时注意：教师参与活动应注意角色的变化，以适应幼儿活动的需要；教师参与活动要根据幼儿的需要，取得幼儿的许可；教师在活动中的指导和管理要适度。

（四）高效性原则

高效性原则是指教师进行班级管理时，要以最少的人力、物力和时间，尽可能地使幼儿获得更多、更全面、更好的发展，使班级呈现积极向上的面貌。

运用时注意：班级管理目标的确定要合理，计划的制订要科学；班级管理计划的实施要严格而灵活；班级管理的方法要适当，管理过程中重视检查反馈。

三、幼儿园班级管理的方法（★★）

科学的班级管理方法是每个保教人员基本的工作技能。

（一）规则引导法

规则引导法是指用规则引导幼儿的行为，使其与集体活动的方向和要求保持一致或确保幼儿自身安全的一种管理方法。规则引导法是班级管理中最直接、最常用的方法。

运用时注意：规则的内容要明确，且简单易行；教师给幼儿提供实践的机会，让幼儿在实践中掌握规则；教师要保持规则的一贯性。

（二）情感沟通法

情感沟通法是指通过激发和利用师生间或幼儿间及幼儿对环境的情感，以引发或影响幼儿行为的方法。

运用时注意：教师在日常生活和教育活动中，要观察幼儿的情感表现；教师要经常对幼儿进行移情训练；教师要保持和蔼可亲的形象。

（三）互动指导法

互动指导法是指幼儿园教师、同伴、环境等相互作用的方法。

运用时注意：教师要适当、适时和适度地对师幼互动进行指导。

> **小旋提示**
>
> 班级活动的本质是幼儿参与的、与指向的对象发生相互作用的活动。所以，班级活动过程本身就是幼儿同不同对象互动的过程。

（四）榜样激励法

榜样激励法是指通过树立榜样并引导幼儿学习榜样以规范幼儿行为，从而达到管理目的的方法。

运用时注意：榜样的选择要健康、形象、具体；班级集体中榜样的树立要公正，有权威性；教师要及时对幼儿表现的榜样行为做出反应。

（五）目标指引法

目标指引法是指教师以行为结果作为目标，引导幼儿的行为方向，规范幼儿行为方式的一种管理方法。从行为的预期结果出发，引导幼儿自觉识别行为正误是目标指引法的基本特点。

运用时注意：目标要具体明确、切实可行，并且有吸引力；目标与行为的联系要清晰；注意个人目标与集体目标相结合。

扫一扫

答案与解析

一、单项选择题

1. 幼儿笑笑因平日里讲卫生、参与活动积极、乐于帮助其他小朋友而得到了 3 朵小红花。王老师鼓励班级内的其他小朋友向笑笑学习。这里王老师所采用的班级管理方法是（   ）。

A. 目标指引法　　　　B. 互动指导法

C. 榜样激励法　　　　D. 情感沟通法

2．幼儿园班级管理的原则不包括（　　）。

A．主体性　　B．整体性

C．参与性　　D．时效性

3．幼儿园班级管理中最重要和最直接的管理对象是（　　）。

A．资金　　B．设备

C．幼儿　　D．材料

二、论述题

试述幼儿园班级管理工作的主要内容。

第四章 我国幼儿教育的政策与发展

考情分析

题型	2022 年上半年	2022 年下半年	2023 年上半年	2023 年下半年	2024 年上半年	2024 年下半年
单项选择题	—	2 题 6 分	1 题 3 分	1 题 3 分	4 题 12 分	2 题 6 分
简答题	—	—	1 题 15 分	—	—	—
论述题	—	—	1 题 20 分	—	1 题 20 分	—
材料分析题	1 题 20 分	—	—	1 题 20 分	—	—
活动设计题	—	—	—	—	—	—
总计	1 题 20 分	2 题 6 分	3 题 38 分	2 题 23 分	5 题 32 分	2 题 6 分

（1）《幼儿园教育指导纲要（试行）》《3～6 岁儿童学习与发展指南》是我国幼儿教育领域的重要政策文件，也是幼儿园教师资格考试中的高频考点，在学习时应予以重视。在近年考试中，考查形式多变，或要求阐述相关内涵以考查记忆，或设置具体情境以考查灵活运用。因而，不仅要熟知上述政策的重点内容，更要对其加以理解掌握。同时，注意政策法规文件具有指导性和标准性，考试题目中也往往蕴含相关理念，因而考生在熟悉这些政策文件之后，既可从中获得解题方向和思路，也能从中发现作答的理论依据。

（2）我国幼儿教育的改革动态与发展趋势是幼儿园教师资格考试中的低频考点，只需简单了解即可。

考点精讲

第一节《幼儿园教育指导纲要（试行）》

2001年7月，教育部颁发了《幼儿园教育指导纲要（试行）》（以下简称《纲要》），标志着我国幼儿教育改革进入了一个新阶段。从结构来看，《纲要》由总则、教育内容与要求、组织与实施、教育评价四个部分组成。

一、总则（★）

“总则”分别指出了《纲要》制定的依据和目的，幼儿教育的性质和任务，幼儿教育的原则和特点等。

（1）为贯彻《中华人民共和国教育法》《幼儿园管理条例》和《幼儿园工作规程》，指导幼儿园深入实施素质教育，特制定本《纲要》。

（2）幼儿园教育是基础教育的重要组成部分，是我国学校教育和终身教育的奠基阶段。城乡各类幼儿园都应从实际出发，因地制宜地实施素质教育，为幼儿一生的发展打好基础。

（3）幼儿园应与家庭、社区密切合作，与小学相互衔接，综合利用各种教育资源，共同为幼儿的发展创造良好的条件。

（4）幼儿园应为幼儿提供健康、丰富的生活和活动环境，满足他们多方面发展的需要，使他们在快乐的童年生活中获得有益于身心发展的经验。

（5）幼儿园教育应尊重幼儿的人格和权利，尊重幼儿身心发展的规律和学习特点，以游戏为基本活动，保教并重，关注个别差异，促进每个幼儿富有个性地发展。

二、教育内容与要求（★★★）

“内容与要求”部分主要说明为实现不同领域的教育目标，教师应该做什么，怎么做。

幼儿园的教育内容是全面的、启蒙性的，可以相对划分为健康、语言、社会、科学、艺术等五个领域，也可作其他不同的划分。各领域的内容相互渗透，从不同的角度促进幼儿情感、态度、能力、知识、技能等方面的发展。

（一）健康

1. 目标

（1）身体健康，在集体生活中情绪安定、愉快。

（2）生活、卫生习惯良好，有基本的生活自理能力。

（3）知道必要的安全保健常识，学习保护自己。

（4）喜欢参加体育活动，动作协调、灵活。

2．内容与要求

（1）建立良好的师生、同伴关系，让幼儿在集体生活中感到温暖，心情愉快，形成安全感、信赖感。

（2）与家长配合，根据幼儿的需要建立科学的生活常规。培养幼儿良好的饮食、睡眠、盥洗、排泄等生活习惯和生活自理能力。

（3）教育幼儿爱清洁、讲卫生，注意保持个人和生活场所的整洁和卫生。

（4）密切结合幼儿的生活进行安全、营养和保健教育，提高幼儿的自我保护意识和能力。

（5）开展丰富多彩的户外游戏和体育活动，培养幼儿参加体育活动的兴趣和习惯，增强体质，提高对环境的适应能力。

（6）用幼儿感兴趣的方式发展基本动作，提高动作的协调性、灵活性。

（7）在体育活动中，培养幼儿坚强、勇敢、不怕困难的意志品质和主动、乐观、合作的态度。

3．指导要点

（1）幼儿园必须把保护幼儿的生命和促进幼儿的健康放在工作的首位。树立正确的健康观念，在重视幼儿身体健康的同时，要高度重视幼儿的心理健康。

（2）既要高度重视和满足幼儿受保护、受照顾的需要，又要尊重和满足他们不断增长的独立要求，避免过度保护和包办代替，鼓励并指导幼儿自理、自立的尝试。

（3）健康领域的活动要充分尊重幼儿生长发育的规律，严禁以任何名义进行有损幼儿健康的比赛、表演或训练等。

（4）培养幼儿对体育活动的兴趣是幼儿园体育的重要目标，要根据幼儿的特点组织生动有趣、形式多样的体育活动，吸引幼儿主动参与。

（二）语言

1．目标

（1）乐意与人交谈，讲话礼貌。

（2）注意倾听对方讲话，能理解日常用语。

（3）能清楚地说出自己想说的事。

（4）喜欢听故事、看图书。

（5）能听懂和会说普通话。

2．内容与要求

（1）创造一个自由、宽松的语言交往环境，支持、鼓励、吸引幼儿与教师、同伴或其他人交谈，体验语言交流的乐趣，学习使用适当的、礼貌的语言交往。

（2）养成幼儿注意倾听的习惯，发展语言理解能力。

（3）鼓励幼儿大胆、清楚地表达自己的想法和感受，尝试说明、描述简单的事物或过程，发展语言表达能力和思维能力。

（4）引导幼儿接触优秀的儿童文学作品，使之感受语言的丰富和优美，并通过多种活动帮助幼儿加深对作品的体验和理解。

（5）培养幼儿对生活中常见的简单标记和文字符号的兴趣。

（6）利用图书、绘画和其他多种方式，引发幼儿对书籍、阅读和书写的兴趣，培养前阅读和前书写技能。

（7）提供普通话的语言环境，帮助幼儿熟悉、听懂并学说普通话。少数民族地区还应帮助幼儿学习本民族语言。

3．指导要点

（1）语言能力是在运用的过程中发展起来的，发展幼儿语言的关键是创设一个能使他们想说、敢说、喜欢说、有机会说并能得到积极应答的环境。

（2）幼儿语言的发展与其情感、经验、思维、社会交往能力等其他方面的发展密切相关，因此，发展幼儿语言的重要途径是通过互相渗透的各领域的教育，在丰富多彩的活动中去扩展幼儿的经验，提供促进语言发展的条件。

（3）幼儿的语言学习具有个别化的特点，教师与幼儿的个别交流、幼儿之间的自由交谈等，对幼儿语言发展具有特殊意义。

（4）对有语言障碍的儿童要给予特别关注，要与家长和有关方面密切配合，积极地帮助他们提高语言能力。

（三）社会

1．目标

（1）能主动地参与各项活动，有自信心。

（2）乐意与人交往，学习互助、合作和分享，有同情心。

（3）理解并遵守日常生活中基本的社会行为规则。

（4）能努力做好力所能及的事，不怕困难，有初步的责任感。

（5）爱父母长辈、老师和同伴，爱集体、爱家乡、爱祖国。

2．内容与要求

（1）引导幼儿参加各种集体活动，体验与教师、同伴等共同生活的乐趣，帮助他们正确认识自己和他人，养成对他人、社会亲近、合作的态度，学习初步的人际交往技能。

（2）为每个幼儿提供表现自己长处和获得成功的机会，增强其自尊心和自信心。

（3）提供自由活动的机会，支持幼儿自主地选择、计划活动，鼓励他们通过多方面的努力解决问题，不轻易放弃克服困难的尝试。

（4）在共同的生活和活动中，以多种方式引导幼儿认识、体验并理解基本的社会行为规则，学习自律和尊重他人。

（5）教育幼儿爱护玩具和其他物品，爱护公物和公共环境。

（6）与家庭、社区合作，引导幼儿了解自己的亲人及与自己生活有关的各行各业人们的劳动，培养其对劳动者的热爱和对劳动成果的尊重。

（7）充分利用社会资源，引导幼儿实际感受祖国文化的丰富与优秀，感受家乡的变化和发展，激发幼儿爱家乡、爱祖国的情感。

（8）适当向幼儿介绍我国各民族和世界其他国家、民族的文化，使其感知人类文化的多样性和差异性，培养理解、尊重、平等的态度。

3. 指导要点

扫一扫

指导要点

（1）社会领域的教育具有潜移默化的特点。幼儿社会态度和社会情感的培养尤应渗透在多种活动和一日生活的各个环节之中，要创设一个能使幼儿感受到接纳、关爱和支持的良好环境，避免单一呆板的言语说教。

（2）幼儿与成人、同伴之间的共同生活、交往、探索、游戏等，是其社会学习的重要途径。应为幼儿提供人际相互交往和共同活动的机会和条件，并加以指导。

（3）社会学习是一个漫长的积累过程，需要幼儿园、家庭和社会密切合作，协调一致，共同促进幼儿良好社会性品质的形成。

（四）科学

1. 目标

（1）对周围的事物、现象感兴趣，有好奇心和求知欲。

（2）能运用各种感官，动手动脑，探究问题。

（3）能用适当的方式表达、交流探索的过程和结果。

（4）能从生活和游戏中感受事物的数量关系并体验到数学的重要和有趣。

（5）爱护动植物，关心周围环境，亲近大自然，珍惜自然资源，有初步的环保意识。

2. 内容与要求

（1）引导幼儿对身边常见事物和现象的特点、变化规律产生兴趣和探究的欲望。

（2）为幼儿的探究活动创造宽松的环境，让每个幼儿都有机会参与尝试，支持、鼓励他们大胆提出问题，发表不同意见，学会尊重别人的观点和经验。

（3）提供丰富的可操作的材料，为每个幼儿都能运用多种感官、多种方式进行探索提供活动的条件。

（4）通过引导幼儿积极参加小组讨论、探索等方式，培养幼儿合作学习的意识和能力，学习用多种方式表现、交流、分享探索的过程和结果。

（5）引导幼儿对周围环境中的数、量、形、时间和空间等现象产生兴趣，建构初步的数概念，并学习用简单的数学方法解决生活和游戏中某些简单的问题。

（6）从生活或媒体中幼儿熟悉的科技成果入手，引导幼儿感受科学技术对生活的影响，培养他们对科学的兴趣和对科学家的崇敬。

（7）在幼儿生活经验的基础上，帮助幼儿了解自然、环境与人类生活的关系。从身边的小事入手，培养初步的环保意识和行为。

3. 指导要点

（1）幼儿的科学教育是科学启蒙教育，重在激发幼儿的认识兴趣和探究欲望。

（2）要尽量创造条件让幼儿实际参加探究活动，使他们感受科学探究的过程和方法，体验发现的乐趣。

（3）科学教育应密切联系幼儿的实际生活进行，利用身边的事物与现象作为科学探索的对象。

（五）艺术

1. 目标

（1）能初步感受并喜爱环境、生活和艺术中的美。

（2）喜欢参加艺术活动，并能大胆地表现自己的情感和体验。

（3）能用自己喜欢的方式进行艺术表现活动。

2. 内容与要求

（1）引导幼儿接触周围环境和生活中美好的人、事、物，丰富他们的感性经验和审美情趣，激发他们表现美、创造美的情趣。

（2）在艺术活动中面向全体幼儿，要针对他们的不同特点和需要，让每个幼儿都得到美的熏陶和培养。对有艺术天赋的幼儿要注意发展他们的艺术潜能。

（3）提供自由表现的机会，鼓励幼儿用不同艺术形式大胆地表达自己的情感、理解和想象，尊重每个幼儿的想法和创造，肯定和接纳他们独特的审美感受和表现方式，分享他们创造的快乐。

（4）在支持、鼓励幼儿积极参加各种艺术活动并大胆表现的同时，帮助他们提高表现的技能和能力。

（5）指导幼儿利用身边的物品或废旧材料制作玩具、手工艺品等来美化自己的生活或开展其他活动。

（6）为幼儿创设展示自己作品的条件，引导幼儿相互交流、相互欣赏、共同提高。

3. 指导要点

（1）艺术是实施美育的主要途径，应充分发挥艺术的情感教育功能，促进幼儿健全人格的形成。要避免仅仅重视表现技能或艺术活动的结果，而忽视幼儿在活动过程中的情感体验和态度的倾向。

（2）幼儿的创作过程和作品是他们表达自己的认识和情感的重要方式，应支持幼儿富有个性和创造性的表达，克服过分强调技能技巧和标准化要求的偏向。

（3）幼儿艺术活动的能力是在大胆表现的过程中逐渐发展起来的，教师的作用应主要在于激发幼儿感受美、表现美的情趣，丰富他们的审美经验，使之体验自由表达和创造的快乐。在此基础上，根据幼儿的发展状况和需要，对表现方式和技能技巧给予适时、适当的指导。

真题再现

《幼儿园教育指导纲要（试行）》中的教育目标较多使用“体验”“感受”“喜欢”“乐意”等词汇，这表明幼儿园教育强调（　　）。

A. 知识取向　　B. 情感态度取向　　C. 能力取向　　D. 技能取向

【解析】《幼儿园教育指导纲要（试行）》在目标表述上较多地使用了“体验、感受、喜欢、乐意”等词汇，突出了情感、兴趣、态度、个性等方面的价值取向，着眼于培养终身学习的基础和动力。

【答案】B。

三、组织与实施（★★）

（1）幼儿园的教育是为所有在园幼儿的健康成长服务的，要为每一个幼儿，包括有特殊需要的幼儿提供积极的支持和帮助。

（2）幼儿园的教育活动，是教师以多种形式有目的、有计划地引导幼儿生动、活泼、主动活动的教育过程。

（3）教育活动的组织与实施过程是教师创造性地开展工作的过程。教师要根据本《纲要》，从本地、本园的条件出发，结合本班幼儿的实际情况，制订切实可行的工作计划并灵活地执行。

（4）教育活动目标要以《幼儿园工作规程》和本《纲要》所提出的各领域目标为指导，结合本班幼儿的发展水平、经验和需要来确定。

（5）教育活动内容的选择应遵照本《纲要》第二部分的有关条款进行，同时体现以下原则。

- ★ 既适合幼儿的现有水平，又有一定的挑战性。
- ★ 既符合幼儿的现实需要，又有利于其长远发展。
- ★ 既贴近幼儿的生活来选择幼儿感兴趣的事物和问题，又有助于拓展幼儿的经验和视野。

（6）教育活动内容的组织应充分考虑幼儿的学习特点和认识规律，各领域的内容要有机联系，相互渗透，注重综合性、趣味性、活动性，寓教育于生活、游戏之中。

（7）教育活动的组织形式应根据需要合理安排，因时、因地、因内容、因材料灵活地运用。

（8）环境是重要的教育资源，应通过环境的创设和利用，有效地促进幼儿的发展。

- 幼儿园的空间、设施、活动材料和常规要求等应有利于引发、支持幼儿的游戏和各种探索活动，有利于引发、支持幼儿与周围环境之间积极的相互作用。
- 幼儿同伴群体及幼儿园教师集体是宝贵的教育资源，应充分发挥这一资源的作用。
- 教师的态度和管理方式应有助于形成安全、温馨的心理环境；言行举止应成为幼儿学习的良好榜样。
- 家庭是幼儿园重要的合作伙伴。应本着尊重、平等、合作的原则，争取家长的理解、支持和主动参与，并积极支持、帮助家长提高教育能力。
- 充分利用自然环境和社区的教育资源，扩展幼儿生活和学习的空间。幼儿园同时应为社区的早期教育提供服务。

（9）科学、合理地安排和组织一日生活。

- 时间安排应有相对的稳定性与灵活性，既有利于形成秩序，又能满足幼儿的合理需要，照顾到个体差异。
- 教师直接指导的活动和间接指导的活动相结合，保证幼儿每天有适当的自主选择和自由活动时间。教师直接指导的集体活动要能保证幼儿的积极参与，避免时间的隐性浪费。
- 尽量减少不必要的集体行动和过渡环节，减少和消除消极等待现象。
- 建立良好的常规，避免不必要的管理行为，逐步引导幼儿学习自我管理。

（10）教师应成为幼儿学习活动的支持者、合作者、引导者。

- 以关怀、接纳、尊重的态度与幼儿交往。耐心倾听，努力理解幼儿的想法与感受，支持、鼓励他们大胆探索与表达。
- 善于发现幼儿感兴趣的事物、游戏和偶发事件中所隐含的教育价值，把握时机，积极引导。
- 关注幼儿在活动中的表现和反应，敏感地察觉他们的需要，及时以适当的方式应答，形成合作探究式的师生互动。
- 尊重幼儿在发展水平、能力、经验、学习方式等方面的个体差异，因人施教，努力使每一个幼儿都能获得满足和成功。
- 关注幼儿的特殊需要，包括各种发展潜能和不同发展障碍，与家庭密切配合，共同促进幼儿健康成长。

（11）幼儿园教育要与0～3岁幼儿的保育教育及小学教育相互衔接。

真题再现

1. 幼儿教师应该是（　　）。

A. 幼儿学习的引导者、决策者和管理者

B. 幼儿学习的支持者、合作者和引导者

C. 幼儿学习的引导者、传授者和控制者

D. 幼儿学习的管理者、决策者和传授者

【答案】B。

2. 活动区活动结束了，可晨晨的“游乐园”还没搭完，他跑到老师面前说：“老师，我还差一点儿就完成了，再给我5分钟，行吗？”老师说：“行，我等你。”一边说，一边指导其他幼儿收拾、整理。该教师的做法体现了幼儿园一日生活安排应该（　　）。

A. 与幼儿积极互动　　B. 根据幼儿的活动需求灵活调整

C. 按作息时间表按部就班地进行　　D. 随时关注幼儿的活动

【解析】《纲要》中的组织与实施部分指出，时间安排应有相对的稳定性与灵活性，既有利于形成秩序，又能满足幼儿的合理需要，照顾到个体差异。因此，幼儿教师可以根据活动过程的实际需要做适当调整。题干中教师的做法既对时间安排进行了灵活调整，又照顾到了幼儿的个体差异。

【答案】B。

四、教育评价（★）

（1）教育评价是幼儿园教育工作的重要组成部分，是了解教育的适宜性、有效性，调整和改进工作，促进每一个幼儿发展，提高教育质量的必要手段。

（2）管理人员、教师、幼儿及其家长均是幼儿园教育评价工作的参与者。评价过程是各方共同参与、相互支持与合作的过程。

（3）评价的过程，是教师运用专业知识审视教育实践，发现、分析、研究、解决问题的过程，也是其自我成长的重要途径。

（4）幼儿园教育工作评价实行以教师自评为主，园长及有关管理人员、其他教师和家长等参与评价的制度。

（5）评价应自然地伴随着整个教育过程进行。综合采用观察、谈话、作品分析等多种方法。

（6）幼儿的行为表现和发展变化具有重要的评价意义，教师应视之为重要的评价信息和改进工作的依据。

（7）教育工作评价宜重点考察以下方面。

- 教育计划和教育活动的目标是否建立在了解本班幼儿现状的基础上。
- 教育的内容、方式、策略、环境条件是否能调动幼儿学习的积极性。
- 教育过程是否能为幼儿提供有益的学习经验，并符合其发展需要。
- 教育内容、要求能否兼顾群体需要和个体差异，使每个幼儿都能得到发展，都有成功感。
- 教师的指导是否有利于幼儿主动、有效地学习。

（8）对幼儿发展状况的评估，要注意。

- 明确评价的目的是了解幼儿的发展需要，以便提供更加适宜的帮助和指导。
- 全面了解幼儿的发展状况，防止片面性，尤其要避免只重知识和技能，忽略情感、社会性和实际能力的倾向。
- 在日常活动与教育教学过程中采用自然的方法进行。平时观察所获的具有典型意义的幼儿行为表现和所积累的各种作品等，是评价的重要依据。
- 承认和关注幼儿的个体差异，避免用划一的标准评价不同的幼儿，在幼儿面前慎用横向的比较。
- 以发展的眼光看待幼儿，既要了解现有水平，更要关注其发展的速度、特点和倾向等。

真题再现

教育过程中，教师评价幼儿的适宜做法是（　　）。

A. 用统一的标准评价幼儿　　B. 据一次测评结果评价幼儿

C. 用标准化测评工具评价幼儿　　D. 据日常观察所获得的信息评价幼儿

【解析】《纲要》指出，在日常活动和教育教学过程中采用自然的方法进行评价。平时观察所获得的具有典型意义的幼儿行为表现，是评价的重要依据。

【答案】D。

第二节 《3～6 岁儿童学习与发展指南》

一、文件说明（★★）

（1）为深入贯彻《国家中长期教育改革和发展规划纲要（2010—2020 年）》和《国务院关于当前发展学前教育的若干意见》（国发〔2010〕41 号），指导幼儿园和家庭实施科学的保育和教育，促进幼儿身心全面和谐发展，制定《3～6 岁儿童学习与发展指南》（以下简称《指南》)。

(2)《指南》以为幼儿后继学习和终身发展奠定良好素质基础为目标,以促进幼儿体、智、德、美各方面的协调发展为核心,通过提出 3~6 岁各年龄段幼儿学习与发展目标和相应的教育建议,帮助幼儿园教师和家长了解 3~6 岁幼儿学习与发展的基本规律和特点,建立对幼儿发展的合理期望,实施科学的保育和教育,让幼儿度过快乐而有意义的童年。

(3)《指南》从健康、语言、社会、科学、艺术五个领域描述幼儿的学习与发展。每个领域按照幼儿学习与发展最基本、最重要的内容划分为若干方面。每个方面由学习与发展目标和教育建议两部分组成。

目标部分分别对 3~4 岁、4~5 岁、5~6 岁三个年龄段末期幼儿应该知道什么、能做什么,大致可以达到什么发展水平提出了合理期望,指明了幼儿学习与发展的具体方向;教育建议部分列举了一些能够有效帮助和促进幼儿学习与发展的教育途径与方法。

二、实施《指南》应把握的方面(★★)

(一)关注幼儿学习与发展的整体性

幼儿的发展是一个整体,要注重领域之间、目标之间的相互渗透和整合,促进幼儿身心全面协调发展,而不应片面追求某一方面或几方面的发展。

(二)尊重幼儿发展的个体差异

幼儿的发展是一个持续、渐进的过程,同时也表现出一定的阶段性特征。每个幼儿在沿着相似进程发展的过程中,各自的发展速度和到达某一水平的时间不完全相同。要充分理解和尊重幼儿发展进程中的个别差异,支持和引导他们从原有水平向更高水平发展,按照自身的速度和方式到达《指南》所呈现的发展“阶梯”,切忌用一把“尺子”衡量所有幼儿。

(三)理解幼儿的学习方式和特点

幼儿的学习是以直接经验为基础,在游戏和日常生活中进行的。要珍视游戏和生活的独特价值,创设丰富的教育环境,合理安排一日生活,最大限度地支持和满足幼儿通过直接感知、实际操作和亲身体验获取经验的需要,严禁“拔苗助长”式的超前教育和强化训练。

(四)重视幼儿的学习品质

幼儿在活动过程中表现出的积极态度和良好行为倾向是终身学习与发展所必需的宝贵品质。要充分尊重和保护幼儿的好奇心和学习兴趣,帮助幼儿逐步养成积极主动、认真专注、不怕困难、敢于探究和尝试、乐于想象和创造等良好学习品质。忽视幼儿学习品质培养,单纯追求知识技能学习的做法是短视且有害的。

真题再现

对幼儿学习品质的理解正确的是（   ）。

A. 活动过程中的态度和行为倾向　　B. 活动过程中的学习速度

C. 活动过程中的知识积累　　D. 活动过程中的道德品质

【解析】《指南》中要求我们要注重幼儿的学习品质，指出幼儿在活动过程中表现出的积极态度和良好行为倾向是终身学习与发展所必需的宝贵品质。

【答案】A。

三、主要内容（★★★）

（一）健康

健康是指人在身体、心理和社会适应方面的良好状态。幼儿阶段是儿童身体发育和机能发展极为迅速的时期，也是形成安全感和乐观态度的重要阶段。发育良好的身体、愉快的情绪、强健的体质、协调的动作、良好的生活习惯和基本生活能力是幼儿身心健康的重要标志，也是其他领域学习与发展的基础。

为有效促进幼儿身心健康发展，成人应为幼儿提供合理均衡的营养，保证充足的睡眠和适宜的锻炼，满足幼儿生长发育的需要；创设温馨的人际环境，让幼儿充分感受到亲情和关爱，形成积极稳定的情绪情感；帮助幼儿养成良好的生活与卫生习惯，提高自我保护能力，形成使其终身受益的生活能力和文明生活方式。

幼儿身心发育尚未成熟，需要成人的精心呵护和照顾，但不宜过度保护和包办代替，以免剥夺幼儿自主学习的机会，养成过于依赖的不良习惯，影响其主动性、独立性的发展。

1. 身心状况

◆ **目标 1　具有健康的体态**（如表 2-4-1 所示）

表 2-4-1　各年龄段幼儿的体态

3～4 岁	4～5 岁	5～6 岁
（1）身高和体重适宜。 参考标准： 男孩：身高：94.9～111.7 厘米 体重：12.7～21.2 公斤 女孩：身高：94.1～111.3 厘米 体重：12.3～21.5 公斤 （2）在提醒下能自然坐直、站直	（1）身高和体重适宜。 参考标准： 男孩：身高：100.7～119.2 厘米 体重：14.1～24.2 公斤 女孩：身高：99.9～118.9 厘米 体重：13.7～24.9 公斤 （2）在提醒下能保持正确的站、坐和行走姿势	（1）身高和体重适宜。 参考标准： 男孩：身高：106.1～125.8 厘米 体重：15.9～27.1 公斤 女孩：身高：104.9～125.4 厘米 体重：15.3～27.8 公斤 （2）经常保持正确的站、坐和行走姿势

注：身高和体重数据来源于《2006 年世界卫生组织儿童生长标准》4、5、6 周岁儿童身高和体重的参考数据。

教育建议：

（1）为幼儿提供营养丰富、健康的饮食。

★ 参照《中国孕期、哺乳期妇女和0～6岁儿童膳食指南》，为幼儿提供谷物、蔬菜、水果、肉、奶、蛋、豆制品等多样化的食物，均衡搭配。

★ 烹调方式要科学，尽量少煎炸、烧烤、腌制。

（2）保证幼儿每天睡11～12小时，其中午睡一般应达到2小时左右。午睡时间可根据幼儿的年龄、季节的变化和个体差异适当增减。

（3）注意幼儿的体态，帮助他们形成正确的姿势。

★ 提醒幼儿要保持正确的站、坐、走姿势；发现有八字脚、罗圈腿、驼背等骨骼发育异常的情况，应及时就医矫治。

★ 桌、椅和床要合适。椅子的高度以幼儿写画时双脚能自然着地、大腿基本保持水平状为宜；桌子的高度以写画时身体能坐直，不驼背、不耸肩为宜；床不宜过软。

（4）每年为幼儿进行健康检查。

◆ **目标2　情绪安定愉快**（如表2-4-2所示）

表2-4-2　各年龄段幼儿的情绪

3～4岁	4～5岁	5～6岁
（1）情绪比较稳定，很少因一点小事哭闹不止 （2）有比较强烈的情绪反应时，能在成人的安抚下逐渐平静下来	（1）经常保持愉快的情绪，不高兴时能较快缓解 （2）有比较强烈情绪反应时，能在成人提醒下逐渐平静下来 （3）愿意把自己的情绪告诉亲近的人，一起分享快乐或求得安慰	（1）经常保持愉快的情绪。知道引起自己某种情绪的原因，并努力缓解 （2）表达情绪的方式比较适度，不乱发脾气 （3）能随着活动的需要转换情绪和注意

教育建议：

（1）营造温暖、轻松的心理环境，让幼儿形成安全感和信赖感。

★ 保持良好的情绪状态，以积极、愉快的情绪影响幼儿。

★ 以欣赏的态度对待幼儿。注意发现幼儿的优点，接纳他们的个体差异，不简单与同伴做横向比较。

★ 幼儿做错事时要冷静处理，不厉声斥责，更不能打骂。

（2）帮助幼儿学会恰当表达和调控情绪。

★ 成人用恰当的方式表达情绪，为幼儿做出榜样。如生气时不乱发脾气，不迁怒于人。

★ 成人和幼儿一起谈论自己高兴或生气的事，鼓励幼儿与人分享自己的情绪。

★ 允许幼儿表达自己的情绪，并给予适当的引导。如幼儿发脾气时不硬性压制，等其平静后告诉他什么行为是可以接受的。

★ 发现幼儿不高兴时，主动询问情况，帮助他们化解消极情绪。

◆ **目标 3　具有一定的适应能力**（如表 2-4-3 所示）

表 2-4-3　各年龄段幼儿的适应能力

3～4 岁	4～5 岁	5～6 岁
（1）能在较热或较冷的户外环境中活动 （2）换新环境时情绪能较快稳定，睡眠、饮食基本正常 （3）在帮助下能较快适应集体生活	（1）能在较热或较冷的户外环境中连续活动半小时左右 （2）换新环境时较少出现身体不适 （3）能较快适应人际环境中发生的变化。如换了新老师能较快适应	（1）能在较热或较冷的户外环境中连续活动半小时以上 （2）天气变化时较少感冒，能适应车、船等交通工具造成的轻微颠簸 （3）能较快融入新的人际关系环境。如换了新的幼儿园或班级能较快适应

教育建议：

（1）保证幼儿的户外活动时间，提高幼儿适应季节变化的能力。

★ 幼儿每天的户外活动时间一般不少于 2 小时，其中体育活动时间不少于 1 小时，季节交替时要坚持。

★ 气温过热或过冷的季节或地区应因地制宜，选择温度适当的时间段开展户外活动，也可根据气温的变化和幼儿的个体差异，适当减少活动的时间。

（2）经常与幼儿玩拉手转圈、秋千、转椅等游戏活动，让幼儿适应轻微的摆动、颠簸、旋转，促进其平衡机能的发展。

（3）锻炼幼儿适应生活环境变化的能力。

★ 注意观察幼儿在新环境中的饮食、睡眠、游戏等方面的情况，采取相应的措施帮助他们尽快适应新环境。

★ 经常带幼儿接触不同的人际环境，如参加亲戚朋友聚会，多和不熟悉的小朋友玩，使幼儿较快适应新的人际关系。

2. 动作发展

◆ **目标 1　具有一定的平衡能力，动作协调、灵敏**（如表 2-4-4 所示）

表 2-4-4　各年龄段幼儿的平衡能力

3～4 岁	4～5 岁	5～6 岁
（1）能沿地面直线或在较窄的低矮物体上走一段距离 （2）能双脚灵活交替上下楼梯 （3）能身体平稳地双脚连续向前跳 （4）分散跑时能躲避他人的碰撞 （5）能双手向上抛球	（1）能在较窄的低矮物体上平稳地走一段距离 （2）能以匍匐、膝盖悬空等多种方式钻爬 （3）能助跑跨跳过一定距离，或助跑跨跳过一定高度的物体 （4）能与他人玩追逐、躲闪跑的游戏 （5）能连续自抛自接球	（1）能在斜坡、荡桥和有一定间隔的物体上较平稳地行走 （2）能以手脚并用的方式安全地爬攀登架、网等 （3）能连续跳绳 （4）能躲避他人滚过来的球或扔过来的沙包 （5）能连续拍球

教育建议：

（1）利用多种活动发展身体平衡和协调能力。

★ 走平衡木，或沿着地面直线、田埂行走。

★ 玩跳房子、踢毽子、蒙眼走路、踩小高跷等游戏活动。

（2）发展幼儿动作的协调性和灵活性。

★ 鼓励幼儿进行跑跳、钻爬、攀登、投掷、拍球等活动。

★ 玩跳竹竿、滚铁环等传统体育游戏。

（3）对于拍球、跳绳等技能性活动，不要过于要求数量，更不能机械训练。

（4）结合活动内容对幼儿进行安全教育，注重在活动中培养幼儿的自我保护能力。

◆ **目标 2　具有一定的力量和耐力**（如表 2-4-5 所示）

表 2-4-5　各年龄段幼儿的力量和耐力

3～4 岁	4～5 岁	5～6 岁
（1）能双手抓杠悬空吊起 10 秒左右 （2）能单手将沙包向前投掷 2 米左右 （3）能单脚连续向前跳 2 米左右 （4）能快跑 15 米左右 （5）能行走 1 公里左右（途中可适当停歇）	（1）能双手抓杠悬空吊起 15 秒左右 （2）能单手将沙包向前投掷 4 米左右 （3）能单脚连续向前跳 5 米左右 （4）能快跑 20 米左右 （5）能连续行走 1.5 公里左右（途中可适当停歇）	（1）能双手抓杠悬空吊起 20 秒左右 （2）能单手将沙包向前投掷 5 米左右 （3）能单脚连续向前跳 8 米左右 （4）能快跑 25 米左右 （5）能连续行走 1.5 公里以上（途中可适当停歇）

教育建议：

（1）开展丰富多样、适合幼儿年龄特点的各种身体活动，如走、跑、跳、攀、爬等，鼓励幼儿坚持下来，不怕累。

（2）日常生活中鼓励幼儿多走路、少坐车；自己上下楼梯、自己背包。

◆ **目标 3　手的动作灵活协调**（如表 2-4-6 所示）

表 2-4-6　各年龄段幼儿手的动作的发展

3～4 岁	4～5 岁	5～6 岁
（1）能用笔涂涂画画 （2）能熟练地用勺子吃饭 （3）能用剪刀沿直线剪，边线基本吻合	（1）能沿边线较直地画出简单图形，或能边线基本对齐地折纸 （2）会用筷子吃饭 （3）能沿轮廓线剪出由直线构成的简单图形，边线吻合	（1）能根据需要画出图形，线条基本平滑 （2）能熟练使用筷子 （3）能沿轮廓线剪出由曲线构成的简单图形，边线吻合且平滑 （4）能使用简单的劳动工具或用具

教育建议：

（1）创造条件和机会，促进幼儿手的动作灵活协调。

★ 提供画笔、剪刀、纸张、泥团等工具和材料，或充分利用各种自然、废旧材料和常见物品，让幼儿进行画、剪、折、粘等美工活动。

★ 引导幼儿生活自理或参与家务劳动，发展其手的动作。如练习自己用筷子吃饭、扣扣子，帮助家人择菜叶、做面食。

★ 幼儿园在布置娃娃家、商店等活动区时，多提供原材料和半成品，让幼儿有更多机会参与制作活动。

（2）引导幼儿注意活动安全。

★ 为幼儿提供的塑料粒、珠子等活动材料要足够大，材质要安全，以免造成异物进入气管、铅中毒等伤害。提供幼儿用安全剪刀。

★ 为幼儿示范拿筷子、握笔的正确姿势及使用剪刀、锤子等工具的方法。

★ 提醒幼儿不要拿剪刀等锋利工具玩耍，用完后要放回原处。

3. 生活习惯与生活能力

◆ **目标 1　具有良好的生活与卫生习惯**（如表 2-4-7 所示）

表 2-4-7　各年龄段幼儿的生活与卫生习惯

3～4 岁	4～5 岁	5～6 岁
（1）在提醒下，按时睡觉和起床，并能坚持午睡 （2）喜欢参加体育活动 （3）在引导下，不偏食、挑食。喜欢吃瓜果、蔬菜等新鲜食品 （4）愿意饮用白开水，不贪喝饮料 （5）不用脏手揉眼睛，连续看电视等不超过 15 分钟 （6）在提醒下，每天早晚刷牙、饭前便后洗手	（1）每天按时睡觉和起床，并能坚持午睡 （2）喜欢参加体育活动 （3）不偏食、挑食，不暴饮暴食。喜欢吃瓜果、蔬菜等新鲜食品 （4）常喝白开水，不贪喝饮料 （5）知道保护眼睛，不在光线过强或过暗的地方看书，连续看电视等不超过 20 分钟 （6）每天早晚刷牙、饭前便后洗手，方法基本正确	（1）养成每天按时睡觉和起床的习惯 （2）能主动参加体育活动 （3）吃东西时细嚼慢咽 （4）主动饮用白开水，不贪喝饮料 （5）主动保护眼睛。不在光线过强或过暗的地方看书，连续看电视等不超过 30 分钟 （6）每天早晚主动刷牙，饭前便后主动洗手，方法正确

教育建议：

（1）让幼儿保持有规律的生活，养成良好的作息习惯。如早睡早起、每天午睡、按时进餐、吃好早餐等。

（2）帮助幼儿养成良好的饮食习惯。

★ 合理安排餐点，帮助幼儿养成定点、定时、定量进餐的习惯。

★ 帮助幼儿了解食物的营养价值，引导他们不偏食、不挑食、少吃或不吃不利于健康的食品；多喝白开水，少喝饮料。

★ 吃饭时不过分催促，提醒幼儿细嚼慢咽，不要边吃边玩。

（3）帮助幼儿养成良好的个人卫生习惯。

★ 早晚刷牙、饭后漱口。

★ 勤为幼儿洗澡、换衣服、剪指甲。

★ 提醒幼儿保护五官，不乱挖耳朵、鼻孔，看电视时保持3米左右的距离等。

（4）激发幼儿参加体育活动的兴趣，养成锻炼的习惯。

★ 为幼儿准备多种体育活动材料，鼓励他选择自己喜欢的材料开展活动。

★ 经常和幼儿一起在户外运动和游戏，鼓励幼儿和同伴一起开展体育活动。

★ 和幼儿一起观看体育比赛或有关体育赛事的电视节目，培养他对体育活动的兴趣。

◆ **目标2　具有基本的生活自理能力**（如表2-4-8所示）

表2-4-8　各年龄段幼儿的生活自理能力

3～4岁	4～5岁	5～6岁
（1）在帮助下能穿脱衣服或鞋袜 （2）能将玩具和图书放回原处	（1）能自己穿脱衣服、鞋袜、扣纽扣 （2）能整理自己的物品	（1）能知道根据冷热增减衣服 （2）会自己系鞋带 （3）能按类别整理好自己的物品

教育建议：

（1）鼓励幼儿做力所能及的事情，对幼儿的尝试与努力给予肯定，不因做不好或做得慢而包办代替。

（2）指导幼儿学习和掌握生活自理的基本方法，如穿脱衣服和鞋袜、洗手洗脸、擦鼻涕、擦屁股的正确方法。

（3）提供有利于幼儿生活自理的条件。

★ 提供一些纸箱、盒子，供幼儿收拾和存放自己的玩具、图书或生活用品等。

★ 幼儿的衣服、鞋子等要简单实用，便于自己穿脱。

◆ **目标3　具备基本的安全知识和自我保护能力**（如表2-4-9所示）

表2-4-9　各年龄段幼儿的安全知识与自我保护能力

3～4岁	4～5岁	5～6岁
（1）不吃陌生人给的东西，不跟陌生人走 （2）在提醒下能注意安全，不做危险的事 （3）在公共场所走失时，能向警察或有关人员说出自己和家长的名字、电话号码等简单信息	（1）知道在公共场合不远离成人的视线单独活动 （2）认识常见的安全标志，能遵守安全规则 （3）运动时能主动躲避危险 （4）知道简单的求助方式	（1）未经大人允许不给陌生人开门 （2）能自觉遵守基本的安全规则和交通规则 （3）运动时能注意安全，不给他人造成危险 （4）知道一些基本的防灾知识

教育建议：

（1）创设安全的生活环境，提供必要的保护措施。

★ 要把热水瓶、药品、火柴、刀具等物品放到幼儿够不到的地方；阳台或窗台要有安全保护措施；要使用安全的电源插座等。

★ 在公共场所要注意照看好幼儿；幼儿乘车、乘电梯时要有成人陪伴；不把幼儿单独留在家里或汽车里等。

（2）结合生活实际对幼儿进行安全教育。

★ 外出时，提醒幼儿要紧跟成人，不远离成人的视线，不跟陌生人走，不吃陌生人给的东西；不在河边和马路边玩耍；要遵守交通规则等。

★ 帮助幼儿了解周围环境中不安全的事物，不做危险的事。如不动热水壶，不玩火柴或打火机，不摸电源插座，不攀爬窗户或阳台等。

★ 帮助幼儿认识常见的安全标识。如小心触电、小心有毒、禁止下河游泳、紧急出口等。

★ 告诉幼儿不允许别人触摸自己的隐私部位。

（3）教给幼儿简单的自救和求救的方法。

★ 让他们记住自己家庭的住址、电话号码、父母的姓名和单位，一旦走失时知道向成人求助，并能提供必要信息。

★ 教会幼儿遇到火灾或其他紧急情况时，知道要拨打 110、120、119 等求救电话。

★ 可利用图书、音像等材料对幼儿进行逃生和求救方面的教育，并运用游戏方式模拟练习。

★ 幼儿园应定期进行火灾、地震等自然灾害的逃生演习。

真题再现

下列最能体现幼儿平衡能力发展的活动是（　　）。

A. 跳远　　B. 跑步　　C. 投掷　　D. 踩高跷

【解析】《指南》的健康领域中关于动作发展的平衡能力在教育建议中指出，利用多种活动发展幼儿的身体平衡和协调能力，如踩小高跷等游戏活动。

【答案】D。

（二）语言

语言是交流和思维的工具。幼儿期是语言发展，特别是口语发展的重要时期。幼儿语言的发展贯穿于各个领域，也对其他领域的学习与发展有着重要的影响：幼儿在运用语言进行交流的同时，也在发展着人际交往能力、理解他人和判断交往情境的能力、组织自己思想的能力。通过语言获取信息，幼儿的学习逐步超越个体的直接感知。

幼儿的语言能力是在交流和运用的过程中发展起来的。应为幼儿创设自由、宽松的语言交往环境，鼓励和支持幼儿与成人、同伴交流，让幼儿想说、敢说、喜欢说并能得到积极回应。为幼儿提供丰富、适宜的低幼读物，经常和幼儿一起看图书、讲故事，丰富其语言表达能力，培养阅读兴趣和良好的阅读习惯，进一步拓展学习经验。

幼儿的语言学习需要相应的社会经验支持，应通过多种活动扩展幼儿的生活经验，丰富语言的内容，增强理解和表达能力。应在生活情境和阅读活动中引导幼儿自然而然地产生对文字的兴趣，用机械记忆和强化训练的方式让幼儿过早识字不符合其学习特点和接受能力。

1. 倾听与表达

◆ **目标 1 认真听并能听懂常用语言**（如表 2-4-10 所示）

表 2-4-10 各年龄段幼儿听的能力

3～4 岁	4～5 岁	5～6 岁
（1）别人对自己说话时能注意听并做出回应 （2）能听懂日常会话	（1）在群体中能有意识地听与自己有关的信息 （2）能结合情境感受到不同语气、语调所表达的不同意思 （3）方言地区和少数民族幼儿能基本听懂普通话	（1）在集体中能注意听老师或其他人讲话 （2）听不懂或有疑问时能主动提问 （3）能结合情境理解一些表示因果、假设等相对复杂的句子

教育建议：

（1）多给幼儿提供倾听和交谈的机会。

【例】经常和幼儿一起谈论他感兴趣的话题，或一起看图书、讲故事。

（2）引导幼儿学会认真倾听。

★ 成人要耐心倾听别人（包括幼儿）的讲话，等别人讲完再表达自己的观点。

★ 与幼儿交谈时，要用幼儿能听得懂的语言。

★ 对幼儿提要求和布置任务时要求他注意听，鼓励他主动提问。

（3）对幼儿讲话时，注意结合情境使用丰富的语言，以便于幼儿理解。

★ 说话时注意语气、语调，让幼儿感受语气、语调的作用。

【例】对幼儿的不合理要求以比较坚定的语气表示不同意；讲故事时，尽量把故事人物高兴、悲伤的心情用不同的语气、语调表现出来。

★ 根据幼儿的理解水平有意识地使用一些反映因果、假设、条件等关系的句子。

◆ **目标 2　愿意讲话并能清楚地表达**（如表 2-4-11 所示）

表 2-4-11　各年龄段幼儿的表达能力

3～4 岁	4～5 岁	5～6 岁
（1）愿意在熟悉的人面前说话，能大方地与人打招呼 （2）基本会说本民族或本地区的语言 （3）愿意表达自己的需要和想法，必要时能配以手势动作 （4）能口齿清楚地说儿歌、童谣或复述简短的故事	（1）愿意与他人交谈，喜欢谈论自己感兴趣的话题 （2）会说本民族或本地区的语言，基本会说普通话。少数民族聚居地区幼儿会用普通话进行日常会话 （3）能基本完整地讲述自己的所见所闻和经历的事情 （4）讲述比较连贯	（1）愿意与他人讨论问题，敢在众人面前说话 （2）会说本民族或本地区的语言和普通话，发音正确清晰。少数民族聚居地区幼儿基本会说普通话 （3）能有序、连贯、清楚地讲述一件事情 （4）讲述时能使用常见的形容词、同义词等，语言比较生动

教育建议：

（1）为幼儿创造说话的机会并体验语言交往的乐趣。

★ 每天有足够的时间与幼儿交谈。

【例】抽时间和幼儿谈论他感兴趣的话题，询问和听取他对自己事情的意见。

★ 尊重和接纳幼儿的说话方式，无论幼儿的表达水平如何，都应认真地倾听并给予积极的回应。

★ 鼓励和支持幼儿与同伴一起玩耍、交谈，相互讲述见闻、趣事或看过的图书、动画片等。

★ 方言和少数民族地区应积极为幼儿创设用普通话交流的语言环境。

（2）引导幼儿清楚地表达。

★ 和幼儿讲话时，成人自身的语言要清楚、简洁。

★ 当幼儿因为急于表达而说不清楚的时候，提醒他不要着急，慢慢说；同时要耐心倾听，给予必要的补充，帮助他理清思路并清晰地说出来。

◆ **目标 3　具有文明的语言习惯**（如表 2-4-12 所示）

表 2-4-12　各年龄段幼儿的语言习惯

3～4 岁	4～5 岁	5～6 岁
（1）与别人讲话时知道眼睛要看着对方 （2）说话自然，声音大小适中 （3）能在成人的提醒下使用恰当的礼貌用语	（1）别人对自己讲话时能回应 （2）能根据场合调节自己说话声音的大小 （3）能主动使用礼貌用语，不说脏话、粗话	（1）别人讲话时能积极主动地回应 （2）能根据谈话对象和需要，调整说话的语气 （3）懂得按次序轮流讲话，不随意打断别人 （4）能依据所处情境使用恰当的语言。如在别人难过时会用恰当的语言表示安慰

教育建议：

（1）成人注意语言文明，为幼儿做出表率。

★ 与他人交谈时，认真倾听，使用礼貌用语。

★ 在公共场合不大声说话，不说脏话、粗话。

★ 幼儿表达意见时，成人可蹲下来，眼睛平视幼儿，耐心听他把话说完。

（2）帮助幼儿养成良好的语言行为习惯。

★ 结合情境提醒幼儿一些必要的交流礼节。

【例】对长辈说话要有礼貌，客人来访时要打招呼，得到帮助时要说“谢谢”。

★ 提醒幼儿遵守集体生活的语言规则。

【例】轮流发言，不随意打断别人讲话。

★ 提醒幼儿注意公共场所的语言文明，如不大声喧哗。

2. 阅读与书写准备

◆ **目标 1 喜欢听故事，看图书**（如表 2-4-13 所示）

表 2-4-13 各年龄段幼儿听故事、看图书的兴趣

3～4 岁	4～5 岁	5～6 岁
（1）主动要求成人讲故事、读图书 （2）喜欢跟读韵律感强的儿歌、童谣 （3）爱护图书，不乱撕、乱扔	（1）反复看自己喜欢的图书 （2）喜欢把听过的故事或看过的图书讲给别人听 （3）对生活中常见的标识、符号感兴趣，知道它们表示一定的意义	（1）专注地阅读图书 （2）喜欢与他人一起谈论图书和故事的有关内容 （3）对图书和生活情境中的文字符号感兴趣，知道文字表示一定的意义

教育建议：

（1）为幼儿提供良好的阅读环境和条件。

★ 提供一定数量、符合幼儿年龄特点、富有童趣的图画书。

★ 提供相对安静的地方，尽量减少干扰，保证幼儿自主阅读。

（2）激发幼儿的阅读兴趣，培养阅读习惯。

★ 经常抽时间与幼儿一起看图书、讲故事。

★ 提供童谣、故事和诗歌等不同体裁的儿童文学作品，让幼儿自主选择和阅读。

★ 当幼儿遇到感兴趣的事物或问题时，和他一起查阅图书资料，让他感受图书的作用，体会通过阅读获取信息的乐趣。

（3）引导幼儿体会标识、文字符号的用途。

★ 向幼儿介绍医院、公用电话等生活中的常见标识，让他知道标识可以代表具体事物。

★ 结合生活实际，帮助幼儿体会文字的用途。

【例】买来新玩具时，把说明书上的文字念给幼儿听，了解玩具的玩法。

◆ **目标 2　具有初步的阅读理解能力**（如表 2-4-14 所示）

表 2-4-14　各年龄段幼儿的阅读理解能力

3～4 岁	4～5 岁	5～6 岁
（1）能听懂短小的儿歌或故事 （2）会看画面，能根据画面说出图中有什么，发生了什么事等 （3）能理解图书上的文字是和画面对应的，是用来表达画面意义的	（1）能大体讲出所听故事的主要内容 （2）能根据连续画面提供的信息，大致说出故事的情节 （3）能随着作品的展开产生喜悦、担忧等相应的情绪反应，体会作品所表达的情绪情感	（1）能说出所阅读的幼儿文学作品的主要内容 （2）能根据故事的部分情节或图书画面的线索猜想故事情节的发展，或续编、创编故事 （3）对看过的图书、听过的故事能说出自己的看法 （4）能初步感受文学语言的美

教育建议：

（1）经常和幼儿一起阅读，引导他以自己的经验为基础理解图书的内容。

★ 引导幼儿仔细观察画面，结合画面讨论故事内容，学习建立画面与故事内容的联系。

★ 和幼儿一起讨论或回忆书中的故事情节，引导他有条理地说出故事的大致内容。

★ 在给幼儿读书或讲故事时，可先不告诉名字，让幼儿听完后自己命名，并说出这样命名的理由。

★ 鼓励幼儿自主阅读，并与他人讨论自己在阅读中的发现、体会和想法。

（2）在阅读中发展幼儿的想象和创造能力。

★ 鼓励幼儿依据画面线索讲述故事，大胆推测、想象故事情节的发展，改编故事部分情节或续编故事结尾。

★ 鼓励幼儿用故事表演、绘画等不同的方式表达自己对图书和故事的理解。

★ 鼓励和支持幼儿自编故事，并为自编的故事配上图画，制成图画书。

（3）引导幼儿感受文学作品的美。

★ 有意识地引导幼儿欣赏或模仿文学作品的语言节奏和韵律。

★ 给幼儿读书时，通过表情、动作和抑扬顿挫的声音传达书中的情绪情感，让幼儿体会作品的感染力和表现力。

◆ **目标 3　具有书面表达的愿望和初步技能**（如表 2-4-15 所示）

表 2-4-15　各年龄段幼儿的书面表达能力

3～4 岁	4～5 岁	5～6 岁
喜欢用涂涂画画表达一定的意思	（1）愿意用图画和符号表达自己的愿望和想法 （2）在成人提醒下，写写画画时姿势正确	（1）愿意用图画和符号表现事物或故事 （2）会正确书写自己的名字 （3）写画时姿势正确

教育建议：

（1）让幼儿在写写画画的过程中体验文字符号的功能，培养书写兴趣。

★ 准备供幼儿随时取放的纸、笔等材料，也可利用沙地、树枝等自然材料，满足幼儿自由涂画的需要。

★ 鼓励幼儿将自己感兴趣的事情或故事画下来并讲给别人听，让幼儿体会写写画画的方式可以表达自己的想法和情感。

★ 把幼儿讲过的事情用文字记录下来，并念给他听，使幼儿知道说的话可以用文字记录下来，从中体会文字的用途。

（2）在绘画和游戏中做必要的书写准备。

★ 通过把虚线画出的图形轮廓连成实线等游戏，促进手眼协调，同时帮助幼儿学习由上至下、由左至右的运笔技能。

★ 鼓励幼儿学习书写自己的名字。

★ 提醒幼儿写画时保持正确姿势。

真题再现

教师在幼儿书写准备的指导中，不恰当的做法是（　　）。

A. 用图画和符号表达自己的愿望和想法　　B. 书写自己的名字

C. 养成正确的写画姿势　　D. 学习书写常见汉字

【解析】《指南》在语言领域"阅读与书写准备"中指出儿童在书写准备方面的发展：3～4岁，喜欢用涂涂画画表达一定的意思；4～5岁，愿意用图画和符号表达自己的愿望和想法，在成人的提醒下，写写画画时姿势正确；5～6岁，愿意用图画和符号表现事物或故事，会正确书写自己的名字，写画时姿势正确。同时可以培养幼儿对书写汉字的兴趣，但不要让幼儿专门花大量时间去学习汉字和识字。

【答案】D。

（三）社会

幼儿社会领域的学习与发展过程是其社会性不断完善并奠定健全人格基础的过程。人际交往和社会适应是幼儿社会学习的主要内容，也是其社会性发展的基本途径。幼儿在与成人和同伴交往的过程中，不仅学习如何与人友好相处，也在学习如何看待自己、对待他人，不断发展适应社会生活的能力。良好的社会性发展对幼儿身心健康和其他各方面的发展都具有重要影响。

家庭、幼儿园和社会应共同努力，为幼儿创设温暖、关爱、平等的家庭和集体生活氛围，建立良好的亲子关系、师生关系和同伴关系，让幼儿在积极健康的人际关系中获得安全感和信任感，发展自信和自尊，在良好的社会环境及文化的熏陶中学会遵守规则，形成基本的认同感和归属感。

幼儿的社会性主要是在日常生活和游戏中通过观察和模仿潜移默化地发展起来的。成人应注重自己言行的榜样作用，避免简单生硬的说教。

1．人际交往

◆ 目标 1　愿意与人交往（如表 2-4-16 所示）

表 2-4-16　各年龄段幼儿的交往能力

3~4 岁	4~5 岁	5~6 岁
（1）愿意和小朋友一起游戏 （2）愿意与熟悉的长辈一起活动	（1）喜欢和小朋友一起游戏，有经常一起玩的小伙伴 （2）喜欢和长辈交谈，有事愿意告诉长辈	（1）有自己的好朋友，也喜欢结交新朋友 （2）有问题愿意向别人请教 （3）有高兴的或有趣的事愿意与大家分享

教育建议：

（1）主动亲近和关心幼儿，经常和他一起游戏或活动，让幼儿感受到与成人交往的快乐，建立亲密的亲子关系和师生关系。

（2）创造交往的机会，让幼儿体会交往的乐趣。

★ 利用走亲戚、到朋友家做客或有客人来访的时机，鼓励幼儿与他人接触和交谈。

★ 鼓励幼儿参加小朋友的游戏，邀请小朋友到家里玩，感受有朋友一起玩的快乐。

★ 幼儿园应多为幼儿提供自由交往和游戏的机会，鼓励他们自主选择、自由结伴开展活动。

◆ 目标 2　能与同伴友好相处（如表 2-4-17 所示）

表 2-4-17　各年龄段幼儿与同伴相处的能力

3~4 岁	4~5 岁	5~6 岁
（1）想加入同伴的游戏时，能友好地提出请求 （2）在成人指导下，不争抢、不独霸玩具 （3）与同伴发生冲突时，能听从成人的劝解	（1）会运用介绍自己、交换玩具等简单技巧加入同伴游戏 （2）对大家都喜欢的东西能轮流、分享 （3）与同伴发生冲突时，能在他人帮助下和平解决 （4）活动时愿意接受同伴的意见和建议 （5）不欺负弱小	（1）能想办法吸引同伴和自己一起游戏 （2）活动时能与同伴分工合作，遇到困难能一起克服 （3）与同伴发生冲突时能自己协商解决 （4）知道别人的想法有时和自己不一样，能倾听和接受别人的意见，不能接受时会说明理由 （5）不欺负别人，也不允许别人欺负自己

教育建议：

（1）结合具体情境，指导幼儿学习交往的基本规则和技能。

★ 当幼儿不知怎样加入同伴游戏，或提出请求不被接受时，建议他拿出玩具邀请大家一起玩；或者扮成某个角色加入同伴的游戏。

★ 对幼儿与别人分享玩具、图书等行为给予肯定，让他对自己的表现感到高兴和满足。

★ 当幼儿与同伴发生矛盾或冲突时，指导他尝试用协商、交换、轮流玩、合作等方式解决冲突。

★ 利用相关的图书、故事，结合幼儿的交往经验，和他讨论什么样的行为受大家欢迎，想要得到别人的接纳应该怎样做。

★ 幼儿园应多为幼儿提供需要大家齐心协力才能完成的活动，让幼儿在具体活动中体会合作的重要性，学习分工合作。

（2）结合具体情境，引导幼儿换位思考，学习理解别人。

幼儿有争抢玩具等不友好行为时，引导他们想想："假如你是那个小朋友，你有什么感受？"让幼儿学习理解别人的想法和感受。

（3）和幼儿一起谈谈他的好朋友，说说喜欢这个朋友的原因，引导他多发现同伴的优点、长处。

◆ **目标 3 具有自尊、自信、自主的表现**（如表 2-4-18 所示）

表 2-4-18 各年龄段幼儿的自尊、自信、自主表现

3～4 岁	4～5 岁	5～6 岁
（1）能根据自己的兴趣选择游戏或其他活动 （2）为自己的好行为或活动成果感到高兴 （3）自己能做的事情愿意自己做 （4）喜欢承担一些小任务	（1）能按自己的想法进行游戏或其他活动 （2）知道自己的一些优点和长处，并对此感到满意 （3）自己的事情尽量自己做，不愿意依赖别人 （4）敢于尝试有一定难度的活动和任务	（1）能主动发起活动或在活动中出主意、想办法 （2）做了好事或取得了成功后还想做得更好 （3）自己的事情自己做，不会的愿意学 （4）主动承担任务，遇到困难能够坚持而不轻易求助 （5）与别人的看法不同时，敢于坚持自己的意见并说出理由

教育建议：

（1）关注幼儿的感受，保护其自尊心和自信心。

★ 能以平等的态度对待幼儿，使幼儿切实感受到自己被尊重。

★ 对幼儿好的行为表现多给予具体、有针对性的肯定和表扬，让他对自己优点和长处有所认识并感到满足和自豪。

★ 不要拿幼儿的不足与其他幼儿的优点做比较。

（2）鼓励幼儿自主决定，独立做事，增强其自尊心和自信心。

★ 与幼儿有关的事情要征求他的意见，即使他的意见与成人不同，也要认真倾听，接受他的合理要求。

★ 在保证安全的情况下，支持幼儿按自己的想法做事；或提供必要的条件，帮助他实现自己的想法。

★ 幼儿自己的事情尽量放手让他自己做，即使做得不够好，也应鼓励并给予一定的指导，让他在做事中树立自尊和自信。

★ 鼓励幼儿尝试有一定难度的任务，并注意调整难度，让他感受经过努力获得的成就感。

◆ **目标 4 关心尊重他人**（如表 2-4-19 所示）

表 2-4-19 各年龄段幼儿对他人的尊重

3～4 岁	4～5 岁	5～6 岁
（1）长辈讲话时能认真听，并能听从长辈的要求 （2）身边的人生病或不开心时表示同情 （3）在提醒下能做到不打扰别人	（1）会用礼貌的方式向长辈表达自己的要求和想法 （2）能注意到别人的情绪，并有关心、体贴的表现 （3）知道父母的职业，能体会到父母为养育自己所付出的辛劳	（1）能有礼貌地与人交往 （2）能关注别人的情绪和需要，并能给予力所能及的帮助 （3）尊重为大家提供服务的人，珍惜他们的劳动成果 （4）接纳、尊重与自己的生活方式或习惯不同的人

教育建议：

（1）成人以身作则，以尊重、关心的态度对待自己的父母、长辈和其他人。经常问候父母，主动做家务。礼貌地对待老年人，坐车时主动为老人让座。看到别人有困难能主动关心并给予一定的帮助。

（2）引导幼儿尊重、关心长辈和身边的人，尊重他人劳动及成果。

★ 提醒幼儿关心身边的人。

【例】妈妈累了，幼儿知道让她安静休息一会儿。

★ 借助故事、图书等给幼儿讲讲父母抚育孩子成长的经历，让幼儿理解和体会父爱与母爱。

★ 结合实际情境，提醒幼儿注意别人的情绪，了解他们的需要，给予适当的关心和帮助。

★ 利用生活机会和角色游戏，帮助幼儿了解与自己关系密切的社会服务机构及其工作，如商场、邮局、医院等，体会这些机构给大家提供的便利和服务，懂得尊重工作人员的劳动，珍惜劳动成果。

（3）引导幼儿学习用平等、接纳和尊重的态度对待差异。

★ 了解每个人都有自己的兴趣、爱好和特长，可以相互学习。

★ 利用民间游戏、传统节日等，适当向幼儿介绍我国主要民族和世界其他国家和民族的文化，帮助幼儿感知文化的多样性和差异性，理解人们之间是平等的，应该互相尊重，友好相处。

2. 社会适应

◆ 目标 1 喜欢并适应群体生活（如表 2-4-20 所示）

表 2-4-20 各年龄段幼儿的社会适应能力

3~4 岁	4~5 岁	5~6 岁
（1）对群体活动有兴趣 （2）对幼儿园的生活好奇，喜欢上幼儿园	（1）愿意并主动参加群体活动 （2）愿意与家长一起参加社区的一些群体活动	（1）在群体活动中积极、快乐 （2）对小学生活有好奇和向往

教育建议：

（1）经常和幼儿一起参加一些群体性的活动，让幼儿体会群体活动的乐趣。如参加亲戚、朋友和同事间的聚会及适合幼儿参加的社区活动等，支持幼儿和不同群体的同伴一起游戏，丰富其群体活动的经验。

（2）幼儿园组织活动时，可以经常打破班级的界限，让幼儿有更多机会参加不同群体的活动。

（3）带领大班幼儿参观小学，讲讲小学有趣的活动，唤起他们对小学生活的好奇和向往，为入学做好心理准备。

◆ 目标 2 遵守基本的行为规范（如表 2-4-21 所示）

表 2-4-21 各年龄段幼儿的行为规范

3~4 岁	4~5 岁	5~6 岁
（1）在提醒下，能遵守游戏和公共场所的规则 （2）知道不经允许不能拿别人的东西，借别人的东西要归还 （3）在成人提醒下，爱护玩具和其他物品	（1）感受规则的意义，并能基本遵守规则 （2）不私自拿不属于自己的东西 （3）知道说谎是不对的 （4）知道接受了的任务要努力完成 （5）在提醒下，能节约粮食、水电等	（1）理解规则的意义，能与同伴协商制定游戏和活动规则 （2）爱惜物品，用别人的东西时也知道爱护 （3）做了错事敢于承认，不说谎 （4）能认真负责地完成自己所接受的任务 （5）爱护身边的环境，注意节约资源

教育建议：

（1）成人要遵守社会行为规则，为幼儿树立良好的榜样。如答应幼儿的事一定要做到、尊老爱幼、爱护公共环境，节约水电等。

（2）结合社会生活实际，帮助幼儿了解基本行为规则或其他游戏规则，体会规则的重要性，学习自觉遵守规则。

★ 经常和幼儿玩带有规则的游戏，遵守共同约定的游戏规则。

★ 利用实际生活情境和图书故事，向幼儿介绍一些必要的社会行为规则，以及为什么要遵守这些规则。

- ★ 在幼儿园的区域活动中，创设情境，让幼儿体会没有规则的不方便，鼓励他们讨论制定规则并自觉遵守。
- ★ 对幼儿表现出的遵守规则的行为要及时肯定，对违规行为给予纠正。

【例】幼儿主动为老人让座时要表扬；幼儿损害别人的物品或公共物品时要及时制止并主动赔偿。

（3）教育幼儿要诚实守信。

- ★ 对幼儿诚实守信的行为要及时肯定。
- ★ 允许幼儿犯错误，告诉他改了就好。不要打骂幼儿，以免他因害怕惩罚而说谎。
- ★ 小年龄幼儿经常分不清想象和现实，成人不要误认为他是在说谎。
- ★ 发现幼儿说谎时，要反思是否是因自己对幼儿的要求过高过严造成的。如果是，要及时调整自己的行为，同时要严肃地告诉幼儿说谎是不对的。
- ★ 经常给幼儿分配一些力所能及的任务，要求他完成并及时给予表扬，培养他的责任感和认真负责的态度。

◆ 目标 3　具有初步的归属感（如表 2-4-22 所示）

表 2-4-22　各年龄段幼儿的归属感

3～4 岁	4～5 岁	5～6 岁
（1）知道和自己一起生活的家庭成员及与自己的关系，体会到自己是家庭的一员 （2）能感受到家庭生活的温暖，爱父母，亲近与信赖长辈 （3）能说出自己家所在街道、小区（乡镇、村）的名称 （4）认识国旗，知道国歌	（1）喜欢自己所在的幼儿园和班级，积极参加集体活动 （2）能说出自己家所在地的省、市、县（区）名称，知道当地有代表性的物产或景观 （3）知道自己是中国人 （4）奏国歌、升国旗时能自动站好	（1）愿意为集体做事，为集体的成绩感到高兴 （2）能感受到家乡的发展变化并为此感到高兴 （3）知道自己的民族，知道中国是一个多民族的大家庭，各民族之间要互相尊重，团结友爱 （4）知道国家一些重大成就，爱祖国，为自己是中国人感到自豪

教育建议：

（1）亲切地对待幼儿，关心幼儿，让他感到长辈是可亲、可近、可信赖的，家庭和幼儿园是温暖的。

- ★ 多和孩子一起游戏、谈笑，尽量在家庭和班级中营造温馨的氛围。
- ★ 通过和幼儿一起翻阅照片、讲幼儿成长的故事等，让幼儿感受到家庭和幼儿园的温暖，老师的和蔼可亲，对养育自己的人产生感激之情。

（2）吸引和鼓励幼儿参加集体活动，萌发集体意识。

- ★ 幼儿园和班级里的重大事情和计划，请幼儿集体讨论决定。
- ★ 幼儿园应经常组织多种形式的集体活动，萌发幼儿的集体荣誉感。

（3）运用幼儿喜闻乐见和能够理解的方式激发幼儿爱家乡、爱祖国的情感。

★ 和幼儿说一说或在地图上找一找自己家所在的省、市、县（区）名称。

★ 和幼儿一起外出游玩，一起看有关的电视节目或画报等；和他们一起收集有关家乡、祖国各地的风景名胜、著名的建筑、独特物产的图片等，在观看和欣赏的过程中激发幼儿的自豪感和热爱之情。

★ 利用电视节目或参加升旗等活动，向幼儿介绍国旗、国歌及观看升旗、奏国歌的礼仪。

★ 向幼儿介绍反映中国人聪明才智的发明和创造，激发幼儿的民族自豪感。

真题再现

在角色游戏中，教师观察幼儿能否主动协商处理玩伴关系，主要考察的是（　　）。

A. 幼儿的情绪表达能力

B. 幼儿的社会交往能力

C. 幼儿的规则意识

D. 幼儿的思维发展水平

【解析】《指南》在社会领域人际交往中关于“能与同伴友好相处的目标”中指出，3～4 岁幼儿，与同伴发生冲突时，能听从成人的劝解；4～5 岁幼儿，与同伴发生冲突时，能在他人帮助下和平解决；5～6 岁幼儿，与同伴发生冲突时能自己协商解决。

【答案】B。

（四）科学

幼儿的科学学习是在探究具体事物和解决实际问题中，尝试发现事物间的异同和联系的过程。幼儿在对自然事物的探究和运用数学解决实际生活问题的过程中，不仅获得丰富的感性经验，充分发展形象思维，而且初步尝试归类、排序、判断、推理，逐步发展逻辑思维能力，为其他领域的深入学习奠定基础。

幼儿科学学习的核心是激发探究兴趣，体验探究过程，发展初步的探究能力。成人要善于发现和保护幼儿的好奇心，充分利用自然和实际生活机会，引导幼儿通过观察、比较、操作、实验等方法，学习发现问题、分析问题和解决问题；帮助幼儿不断积累经验，并运用于新的学习活动，形成受益终身的学习态度和能力。

幼儿的思维特点是以具体形象思维为主，应注重引导幼儿通过直接感知、亲身体验和实际操作进行科学学习，不应为追求知识和技能的掌握，对幼儿进行灌输和强化训练。

1. 科学探究

◆ **目标 1　亲近自然，喜欢探究**（如表 2-4-23 所示）

表 2-4-23　各年龄段幼儿对自然的态度

3～4 岁	4～5 岁	5～6 岁
（1）喜欢接触大自然，对周围的很多事物和现象感兴趣 （2）经常问各种问题，或好奇地摆弄物品	（1）喜欢接触新事物，经常问一些与新事物有关的问题 （2）常常动手动脑探索物体和材料，并乐在其中	（1）对自己感兴趣的问题总是刨根问底 （2）能经常动手动脑寻找问题的答案 （3）探索中有所发现时感到兴奋和满足

教育建议：

（1）经常带幼儿接触大自然，激发其好奇心与探究欲望。

★ 为幼儿提供一些有趣的探究工具，用自己的好奇心和探究积极性感染和带动幼儿。

★ 和幼儿一起发现并分享周围新奇、有趣的事物或现象，一起寻找问题的答案。

★ 通过拍照和画图等方式保留和积累有趣的探索与发现。

（2）真诚地接纳、多方面支持和鼓励幼儿的探索行为。

★ 认真对待幼儿的问题，引导他们猜一猜、想一想，有条件时和幼儿一起做一些简易的调查或有趣的小实验。

★ 容忍幼儿因探究而弄脏、弄乱，甚至破坏物品的行为，引导他们活动后做好收拾整理。

★ 多为幼儿选择一些能操作、多变化、多功能的玩具材料或废旧材料，在保证安全的前提下，鼓励幼儿拆装或动手自制玩具。

◆ **目标 2　具有初步的探究能力**（如表 2-4-24 所示）

表 2-4-24　各年龄段幼儿的探究能力

3～4 岁	4～5 岁	5～6 岁
（1）对感兴趣的事物能仔细观察，发现其明显特征 （2）能用多种感官或动作去探索物体，关注动作所产生的结果	（1）能对事物或现象进行观察比较，发现其相同与不同 （2）能根据观察结果提出问题，并大胆猜测答案 （3）能通过简单的调查收集信息 （4）能用图画或其他符号进行记录	（1）能通过观察、比较与分析，发现并描述不同种类物体的特征或某个事物前后的变化 （2）能用一定的方法验证自己的猜测 （3）在成人的帮助下能制订简单的调查计划并执行 （4）能用数字、图画、图表或其他符号记录 （5）探究中能与他人合作与交流

教育建议：

（1）有意识地引导幼儿观察周围事物，学习观察的基本方法，培养观察与分类能力。

★ 支持幼儿自发的观察活动，对其发现表示赞赏。

★ 通过提问等方式引导幼儿思考并对事物进行比较观察和连续观察。

★ 引导幼儿在观察和探索的基础上，尝试进行简单的分类、概括。

【例】根据运动方式将动物分成鱼、鸟、兽等。

（2）支持和鼓励幼儿在探究的过程中积极动手动脑寻找答案或解决问题。

★ 鼓励幼儿根据观察或发现提出值得继续探究的问题，或成人提出有探究意义且能激发幼儿兴趣的问题。

【例】皮球、轮胎、竹筒等物体滚动时都走直线吗？怎样让橡皮泥球浮在水面上？

★ 支持和鼓励幼儿大胆联想、猜测问题的答案，并设法验证。

【例】玩风车时，鼓励幼儿猜测风车转动方向及速度快慢的原因和条件，并实际去验证。

★ 支持、引导幼儿学习用适宜的方法探究和解决问题，或为自己的想法收集证据。

【例】想知道院子里有多少种植物，可以进行实地调查；想知道球在平地上还是在斜坡上滚得快，可以动手试一试。

（3）鼓励和引导幼儿学习做简单的计划和记录，并与他人交流分享。

★ 和幼儿共同制订调查计划，讨论调查对象、步骤和方法等，也可以和幼儿一起设法用图画、箭头等标识呈现计划。

★ 鼓励幼儿用绘画、照相、做标本等办法记录观察和探究的过程与结果，注意要让记录有意义，通过记录帮助幼儿丰富观察经验、建立事物之间的联系和分享发现。

★ 支持幼儿与同伴合作探究与分享交流，引导他们在交流中尝试整理、概括自己探究的成果，体验合作探究和发现的乐趣。

【例】幼儿一起讨论和分享自己的问题与发现，一起想办法收集资料和验证猜测。

（4）帮助幼儿回顾自己的探究过程，讨论自己做了什么，怎么做的，结果与计划目标是否一致，分析一下原因及下一步要怎样做等。

◆ **目标 3　在探究中认识周围事物和现象**（如表 2-4-25 所示）

表 2-4-25　各年龄段幼儿认识周围事物的能力

3～4 岁	4～5 岁	5～6 岁
（1）认识常见的动植物，能注意并发现周围的动植物是多种多样的 （2）能感知和发现物体和材料的软硬、光滑和粗糙等特性 （3）能感知和体验天气对自己生活和活动的影响 （4）初步了解和体会动植物和人们生活的关系	（1）能感知和发现动植物的生长变化及其基本条件 （2）能感知和发现常见材料的溶解、传热等性质或用途 （3）能感知和发现简单物理现象，如物体形态或位置变化等 （4）能感知和发现不同季节的特点，体验季节对动植物和人的影响 （5）初步感知常用科技产品与自己生活的关系，知道科技产品有利也有弊	（1）能察觉到动植物的外形特征、习性与生存环境的适应关系 （2）能发现常见物体的结构与功能之间的关系 （3）能探索并发现常见的物理现象产生的条件或影响因素，如影子、沉浮等 （4）感知并了解季节变化的周期性，知道变化的顺序 （5）初步了解人们的生活与自然环境的密切关系，知道尊重和珍惜生命，保护环境

教育建议：

（1）支持幼儿在接触自然、生活事物和现象中积累有益的直接经验和感性认识。

★ 和幼儿一起通过户外活动、参观考察、种植和饲养活动，感知生物的多样性和独特性，以及生长发育、繁殖和死亡的过程。

★ 给幼儿提供丰富的材料和适宜的工具，支持幼儿在游戏过程中探索并感知常见物质、材料的特性和物体的结构特点。

（2）引导幼儿在探究中思考，尝试进行简单的推理和分析，发现事物之间明显的关联。

★ 引导5岁以上幼儿关注和思考动植物的外部特征、习性与生活环境对动植物生存的意义。

【例】兔子的长耳朵具有自我保护的作用；植物种子的形状有助于其传播。

★ 引导幼儿根据常见物质、材料的特性和物体的结构特点，推测和证实它们的用途。

【例】带轮子的物体更方便移动；不同用途的车辆有不同的结构。

（3）引导幼儿关注和了解自然、科技产品与人们生活的密切关系，逐渐懂得热爱、尊重、保护自然。

★ 结合幼儿的生活需要，引导他们体会人与自然、动植物的依赖关系。如动植物、季节变化与人们生活的关系、常见灾害性天气给人们生产和生活带来的影响。

★ 和幼儿一起讨论常见科技产品的用途和弊端。

【例】汽车等交通工具给生活带来的方便和对环境的污染。

2. 数学认知

◆ **目标1　初步感知生活中数学的有用和有趣**（如表2-4-26所示）

表2-4-26　各年龄段幼儿感知数学的能力

3~4岁	4~5岁	5~6岁
（1）感知和发现周围物体的形状是多种多样的，对不同的形状感兴趣 （2）体验和发现生活中很多地方都用到数	（1）在指导下，感知和体会有些事物可以用形状来描述 （2）在指导下，感知和体会有些事物可以用数来描述，对环境中各种数字的含义有进一步探究的兴趣	（1）能发现事物简单的排列规律，并尝试创造新的排列规律 （2）能发现生活中许多问题都可以用数学的方法来解决，体验解决问题的乐趣

教育建议：

（1）引导幼儿注意事物的形状特征，尝试用表示形状的词来描述事物，体会描述的生动形象性和趣味性。

★ 参观游览后，和幼儿一起谈论所看到的事物的形状，鼓励幼儿产生联想，并用自己的语言进行描述。

【例】熊猫的身体圆圆的，全身好像是一个个的圆形组成的。

★ 和幼儿交谈或读书讲故事时，适当地运用一些有关形状的词汇来描述事物。

【例】看图片时，和幼儿讨论奥运会场馆的形状，体会为什么有的场馆叫“水立方”，有的叫“鸟巢”。

（2）引导幼儿感知和体会生活中很多地方都用到数，关注周围与自己生活密切相关的数的信息，体会数可以代表不同的意义。

★ 和幼儿一起寻找发现生活中用数字作标识的事物，如电话号码、时钟、日历和商品的价签等。

★ 引导幼儿了解和感受数用在不同的地方，表示的意义是不一样的。

【例】天气预报中表示气温的数代表冷热状况；钟表上的数表明时间的早晚。

★ 鼓励幼儿尝试使用数的信息进行一些简单的推理。

【例】知道今天是星期五，能推断明天是星期六，爸爸妈妈休息。

（3）引导幼儿观察发现按照一定规律排列的事物，体会其中的排列特点与规律，并尝试自己创造出新的排列规律。

★ 和幼儿一起发现和体会按一定顺序排列的队形整齐有序。

★ 提供具有重复性旋律和词语的音乐、儿歌和故事，或利用环境中有序排列的图案，鼓励幼儿发现和感受其中的规律。

【例】引导幼儿观察按颜色间隔排列的瓷砖、按形状间隔排列的珠帘。

★ 鼓励幼儿尝试自己设计有规律的花边图案、创编有一定规律的动作，或者按某种规律进行搭建活动。

★ 引导幼儿体会生活中很多事情都是有一定顺序和规律的。

【例】一周七天的顺序是从周一到周日，一年四季按照春夏秋冬轮回。

（4）鼓励和支持幼儿发现、尝试解决日常生活中需要用到数学的问题，体会数学的用处。

★ 拍球、跳绳、跳远或投沙包时，可通过数数、测量的方法确定名次。

★ 讨论春游去哪里玩时，让幼儿商量想去哪里玩？每个想去的地方有多少人？根据统计结果做出决定。

★ 滑滑梯时，按照“先来先玩”的规则有序地排队玩。

◆ **目标 2　感知和理解数、量及数量关系**（如表 2-4-27 所示）

表 2-4-27　各年龄段幼儿理解数、量的能力

3～4 岁	4～5 岁	5～6 岁
（1）能感知和区分物体的大小、多少、高矮、长短等量方面的特点，并能用相应的词表示 （2）能通过一一对应的方法比较两组物体的多少 （3）能手口一致地点数 5 个以内的物体，并能说出总数。能按数取物 （4）能用数词描述事物或动作。如我有 4 本图书	（1）能感知和区分物体的粗细、厚薄、轻重等量方面的特点，并能用相应的词语描述 （2）能通过数数比较两组物体的多少 （3）能通过实际操作理解数与数之间的关系，如 5 比 4 多 1；2 和 3 合在一起是 5 （4）会用数词描述事物的排列顺序和位置	（1）初步理解量的相对性 （2）借助实际情境和操作（如合并或拿取）理解“加”和“减”的实际意义 （3）能通过实物操作或其他方法进行 10 以内的加减运算 （4）能用简单的记录表、统计图等表示简单的数量关系

教育建议：

（1）引导幼儿感知和理解事物“量”的特征。

★ 感知常见事物的大小、多少、高矮、粗细等量的特征，学习使用相应的词汇描述这些特征。

★ 结合具体事物让幼儿通过多次比较逐渐理解“量”是相对的。

【例】小亮比小明高，但比小强矮。

★ 收拾物品时，根据情况，鼓励幼儿按照物体量的特征分类整理。

【例】整理图书时按照大小摆放。

（2）结合日常生活，指导幼儿学习通过对应或数数的方式比较物体的多少。

★ 鼓励幼儿在一对一配对的过程中发现两组物体的多少。

【例】在给桌子上的每个碗配上勺子时，发现碗和勺多少的不同。

★ 鼓励幼儿通过数数比较两样东西的多少。

【例】数一数有多少个苹果，多少个梨，判断苹果和梨哪个多，哪个少。

（3）利用生活和游戏中的实际情境，引导幼儿理解数概念。

★ 结合生活需要，和幼儿一起手口一致点数物体，得出物体的总数。

★ 通过点数的方式让幼儿体会物体的数量不会因排列形式、空间位置的不同而发生变化。

【例】鼓励幼儿将一定数量的扣子以不同的形式摆放，体会扣子的数量是不变的。

★ 结合日常生活，为幼儿提供“按数取物”的机会。

【例】在游戏时，请幼儿按要求拿出几个球。

（4）通过实物操作引导幼儿理解数与数之间的关系，并用“加”或“减”的办法来解决问题。

★ 游戏中遇到让 4 个小动物住进两间房子的问题，或生活中遇到将 5 块饼干分给两个小朋友的问题时，让幼儿尝试不同的分法。

★ 鼓励幼儿尝试自己解决生活中的数学问题。

【例】家里来了 5 位客人，桌子上只有 3 个杯子，还需要几个杯子等。

★ 购少量物品时，有意识地鼓励幼儿参与计算和付款的过程。

◆ **目标 3　感知形状与空间关系**（如表 2-4-28 所示）

表 2-4-28　各年龄段幼儿感知形状与空间的能力

3～4 岁	4～5 岁	5～6 岁
（1）能注意物体较明显的形状特征，并能用自己的语言描述 （2）能感知物体基本的空间位置与方位，理解上下、前后、里外等方位词	（1）能感知物体的形体结构特征，画出或拼搭出该物体的造型 （2）能感知和发现常见几何图形的基本特征，并能进行分类 （3）能使用上下、前后、里外、中间、旁边等方位词描述物体的位置和运动方向	（1）能用常见的几何形体有创意地拼搭和画出物体的造型 （2）能按语言指示或根据简单示意图正确取放物品 （3）能辨别自己的左右

教育建议：

（1）用多种方法帮助幼儿在物体与几何形体之间建立联系。

★ 引导幼儿感受生活中各种物品的形状特征，并尝试识别和描述。

【例】感受和识别盘子、桌子、车轮、地砖等物品的形状特征。

★ 鼓励和支持幼儿用积木、纸盒、拼板等各种形状材料进行建构游戏或制作活动。

【例】用长方形的纸盒加四个圆形瓶盖制作“汽车”。

★ 收拾整理积木时，引导幼儿体验图形之间的转换。

【例】两个正方形可组合成一个长方形。

★ 引导幼儿注意观察生活物品的图形特征，鼓励他们按形状分类整理物品。

（2）丰富幼儿空间方位识别的经验，引导幼儿运用空间方位经验解决问题。

★ 请幼儿取放物体时，使用他们能够理解的方位词。

【例】把桌子下面的东西放到窗台上，把花盆放在大树旁边。

★ 和幼儿一起识别熟悉场所的位置。

【例】超市在家的旁边，医院在幼儿园的前面。

★ 在体育、音乐和舞蹈活动中，引导幼儿感受空间方位和运动方向。

★ 和幼儿玩按指令找宝的游戏。对年龄小的幼儿要求他们按语言指令寻找，对年龄大些的幼儿可要求按照简单的示意图寻找。

真题再现

1. 科学活动中，教师观察到某幼儿能用数字、图表来记录和整理自己观察到的现象。该幼儿最可能的年龄是（　　）。

   A. 6 岁　　B. 5 岁　　C. 4 岁　　D. 3 岁

【解析】《指南》的目标部分分别对 3～4 岁、4～5 岁、5～6 岁三个年龄段末期幼儿应该知道什么，能做什么，大致可以达到什么发展水平，提出了合理期望。其中，科学领域中关于幼儿探究能力的目标提到，5～6 岁幼儿能用数字、图画、图表或其他符号记录观察到的现象。

【答案】A。

2. 在引导幼儿感知和理解事物“量”的特征时，恰当的做法是（　　）。

   A. 引导幼儿感知常见事物的大小、高矮、粗细等

   B. 引导幼儿识别常见事物的形状

   C. 和幼儿一起手口一致点数物体，说出总数

   D. 为幼儿提供“按数取物”的机会

【解析】《指南》在科学领域的数学认知中指出，引导幼儿感知和理解事物“量”的特征时应感知常见事物的大小、多少、高矮、粗细等量的特征，学习使用相应的词汇描述这些特征，故选 A。

【答案】A。

（五）艺术

艺术是人类感受美、表现美和创造美的重要形式，也是表达自己对周围世界的认识和情绪态度的独特方式。

每个幼儿心里都有一颗美的种子。幼儿艺术领域学习的关键在于充分创造条件和机会，在大自然和社会文化生活中萌发幼儿对美的感受和体验，丰富其想象力和创造力，引导幼儿学会用心灵去感受和发现美，用自己的方式去表现和创造美。

幼儿对事物的感受和理解不同于成人，他们表达自己认识和情感的方式也有别于成人。幼儿独特的笔触、动作和语言往往蕴含着丰富的想象和情感，成人应对幼儿的艺术表现给予充分的理解和尊重，不能用自己的审美标准去评判幼儿，更不能为追求结果的“完美”而对幼儿进行千篇一律的训练，以免扼杀其想象与创造的萌芽。

1. 感受与欣赏

◆ **目标 1　喜欢自然界与生活中美的事物**（如表 2-4-29 所示）

表 2-4-29　各年龄段幼儿对自然的喜爱能力

3～4 岁	4～5 岁	5～6 岁
（1）喜欢观看花草树木、日月星空等大自然中美的事物 （2）容易被自然界中的鸟鸣、风声、雨声等好听的声音所吸引	（1）在欣赏自然界和生活环境中美的事物时，关注其色彩、形态等特征 （2）喜欢倾听各种好听的声音，感知声音的高低、长短、强弱等变化	（1）乐于收集美的物品或向别人介绍所发现的美的事物 （2）乐于模仿自然界和生活环境中有特点的声音，并产生相应的联想

教育建议：

（1）和幼儿一起感受、发现和欣赏自然环境和人文景观中美的事物。

★ 让幼儿多接触大自然，感受和欣赏美丽的景色和好听的声音。

★ 经常带幼儿参观园林、名胜古迹等人文景观，讲讲有关的历史故事、传说，与幼儿一起讨论和交流对美的感受。

（2）和幼儿一起发现美的事物的特征，感受和欣赏美。

★ 让幼儿观察常见动植物及其他物体，引导幼儿用自己的语言、动作等描述它们美的方面，如颜色、形状、形态等。

★ 让幼儿倾听和分辨各种声响，引导幼儿用自己的方式来表达他对音色、强弱、快慢的感受。

★ 支持幼儿收集喜欢的物品并和他一起欣赏。

◆ 目标 2　喜欢欣赏多种多样的艺术形式和作品（如表 2-4-30 所示）

表 2-4-30　各年龄段幼儿对艺术的欣赏能力

3～4 岁	4～5 岁	5～6 岁
（1）喜欢听音乐或观看舞蹈、戏剧等表演 （2）乐于观看绘画、泥塑或其他艺术形式的作品	（1）能够专心地观看自己喜欢的文艺演出或艺术品，有模仿和参与的愿望 （2）欣赏艺术作品时会产生相应的联想和情绪反应	（1）艺术欣赏时常常用表情、动作、语言等方式表达自己的理解 （2）愿意和别人分享、交流自己喜爱的艺术作品和美感体验

教育建议：

（1）创造条件让幼儿接触多种艺术形式和作品。

★ 经常让幼儿接触适宜的、各种形式的音乐作品，丰富幼儿对音乐的感受和体验。

★ 和幼儿一起用图画、手工制品等装饰和美化环境。

★ 带幼儿观看或共同参与传统民间艺术和地方民俗文化活动，如皮影戏、剪纸和捏面人等。

★ 有条件的情况下，带幼儿去剧院、美术馆、博物馆等欣赏文艺表演和艺术作品。

（2）尊重幼儿的兴趣和独特感受，理解他们欣赏时的行为。

★ 理解和尊重幼儿在欣赏艺术作品时的手舞足蹈、即兴模仿等行为。

★ 当幼儿主动介绍自己喜爱的舞蹈、戏曲、绘画或工艺品时，要耐心倾听并给予积极回应和鼓励。

2. 表现与创造

◆ 目标 1　喜欢进行艺术活动并大胆表现（如表 2-4-31 所示）

表 2-4-31　各年龄段幼儿的艺术表现

3～4 岁	4～5 岁	5～6 岁
（1）经常自哼自唱或模仿有趣的动作、表情和声调 （2）经常涂涂画画、粘粘贴贴并乐在其中	（1）经常唱唱跳跳，愿意参加歌唱、律动、舞蹈、表演等活动 （2）经常用绘画、捏泥、手工制作等多种方式表现自己的所见所想	（1）积极参与艺术活动，有自己比较喜欢的活动形式 （2）能用多种工具、材料或不同的表现手法表达自己的感受和想象 （3）艺术活动中能与他人相互配合，也能独立表现

教育建议：

（1）创造机会和条件，支持幼儿自发的艺术表现和创造。

★ 提供丰富的便于幼儿取放的材料、工具或物品，支持幼儿进行自主绘画、手工、歌唱、表演等艺术活动。

★ 经常和幼儿一起唱歌、表演、绘画、制作，共同分享艺术活动的乐趣。

（2）营造安全的心理氛围，让幼儿敢于并乐于表达表现。

★ 欣赏和回应幼儿的哼哼唱唱、模仿表演等自发的艺术活动，赞赏他独特的表现方式。

★ 在幼儿自主表达创作过程中，不做过多干预或把自己的意愿强加给幼儿，在幼儿需要时再给予具体的帮助。

★ 了解并倾听幼儿艺术表现的想法或感受，领会并尊重幼儿的创作意图，不简单用“像不像”“好不好”等成人标准来评价。

★ 展示幼儿的作品，鼓励幼儿用自己的作品或艺术品布置环境。

◆ **目标 2　具有初步的艺术表现与创造能力**（如表 2-4-32 所示）

表 2-4-32　各年龄段幼儿的艺术表现与创造能力

3～4 岁	4～5 岁	5～6 岁
（1）能模仿学唱短小歌曲 （2）能跟随熟悉的音乐做身体动作 （3）能用声音、动作、姿态模拟自然界的事物和生活情景 （4）能用简单的线条和色彩大体画出自己想画的人或事物	（1）能用自然的、音量适中的声音基本准确地唱歌 （2）能通过即兴哼唱、即兴表演或给熟悉的歌曲编词来表达自己的心情 （3）能用拍手、踏脚等身体动作或可敲击的物品敲打节拍和基本节奏 （4）能运用绘画、手工制作等表现自己观察到或想象的事物	（1）能用基本准确的节奏和音调唱歌 （2）能用律动或简单的舞蹈动作表现自己的情绪或自然界的情景 （3）能自编自演故事，并为表演选择和搭配简单的服饰、道具或布景 （4）能用自己制作的美术作品布置环境、美化生活

教育建议：

★ 尊重幼儿自发的表现和创造，并给予适当的指导。

★ 鼓励幼儿在生活中细心观察、体验，为艺术活动积累经验与素材。

【例】观察不同树种时发现杨树高，榕树壮，梧桐树叶像手掌。

★ 提供丰富的材料，如图书、照片、绘画或音乐作品等，让幼儿自主选择，用自己喜欢的方式去模仿或创作，成人不做过多要求。

★ 根据幼儿的生活经验，与幼儿共同确定艺术表达表现的主题，引导幼儿围绕主题展开想象，进行艺术表现。

★ 幼儿绘画时，不宜提供范画，特别不应要求幼儿完全按照范画来画。

★ 肯定幼儿作品的优点，用表达自己感受的方式引导其提高。

【例】“你的画用了这么多红颜色，感觉就像过年一样喜庆”或“你扮演的大灰狼声音真像，要是表情再凶一点就更好了”。

真题再现

1. 在“秋天的树”美术活动中，教师不适宜的做法是（　　）。

A. 让幼儿按照教师的范画绘画　　B. 组织幼儿观察幼儿园的树

C. 提供各种树的照片、组织幼儿讨论　　D. 引导幼儿观察有关树木的名画

【解析】《指南》在艺术领域“表现与创造”的教育建议中指出，不宜提供范画，更不能要求幼儿完全按照范画来画。

【答案】A。

2. 教师在组织中班幼儿歌唱活动时，合理的做法是（　　）。

A. 要求幼儿用胸腹式联合呼吸法唱歌　　B. 鼓励幼儿用最响亮的声音唱歌

C. 鼓励幼儿唱八度以上音域的歌曲　　D. 要求幼儿用自然声音唱歌

【解析】《指南》在艺术领域“表现与创造”的目标指出，具有初步的艺术表现与创造能力，要求中班幼儿能用自然的、音量适中的声音，基本准确地唱歌。

【答案】D。

第三节 我国幼儿教育的改革动态与发展趋势

一、我国幼儿教育的改革动态（★）

1987年10月，第一次全国幼教工作会议明确提出幼儿教育是社会主义教育的重要组成部分，各级政府都应重视幼儿教育的改革与发展。1989年6月颁布的《幼儿园工作规程》明确规定了幼儿园的工作任务以及幼儿园的领导体制为园长负责制。2003年，国家颁发了《关于幼儿教育改革与发展的指导意见》，就幼儿教育改革与发展目标、幼儿教育管理体制和师资队伍建设等方面提出了指导性意见。

改革开放以来，我国幼儿教育事业取得了长足发展，总结为以下几个方面。

（一）办园模式的改革

随着教育改革的不断深入，我国幼儿教育事业逐渐形成以公办幼儿园为骨干和示范，以社会力量兴办幼儿园为主体，公办与民办、正规与非正规教育相结合的发展格局。根据城乡的不同特点，逐步建立了以社区为基础，以示范性幼儿园为中心，灵活多样的幼儿教育形式相结合的幼儿教育服务网络。

（二）教育观念的改革

1. 儿童观、儿童学习观和教育观的转变

以往总是习惯把儿童看作被动的学习者，而纵观《幼儿园教育指导纲要（试行）》（以

下简称《纲要》）的内容可以看到，幼儿是能够在一定环境中积极主动学习的。因此，我们应该按照《纲要》，把幼儿看作有积极主动学习愿望的人。这充分体现了幼儿教育“以人为本”的思想，强调满足幼儿的权利，着眼于每个幼儿的发展，以及教师与幼儿的共同发展。并且，《纲要》倡导“在玩中学，在学中玩，使学习成为一种乐趣”的教育理念，从而打破了传统“灌输型”的教育观点。

2. 教师角色定位的改变

以往，教师的角色定位为知识的传递者，全程参与和包办幼儿学习的全过程。而《幼儿园教育指导纲要（试行）》中指出教师应成为幼儿学习活动的支持者、合作者和引导者，以关怀、接纳、尊重的态度与幼儿交往。

（三）课程模式的改革

受国外先进幼儿教育思想的影响，我国幼儿教育课程模式的建构也在不断尝试和探索。目前，我国幼儿园的课程模式已经呈现出多元化的特点和百家齐放的趋势。

1. 单元教育课程

单元教育课程是在陈鹤琴实验单元教学的基础上发展而来的一种教育课程。单元教育在五大领域的基础上，将课程的教育内容扩大到幼儿生活的多种环境。每个单元都以社会为中心，每一个方面选择若干有代表性的活动，将幼儿一日生活的全部要素都包含其中。

2. 综合教育课程

综合教育课程是根据幼儿身体、心理发展的需要，顺应各种教育要素之间的相互联系，把尊重幼儿发展规律与发挥教师主导作用相结合，从综合性入手合理选择教育内容、教育手段和方法，科学组织教育过程的一种教育课程。综合教育课程以“主题”的形式建构每一阶段的生活经验，进而使幼儿园三年生活成为有利于促进幼儿持续发展的连续教育过程。

（四）幼儿教育合作、交流的国际化

外出考察学习是教师转变教育观念的一个重要途径。近二十年来，很多幼儿园每年都有赴外考察、学习的机会，回来后在园内和其他教师交流，分享收集到的幼儿教育资料。此外，国内外的幼儿教育研讨会也在频频召开，这些都为我们了解世界幼儿教育理论和实践的发展提供了有力的平台。

二、我国幼儿教育的发展趋势（★）

（一）普及有质量的幼儿教育

《中国教育现代化 2035》指出，推进教育现代化的总体目标是：到 2035 年，总体实现教育现代化，迈入教育强国行列，推动我国成为学习大国、人力资源强国和人才强国，为到本世纪中叶建成富强民主文明和谐美丽的社会主义现代化强国奠定坚实基础。其中，

关于幼儿教育的主要发展目标是普及有质量的幼儿教育。

重点提升农村幼儿教育的普及水平。采取多种形式扩大农村幼儿教育资源，改扩建、新建幼儿园，充分利用中小学布局调整富余的校舍和教师举办幼儿园（班）。此外，还要发挥乡镇中心幼儿园对农村幼儿园的示范指导作用。重点支持贫困地区发展幼儿教育。

（二）加强管理与监督

受到市场经济和体制改革的影响，幼儿园的办学体制和投资体制逐渐呈现多元化的趋势。大力发展公办幼儿园，加快发展普惠性民办幼儿园。加大政府投入，完善成本合理分担机制，对家庭经济困难幼儿入园给予补助。

加强幼儿教育管理，规范办园行为。推进幼儿教育普及普惠发展，健全幼儿教育管理机构和专业化管理队伍，加强幼儿园质量监管与业务指导。

（三）加快信息化时代教育变革

着力构建基于信息技术的新型教育教学模式、教育服务供给方式以及教育治理新模式。支持学校充分利用信息技术开展人才培养模式和教学方法改革，开展大数据支撑下的教育治理能力优化行动，推动以互联网等信息化手段服务教育教学全过程。围绕幼儿园的安全、环境、办公及智能等方面，将幼儿园建成以智能化为基础的现代化、数字化幼儿教学场所，通过可靠、高速、灵活和开放的传输平台，为幼儿园提供一个安全、便捷、温馨、智能的学习、生活和办公环境。

（四）加强教师队伍建设

大力加强师德师风建设，将师德师风作为评价教师素质的第一标准。依据《教师资格条例》的有关规定，实行幼儿园园长、教师资格准入制度，严格实行持证上岗。实行教师聘任制，建立激励机制，提高教师队伍的素质和水平。认真执行《中华人民共和国教师法》，幼儿教师享受与中小学教师同等的地位和待遇。依法保障幼儿教师在进修培训、评选先进、专业技术职务评聘、工资、社会保险等方面的合法权益，稳定幼儿教师队伍。

（五）开创教育对外开放新格局

随着“地球村”观念的不断深入，幼儿教育国际交流合作的趋势也会进一步加强。具体表现如下。

（1）全面提升国际交流合作水平，扎实推进“一带一路”教育行动。

（2）加强与联合国教科文组织等国际组织和多边组织的合作，提升中外合作办学质量。

（3）支持一批示范性中外合作办学机构，开展幼儿园骨干教师海外研修培训。

（4）支持扩大公派出国留学规模，以高校为主体举办幼儿教育国际学术交流论坛。

实战演练

一、单项选择题

1. 根据《幼儿教育指导纲要（试行）》，幼儿园体育教育的目标是（　　）。
   A. 获得比赛奖项　　B. 培养运动人才
   C. 培养幼儿对体育活动的兴趣　　D. 训练技能
2. 下列属于幼儿园语言教育目标的是（　　）。
   A. 能认读拼音字母　　B. 能清楚地说出自己想说的事
   C. 能认读一定量的汉字　　D. 能正确书写常用汉字
3. 幼儿园教育工作评价应当（　　）。
   A. 以行政人员评价为主，专家等参与评价为辅
   B. 以园长自评为主，教师等参与评价为辅
   C. 以教师自评为主，园长等参与评价为辅
   D. 以家长评价为主，幼儿等参与评价为辅
4. 下列（　　）不属于《3～6 岁儿童学习与发展指南》倡导的幼儿学习方式。
   A. 强化学习　　B. 直接感知　　C. 实际操作　　D. 亲身体验
5. 能够熟练使用筷子，会自己系鞋带是幼儿（　　）领域的发展目标。
   A. 科学　　B. 社会　　C. 健康　　D. 语言
6. 通过和幼儿一起翻阅照片，讲述幼儿成长的故事，让幼儿感受到家庭和幼儿园的温暖，从而对培育自己的人产生感激之情。这是培养幼儿（　　）。
   A. 初步的行为规范　　B. 初步的表达能力
   C. 初步的阅读能力　　D. 初步的归属感
7. 在科学活动中，可以引导幼儿通过（　　）等方法，学习发现问题、分析问题和解决问题。
   A. 推理、比较、操作、实验　　B. 观察、想象、操作、实验
   C. 观察、比较、操作、实验　　D. 观察、比较、讨论、实验

二、简答题

1. 简述《幼儿园教育指导纲要（试行）》中语言教育的指导要点。
2. 简述幼儿社会学习的指导要点。

三、论述题

为什么不能把《3～6 岁儿童学习与发展指南》作为一把“尺子”衡量所有幼儿？请说明理由。

生活指导

考纲要求

- 熟悉幼儿园一日生活的主要环节，理解一日生活的教育意义。
- 了解幼儿生活常规教育的要求与培养幼儿良好生活、卫生习惯的方法。
- 了解幼儿卫生保健常规、疾病预防、营养等方面的基本知识。
- 了解幼儿身体发育和心理发展中容易出现的问题或障碍，如发育迟缓、肥胖、自闭倾向等。
- 了解幼儿园常见的安全问题和处理方法，了解突发事件如火灾、地震等的应急处理方法。

最新解读

幼儿园生活指导具有重要的教育意义，是幼儿园教育的重要内容。幼儿园一日生活的主要环节是幼儿园指导的首要内容，考生应重点掌握幼儿园一日生活的教育意义和安排依据，幼儿园生活常规，还要了解卫生保健、疾病预防、营养知识，常见安全问题与处理，以及突发事件的处理等。

本模块的考点繁多，考查形式涉及单项选择题、简答题和论述题。考生可结合案例、材料等进行掌握和理解。

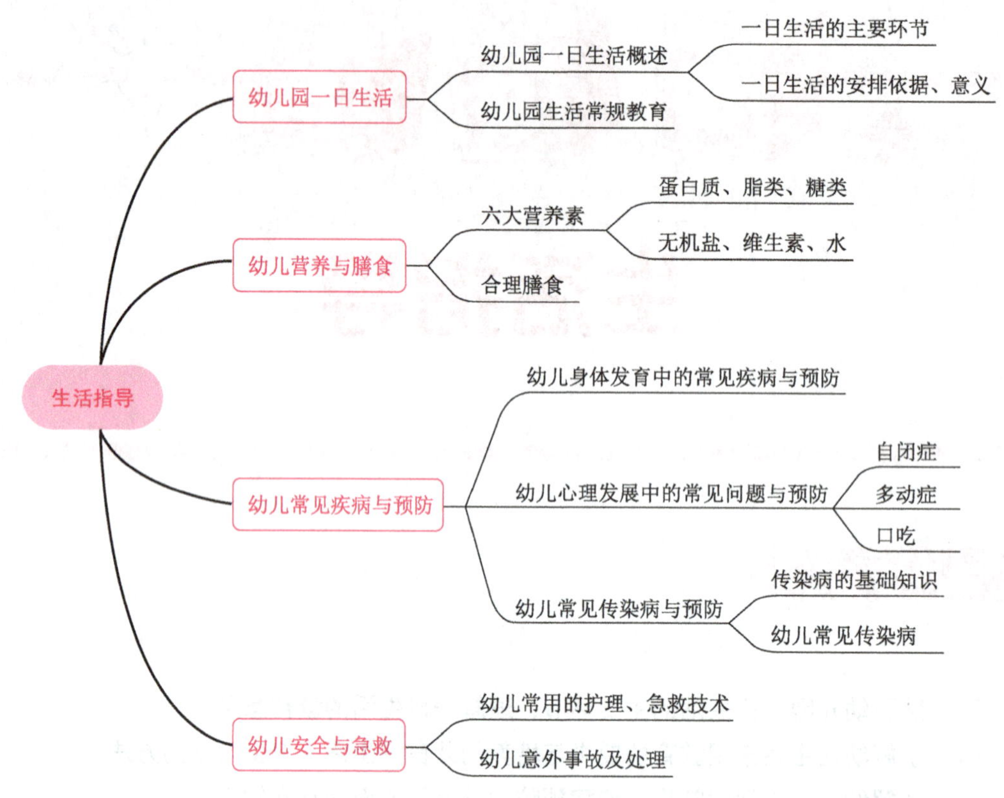
生活指导
幼儿园一日生活
幼儿园一日生活概述
一日生活的主要环节
一日生活的安排依据、意义
幼儿园生活常规教育
幼儿营养与膳食
六大营养素
蛋白质、脂类、糖类
无机盐、维生素、水
合理膳食
幼儿常见疾病与预防
幼儿身体发育中的常见疾病与预防
幼儿心理发展中的常见问题与预防
自闭症
多动症
口吃
幼儿常见传染病与预防
传染病的基础知识
幼儿常见传染病
幼儿安全与急救
幼儿常用的护理、急救技术
幼儿意外事故及处理

第一章 幼儿园一日生活

考情分析

题型	2022 年上半年	2022 年下半年	2023 年上半年	2023 年下半年	2024 年上半年	2024 年下半年
单项选择题	—	1 题 3 分	—	—	—	—
简答题	—	—	—	1 题 15 分	1 题 15 分	1 题 15 分
论述题	—	—	—	—	—	—
材料分析题	—	—	—	—	—	—
活动设计题	—	—	—	—	—	—
总计	—	1 题 3 分	—	1 题 15 分	1 题 15 分	1 题 15 分

（1）本章内容是近年幼儿园教师资格考试中的重要考点。近年来，考查形式以单项选择题和简答题为主。在简答题中，针对幼儿园一日生活主要环节的考查，呈现出情景化的特点。因此，在学习时不仅要明确幼儿园一日生活的主要环节，还要知晓各环节中可能出现的特殊情况，了解常见的解决方法。

（2）学习时应重点掌握幼儿园一日生活安排的依据和意义、生活常规教育的意义和方法，精准把握幼儿园一日生活的主要环节，并熟悉相关注意事项和行为原则。

考点精讲

第一节 幼儿园一日生活概述

一、幼儿园一日生活的主要环节（★★★）

幼儿园一日生活是指幼儿园为满足幼儿一天基本生活所需的所有活动，包括生活活动、游戏活动和教学活动三大部分，具体包括入园、晨间锻炼、学习、游戏、进餐、盥洗、如厕、睡眠、散步、户外活动和离园等。

（一）接待幼儿入园

1. 接待幼儿

教师要以热情、亲切的态度接待幼儿，同幼儿问好，并利用接待的机会，与幼儿亲切交谈，了解幼儿在家的情况，并有计划地对不爱活动、性格孤僻的幼儿进行个别关照。

《幼儿园工作规程》规定，新生入园时，幼儿园要进行幼儿健康检查。

教师还应有礼貌地向家长问好，用简洁的语言向家长了解幼儿在家的情况，听取家长的要求和意见，并且对双方需要及时商洽的问题交换意见，做好个别幼儿的药品交接工作。

2. 晨检

晨检是为了了解幼儿的健康状况，检查幼儿的个人清洁卫生，以便做到对疾病的早发现、早预防、早隔离、早治疗。

晨间检查的一般方法是：

一看，看脸色，看皮肤，看眼神，看喉咙。

二摸，摸额头判断是否发烧，摸腮腺判断是否肿大。

三问，问幼儿在家的吃饭情况、睡眠情况和大小便情况。

四查，检查幼儿是否携带不安全物品。

3. 引导幼儿活动

（1）做值日：教师要引导幼儿学会保持活动室的整洁、有序、美观，有计划地组织中、大班幼儿参加活动室的清洁工作，如擦桌椅、整理玩具、整理图书、照料自然角、记观察日记等。

（2）分散活动：幼儿根据自己的兴趣、爱好，可以自由参加各种不同类型的活动，如看图书、搭积木、下棋、折纸、画画等。教师要让幼儿自由选择活动内容、玩具和伙伴，给幼儿充分的自主权。

（二）晨间活动

晨间活动是以体操为主，以跑步、体育游戏、器械活动等为辅，按幼儿年龄组织的一种团体活动。晨间活动的主要目的是锻炼幼儿的身体，培养幼儿的团体精神和对体育活动的兴趣。

（三）教育活动

有组织的教育活动是教师从幼儿的兴趣和实际水平出发，循序渐进地组织实施，以促进幼儿全面发展的教育活动。

教师设计与组织教育活动应注意以下几点。

（1）每个教育活动应有明确的、适宜的教育目的和要求。

（2）组织教育活动应充分利用周围环境的有利条件。

（3）灵活地采用活动形式和方法。

（4）引导幼儿运用各种感官积极参与活动过程。

（5）促进每个幼儿在原有水平上发展、进步。

（6）每次活动的时间应根据活动的内容、活动的方式和幼儿的年龄而定，有长有短，以幼儿疲劳为限。

（四）间隙活动

经过一段时间有组织的教育活动后，幼儿会产生疲劳，这时就需要休息。间隙活动是使幼儿大脑获得休息，调节幼儿身心的有效方式。在间隙活动时间里，教师要提醒幼儿上厕所、喝水。

（五）游戏或自由活动

上午游戏时间内，教师可以组织幼儿进行各种游戏，也可以组织幼儿到户外自由活动。游戏活动应丰富多彩，尽量安排在户外进行，注意动静交替。但无论组织哪种活动，都要注意在饭前半小时转入安静活动。

（六）盥洗

饭前 10～15 分钟组织幼儿盥洗。盥洗应使用流动水，每个幼儿用各自的毛巾。让幼儿按顺序或分组盥洗。同时，还要教幼儿正确洗脸、洗手，正确使用肥皂、毛巾，教小班幼儿漱口和中、大班幼儿刷牙，冬季教幼儿使用润肤霜。

组织幼儿盥洗时应注意以下几点。

（1）允许幼儿按需要随时大小便，引导幼儿养成在手脏、进食前、大小便后用肥皂和流动的水洗手的习惯。

（2）提醒幼儿有秩序地排队如厕、洗手，不推不挤。

（3）引导幼儿不在盥洗室大声喧哗、吵闹，不妨碍他人如厕、洗手，不在盥洗室内追逐嬉戏，不玩水和肥皂。

（4）洗手前教幼儿怎样卷袖子，在冬天或对于年龄小的幼儿，教师帮着卷；对于大、中班幼儿，要求他们相互卷袖子。

（七）进餐

餐点包括早餐、午餐、晚餐和午睡后的点心。根据幼儿身体发育的特点，幼儿园要制订合理的饮食制度，幼儿进餐必须定时定量。2016 年开始实施的《幼儿园工作规程》第十八条规定："幼儿园应当制定合理的幼儿一日生活作息制度。正餐间隔时间为 3.5～4 小时。"

正确组织幼儿进餐应做好以下工作。

1. 进餐准备

由教师带领值日生布置好餐桌，准备好餐具，为幼儿创设一个干净、安静的进餐环境。

2. 进餐过程

（1）观察幼儿的食量，及时添饭。

（2）教给幼儿正确的坐姿和使用餐具的方法。

（3）教育幼儿不挑食、不偏食。

（4）提醒幼儿细嚼慢咽、不洒饭菜、不弄脏衣服、不东张西望、不大声讲话。

（5）为保证幼儿吃饭时的良好情绪，教师在幼儿进餐前后不要处理问题或批评孩子。

照顾幼儿吃好一顿饭的标志：吃饭过程中，幼儿情绪好；幼儿食欲好，食量够；饮食习惯好，吃得卫生。

【例】有的幼儿做了错事，教师一般等他吃完饭，再做处理，以免影响幼儿的食欲。

（6）保证幼儿心情愉快，绝对不能让幼儿哭、叫，以免将食物吸进气管，更不能用禁止吃饭作为体罚的手段。

3. 进餐结束

幼儿吃完最后一口饭才能离开座位，并把餐具、椅子整齐地放在指定的地方；要引导幼儿养成饭后擦嘴、漱口的习惯；幼儿进餐期间，工作人员不应打扫，以免污染吃饭的环境。

真题再现

《幼儿园工作规程》指出，幼儿园应制定合理的幼儿一日生活作息制度，两餐间隔时间不少于（　　）。

A. 2.5 小时　　B. 3 小时　　C. 2 小时　　D. 3.5 小时

【答案】D。

（八）睡眠

午餐后要组织幼儿午睡，寄宿制幼儿园还要组织幼儿晚上睡觉。幼儿期是生长发育的关键时期，保证幼儿充足的睡眠，对幼儿身体和大脑的发育具有重要意义。

1. 睡前准备

（1）睡觉前要组织幼儿盥洗。午睡前洗手，晚睡前洗手、脸、脚和屁股。夏季午睡前洗手脸、擦身、洗腿脚，晚间睡前洗澡。

（2）睡眠室内空气要新鲜，夏天要开窗睡觉，但要避免风直吹幼儿的头部，冬季在幼儿入睡前要开窗通风换气，刮大风时例外。

（3）在为幼儿准备床铺的时候，教师应根据季节和气温的变化适当调节被褥的厚薄，并及时通知家长为幼儿调换被褥。

（4）教师要检查幼儿床铺上有无杂物，禁止幼儿将小绳、橡皮筋、串珠、纽扣等物品带入寝室，以免幼儿玩弄，将之塞入鼻子、耳朵，造成危险。

2. 睡眠过程

（1）提醒幼儿进入睡眠室要保持安静，立即上床睡觉，不能在室内随便走动或说话。

（2）逐步教会幼儿独立地穿脱衣服、鞋袜，并会整齐地叠放在固定的地方。

（3）教给幼儿正确的睡姿（右侧卧或仰卧），并注意纠正幼儿不良的睡眠习惯。

（4）要掌握每个幼儿夜间小便的习惯，注意为他们盖好被子。对入睡晚和入睡困难的幼儿，教师应坐在床边小声督促他尽快入睡；对爱做小动作的幼儿，教师可以握住他的小手帮他入睡；对生病的幼儿，教师尤其要细心照顾。

照顾好幼儿睡眠的三条标志：一是按时睡，睡得好，按时醒，醒后精神饱满愉快；二是睡够应睡的时间，要以孩子为主，不能任意减少或增加睡眠时间；三是保持良好的睡眠姿势和习惯。

3. 睡眠结束

幼儿起床后应先安排幼儿小便、喝水，稍作调整后，组织幼儿进行户外活动。

（九）户外活动

《幼儿园工作规程》规定：“在正常情况下，幼儿户外活动时间（包括户外体育活动时间）每天不得少于2小时，寄宿制幼儿园不得少于3小时；高寒、高温地区可酌情增减。”

天气好时，应尽量让幼儿到户外参加各种活动。户外活动可充分利用自然因素（阳光、新鲜的空气和风）增强幼儿体质。在这段时间里，可由教师组织幼儿集体活动，也可由幼儿自由选择开展活动。教师要为幼儿准备好玩具、材料及活动场地，要让全班幼儿情绪愉快地参加到活动中来。

（十）劳动

教师可组织幼儿在日常生活中进行劳动。早饭前可组织幼儿擦桌、椅、床、柜等，下午一般可组织幼儿集体劳动，如大扫除、管理小菜园、修补图书、自制玩具等。

组织幼儿劳动是为了对幼儿进行教育，培养热爱劳动、克服困难、认真完成任务的好品德，而不能把它作为惩罚幼儿的手段。幼儿劳动的内容、时间、劳动量和难易程度要符合幼儿身心发展水平。

（十一）散步

教师带领幼儿到室外散步，可以锻炼幼儿的毅力、耐力和组织性，同时教师还可利用散步，引导幼儿观察社会和自然。利用散步的机会让幼儿充分接触自然，允许幼儿在草地上打个滚、在雪地上走，允许幼儿捉昆虫、采野花，让幼儿通过多种感官立体地感受大自然界的美好。

而且，教师要和幼儿一起谈话，描述散步中的见闻。幼儿的感受是浅显的，必须经过成人的引导才能深化。幼儿的认识具有无意性和偶然性，教师的引导、描述可以加深幼儿的认识。但教师的描述要充满感情，语言要生动形象，容易使幼儿产生情感共鸣。

（十二）实验操作活动

幼儿对世界的热爱、对知识的兴趣、对未知世界的探索是在大量的实验操作活动中发展起来的。因此，教师应组织幼儿进行实验操作活动，为幼儿准备使用的工具，按年龄的不同，分别指导，并鼓励幼儿多实践，逐步积累使用工具的经验。

【例】组织幼儿做小实验，如用一只小杯子盛上水，依次放进木块、钉子、石块等，探究沉浮的规律。

（十三）晚间活动

晚间活动是全托幼儿园一日活动的组成部分。一般来说，晚间可以组织一些安静的、活动量小的活动。例如，看电视（每周以1～2次为宜，注意保护幼儿的视力）、演木偶戏、组织幼儿欣赏音乐及自由游戏等。

（十四）离园

幼儿一日或一周的集体生活结束后，要离开幼儿园转入家庭生活。

教师在幼儿离园前，应引导、帮助幼儿做好清洁和整理工作，并提醒幼儿带好回家的物品。幼儿离园时，教师应根据需要向家长介绍幼儿在园的情况并听取家长的意见；对暂时不能回家的幼儿要妥善安排，如适当组织活动，消除幼儿因等待家长而产生的急躁不安的情绪。

二、幼儿园一日生活安排的依据（★★）

（一）幼儿的年龄和精力差异

不同年龄段的幼儿在精力上存在差异。幼儿的年龄不同，他们对进餐、睡眠和活动的时间要求也不同。年龄越小的幼儿，所需的睡眠时间越长，相应地，学习和活动的时间就越短；随着年龄的增长，幼儿的睡眠时间会逐渐减少，学习和活动的时间就会相对延长。因此，不同的年龄班应安排不同的作息制度。

幼儿个体之间存在精力差异。有的幼儿精力旺盛，有的幼儿容易疲倦。因此，一日生活安排还应兼顾幼儿的个体差异，以适应不同幼儿的特点。

（二）幼儿的生理活动特点

幼儿经过一夜睡眠，大脑和身体的疲劳得到恢复。因此，早上是幼儿头脑最清醒、精力最旺盛的时间，宜在这段时间安排教育活动。上午 10～11 点，幼儿神经系统的兴奋性逐渐降低，可以安排一些轻松愉快的游戏以消除疲劳。午餐后，幼儿大脑的兴奋程度降至最低，所以需要午睡。午睡后，大脑的兴奋程度又逐渐提高，但不如上午旺盛，宜安排一些体操、游戏等。晚上睡眠前，可安排一些安静的活动，不要让幼儿过度兴奋而影响入睡。

另外，根据神经生理学的理论，人在从事某种活动时，大脑会形成工作区和休息区。因此，幼儿园在制订生活制度时，应将不同性质的活动轮流进行，做到劳逸结合、动静交替。

（三）地区特点和季节变化

我国幅员辽阔，具有较大的南北气候差异和东西时间差异，各园应根据本地区的具体特征和实际情况，制订相应的生活制度。此外，还要考虑到不同季节的特点，对生活制度进行适当的调整。

（四）家长的需要

幼儿年龄较小，入园和离园都必须由家长亲自接送。因此，幼儿园在制订生活制度时，还要考虑到家长的需要，尽量和家长上下班的时间相衔接，从而更好地为家长服务。

知识拓展

★ 动静交替原则的实施 ★

（1）动静交替原则表现在一日活动的整体安排中。例如，幼儿早上入园后进行锻炼，属于“动”；之后，洗手、安静地吃早餐，属于“静”；接着，安排幼儿在活动区开展活动，属于“动”；后面，安排喝水，属于“静”……

有的幼儿园一日活动的安排多而零碎，幼儿常跟着教师匆匆忙忙地去做每一件事，而来不及仔细体验。这种长期匆忙所带来的压力会对幼儿的身体发展造成一定的不良影响。

（2）动静交替原则也表现在某一个教育活动中。例如，教师在安排语言活动《小兔子拔萝卜》时，可在幼儿安静地听完故事后，安排幼儿进行拔萝卜的动作表演。这样，既可以使幼儿的大脑和身体得到充分的调动和锻炼，又能得到轮流的、充分的休息，从而促进幼儿身心健康发展。

三、幼儿园一日生活的意义（★★）

（一）保障幼儿的生命安全和身体健康

保障幼儿的生命安全和促进幼儿的健康发展在幼儿园工作中占据首位。幼儿园一日生活的每一项生活活动都关系到幼儿的生命和健康。

（二）培养幼儿的独立生活能力和良好的生活卫生习惯

独立生活能力是人们适应社会生活所必需的能力，良好的生活卫生习惯是幼儿生命健康发展的保障。幼儿的生活能力与卫生习惯需要在实践生活中锻炼和培养。教师在一日生活中鼓励幼儿自己的事情自己做，提醒幼儿注意各环节的安全与卫生，为幼儿的健康发展打下了良好的基础。

（三）促进幼儿智力的发展

幼儿在一日生活中可以获得许多知识和经验，掌握基本的生活技能，如拿筷子、喝水、洗手等。而幼儿的具体形象思维的发展需要结合具体事物进行。因此，幼儿在掌握基本生活技能的同时，其智力也得到了进一步发展。

（四）促进幼儿社会性的发展

1. 培养幼儿的爱心和积极的情绪

幼儿园一日生活的合理安排能够满足幼儿的生理需要和精神需要，会给幼儿带来安全感和积极愉快的情绪，有助于建立良好的师幼关系，萌发幼儿的爱心。例如，幼儿早晨入园时，教师热情、亲切的迎接会给幼儿带来好心情，让幼儿的一日生活充满阳光。

2. 培养幼儿的亲社会行为

幼儿园生活是在集体活动中进行的，幼儿虽然独立地从事各自的活动，却在不断的互动中产生影响。教师在一日生活中对幼儿进行爱心教育、集体生活教育等，使幼儿适应集体生活，学会解决与同伴的冲突和纠纷，乐于与他人交往和分享。

3. 促进幼儿道德品质的发展

日常生活是实施幼儿德育最基本的途径。幼儿德育贯穿于幼儿的日常生活之中，结合一日生活培养幼儿良好的道德意识、道德情感、道德行为，能取得实在的教育效果。

小旌提示

幼儿德育是教育者按照儿童身心发展特点和社会主流价值观的要求，运用恰当的方式方法，培养幼儿良好的道德品质的活动。

真题再现

实施幼儿园德育最基本的途径是（　　）。

A. 教学活动　　B. 亲子活动　　C. 阅读活动　　D. 日常生活

【答案】D。

第二节　幼儿园生活常规教育

一、幼儿园生活常规的概念（★）

幼儿园生活常规是幼儿园为了培养幼儿良好的生活习惯和生活基本能力，确保幼儿健康成长而制订的幼儿园生活各环节的基本规则和要求。

《幼儿园工作规程》指出，幼儿园日常生活组织，应当从实际出发，建立必要、合理的常规，坚持一贯性和灵活性相结合，培养幼儿的良好习惯和初步的生活自理能力。

二、幼儿园生活常规教育的内容（★）

幼儿园生活常规教育的主要内容包括以下几个方面。

（1）引导幼儿有规律地生活，自觉遵守作息时间和生活制度。

（2）让幼儿学习基本的生活技能，培养幼儿的生活自理能力，包括吃饭、穿衣、刷牙、洗脸和收拾玩具等。

（3）培养幼儿良好的生活习惯和卫生习惯。生活习惯包括讲文明、讲礼貌、不浪费水、不影响他人休息、把衣物整齐地放在固定的地方等。卫生习惯包括饭前便后洗手、定时排便、不乱扔垃圾、爱护公共卫生等。

三、幼儿园生活常规教育的要求（★★）

（一）从实际出发，建立合理的生活常规

各幼儿园所处的环境条件不同，幼儿在园中所处的班级也不尽相同，故应从幼儿园的实际出发建立常规。此外，教师要根据不同年龄幼儿身心发展的特点，制订不同的生活常规。一般小班为最基本的生活要求；中班和大班的生活常规要求逐渐增多，难度增大。

（二）具体而规范

幼儿在一日生活中的每个环节都必须按照生活常规教育的具体要求接受训练。通过日复一日的重复巩固，幼儿就会养成良好的生活行为和习惯。因此，生活常规的要求应该是具体而规范的，对幼儿来说是可理解的和可操作的。

（三）坚持一贯性、一致性和灵活性

教师应在每日重复进行的各种生活活动中培养幼儿的习惯和自理能力。保教人员应将对幼儿习惯与能力的培养长期坚持下去，对幼儿有一致性的要求，同时还应视环境及幼儿个体的状况灵活对待，不宜强求。

（四）保育与教育相结合

培养幼儿生活常规需要保育和教育同时进行。幼儿年龄越小，越需要通过保育的手段使其养成良好的习惯，并在一日生活的每一个环节接受教育。因此，在各种生活活动中保教人员的分工要明确、具体，创造好条件，让幼儿按常规做事。

四、幼儿园生活常规教育的意义（★★）

（1）常规教育可以培养幼儿的生活规律，使其养成良好的行为习惯。

由于幼儿园里的幼儿来自不同背景的家庭，幼儿的生活习惯和作息规律不尽相同，甚至有些幼儿生活作息没有规律。而幼儿园则是按照幼儿生理和心理的需要做出合理的安排，幼儿生活在其中，就能逐渐养成有规律的生活习惯、时间观念和有组织、有条理的做事能力，并逐步适应幼儿园的环境。

（2）常规教育可以帮助幼儿适应幼儿园环境，学习在集体中生活。

幼儿园一日活动虽是为满足幼儿自身需要进行的，但是在活动过程中，幼儿必须具备一定的知识技能以执行成人的要求和适应集体生活。因此，生活常规教育可以使幼儿在自身需要和客观要求、主观能动性及外部条件的交互作用下，获得适应幼儿园环境的能力，并且不断学习怎样在集体中生活。

（3）常规教育可以培养幼儿的自律能力，维持班级的秩序。

自律是指控制自己并遵守一些共同规则的能力。幼儿通过遵守一日生活中的常规逐渐培养其自律能力。同时由于幼儿的这种自律能力，班级秩序得以维护，幼儿园的游戏活动和教育活动得以正常开展。

（4）常规教育能够增强幼儿的安全感，有助于幼儿健康成长。

幼儿在一个有规律的环境里生活才会感到安全。合理的常规为幼儿创造了一种有序的、和谐的生活，使幼儿在心情愉快的情境中自然地形成一种符合其身心发展水平的规则意识和规范行为，使遵守规则成为幼儿的自主行为，从而促进幼儿的身心健康发展。

五、培养幼儿良好生活、卫生习惯的方法（★★）

（一）示范讲解法

示范讲解法是生活常规教育中最基本的方法。其主要包括整体示范讲解法和分解示范

讲解法。对于比较简单的生活常规一般采用整体示范讲解法；对于较难的生活常规，通常先采用分解示范讲解法，然后进行整体示范讲解。

（二）亲手操作法

亲手操作法是生活常规教育中最重要的方法。幼儿必须通过反复不断的操作练习，才能习惯成自然，把生活常规转变为自觉的行为习惯。

（三）榜样示范法

（1）教师要充分利用幼儿好模仿的心理特点，通过树立榜样，为幼儿示范良好的生活卫生习惯。成人的言行往往被幼儿看在眼里，记在心里，并落实到行动上。因此，教师要提高修养，为幼儿树立良好榜样。

（2）同伴间的影响力对幼儿的发展也具有不可估量的作用。因此，教师要抓住日常生活中的点滴小事，把握好教育时机，让幼儿向同伴学习。

（3）文艺作品中的形象鲜明，易给幼儿留下深刻的印象，成为他们学习的榜样。

【例】为培养幼儿讲卫生的习惯，教师向幼儿讲述《猪嘟嘟》的故事，启发幼儿向猪嘟嘟学习。

（四）渗透教育法

教师要运用启发诱导的方法，将教育内容渗透到幼儿园一日生活的各个环节中，通过潜移默化的影响，使幼儿逐渐形成良好的生活习惯。

（五）评价激励法

定期对幼儿的生活行为进行检查和评比，对达到要求的幼儿及时给予肯定的评价。一颗五角星、一面小红旗、一朵小红花都会让幼儿体验到成功的喜悦。

（六）成果欣赏法

成果欣赏法是指组织幼儿进行生活方面的自我服务活动，并且组织幼儿观赏和评价自我服务的劳动成果，并从中获得整洁的美感以及由此带来的情绪体验。

（七）图式观察法

图式观察法是指提供给幼儿简洁、形象、连续的图片，引导幼儿观察、思考和尝试，从而获得新技能和新方法。图示说明直观、形象、生动、有趣，符合幼儿的年龄特征和认识水平，容易引起幼儿注意，便于幼儿领会和记忆，从而能更好地落实生活活动目标，帮助幼儿养成良好的生活习惯。

（八）游戏练习法

游戏练习法是指让幼儿在生动有趣的活动中接受教育、快乐学习。教师可以利用看视频、听故事和做游戏等形式来帮助幼儿掌握生活常规的要领。

（九）家园共育法

幼儿的良好习惯仅在幼儿园培养是远远不够的，还要得到家长的支持和配合。教师应和家长多沟通，定期召开家长会，向家长宣传培养幼儿良好习惯的重要性，帮助家长树立正确的教养观念，并要求家长密切配合幼儿园，使幼儿在幼儿园形成的行为习惯在家里得以延续和巩固。

实战演练

答案与解析

一、单项选择题

1. 下列不属于幼儿良好饮食习惯的是（　　）。

   A. 按时吃饭，坐定进食　　B. 独立吃完自己的饭菜

   C. 注意不让饭菜洒落在桌上和地上　　D. 进餐时大声说笑

2. 下列不属于幼儿园晨检内容的一项是（　　）。

   A. 一看　　B. 二听　　C. 三问　　D. 四查

3. 上课时，明明喊口渴想喝水，教师的正确做法是（　　）。

   A. 立即让明明去喝水　　B. 让明明坚持到下课再去喝水

   C. 批评明明后再让他去喝水　　D. 暂停课程，督促所有幼儿去喝水

4. 下列关于幼儿一日常规活动的说法，错误的是（　　）。

   A. 幼儿可以根据自己的意愿，选择去不去户外活动

   B. 吃饭前教师要组织幼儿进行盥洗活动

   C. 幼儿入园后必须进行晨检

   D. 要让幼儿在间隙活动中及时饮水

5. 多多今天上午讲故事得到了老师的表扬，非常高兴，午睡的时候还在不停地跟小朋友讲故事，不肯睡觉。针对这种情况，教师以下做法中，错误的是（　　）。

   A. 安排安静活动，让多多安静下来

   B. 把多多叫出去，训斥他不要闹了

   C. 轻声提醒多多，午睡时间到了

   D. 给多多一本书，让他自己在一旁安静看书

二、简答题

简述幼儿园生活常规教育的重要性。

三、论述题

论述说明如何在幼儿园一日生活中实施“动静交替”的原则。

四、材料分析题

午睡起床时，烨烨发现小床边的鞋子不知怎么到了床底下。为了拿到鞋子，烨烨趴在地板上，把手伸进床底下去拿，但够不着，将身体挪近床沿后再试，还是够不着。在一边仔细观察的王老师提示他，能不能找东西来帮忙。烨烨便找来一根绳子，一试，发现绳子是软的，无法够到鞋子。他不甘心，索性坐下来，一只手臂勾住床侧的挡板，一条腿伸到床底下勾鞋子还是不行。于是，他的脚像钟摆一样在床底下晃动，虽然碰到了鞋子，却依然弄不出来。于是，烨烨干脆拿起老师做卫生的笤帚，慢慢地移动鞋子，这样，他终于拿到了鞋子。站在一旁多时的王老师伸出大拇指，微笑着对烨烨说："你真棒！"

问题：请结合一日生活的教育意义，分析王老师的行为。

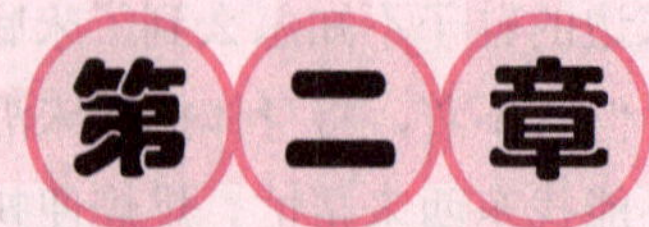

第二章

幼儿营养与膳食

考情分析

题型	2022 年上半年	2022 年下半年	2023 年上半年	2023 年下半年	2024 年上半年	2024 年下半年
单项选择题	—	—	—	—	1 题 3 分	—
简答题	—	—	—	—	—	—
论述题	—	—	—	—	—	—
材料分析题	—	—	—	—	—	—
活动设计题	—	—	—	—	—	—
总计	—	—	—	—	1 题 3 分	—

（1）本章内容是近年幼儿园教师资格考试中的低频考点，考查形式为单项选择题，考查的内容比较细致。

（2）学习时应掌握六大营养素的功能及幼儿营养素缺乏时的表现。

第一节　六大营养素

一、营养素的定义（★）

营养素是指食物中所含的，能够维持生命和健康并能促进机体生长发育的化学物质。幼儿正处于生长发育的关键时期，营养素的供应至关重要。

二、幼儿的六大营养素（★★）

目前已知的人体所必需的营养素可概括为六大类：蛋白质、脂类、糖类、无机盐、维生素和水。其中，蛋白质、脂类和糖类能够提供机体所需的热量，属于产热营养素。

（一）蛋白质

小旋提示

组氨酸是幼儿较成人多出来的一种非必需氨基酸。

1. 蛋白质的组成

蛋白质的基本组成单位是氨基酸。目前，已经发现的氨基酸有 20 多种。凡是能在体内合成的氨基酸，称为非必需氨基酸；凡是在体内不能合成、必须从食物中获取的氨基酸，称为必需氨基酸。幼儿在生长发育时期，需要 9 种必需氨基酸，分别是赖氨酸、色氨酸、蛋氨酸、苯丙氨酸、亮氨酸、异亮氨酸、苏氨酸、缬氨酸和组氨酸。

2. 蛋白质的生理功能

（1）合成并修补机体组织。

蛋白质是构成一切细胞和组织的基本物质，任何一个细胞、组织和器官中都含有蛋白质。而且，各种组织需要不断分解、修补或更新，都需要蛋白质的参与。

（2）调节生理功能。

蛋白质参与激素、酶、抗体等具有重要生理功能物质的合成，促进机体内无机盐和维生素的吸收和利用，调节细胞内、外液的渗透压和酸碱平衡，促进脑细胞的活动，提高机体的免疫力。

（3）供给热量。

蛋白质可提供热量。一般来说，人体每天所需要的热量约有 10%是由蛋白质提供的。

3. 蛋白质的食物来源

动物性蛋白质主要来源于瘦肉（如牛肉、鸡肉）、鱼、奶和蛋等；植物性蛋白质主要来源于豆类、坚果和谷类等。其中，动物性食物与豆类中的蛋白质所含的必需氨基酸比较齐全，因而被称为优质蛋白质，其消化率与利用率都较高。

几种营养价值较低的蛋白质混合后食用，可以使其所含必需氨基酸的种类和数量互相补充，从而提高蛋白质的利用率，称为蛋白质的互补作用，如八宝粥、素什锦。

4. 幼儿对蛋白质的需要量

1～6 岁幼儿每日膳食中蛋白质的推荐摄入量为 20～35 克，其中最好有一半是优质蛋白质。如果蛋白质摄入不足，幼儿就会出现生长发育缓慢，体重减轻，易疲劳，贫血，免疫力下降，创伤和骨折不易愈合等现象，严重的甚至出现智力障碍。但是，蛋白质摄入过多也会增加肾脏的负担，还会引起便秘和肠胃疾病。

（二）脂类

脂类是一种不溶于水而易溶于有机物的物质，是食物中产生热量最高的一种营养素。

1. 脂类的构成

脂类是脂肪（甘油三酯）和类脂的合成。类脂又包括磷脂、糖脂和固醇类等。

2. 脂类的生理功能

（1）构成人体组织。

脂肪是神经、脑、心、肝、肾等组织的组成物质，类脂是人体细胞的组成物质。

（2）提供维生素。

脂肪中含有丰富的脂溶性维生素，如鱼肝油中含有较多的维生素 A、D，植物油中含有较多的维生素 E 等。此外，脂肪是良好的溶剂，有利于脂溶性维生素的吸收。

（3）提供热量。

当人体摄入的热量超过消耗的热量时，多余的热量就以脂肪的形式储存在体内；当人体热量摄入不足时，可通过消耗体内脂肪释放热量以供机体利用。

（4）保护机体。

脂肪层如同软垫，保护和固定器官，使内脏、血管和神经等免受撞击和震动的损伤。

（5）增加食欲。

在烹调食物时添加脂肪类食物，可增加食物的色香味，让人食欲大增。

3. 脂类的食物来源

脂肪主要来源于肉类食物和烹调油，如猪肉、花生油、色拉油和豆油等；类脂主要来源于乳类、蛋黄和坚果等。

4. 幼儿对脂类的需要量

一般来说，幼儿膳食中脂肪提供的热量占总热量的 35%左右。若脂肪供应量太少，可导致幼儿体重下降，皮肤干燥，并可发生脂溶性维生素缺乏症；若脂肪供给太多，可导致肥胖症。

（三）糖类

1. 糖类的构成

糖类又称碳水化合物，由碳、氢、氧三种元素组成。糖类可分为单糖（如葡萄糖、果糖）、双糖（如蔗糖、麦芽糖、乳糖）和多糖（如淀粉、糖原、纤维素和果胶）。

2. 糖类的生理功能

（1）提供热量。

糖类是人体最经济、最主要的热量来源，机体所需热量的60%～70%来源于糖类。

（2）参与细胞、组织等的构成。

糖是构成人体细胞的重要成分。糖与蛋白质合成的糖蛋白是许多激素、酶和抗体的基本成分；糖与脂类合成的糖脂是神经组织的主要成分。糖也是构成遗传物质的主要成分。

（3）维持各组织、器官的正常功能。

血液中的葡萄糖称为血糖。血糖必须保持一定的水平才能保证体内各器官和组织的需要，使其发挥正常功能。血糖过低会影响心脏功能，人会感到虚弱、眩晕；血糖过高会影响血管功能，引起各种糖尿病并发症等。

（4）促进消化与排泄。

糖中的纤维素和果胶等食物纤维不能被人体吸收，但能促进肠蠕动、抑制肠内病菌繁殖、增加大便量、冲淡肠内毒素。

（5）合成糖原。

一部分血糖可以肝糖原和肌糖原的形式贮存于肝脏和肌肉中。肝糖原可增强肝脏的解毒功能，肌糖原有利于维持血糖稳定。

3. 糖类的食物来源

糖类主要来源于谷类食物（富含淀粉）、根茎类食物（富含淀粉）、食用糖（含蔗糖）、蔬菜水果（含单糖、纤维素和果胶）和乳类（主要含乳糖）等。

4. 幼儿对糖类的需要量

幼儿每日对糖类的平均需要量为120克左右。若糖类摄入不足，幼儿会产生饥饿感，迫使体内蛋白质和脂肪产热，导致体重减轻，影响生长发育；若糖类摄入过量，多余的糖会转变成脂肪，导致幼儿肥胖。

（四）无机盐

人体所需的钙、铁、磷等元素均以无机物的形式存在，故称无机盐，又称矿物质。

1. 无机盐的分类

（1）常量元素。常量元素在人体内的含量大于体重的0.01%，主要包括钙、镁、钾、钠、磷、硫和氯7种。

（2）微量元素。微量元素在人体内的含量小于体重的0.01%，主要包括铁、铜、锌、碘、氟、硒、锰、铬、钴、钼和镍等。虽然微量元素含量很少，但对人体也十分重要，过多或过少都可能引发疾病。

2．幼儿较易缺乏的无机盐

幼儿较易缺乏的无机盐有钙、磷、铁、碘和锌。这5种无机盐的生理功能、食物来源、幼儿缺乏时的表现及推荐幼儿的摄入量如表3-2-1所示。

表3-2-1　幼儿较易缺乏的无机盐

无机盐	主要生理功能	主要食物来源	幼儿缺乏时的表现	推荐摄入量（毫克）		备注
				1～3岁	4～6岁	
钙	（1）构成骨骼和牙齿 （2）维持细胞的正常功能 （3）调节神经系统的兴奋性 （4）促进血液凝固	奶类、鱼虾、豆类、绿叶蔬菜	骨骼发育不良，严重时可导致佝偻病	600	800	人体摄入钙和磷的比例最好是在1∶2到1∶1之间 维生素D可以促进钙和磷的吸收
磷	构成人体的骨骼、牙齿及其他组织	肉类、鱼、蛋、奶、豆类、坚果、谷类等	软骨病，免疫力低下	300	350	
铁	（1）血红蛋白的合成原料 （2）参与体内氧的运输和利用	瘦肉、动物血、肝脏、黑木耳、芝麻酱、菠菜等	缺铁性贫血，免疫力低下	9	10	铁在人体内可被反复利用，排出体外的铁很少
碘	参与合成甲状腺素	海产品，如鲜海带、干紫菜等	甲状腺肿大、呆小症等	0.09	0.09	食用加碘盐是补充碘的最佳途径
锌	（1）参与蛋白质和核酸的合成 （2）促进幼儿的生长 （3）维持头皮和皮肤的健康	瘦肉、动物内脏、蛋黄、奶类、鱼等	味觉异常，食欲减退，创伤愈合慢，生长发育缓慢，甚至可导致异食癖	4.0	5.5	谷类和蔬菜中的草酸、植酸等与锌同食时会降低锌的吸收率

（五）维生素

维生素是人体生命活动过程中必需的一类有机化合物，在免疫反应的各个阶段发挥着至关重要的作用。维生素存在于天然食物中，人体一般不能合成，必须由食物供给，可分为脂溶性（维生素A、D、E、K）和水溶性（B族维生素、维生素C）两类。本书主要介绍维生素A、B、C、D。

1．维生素A

（1）维生素A的生理功能。

维生素A是一类含有视黄醇生物活性的化合物的总称，具有维持正常视觉、促进上皮组织增殖分化和促进儿童生长发育等功能。人体缺乏维生素A，会导致暗适应能力低下，从而产生夜盲症。

（2）维生素 A 的食物来源。

维生素 A 主要来源于动物的肝脏、蛋黄等。此外，鱼肝油、奶和鱼类也含有丰富的维生素 A。

（3）幼儿对维生素 A 的需要量。

幼儿每日对维生素 A 的需要量为：3～4 岁 500 微克，5～7 岁 750 微克。

严重缺乏维生素 A 会造成夜盲症和干眼症，还可有皮肤干燥、粗糙，毛发干脆，易脱落，并易于反复发生呼吸道、消化道感染。

知识拓展

维生素 A 的特别来源——类胡萝卜素

蔬菜水果中含有的类胡萝卜素，可以在体内转化为维生素 A。尤其是深绿色和红黄色的蔬菜，如西兰花、胡萝卜、菠菜等，含类胡萝卜素比较多，也可以起到补充维生素 A 的作用。

2. 维生素 B 族

维生素 B 族主要有维生素 B_1、B_2、B_6、B_{12} 和叶酸等。维生素 B_1、B_2 的性质、生理功能、食物来源及人体缺乏时的表现如表 3-2-2 所示。

表 3-2-2　维生素 B_1、B_2 表

维生素	生理功能	食物来源	人体缺乏时的表现
维生素 B_1	参与糖的代谢，保证机体能量的供给	肉类、动物内脏、蛋类、豆类、酵母、粗粮、糙米、麸面和坚果类等	易引起消化不良、食欲缺乏、体重减轻、发育迟缓等，严重缺乏时可患脚气病
维生素 B_2	（1）酶的重要组成成分 （2）参与细胞的氧化还原反应 （3）维持正常视觉	动物的内脏、肉、蛋类和乳类等	会引起物质代谢的紊乱，出现口角开裂、溃疡、舌炎、唇炎、角膜炎及某些皮炎，影响视觉

3. 维生素 C（抗坏血酸）

（1）维生素 C 的生理功能。

维生素 C 能促进胶原蛋白的合成，有益于伤口的愈合、止血，能够降低血液中胆固醇的含量，有利于铁的吸收，还能使叶酸被激活，促进叶酸的代谢，增强机体的免疫力。

（2）维生素 C 的食物来源。

维生素 C 主要来源于新鲜的蔬菜和水果中，尤其是绿色蔬菜、西红柿和酸味水果中。在动物性食物中，肝和肾也含有一定数量的维生素 C。

（3）幼儿对维生素 C 的需要量。

幼儿每日对维生素 C 的需要量为：3～4 岁 40 毫克，5～7 岁 45 毫克。

缺乏维生素 C 会出现乏力、食欲减退、容易出血等症状，严重的可能导致坏血病。

4. 维生素 D

（1）维生素 D 的生理功能。

维生素 D 不仅能促进钙和磷在肠道的吸收，还作用于骨骼组织，使钙和磷最终成为骨质的基本结构，从而使骨骼和牙齿正常发育。但维生素 D 并不能直接起作用，在体内必须先经代谢转化，才具有生理作用。

（2）维生素 D 的来源。

含维生素 D 丰富的食物主要有动物肝脏、鱼肝油、禽蛋类等。此外，晒太阳是最方便、最经济的补充维生素 D 的方法。经阳光中紫外线的照射，皮肤中的 7- 脱氢胆固醇可转变为维生素 D。

（3）幼儿对维生素 D 的需要量。

幼儿每日需要维生素 D 大约 10 微克。

缺乏维生素 D 可使幼儿患佝偻病或手足抽搐症。

小旌归纳

幼儿所需的维生素与对应的缺乏症如下。

维生素 A——夜盲症；维生素 B_1——脚气病；维生素 B_2——口角炎；维生素 C——坏血病；维生素 D——佝偻病。

真题再现

婴幼儿应多吃蛋、奶等食物，保证维生素 D 的摄入，以防止因维生素 D 缺乏而引起（　　）。

A. 呆小症　　B. 异食癖　　C. 佝偻病　　D. 坏血病

【解析】佝偻病往往是由于缺乏维生素 D 导致钙、磷吸收不足而引起的。呆小症往往由于缺碘而引起，异食癖是因缺锌引起的，坏血病是由于人体缺乏维生素 C 所引起的。

【答案】C。

（六）水

水是维持人体正常活动的重要物质。机体丢失 20%的水就无法维持生命，因此人体应不断补充水分。

1. 水的生理功能

（1）水是构成机体的主要成分。

水是人体组织、体液的主要成分，在体内含量最高。

（2）水是代谢反应的基础。

水是机体物质代谢必不可少的溶液媒介，机体内一切化学反应都必须有水参加。

（3）保持体温恒定。

人体通过血液循环将体内代谢产生的热量均匀地分布到全身。当人体产生的热量过多时，就会通过出汗排出多余的热量，从而保持体温的相对恒定。

（4）运输作用。

水作为载体，是血液、尿液的主要成分，可维持血液的正常功能，向人体各组织输送营养物质，同时又带走代谢产生的废物。

（5）润滑作用。

眼球、关节和人体组织间的水都可起到润滑作用。例如，泪腺分泌眼泪，避免角膜干燥；关节腔里有滑液，避免骨与骨之间的摩擦等。

2. 幼儿对水的需要量

人是一个水的生命体，年龄越小，体内水分所占的比例越高。幼儿体内水分比例约为65%。幼儿新陈代谢旺盛，体表面积相对较大，水分蒸发多，所以对水的需要量多。幼儿每日每千克体重需要的水量为：2～3 岁 100～140 毫升，4～7 岁 90～110 毫升。

此外，幼儿对水的需要量与其活动量、气温和食物的种类有关。活动量大、气温高、多食蛋白质和无机盐时，对水的需要量就会增加。

一、调配幼儿膳食的基本原则（★）

（一）搭配得当，营养均衡

营养素由于种类不同和化学结构各异，互相之间有着互补作用，因此，单一进食是不科学的。如果将食物合理搭配，就能够大大提高食物的营养价值，达到营养均衡的效果。食物的搭配应做到粗细搭配、米面搭配、荤素搭配、谷类与豆类搭配、蔬菜五色搭配、干稀搭配等。三餐的搭配应遵循早餐高质量，中餐高质量、高热量，晚餐清淡易消化的原则。

（二）烹调细致，增进食欲

幼儿的膳食要符合他们的咀嚼、消化能力，在烹调时要注意煮熟、烧透，做到碎、细、软、烂。此外，烹调时还要注意食物的外形美、色诱人、味可口、香气浓、花样多，以有效地促进幼儿的食欲。

（三）清洁卫生，严防中毒

幼儿园应保证食物原料、膳食制作过程、餐具等均合乎卫生标准，如不能选择腐烂变质、刺激性过强、有致癌物质、含农药、人工色素等有害物质的食物原料。厨房及其设备应保持清洁卫生，餐具应及时清洗消毒，工作人员应注意个人卫生等。

二、培养幼儿良好的饮食习惯（★）

培养幼儿良好的饮食习惯应注意以下几点。

（1）布置安静适宜的进餐环境，稳定幼儿情绪，激发幼儿食欲，做好餐前准备。

（2）培养幼儿按时定位进餐的习惯，要求幼儿细嚼慢咽，又不能拖得太久。

（3）培养幼儿专心自主用餐的习惯。

（4）让幼儿注意饮食卫生和就餐礼貌，引导幼儿不偏食，不挑食。

三、不良饮食习惯的预防与矫治（★）

幼儿常见的不良饮食习惯有挑食、偏食、贪食和零食食用过度等。

（一）挑食和偏食

挑食是指吃饭时对食物有所选择，有的爱吃，有的不爱吃或不吃；偏食是指只喜欢吃某些种类的食物，如只喜欢吃肉，而不喜欢吃菜等。

1. 原因

（1）食物比较单调，导致幼儿吃腻了某种食物。

（2）幼儿过早地尝试了重口味的食物，导致不喜欢吃清淡的食物。

（3）受到家长挑食或偏食的影响。

（4）父母过分迎合孩子的胃口，纵容其在饭桌上的“小脾气”。

2. 防治措施

（1）为幼儿提供尝试各种食物的机会，但不能强迫其进食，以免引起厌食。

（2）将饭菜做到色、香、味、形俱全，并经常变换花样，以增强幼儿的食欲。

（3）让幼儿多参加户外活动，使其产生饥饿感，从而增强食欲。

（4）可将幼儿不喜欢的食物掺入其他食物中，吸引幼儿进食。

（5）有偏食或挑食习惯的家长也应改变自己的不良饮食习惯，为幼儿树立良好的榜样。

（二）贪食

贪食是一种压制不住的超量进食行为。贪食的幼儿常表现为进食量大、进餐速度快，食欲特别强，喜食煎炸品、甜点等。

1. 原因

除极少数幼儿由于天生内分泌失调外，大多数幼儿贪食的原因如下。

（1）错误的家庭饮食观念，如认为“能吃是福”等。

（2）幼儿生病后的过度调养。

（3）幼儿经常食用含激素的保健食品，使内分泌系统失调。

2．防治措施

预防和纠正幼儿贪食最好的办法是少食、多餐。同时，要让幼儿认识到吃东西是为了长好身体，而不是为了满足进食的“快乐”或“享受”，非正餐时间，肚子饿了可适当进食，肚子不饿就不要进食。

（三）零食食用过度

1．原因

大多数幼儿喜欢吃零食是因为零食味道好、花样多，且吃起来方便。一些家长因为幼儿吃零食时安静、乖巧，就放任其吃零食；还有的家长因幼儿正餐吃得少或总担心其饿着，就娇惯幼儿吃零食。

2．防治措施

教育幼儿尽量少吃零食，如果吃零食，也应有一定的时间规律，一般在两顿正餐之间或餐后吃，且不可过量。

答案与解析

一、单项选择题

1．下列不能产生热量的营养素是（　　）。

A．蛋白质　　B．脂类　　C．糖类　　D．无机盐

2．缺乏维生素 A 的幼儿易患（　　）。

A．夜盲症　　B．佝偻病　　C．脚气　　D．神经炎

3．下列关于培养幼儿饮食习惯的说法，不正确的是（　　）。

A．在相对固定的位置和固定的时间进餐

B．饭前洗手、饭后漱口

C．除了正常的三餐和两次加餐外，要控制零食

D．鼓励幼儿多吃高蛋白的食物，少吃营养较少的蔬菜粗粮

4．下列膳食搭配可以起到“蛋白质互补作用”的是（　　）。

A．粗细粮搭配　　B．蔬菜五色搭配

C．谷类和豆类搭配　　D．米面搭配

二、简答题

简述如何矫正幼儿挑食的不良习惯。

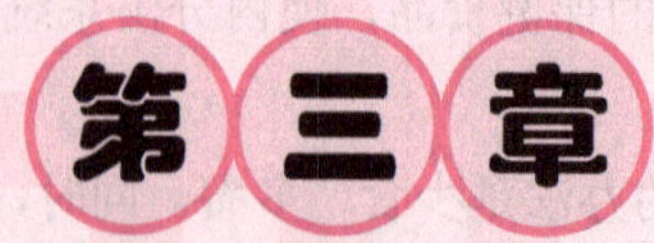

第三章 幼儿常见疾病与预防

考情分析

题型	2022 年上半年	2022 年下半年	2023 年上半年	2023 年下半年	2024 年上半年	2024 年下半年
单项选择题	1 题 3 分	—	2 题 6 分	1 题 3 分	—	—
简答题	—	—	—	—	—	—
论述题	—	—	—	—	—	—
材料分析题	—	—	—	—	—	—
活动设计题	—	—	—	—	—	—
总计	1 题 3 分	—	2 题 6 分	1 题 3 分	—	—

（1）本章内容是近年幼儿园教师资格考试中的中频考点，考查形式主要为单项选择题。

（2）学习时需掌握幼儿常见疾病及症状，能根据症状判断疾病的种类，并熟悉相关预防知识。

第一节　幼儿身体发育中的常见疾病与预防

一、上呼吸道感染（★）

（一）病因

上呼吸道感染俗称感冒，大多由病毒引起，少数情况下是由细菌引起的。上呼吸道感染是幼儿最常见的疾病之一，一年四季均可发生。

（二）症状

由于患儿的年龄、体质及感染的病原体不同，病情的发病缓急与轻重程度也不尽相同。但主要症状表现为鼻塞、流鼻涕、打喷嚏、咳嗽、咽干和发热等。

（三）护理

（1）让幼儿注意休息，保持生活环境的卫生，适当多饮水。

（2）患病时，幼儿的营养物质流失较快，但消化功能减弱，所以要注意饮食。

（3）幼儿发烧时，考虑物理降温法，慎服退烧药。

（四）预防

让幼儿加强体育锻炼，注意营养，增强体质，提高抵抗力；勤开窗通风，保持室内空气流通，少让幼儿去人多的公共场所，避免接触上呼吸道感染者；在季节交替或气温骤变之时，及时为幼儿增减衣物。

二、腹泻（★）

（一）病因

引起腹泻的原因有很多，如进食过多、消化不良、腹部受冷、食物或餐具被病菌感染、感冒、中耳炎、肺炎、泌尿系统感染或某些传染性疾病等。

（二）症状

（1）轻度腹泻：大便次数增多，但每次量不多；大便稀，呈蛋花汤样；体温正常或偶有低热。

（2）重度腹泻：一日大便十余次或更多，大便量多，有腥臭味，呈黄色或黄绿色；

患儿食欲低下，常伴有呕吐和发烧。

（三）护理

（1）让幼儿多休息，并注意腹部保暖。

（2）调整、减少饮食，防止幼儿脱水，遵医嘱服药，及时治疗。

（3）注意卫生，排便后用温水清洗臀部。

（四）预防

膳食选配要符合幼儿消化器官的发育特点，搞好饮食卫生和幼儿个人卫生，避免腹部受凉，做好日常消毒工作。

三、龋齿（★）

（一）病因

龋齿俗称虫子牙、蛀牙，是由于口腔内的酸经常腐蚀牙釉质而使牙齿逐渐形成龋洞的现象。龋齿是以下三种因素联合作用的结果。

（1）口腔中细菌的破坏作用。

（2）牙面齿缝中的食物残渣。

（3）牙齿结构上的缺陷。

（二）症状

根据牙齿被破坏程度的不同，龋齿可分为浅龋、中龋和深龋，如图 3-3-1 所示。

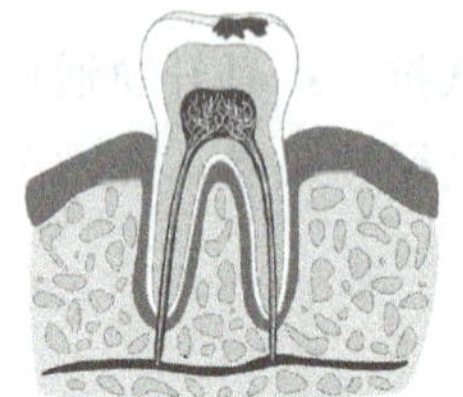

（a）浅龋

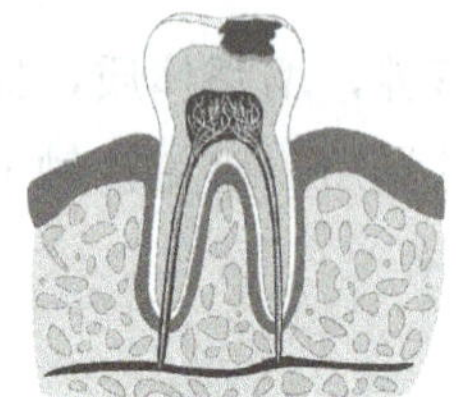

（b）中龋

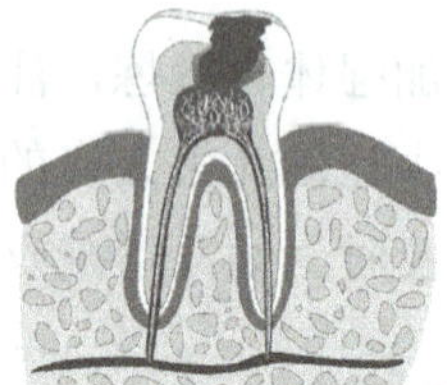

（c）深龋

图 3-3-1　不同程度的龋齿

（1）浅龋：牙釉质出现褐色或黑褐色斑点，患儿一般感觉不到疼痛。

（2）中龋：可以看到或探到明显的龋洞，患儿在进食冷、热或酸、甜食品时，会感觉酸痛。

（3）深龋：龋洞很深，接近髓腔，有食物嵌塞时有短暂疼痛症状，当龋洞深及牙根时，可刺激神经末梢引起剧烈疼痛。

（三）危害

龋齿是幼儿最常见的牙病。幼儿会因牙痛而影响食欲、咀嚼，进而影响消化、吸收和

生长发育。如果乳牙患了龋齿，可使牙周组织发炎，以致影响恒牙的正常发育；若乳牙因患龋齿过早丢失，还会影响到恒牙的正常排列。

（四）预防

（1）注意口腔卫生，养成良好的口腔卫生习惯。

（2）多晒太阳，注意营养，保证牙齿的正常钙化。

（3）定期口腔检查，发现龋齿，及时治疗。

四、弱视（★）

（一）病因

弱视是指视觉系统没有器质性病变，在经过矫正后仍达不到正常视力的眼部疾病。单眼斜视、屈光参差、先天性的白内障、上睑下垂或角膜混浊等都可能引起弱视。

（二）症状与危害

（1）弱视患儿立体视觉模糊，不能准确判断物体的远近和方位。

（2）无法形成立体视觉。由于大脑只能得到单侧健眼输入的视觉信号，所以大脑无法形成立体的像，导致患儿没有立体空间想象力。

（3）弱视患儿易产生自卑和自闭心理。

（4）弱视还可能引起斜视，影响幼儿的容貌和健康。

（三）预防

（1）注意用眼卫生，让幼儿养成良好的用眼习惯。

（2）注意营养供给，保证眼睛的正常发育。

（3）让幼儿多进行户外活动，增强身体素质，适应自然光线。

（4）定期检查幼儿视力，如果视力不足 0.9，及早治疗。

（四）矫治

治疗弱视的最好时机是在 6 岁以前，经过治疗，视力可以提高，并恢复立体视觉。对于弱视患儿应进行散瞳验光，采用“健眼遮盖法”检查视力，通过戴眼镜或手术等进行矫治。

知识拓展

★ 定期健康检查 ★

《托儿所托儿所幼儿园卫生保健工作规范》规定，1～3 岁儿童每年健康检查 2 次，每次间隔 6 个月；3 岁以上儿童每年健康检查 1 次。所有儿童每年进行 1 次血红蛋白或血常规检测。1～3 岁儿童每年进行 1 次听力筛查；4 岁以上儿童每年检查 1 次视力。体检后应当及时向家长反馈健康检查结果。

五、肥胖症（★）

（一）病因

肥胖症是指因过量的脂肪储存使体重超过标准体重 20%以上的营养过剩性疾病。幼儿肥胖的原因主要有：多食、少动；内分泌失调；遗传或心理因素。

（二）症状

（1）食欲旺盛，喜欢吃含淀粉、油脂类的食物。

（2）体格发育较同龄幼儿迅速，脂肪大量堆积，行动笨拙，不爱运动。

（三）危害

（1）体型不美观。

（2）易导致扁平足，即使走路不多也会感到腰疼、腿疼。

（3）腹部脂肪堆积，横膈上升，影响呼吸。

（4）脂肪堆积在血管壁和肝脏上，容易引发动脉硬化。

（5）易产生孤独感和自卑感。

（四）预防

（1）控制饮食，让幼儿少吃高热量的食物，多吃蔬菜和水果。

（2）鼓励幼儿经常参加体育运动，每天保证一定的活动量，消耗体内的脂肪。

（五）矫治

（1）加强膳食管理，适当控制进食量。

（2）培养肥胖症患儿对各种体育活动的兴趣，通过运动消耗多余的脂肪。

（3）积极疏导患儿的不良情绪，给予较多的关爱，消除其精神负担。

（4）因内分泌疾病等所致的肥胖症，应针对病因进行治疗。

第二节 幼儿心理发展中的常见问题与预防

一、自闭症（★）

自闭症又称孤独症，被归类为由于神经系统失调导致的发育障碍。

（一）病因

自闭症与先天生物学因素及后天环境因素均有关。

先天生物学因素主要指孕期和围产期对胎儿造成的脑损伤，如孕妇病毒感染、先兆流产、宫内窒息、产伤等。

后天环境因素主要指幼儿的生活环境中缺乏情感、言语的交流和丰富的刺激，而使幼儿长期处于单调的环境中，以至于幼儿易于用重复动作或其他方式进行自我刺激，而对外界环境不发生兴趣。

（二）表现

（1）言语障碍：患儿讲话往往比别人晚，而且经常沉默不语，不能主动与人交谈。

（2）社会交往障碍：患儿不能领会表情的含义，也不会使用手势、面部表情等来表达自己，对人冷漠，难以与外界建立情感联系。

（3）行为异常，兴趣奇特：患儿常以奇异、刻板的方式对待某些事物；兴趣十分狭窄，喜欢玩一些非玩具性的物品，固执地要求周围环境和生活方式固定不变。

（三）预防与矫治

自闭症的矫治主要通过耐心的心理治疗。在家庭、幼儿园和社会的共同努力下，幼儿能在不同程度上恢复正常的行为能力。

（1）多关心孩子的情感需要。家长应该满足婴幼儿丰富的情感刺激需要，与幼儿建立良好的依恋关系。

（2）刺激和发展幼儿的智力和心理活动。家长要经常吸引幼儿对外界刺激的注意和兴趣，安排一些能促进幼儿言语和动作发展的机会和条件。其次，托儿所和幼儿园应积极创造各种条件和机会去激发幼儿的社会发展，激发幼儿对周围世界的兴趣。

多动症（★）

多动症是多动综合征的简称，又称轻微脑功能失调，或注意缺陷障碍，是一类以注意力障碍表现最为突出、以多动为主要特征的儿童行为问题。

（一）病因

多动症的原因至今还没有定论，一般认为可能的因素有以下几点。

（1）与产前、产时和产后的轻微脑损伤有关。

（2）与遗传、脑外伤、某些传染病、环境污染、铅中毒等有关。

> **小旋提示**
>
> 幼儿的活动量本来就存在很大差异，而且不同的父母、教师对幼儿吵闹的忍耐性也各不相同，因此，判断幼儿是否患多动症要特别慎重。

（3）与不良的教育方式、不和谐的家庭、社会环境影响等有关。

（二）表现

儿童多动症的表现多种多样，其症状表现的高峰年龄是少年期，但常常在幼儿期甚至乳儿期就有多动不宁的表现，主要包括：活动过度；注意力不集中；情绪不稳，冲动任性；感知觉及认知障碍；有破坏行为和攻击性行为等。

（三）矫治

（1）感知觉及认知训练：多动症患儿通常在绘画、语言、动作技能及社会性等方面较一般幼儿发展迟缓，因此可以从改善基本的能力开始进行训练，如让孩子走平衡木、练习拍球等。

（2）注意力训练：从视觉、听觉、动作和混合注意力等方面对患儿进行注意力训练。

（3）心理辅导：家长和老师应给患儿较多的关爱，改善患儿生长环境，消除各种紧张刺激，将患儿吸引到有益于身心健康的活动中来。

三、口吃（★）

口吃俗称“结巴”，是常见的语言节奏障碍。它并非生理上的缺陷或发音器官的疾病，而是与心理状态有密切关系的言语障碍。

（一）病因

（1）模仿口吃者。

（2）成人的教养方式不当。

（3）精神创伤、突然刺激或心理紧张。

（二）表现

一般口吃表现为正常的语言节律受阻，不自觉地重复某些字音或字句，音节或单词不由自主地延长、重复或停顿，常伴有跺脚、摇头、挤眼、歪嘴等动作。

口吃患儿大多自卑、羞怯、退缩、孤僻、不合群，有的表现为易激动，情绪不稳，并且出于对口吃的恐惧心理及高度注意，越怕口吃越口吃，容易形成心理痼疾。

（三）矫治

（1）正确对待幼儿说话时不流畅的现象，消除幼儿的紧张心理。

（2）成人用平静、柔和的语气和幼儿说话，鼓励幼儿放慢语速、从容不迫地说话。

第三节　幼儿常见传染病与预防

一、传染病的基础知识（★）

（一）传染病的四个特征

1. 有病原体

病原体是指可经一定途径进入人体，使人感染疾病的生物，主要包括微生物（如细菌、病毒、真菌等）和寄生虫（如原虫、蠕虫等）两大类。每一种传染病都有其特定的病原体。

2. 具有传染性和流行性

传染病都具有一定的传染性，当传染病的传染性超过人群普遍的免疫力时，就会在一定的地区和时间内广泛流行。

3. 有免疫性

人体感染某种传染病后，大多能自动产生针对该病原体的免疫力。不同传染病的病原体毒性不同，所以愈后所获得的免疫力的持久程度也不同。

4. 病程发展有规律

传染病的病程发展具有一定的规律性，从发生、发展到恢复大致需要经历潜伏期、前驱期、发病期和恢复期四个时期。

（二）传染病的三个要素

1. 传染源

传染源是指体内有病原体生长、繁殖并能排出病原体的人或动物，主要包括以下三类。

（1）传染病患者：感染了病原体，并表现出一定症状或体征的人。

（2）病原携带者：虽无症状，但能排出病原体的人或动物，可分为健康病原携带者、潜伏期病原携带者和病后病原携带者三种。

（3）受感染的动物：动物性传染病（如狂犬病等）的主要传染源是受感染的动物。

2. 传播途径

传播途径是指病原体经传染源排出后，侵入另一机体所经过的途径。不同传染病有不同的传播途径，常见的有以下几种。

（1）空气飞沫传播。

病原体随传染源的唾液、痰、鼻腔分泌物等排出，以空气、飞沫、尘埃等为媒介，经呼吸道侵入其他机体。

（2）接触传播。

病原体随同病人或携带者的排泄物、分泌物排出，污染周围的日常用品，进行传播。

（3）饮食传播。

病原体存在于食物或水中，经消化道侵入机体。这种传播方式易形成地方性传播。

（4）虫媒传播。

虫媒传播是指病原体通过媒介昆虫（如蚊子、苍蝇、蟑螂等）直接或间接地传入易感者体内，进而引起感染。经虫媒传播的传染病发病率会在该媒介昆虫增多的季节上升。

（5）医源性传播。

在检查、治疗和预防疾病时或实验操作的医疗工作中，人为地造成某些疾病的感染。

3．易感者

易感者是指机体缺乏对某种传染病的免疫力，容易被感染的个体或人群。幼儿免疫力较差，属于多种传染病的易感者，加上托幼机构中幼儿密集，因此容易发生传染病的流行。

知识拓展

★ 新型冠状病毒肺炎 ★

新型冠状病毒肺炎简称“新冠肺炎”，是由新型冠状病毒（即2019-nCoV）引起的急性呼吸道传染病，2020年在全球广泛流行。

（1）传播途径。

新型冠状病毒的主要传播途径是经呼吸道飞沫和密切接触传播。

（2）易感人群。

各个年龄段的人都可能被感染，老年人及有基础疾病者感染后病情较重，儿童和婴幼儿也有发病。

（三）传染病的预防

预防传染病，应根据传染病流行的基本环节，围绕有效控制传染源、切断传播途径及保护易感者，采取迅速而科学合理的措施。

1．控制传染源

控制传染源要做到早发现、早上报、早隔离。

（1）早发现。

托幼机构应建立、健全各项健康检查制度，及早发现传染病患者或病原体携带者。首先，请每名幼儿入园（所）前必须进行健康检查；其次，幼儿入园（所）后，应定期为其进行健康检查，如每天进行晨检、午检和全日观察；最后，幼儿园工作人员必须通过健康检查并持健康证明方可参加工作。

（2）早上报。

发现传染病患儿或者疑似传染病患儿时，均应及时向附近的疾病预防控制机构或者医疗机构报告。

（3）早隔离。

托幼机构应设隔离室，一旦发现患传染病的幼儿，应立即将其隔离并进行个别照顾，并对接触者进行隔离观察。

2．切断传播途径

切断传播途径是指采取有效措施阻止病原体的传播，具体措施如下。

（1）加强日常预防工作。托幼机构应加强环境卫生、饮食卫生和个人卫生，避免病原体通过空气飞沫、接触、饮食、虫媒等进行传播。托幼机构的日常预防工作如表 3-3-1 所示。

表 3-3-1　托幼机构的日常预防工作

日常预防工作		操作方法
环境卫生	室内通风换气	活动室要定时开门窗通风换气，保持空气新鲜。尤其是冬季，应每天定时开窗通风 10～15 分钟，这样可有效减少室内空气中的病原体
	每日清扫	室内外环境应每日清扫，地面、桌面要每日擦拭
	消灭蚊虫	注意消灭苍蝇、蚊子和老鼠等可能携带或传播病原体的生物，如使用灭蚊灯、灭蝇灯等
	每日消毒	每日幼儿离园后，对活动室及相关物品进行消毒，如用紫外线消毒灯照射、用消毒水擦拭等
饮食卫生		保证所供应食物与饮水的卫生，对幼儿的餐具、水杯进行消毒等
个人卫生		培养幼儿良好的卫生习惯，帮助幼儿做好个人卫生（如勤剪指甲、勤换衣物、定期消毒毛巾等）

（2）传染病发生后及时采取消毒措施。例如，若发现呼吸道传染病患儿，应彻底通风换气、消毒；若发现肠道传染病或皮肤类传染病患儿，应将患儿使用或接触过的所有物品进行彻底消毒。

3．保护易感者

保护易感者是防止病原体传播的重要手段，对幼儿来说，主要是积极采取措施，提高幼儿的免疫力。

（1）培养良好的卫生习惯。

在日常生活中注意幼儿个人的清洁卫生；在传染病流行时期让幼儿减少或避免去公共场所；合理安排幼儿的营养膳食；加强体育锻炼，提高幼儿的免疫力。

（2）做好预防接种工作。

预防接种是通过接种人工制备的生物制品，使易感者获得对某种传染病的特异免疫力，以提高易感者个体和群体的免疫水平，预防和控制相应传染病的发生和流行。预防接种是预防传染病发生和

小旋提示

在对幼儿进行预防接种时，应严格遵守医学界所规定的不同疫苗的接种时间，做好幼儿接种前后的护理工作，需要加强的疫苗应在规定时间内进行强化接种，以保持幼儿体内的免疫力。

流行最经济、最有效的措施。

二、幼儿常见传染病（★）

（一）流行性感冒

1．病因与传播途径

流行性感冒简称“流感”，是由流感病毒引起的急性呼吸道传染病，流行于冬、春季节。流感病毒主要经空气飞沫或接触传播，愈后所获得的免疫力一般不持久，且流感病毒易发生变异，所以极易引起大流行。

2．症状

（1）与普通感冒相似，出现高热、乏力、寒战、头痛、全身酸痛、嗜睡等症状。

（2）恶心、呕吐、腹痛和腹泻等胃肠道症状。

（3）并发喉部、耳部、气管和肺部炎症。

（二）麻疹

1．病因与传播途径

麻疹是由麻疹病毒引起的一种急性呼吸道传染病，多发生于冬、春季节，愈后可获得终身免疫力。麻疹病毒存在于人的口、鼻及眼的分泌物中，主要经空气飞沫传播。

2．症状

（1）病初的症状与普通感冒相似，出现流鼻涕、流眼泪、咳嗽、打喷嚏、眼睛怕光等症状。

（2）发热 2～3 天后，患儿口腔两侧的颊黏膜上出现周围有红晕的白色斑点，称为费—柯氏斑。

（3）发热 3～4 天后，开始出现皮疹。皮疹先在耳后出现，之后逐渐扩散到颈部、躯干、四肢、手足心等部位。皮疹颜色鲜红，略高于皮肤，皮疹之间可看到正常的皮肤颜色。

> **小旌提示**
>
> 出麻疹会加速体内维生素 A 的消耗，使角膜软化，发生感染，甚至使眼睛失明。所以一定要注意麻疹患儿的营养供应和眼部卫生。

（4）皮疹可持续 3～4 天，出齐后开始消退，患儿体温逐渐恢复正常。红色皮疹慢慢变成褐色，经过 1 个月左右彻底消失。

（三）流行性腮腺炎

1．病因与传播途径

流行性腮腺炎俗称“痄腮”，是由腮腺炎病毒引起的一种急性呼吸道传染病，流行于冬、春季节，愈后可获得终身免疫力。该病病毒存在于患者的唾液中，可通过空气飞沫和直接接触进行传播。

2. 症状

（1）发病急，初期，患儿可能有发热、乏力、头痛、食欲不振等症状。

（2）1～2 天后，患儿腮腺肿大，按压、张口或咀嚼时感到疼痛，严重时可伴有恶心、呕吐、嗜睡、颈部发硬、昏迷等症状。

（3）4～5 天后腮腺消肿。

（四）水痘

1. 病因与传播途径

水痘是由水痘带状疱疹病毒引起的呼吸道传染病，多发生在冬、春季节。愈后可获得终身免疫力。病毒存在于患者的口、鼻分泌物和皮疹内，可通过直接接触、飞沫及空气传播，传染性极强。

2. 症状

（1）病初有低烧症状，之后出现皮疹。

（2）皮疹先发于头皮、躯干受压部位，呈向心性分布。皮疹最初为红色的小点，一天左右转变为透明的水疱。出疹期间，皮肤刺痒。

（3）水疱在 3～4 天后逐渐变干，形成黑色的疮痂。由于皮疹在身体的不同部位陆续出现，所以病后一周内可见红色皮疹、水疱及疮痂混杂在一起。1～2 周内所有的水疱变成疮痂。疮痂脱落后，皮肤上不留瘢痕。

（五）手足口病

1. 病因与传播途径

手足口病是由肠道病毒引起的传染病，多在夏、秋季节流行。该病病毒存在于患者的水疱疹液、咽分泌物及粪便中，可通过空气飞沫、接触或饮食传播，传染性强，影响范围广泛。该病主要发生于学龄前儿童，尤其以 1～2 岁婴幼儿为多。

2. 症状

（1）病初，患儿出现发热、咳嗽、流鼻涕、烦躁、哭闹等症状。

（2）发热 1～2 天内，患儿口腔黏膜出现疱疹，米粒大小，之后手心、脚心出现同样的疱疹，破溃后疼痛明显。

（3）多数患儿 1 周内水疱干涸，可康复。

（六）风疹

1. 病因与传播途径

风疹是因感染风疹病毒引起的急性呼吸道传染病，一年四季均可发病，高峰期为春季至初夏，好发于 1～5 岁幼儿。风疹病毒主要存在于口、鼻及眼部的分泌物中，通过空气飞沫经呼吸道传播。愈后可获得终身免疫力。

由于风疹的疹子来得快，去得也快，如一阵风似的，“风疹”因此得名。

2. 症状

（1）病初1～2天症状很轻，可有低热或中度发热，轻微咳嗽、乏力、胃口不好、咽痛和眼发红等轻度上呼吸道症状。

（2）发热1～2天后出现皮疹，皮疹先从面、颈部开始，24小时内蔓延到全身。皮疹初为稀疏的红色斑丘疹，以后面部及四肢皮疹可以融合，类似麻疹。皮疹一般在3天内迅速消退，留下较浅色素沉着。

（七）乙型脑炎

1. 病因与传播途径

流行性乙型脑炎简称“乙脑”，是由乙型脑炎病毒引起的急性中枢神经系统疾病，多见于儿童。该病病毒可经蚊虫叮咬传播，多发于夏、秋季节。

2. 症状

（1）起病急，患儿可出现发烧、头痛、恶心和呕吐等症状。

（2）随病情发展，出现高烧、惊厥和昏迷。若不及时抢救，会有生命危险。

（3）经过积极治疗，大多数患儿的症状可在半年内消失，但容易留下后遗症，如不能说话、智力减退、身体瘫痪等。

知识拓展

★ 惊厥 ★

惊厥俗称抽风，是大脑皮质功能紊乱所引起的一种病症。婴幼儿由于中枢神经系统发育尚未成熟，很容易发生惊厥。惊厥多见于高热（39℃以上）、代谢紊乱（如低血钙、低血糖或缺乏维生素等）。急性传染病和癫痫也可以引起惊厥。

（八）猩红热

1. 病因与传播途径

猩红热是由乙型溶血性链球菌感染引起的一种急性呼吸道传染病，常发于冬、春季节。病人和健康带菌者通过空气飞沫传播病菌，也可经被病菌污染的食物、玩具等间接传播。

2. 症状

（1）高热，伴随头痛、咽痛、恶心、呕吐等症状。观察其舌头，会发现舌质红，舌乳头红肿如杨梅，称“杨梅舌”。

（2）发热1～2天后，在耳后、颈部出现猩红色约针头大小的点状红疹，触之如粗砂纸样，或如寒冷时的鸡皮样疹子。

（3）疹子在24小时内迅速蔓延至全身。但面部皮疹较少，口周皮肤苍白，形成环口苍白圈。在患儿皮肤褶皱处，如腋下、腹股沟及颈部，皮疹密集，色深红，呈现一条条红线，并伴有瘙痒。

（4）皮疹在出疹后 2 天达到高峰，口腔黏膜可见黏膜疹，有充血或出血点。

（5）病后一周左右，皮疹消退，体温恢复正常。皮肤有不同程度的蜕皮。

（九）细菌性痢疾

1. 病因与传播途径

细菌性痢疾简称菌痢，是由痢疾杆菌引起的一种急性肠道传染病，全年均可发生，但有明显的季节性。夏季高温湿热，有利于苍蝇滋生及细菌繁殖，且人们喜食生冷食物，因此在夏、秋季痢疾多发。细菌性痢疾以儿童发病率为最高。

2. 症状

（1）起病急，以发热、腹痛、腹泻、里急后重（指拉完又想拉，总有大便未排净的感觉），每日大便 10 次以上，便中带黏液及脓血。

（2）严重者会出现惊厥、昏迷、呼吸衰竭等全身中毒症状。

（3）病程超过 2 个月，则称为慢性细菌性痢疾。

真题再现

1. 风疹病毒的传播途径是（　　）。

A. 肢体接触　　B. 空气飞沫

C. 虫媒传播　　D. 食物传播

【解析】风疹发病高峰期为春季至初夏，风疹病毒存在于口、鼻的分泌物中，主要通过空气传播。该病毒通过接触传播的传染能力不强，偶尔接触未必形成感染。

【答案】B。

2. 皮疹呈向心性分布（即躯干多，面部、四肢较少，手掌、脚掌更少）的疾病是（　　）。

A. 麻疹　　B. 水痘

C. 手足口　　D. 猩红热

【答案】B。

实战演练

答案与解析

单项选择题

1. 矫正幼儿口吃的重要原则性方法是（　　）。

A. 密切关注　　B. 要求其改正

C. 让幼儿多说话　　D. 消除紧张

2．呼吸道传染病主要是通过（　　）传播。

A．水源　　B．空气飞沫　　C．虫媒　　D．粪便

3．下列传染病中，不是由病毒引起的是（　　）。

A．手足口病　　B．流行性感冒　　C．猩红热　　D．水痘

4．弱视是一种视力低下但又检查不出眼睛有器质性病变的幼儿常见病。弱视的最佳治疗年龄在（　　）岁以下。

A．6　　B．7　　C．8　　D．9

5．晨检时，保健人员发现，某幼儿口腔黏膜有散落疱疹，手心中也有同样疱疹，初步诊断是（　　），建议家长带幼儿到医院就诊。

A．麻疹　　B．风疹　　C．水痘　　D．手足口病

第四章 幼儿安全与急救

考情分析

题型	2022年上半年	2022年下半年	2023年上半年	2023年下半年	2024年上半年	2024年下半年
单项选择题	—	—	1题3分	—	—	—
简答题	—	—	—	—	—	—
论述题	—	—	—	—	—	—
材料分析题	—	—	—	—	—	—
活动设计题	—	—	—	—	—	—
总计	—	—	1题3分	—	—	—

（1）本章内容是近年幼儿园教师资格考试中的低频考点，分值占比低，考查形式主要为单项选择题。

（2）学习时要重点掌握幼儿常见意外事故的症状及处理方式。

考点精讲

第一节 幼儿常用的护理、急救技术

一、幼儿常用的护理技术（★）

（一）测体温

幼儿的正常体温为 36～37.4℃（腋表），比成人略高。测体温前，要先保证体温计的水银线在 35℃以下。测量时长为 5 分钟，时间太短、太长都会影响测量的准确性。另外，幼儿哭闹时不宜测体温，并且幼儿进食后不宜马上测体温。

（二）退烧

发烧是人体的一种防御反应，但是婴幼儿的神经系统还未发育成熟，高烧容易引起惊厥，所以要对高烧幼儿采取降温措施。

降温措施有药物降温和物理降温。药物降温是吃退烧药、打退烧针；物理降温是用温水浴、冷敷、酒精擦拭等方法带走人体热量。

（1）冷敷：将毛巾叠数层用冷水浸湿，拧至半干（或使用冷敷贴）置于患儿的额头、四肢、腋窝、肘窝、腹股沟等部位。最好交替使用两块毛巾，每 5～10 分钟更换一次，敷后要将皮肤表面的水擦干。

（2）酒精擦拭：酒精易挥发，能较快地带走热量。操作时，取适量 75%的酒精（或白酒）加水至酒精浓度为 25%～35%。将小毛巾或纱布在酒精中浸透，拧成半干，擦拭患儿颈部两侧、腋窝、肘窝等处。

（三）止鼻血

幼儿鼻出血的原因可能是意外挫伤（如鼻挫伤、挖鼻孔、用力擤鼻涕等）、鼻内异物，发烧时鼻黏膜充血等。

具体处理方法如下：安慰患儿不要紧张，让其头略向前低，张口呼吸，用手指捏住其鼻翼，一般压迫 10 分钟即可止血。出血较多时，可用脱脂棉或纱布卷（可洒上些麻黄素滴鼻液）塞入鼻腔。同时，可用湿毛巾冷敷前额、鼻部。若经上述处理，鼻血仍不止，应立即送去医院处理。

如果从鼻孔流出的血已不多，但患儿有频繁的吞咽动作，一定要让他把口水吐出来；止血后短时间内不能用力揉鼻，2～3 小时内不要做剧烈运动，以免再次出血。

（四）喂药

对新生儿、小婴儿或还不懂事的幼儿，需要喂药时，可将药片研成粉末，溶在糖水、果汁等甜味液体中喂服。2 岁以上的儿童，要鼓励其自己吃药，若药物为片剂，要将大的片剂分成几小块。喂药时，让患儿取坐位或半卧位，固定其头部，用手托住患儿的下巴，将药物小心放入（或倒入）患儿的口中，再给一些温开水使其咽下。

二、幼儿常用的急救技术（★）

（一）意外伤害的处理原则

1．挽救生命

挽救生命是急救的第一原则。呼吸和心跳是最重要的生命活动，常温下，呼吸、心跳停止未超过 4 分钟，就有 50%的概率被救活。因此，一旦发现幼儿的呼吸、心跳骤停，就要立即进行心肺复苏，争分夺秒地抢救幼儿的生命。

2．防止残疾

意外发生后，在施行急救措施挽救生命的同时，还要尽量防止幼儿落下残疾。例如，幼儿发生骨折时不可轻易搬动幼儿，发生脑部损伤时不可随意摇动幼儿等。

3．减轻痛苦

意外事故往往会给幼儿带来不同程度的疼痛和心理恐惧，因此在施救过程中，搬动、处理的动作要轻柔，语言要温和，以减轻幼儿的疼痛感，并缓解其紧张心理和恐惧感。

（二）意外伤害的处理程序

1．初步判断伤情

意外事故有大有小，伤势有轻有重。在最初的几分钟里，要先迅速判断出病情的轻重，再采取紧急措施，以挽救幼儿生命或改善伤情。

（1）根据意外发生的原因判断。

（2）根据伤者情况判断。

当幼儿突然受到外界强大刺激或伤情发展恶化到一定阶段，重要的生命机能就会出现紊乱，甚至衰竭，可通过观察幼儿的呼吸、脉搏和瞳孔等来判断其伤情。

2．实施救助

若幼儿伤情严重，须进行现场急救，同时由另一人拨打 120 急救电话，然后通知家长。若幼儿伤情不严重，则可请托幼机构的保健医生进行处理，并通知家长。

（三）急救技术

1．呼吸停止的急救处理

幼儿呼吸微弱或停止，要立即进行人工呼吸。口对口吹气法是目前最常用的人工呼吸法。操作方法如下。

（1）清理呼吸道。让幼儿仰卧，清除其口鼻内的异物和分泌物，解开或剪开幼儿的衣领、内衣和裤带，以保证呼吸道畅通。

（2）口对口吹气。救助者一手捏住幼儿的鼻子，一手托住幼儿的颈部，先深吸一口气，然后将嘴贴紧幼儿的嘴向里吹气，直至幼儿上胸部隆起，然后放开幼儿口鼻，使其将肺内的气“呼”出，重复进行，每分钟 16～18 次。

2．心跳停止的急救处理

心脏停止时，要立即采用胸外心脏挤压法。胸外心脏挤压法是指通过外力挤压使心脏被动收缩，排出血液；压力解除时，心、胸舒张，血液流回心脏。如此反复，使幼儿心脏恢复正常跳动。

（1）让幼儿仰卧在硬板床或地上，不能躺在软床上，以保证挤压有效。

（2）对于 3 岁以下的幼儿，要用左手托其背部，右手用手掌根部按压胸骨偏下方，然后放松，每分钟按压 80 次左右；对于较大幼儿，把右手放在胸骨偏下方，左手压住右手上，成交叉式，左右手同时用力，每分钟按压 60～80 次。

3．止血

小外伤出血不会有多大危险，但如果失血过多，就会影响幼儿的身体健康，因此应根据出血类型采取合适的方法及时止血，如表 3-4-1 所示。

表 3-4-1　出血类型与止血方法

出血类型		主要特征	止血方法
皮下出血		多发生在幼儿跌倒、受挤压、挫伤等情况下，一般幼儿皮肤不会破损，只是皮下组织出现瘀血，不久即可痊愈	无须止血
外出血	毛细血管出血	血液像水珠一样从伤口表面渗出，过一段时间后能自动凝固	一般止血法 加压包扎法 止血带法
	动脉出血	血液呈鲜红色，随心脏搏动呈喷射状一下一下涌出，出血量多，短时间内可大量失血，较危险	指压法 加压包扎法 止血带法
	静脉出血	血液呈暗红色，血液持续不断地从伤口流出，出血迅速，较动脉出血容易止住	加压包扎法
内出血		深部组织或内脏损伤所引起的出血，体表没有伤口，但对伤者生命的威胁很大。伤者往往脸色苍白、出冷汗、手脚发凉、呼吸急促、心慌、脉搏细弱	送医院检查

（1）一般止血法，适用于小伤口出血，先用生理盐水清理伤口，后涂红药水，盖上消毒纱布块，用绷带包扎伤口，松紧度以不出血为度。

（2）指压法，用拇指压住伤口的上端（近心端），压闭血管以阻断血流，达到暂时止血的目的。

（3）加压包扎法，适用于伤口较大、出血较多，用一般止血法无效的出血情况，但伤口处有骨骼损伤时应禁用此法。操作时，把消毒纱布或干净毛巾、布等折成比伤口稍大的垫子，盖住伤口，再用绷带等材料紧紧包扎，以达到止血为度。

（4）止血带法，适用于四肢大出血的急救。先将伤肢抬高，以使静脉血回流，然后在伤口的上端（近心端）用止血带扎紧，最后为伤口进行包扎。

真题再现

幼儿鼻中隔为易出血区，该处出血后正确的处理方法是（　　）。

A. 鼻根部涂紫药水，然后安静休息　　B. 让幼儿略低头，冷敷前额鼻部

C. 止血后半小时内不剧烈运动　　D. 让儿童仰卧休息

【解析】幼儿鼻出血时，正确的处理方法是安慰幼儿不要紧张，用嘴呼吸，头略低，捏住鼻翼 5～10 分钟，并用湿毛巾冷敷鼻部和前额。

【答案】B。

第二节　幼儿意外事故及处理

一、幼儿常见意外事故及处理（★★）

（一）简单创伤

简单创伤是幼儿常会遇到的情况，伤害只局限于直接受伤处，没有大的危险，但却给幼儿带来不同程度的痛苦，需要立即妥善处理。

1. 擦伤

擦伤一般会造成上皮剥离、偶有出血、出现水泡等情况。

（1）若伤口较浅，仅是蹭破皮，只需用自来水将伤口处的泥沙等杂物清洗干净即可。

（2）若伤口较深或有出血，需先用干净棉球沾温开水或生理盐水清洁伤口，再用红药水或碘酒进行消毒，不必包扎。

（3）若表皮剥落，需先对伤口进行清洗、消毒，再贴上创可贴，也可涂硼酸软膏或青霉素软膏，用绷带包扎。

2. 扎伤

扎伤会造成局部毛细血管出血，伤者感觉疼痛，如有尖刺扎入皮肤不易拔除时，伤者疼痛加剧，应尽快解决。可用消毒的镊子或针顺着刺的方向把刺全部挑、拨出来，再挤出瘀血，用酒精等进行伤口消毒，不必包扎；如果刺扎入指甲盖等处难以自行处理时，应送

医院处理。

3. 划伤与割伤

划伤与割伤会造成局部毛细血管出血，伤者感觉疼痛，看到血流可能会产生恐惧感。可用干净的纱布按压伤口止血，然后用 75%的酒精或碘酒消毒，最后敷上干净的消毒纱布进行包扎。

知识拓展

★ 刺伤、划伤眼睛 ★

被铁丝、小刀、铅笔、树枝等刺伤或划伤眼睛，可使眼球部分破损或完全破裂。若完全破裂，有眼内组织脱出（最常见的是褐色的虹膜脱出）及水样物流出，可用消毒的纱布或干净的毛巾敷盖眼睛，但不必还纳已经脱出的眼内容物，否则或增加感染的机会；也不要用力压迫眼球，因为任何外力都会使眼内容物被挤出眼球，导致失明。

4. 挤伤

挤伤会给伤者带来较大的痛苦，严重时可能出现瘀血甚至指甲脱落，应及时发现并处理。若没有破皮，应迅速用冷水冲洗或冷敷，可防止局部瘀血并可减轻痛苦；若有出血，应先对伤口进行清洁、消毒，再包扎冷敷；若出现指甲脱落，应及时就医。

5. 扭伤

扭伤多发生在手腕或脚踝处，无明显伤口，但有红肿，伤者感觉疼痛。教师要检查是否有骨折，如果没有骨折，应立即对伤处进行冷敷，使血管收缩止血，并达到止痛的目的，一天之后，再对伤处热敷，改善血液循环，减轻肿胀。

真题冉现

幼儿在户外活动中扭伤，出现充血、肿胀和疼痛，教师应对幼儿采取的措施是（　　）。

A. 停止活动，冷敷扭伤处　　B. 停止活动，热敷扭伤处

C. 按摩扭伤处，继续活动　　D. 清洁扭伤处，继续活动

【解析】幼儿扭伤后，如果没有骨折，则多为关节处软组织受伤，患处疼痛，运动时疼痛加剧，可出现肿胀或青紫色瘀血，教师应立即用冷水敷于患处，使血管收缩止血。一天后再改用热敷。

【答案】A。

（二）骨折

因外伤破坏了骨的完整性，称骨折。幼儿时期，骨折是较常见的意外伤害。

1. 症状

（1）疼痛。骨折处因断骨刺伤周围的组织，有剧烈的刺痛和局部明显的压痛。

（2）功能障碍。骨折后患肢丧失部分或全部正常功能，如指骨骨折后手不能握物，下肢骨折后腿不能站立、行走等。

（3）畸形。骨折后，原来附着在骨骼上的肌肉失去平衡，组织肿胀，局部出现畸形。

（4）骨折严重时可能有休克表现。

2. 急救处理

骨折的急救目的在于用简单的方法抢救生命、保护患肢，确保能够将伤者安全、迅速地送到附近医院进行治疗。因此，骨折急救的重点是及时止痛、止血、防止休克。不可盲目地搬动患儿，特别是在可能伤及患儿的脊柱和颈部时更应注意，以免加重伤势或引起严重的并发症，甚至危及生命。

（1）操作方法。

遵循“固定伤肢、限制活动”的原则，以免断骨再刺伤周围组织，选择竹条、木棍、硬纸板等作为夹板，在受伤肢体上垫一层棉花或布类，用选好的夹板先将断骨的上下两个关节固定，露出手背或脚趾，以便观察肢体血液循环的情况。

（2）注意事项。

① 若伤肢的皮肉已破损，断骨露在外面，不要把断骨硬塞进去，也不要在伤口涂药，应在伤口上盖上纱布，然后固定肢体送往医院。

② 若有出血，应先止血、包扎，然后再根据骨折的不同部位进行固定。

③ 若伤者已昏迷，要清除其鼻腔、口腔内的痰，保持其呼吸通畅。

④ 固定好伤肢后，如果伤者指（或趾）部苍白、发凉，说明固定得太紧，应放松绷带重新固定。

（三）烧伤、烫伤

幼儿烧、烫伤是日常生活中常见的意外，多由火焰、开水、蒸汽和热饭等致伤。

1. 受伤程度及其症状

一般来说，有三种程度的烧、烫伤，具体内容如表 3-4-2 所示。

表 3-4-2　烧、烫伤

程度	症状	愈合情况
一度烧、烫伤	只损伤皮肤表皮层，局部皮肤红肿、疼痛、无水泡	数天后可自愈，不留疤痕
二度烧、烫伤	伤及真皮层，除局部明显红肿外，还出现水泡，疼痛剧烈	如不发生感染，一般在 2 周内可以愈合，愈合后不留疤痕
三度烧、烫伤	伤及皮下组织和肌肉，甚至累及骨骼，全层皮肤坏死，有的患儿还出现休克、昏迷等症状，受伤处颜色苍白或出现焦痂，无痛感、干燥、无渗出液，坚硬且无弹性	2～3 周后，焦痂下有液体渗出，易感染，愈合极慢，且留下严重疤痕

2．急救处理

（1）幼儿被烧伤、烫伤后，要立即清除造成烧伤、烫伤的根源，如被热水浸透的衣物，若皮肤上沾有热饭，要轻轻擦去。

（2）对于一度烧、烫伤，可用凉水或冷开水反复冲洗损伤部位，若手足灼伤，可直接浸于冷水中，至疼痛缓解后擦干，再在伤面上涂紫药水、清凉油或烫伤药膏等。对于二、三度烧、烫伤，可用干净的纱布、毛巾等覆盖创面，或用干净的床单包裹住，不要弄破水泡，及时送医院救治。有时烧、烫伤面积较大，伤者可能烦躁口渴，可让其少量多次喝些淡盐水。

（四）异物入体

异物入体也是幼儿常见的意外情况，会给幼儿带来不同程度的痛苦和危险。因此，应根据具体情况采取相应的措施，尽快将异物取出。

1．眼内异物

幼儿眼内异物多为小沙粒、小飞虫、掉落的眼睫毛等。眼内异物会使幼儿因异物刺激感到疼痛、睁不开眼。

此时，要叮嘱患儿不要揉擦眼睛，以免损伤角膜和巩膜；可让患儿用力眨眼，利用泪水将异物冲出，或用温水（或蒸馏水）冲洗眼睛，还可翻开上、下眼睑，找到异物后用干净的棉签、纱布擦去。如果没有找到异物，患儿却感觉极度不适，应送去医院诊治。

2．鼻腔异物

幼儿鼻腔异物大多是自己放入的花生米、豆类、小珠子等。鼻腔异物可引起幼儿鼻塞、流涕、打喷嚏等症状。

当异物置入较浅时，可用手压住另一侧鼻孔擤鼻，使异物随气流冲出；当异物置入较深时，可用羽毛、纸捻等刺激患儿的鼻黏膜，使其产生喷嚏反射将异物排出。当这些措施无效时，应及时送医院请医生取出异物。

3．咽部异物

幼儿的咽部异物大多因为进食不慎将鱼刺、骨头渣等卡在咽部或扁桃体附近。咽部异物可引起疼痛，吞咽时疼痛加剧。此时，应将幼儿送去医院请医生取出异物，而不要让其采用吞咽饭团、喝醋等方法硬往下吞食，否则可能将异物推向深处，甚至扎破大血管。

4．外耳道异物

幼儿外耳道异物大多是小物件、小昆虫等。异物在耳道内会引起异物感，还会引起耳道局部感染及听力障碍等，触及鼓膜还会产生耳鸣。

若异物为小昆虫，可用灯光照射外耳道口，诱使小昆虫爬出，若不成功，可滴入油类，将其淹死，再行取出；若异物为小石块、纽扣、豆子等，可让患儿头偏向异物一侧，单脚跳，使异物弹出。

切不可自作主张用小钩或镊子取耳中异物，以免损伤外耳道及鼓膜；也不可将水引入耳中灌冲异物，以免异物遇水膨胀更难取出

5．气管异物

气管异物多发生于5岁以下的幼儿，他们常会将纽扣、珠子等放入口中，或在进食花生、糖块、瓜子等食物时突然嬉笑、哭闹，从而将这些物件或食物吸入气管。气管异物会造成幼儿剧烈地刺激性呛咳、呕吐、面色发紫、呼吸困难等，严重时可能引起窒息。

气管、支气管异物自然咳出率仅有1%~4%，故一旦发现幼儿气管内有异物，应立即送至医院救治。

真题再现

幼儿突然出现剧烈呛咳，伴有呼吸困难，面色青紫。这种情况是可能是（　　）。

A．急性肠胃炎　　B．异物落入气管　　C．急性喉炎　　D．支气管哮喘

【答案】B。

（五）咬伤、蜇伤

1．狗咬伤

幼儿如果被狗咬伤，严重者可能使狂犬病毒进入体内，引起狂犬病。因此，要尽快处理伤口。可先用大量清水或20%的肥皂水反复冲洗伤口，并挤出污血，然后立即送往医院处理伤口，并注射狂犬疫苗。

2．黄蜂蜇伤

幼儿被黄蜂（又称马蜂）蜇伤，轻则伤口红肿、疼痛，重则有呼吸困难等症状。黄蜂毒液呈碱性，处理伤口时可涂食醋等弱酸性液体。若伤者有气喘等症状，应送往医院，在医生指导下服用抗过敏药物；若伤口有刺，应先将刺除去。

3．蜜蜂、蝎子蜇伤

蜜蜂、蝎子的毒液呈酸性，幼儿被蜜蜂、蝎子蜇伤时，若不严重，可在伤口涂淡碱水、肥皂水等弱碱性液体；若较严重，应送往医院医治。

4．蜈蚣咬伤

蜈蚣体积较大，毒性较强，毒液呈酸性。幼儿被蜈蚣咬伤时，若不严重，应立即用淡碱水、肥皂水或小苏打等碱性溶液冲洗伤口，并施行冷敷；若较严重，应送往医院医治。

真题再现

被黄蜂蜇伤后，正确的处理方法是（　　）。

A．涂肥皂水　　B．用温水冲洗　　C．涂食用醋　　D．冷敷

【解析】蜜蜂、蝎子和蜈蚣的毒液呈酸性，黄蜂的毒液呈碱性。因此，利用酸碱中和原理，被黄蜂蜇伤后，应在伤口涂食用醋进行处理。

【答案】C。

（六）中暑

中暑

中暑是因人在高热或长时间处于高温环境中，引起人体体温调节功能障碍而造成的急性疾病。夏天在烈日下长时间运动容易中暑。

1. 症状

幼儿中暑时会大量出汗，体液中的水分及盐分大量流失，表现出头晕、头痛的症状，严重时还可出现恶心、呕吐、腹痛、全身无力、发烧、面色苍白、运动失调，甚至晕厥等症状。

2. 处理

处理幼儿中暑的重点是降温。对于症状较轻的患儿，应立即将其移至阴凉、通风处，解开衣扣，利用电扇或扇子帮助机体散热，必要时可采取冷敷等物理降温法，并注意补充水分；对于发烧的患儿，在进行物理降温的同时，还可让其服用藿香正气水等退热解暑药物，喝一些清凉的饮料；对于症状严重者，应迅速送往医院进行急救。

二、幼儿园突发事件处理（★）

（一）火灾应急处理

（1）火灾发生时，不要惊慌，如果现场有幼儿，要先疏散幼儿，并立即呼叫周围人员，组织人力用消防器材和自来水扑救。

（2）若火情较大，无法及时扑灭时，必须立即拨打 119 报警。在报警电话中，要说明起火单位、位置、着火物、火势大小、火场内有无化学物品及类型、着火部位、报警人姓名、单位及所用电话等，并派人员在醒目处等候接车。

（3）报警同时，开启消防电源，打开应急照明设施和安全疏散标志。

（4）在消防人员到达前，由灭火行动组尽力控制火势蔓延，注意不得组织幼儿灭火。

（5）若火场内有人员，则应用灭火器具减弱火势对人员的威胁，全力疏散、抢救人员脱险逃生。

（6）对可能造成人员伤亡、发生爆炸事故、烧毁重要物资、形成大面积燃烧等影响全局的情况，应列为主要方面予以处理。

（7）灭火行动组应分秒必争，迅速行动，找准着火点，果断扑救，抓住时机，不等不靠，为继续开展全面深入的扑救工作打下良好基础。

（8）无关人员要远离火场，保持道路畅通，便于消防车辆驶入。

（9）扑救液体物品火灾，可以使用沙土、湿的棉被等，但不可用水。

（10）积极配合公安、消防部门调查火灾，协助处理火灾现场事宜。

（二）地震应急处理

1. 发生轻度地震时

（1）地震时如果幼儿在教室，当班教师要教育幼儿不要慌张、哭闹或随意乱跑，要听从教师的指挥，并马上组织幼儿有序疏散。

（2）地震时如果幼儿在室外，当班教师应立即组织全部幼儿蹲下，并注意避开电线、大树等危险物品。

2. 发生震动较大破坏性地震时

（1）如果幼儿在室内，不要试图跑出楼外，因为震动太大，时间来不及。最安全、最有效的方法是立即组织幼儿躲到两个承重墙之间最小的房间，如洗手间、厕所等；也可以躲在桌子、柜子等下面及教室内侧的墙角，并且注意保护好头部；趴下时，头靠墙，闭上眼和嘴，用鼻子呼吸；千万不要去窗下躲避；待地震减轻时，立即按疏散路线将全部幼儿疏散到室外操场中间。

（2）地震时如果幼儿正在睡觉，要立即叫醒幼儿，在震动激烈时，有序组织幼儿趴在午睡室通道上、躲在桌子下或墙脚下，待震动减轻时立即组织幼儿疏散到室外操场，疏散路线及要求同上。

（3）如果正在室外活动，教师要马上将幼儿集中到操场中间空旷场地蹲下，注意避开高大物体或建筑物，找机会疏散幼儿到安全地方。

（4）如果地震发生后因不能迅速撤离而困于室内或被建筑物挤压等，千万不要惊慌，要就近检查幼儿身体状况，并尽量为幼儿找到饮食，同时不能盲目采取措施，要懂得发出报险信号，等待救援。

（5）时刻与幼儿在一起，以消除幼儿的恐惧心理。

（6）地震发生后，各班及时清点幼儿人数，班主任负责做好家长的联系和幼儿的交接工作；门卫把好人员进出关，防止幼儿因惊吓恐慌而走失或私自出园甚至被他人（不法分子）冒充家长接走等事故的发生。

扫一扫

答案与解析

单项选择题

1. 某幼儿园大班在成老师的带领下到当地一所公园进行观察植物的活动，小伟玩耍的时候不小心被一只蜜蜂蜇伤了。这时成老师应尽快将（　　）涂于小伟的患处。

   A. 清水　　B. 肥皂水　　C. 食醋　　D. 淡盐水

2. 对心脏停止跳动的年长幼儿，进行胸外心脏挤压时，每分钟按压的次数为（　　）。

   A. 40～60 次　　B. 60～80 次　　C. 100 次　　D. 120 次

3. 下列止血方法中，不适用于长时间止血的是（　　）。

A. 一般止血法　　B. 指压法

C. 加压止血法　　D. 止血带法

4. 眼睛受到外伤出血，有部分眼内组织脱出时，下列措施正确的是（　　）。

A. 用清水冲洗干净后去医院

B. 将眼内组织送回眼睛后去医院

C. 不可轻举妄动，用干净毛巾覆盖后去医院

D. 用清水冲洗干净并将眼内组织送回眼睛后去医院

模块四 环境创设

考纲要求

- ❑ 熟悉幼儿园环境创设的原则和基本方法，理解幼儿园环境创设的重要性。
- ❑ 了解常见活动区的功能，能运用有关知识对活动区设置进行分析，并提出改进建议。
- ❑ 了解心理环境对幼儿发展的影响，理解教师的态度、言行在幼儿心理环境形成中的重要作用。
- ❑ 理解协调家庭、社区等各种教育力量的重要性，了解与家长沟通和交流的基本方法。

最新解读

幼儿园环境是重要的教育资源，幼儿园应通过环境的创设和利用，有效地促进幼儿的发展。因此，考生务必要掌握一些基本概念，理解幼儿园环境的特点，熟悉幼儿园环境创设的原则和方法，了解常见的活动区类型及其功能，并能在做材料分析题时，运用理论知识进行分析，进而提出改进建议。

此外，考生还要了解心理环境对幼儿发展的影响，理解幼儿园、家庭和社区合作的必要性，并结合实际掌握幼儿园、家庭和社区合作的方法，处理合作中的问题。

本模块内容在历年考试中出题较灵活，主观题的考查概率较大，考生需要在备考复习时加以重视。

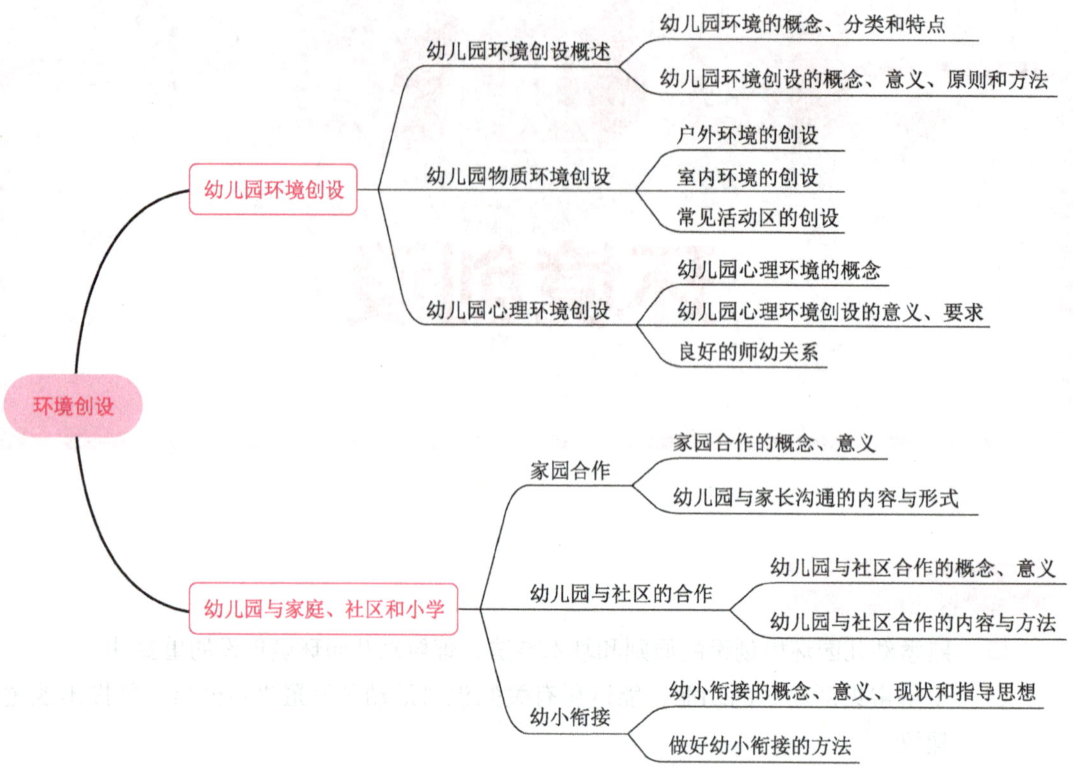
环境创设
幼儿园环境创设
幼儿园环境创设概述
幼儿园环境的概念、分类和特点
幼儿园环境创设的概念、意义、原则和方法
幼儿园物质环境创设
户外环境的创设
室内环境的创设
常见活动区的创设
幼儿园心理环境创设
幼儿园心理环境的概念
幼儿园心理环境创设的意义、要求
良好的师幼关系
幼儿园与家庭、社区和小学
家园合作
家园合作的概念、意义
幼儿园与家长沟通的内容与形式
幼儿园与社区的合作
幼儿园与社区合作的概念、意义
幼儿园与社区合作的内容与方法
幼小衔接
幼小衔接的概念、意义、现状和指导思想
做好幼小衔接的方法

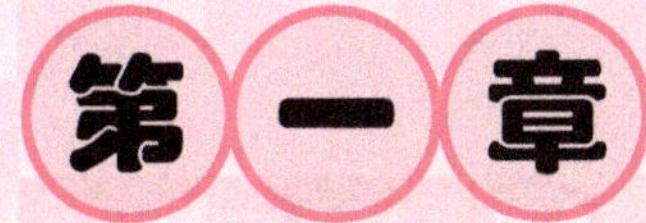

第一章 幼儿园环境创设

考情分析

题型	2022 年上半年	2022 年下半年	2023 年上半年	2023 年下半年	2024 年上半年	2024 年下半年
单项选择题	1 题 3 分	1 题 3 分	—	—	—	—
简答题	—	—	—	—	—	—
论述题	—	—	—	—	—	—
材料分析题	—	1 题 20 分	—	—	1 题 20 分	1 题 20 分
活动设计题	—	—	—	—	—	—
总计	1 题 3 分	2 题 23 分	—	—	1 题 20 分	1 题 20 分

（1）本章内容为近年幼儿园教师资格考试中的重要考点。近年来，其考查形式以单项选择题和材料分析题为主。此外，在考查内容较为综合的题目中，幼儿园环境创设的相关内容也会被关联考查，故学习本章时要注意在理解的基础上学会灵活运用。

（2）学习时应重点掌握幼儿园环境创设的原则和常见活动区的创设，并能对具体的问题材料和情境加以分析。

考点精讲

第一节 幼儿园环境创设概述

一、幼儿园环境的概念（★）

幼儿园环境有广义和狭义之分。广义的幼儿园环境指幼儿园教育赖以进行的一切物质条件与精神条件的总和。它既包括园内的小环境，又包括园外的家庭、社会、自然、文化等大环境。

狭义的幼儿园环境指幼儿园内部环境，即幼儿园内对幼儿身心发展产生影响的物质与精神要素的总和。

二、幼儿园环境的分类（★）

幼儿园环境按组成性质可分为物质环境和精神环境两类。

（一）幼儿园物质环境

幼儿园物质环境是指幼儿园内影响幼儿身心发展的物化形态的教育条件，是显性的，如操场、绿地、教室和走廊等。幼儿园物质环境是学前教育存在与发展的前提和必备条件。

（二）幼儿园精神环境

幼儿园精神环境是指幼儿交往、活动所需的软质环境，即幼儿园的心理环境，是隐性的，如幼儿园的传统、人际关系、情感氛围等。精神环境对幼儿认知、情感与个性品质的形成与发展具有重要意义。

小旌归纳

分类	概念	内容
幼儿园物质环境	幼儿园内影响幼儿身心发展的物化形态的教育条件	园舍建筑、园内装饰、场所布置、设备条件等
幼儿园精神环境	幼儿交往、活动所需的软质环境，即幼儿园的心理环境	幼儿园人际关系、教师观念，园长的管理方式等

三、幼儿园环境的特点（★）

（一）教育性

幼儿园作为专门的幼儿教育机构，其环境创设与其他非教育机构有显著的区别。它是根据幼儿园教育的目标及幼儿的发展特点，有目的、有计划、有组织地精心创设的，具有丰富的教育意义。

（二）可控性

幼儿园环境与外界环境相比具有可控性，即幼儿园的环境构成处于教育者的控制之下。具体表现在两个方面：一方面，社会上的精神、文化产品、各种儿童用品等，在进入幼儿园时，必须由教师精心挑选、甄别，以有利于幼儿发展为选择标准；另一方面，教师根据教育的要求及幼儿的特点，有效地调控环境中的要素，维护环境的动态平衡，使之始终保持在最适合幼儿发展的状态。

四、幼儿园环境创设的概念及意义（★★）

幼儿园环境创设是指教育者有目的、有计划地设计、制作、投放和安排有利于幼儿园教育活动的环境要素。幼儿园环境创设对幼儿的发展具有重要意义，主要表现在以下几个方面。

（一）为幼儿的发展提供保障

幼儿要在幼儿园内吃饭、睡觉、游戏等，只有具备相应功能的建筑、空间设备、游戏材料等才能使幼儿感到安全、方便、舒适和愉悦。

（二）促进幼儿的身心健康

宽敞的空间、齐全的设备器具可以使幼儿的身体得到活动和锻炼；整洁、优美、充满童趣的环境会给幼儿美的熏陶和体验；具有探索性的环境可以满足幼儿的好奇心，激发幼儿的探究热情、培养幼儿的探究能力；文明有序的集体生活有利于幼儿的社会性发展；融洽和谐的人际关系可使幼儿感到宽松、自由、被尊重，从而乐观自信。

（三）激发幼儿的创造潜能

幼儿不是环境的消极旁观者和享用者，而是环境创设的积极参与者和互动者。在环境创设的过程中，幼儿参与设计构思、材料搜集、动手制作和布置的全过程，会激发幼儿的主人翁意识和创造潜能。在与环境的交互过程中，幼儿会根据自己的需要自由选择环境、探索环境、控制和驾驭环境，使其积极性、主动性、创造性得到最大限度的释放。

五、幼儿园环境创设的原则（★★★）

幼儿园环境创设的原则

幼儿园环境创设的原则是指创设幼儿园环境时应遵循的基本要求。这些要求是根据幼儿教育的原则、任务和幼儿发展的特点提出来的。

（一）环境与教育目标的一致性原则

环境与教育目标的一致性原则是指环境的创设要体现环境的教育性，即环境设计的目标要符合幼儿全面发展的需要、与幼儿园的教育目标相一致。幼儿园环境必须强调目标意识，要有利于幼儿体、智、德、美诸方面的全面发展。

（二）发展适宜性原则

发展适宜性原则是指幼儿园环境创设要符合幼儿的年龄特点及身心发展的需要。从一般年龄特征来看，小班、中班、大班幼儿在身心发展特点上的差异是非常明显的，其身心发展所需要的环境也不尽相同。此外，即使同一年龄阶段的幼儿，在认知、兴趣、能力等方面也存在差异。因此，教师要根据幼儿的年龄特征和个体差异为其提供适宜的发展环境。

（三）幼儿参与性原则

幼儿参与性原则是指环境的创设过程是幼儿与教师共同合作、共同参与的过程。环境的创设过程本身就是一个积极的教育过程。幼儿参与环境创设体现在参与设计、参与搜集和准备材料、参与布置、参与操作、参与管理等方面。环境创设过程的教育意义主要体现在：发展幼儿的主体意识，培养幼儿的责任感和合作精神。

（四）开放性原则

开放性原则是指创设幼儿园环境时应把大、小环境有机结合起来，形成开放的幼儿教育系统。随着社会科技与文化的发展，社会环境对教育的影响也越来越大，并且总以它独特的方式作用于幼儿。通过大小环境的配合，在开放的系统中，培养适合新时代要求的幼儿。

【例】请交警来幼儿园模拟操作，给幼儿介绍交通安全知识；让家长制作一段反映幼儿一天典型生活的视频。

（五）经济性原则

经济性原则是指创设幼儿园环境时应考虑幼儿园自身经济条件，因地制宜、勤俭办园。贯彻经济性原则，具体要做到少花钱多办事，在保证安全和清洁卫生的前提下，废物利用、一物多用，不浪费宝贵资源，不盲目攀比，不追求设备设施的高档化和园舍装修宾馆化。

【例】阅览室里可取几根木条，做成可以放书、放东西的小格，幼儿易拿易放，又不占地方；盛产竹子的山区幼儿园，可用竹子做成高跷、竹板等供幼儿玩游戏。

（六）安全性原则

保护幼儿的安全健康是幼儿园的基本责任，也是贯彻“保教并重”原则的必要措施。幼儿园环境的安全主要包括两个方面：一是物质环境的安全，它是保障幼儿人身安全的基础，也是幼儿园创设物质环境时首先应考虑的原则；二是精神环境的安全，它是保证幼儿获得心理安全的重要条件。

【例】物质环境的安全：幼儿园的桌椅都是圆角，防止幼儿磕伤。精神环境的安全：老师亲善和蔼的态度。

六、幼儿园环境创设的方法（★）

（一）讨论法

讨论法是指教师引导全班幼儿通过讨论的方法集思广益、相互启发，选择或确定环境创设的主题和内容以及与环境和材料互动的方法等。

（二）探索法

探索法是指让幼儿自己在环境中发现问题，并独立地解决问题，从而获得知识的方法。这种方法可以培养幼儿学习的内在动机，提高他们与环境和材料互动的积极性。

（三）操作法

操作法是指教师指导幼儿动手操作，让幼儿掌握知识、形成技能和习惯的基本方法。操作法的运用依赖于操作材料。

（四）评价法

幼儿园环境评价是对环境质量的评价，包括对幼儿的环境创设和互动行为的评价、对教师的环境创设效果的评价等。它贯穿环境创设的整个过程，对教师的行为具有明显的导向作用，从而能更好地完善和优化环境创设。

第二节　幼儿园物质环境创设

一、户外环境的创设（★）

户外环境是幼儿户外活动的场所，包括自然生态环境、活动场地、大型玩具及其他体育器材和专用场地等。

（一）地面

幼儿在幼儿园户外进行奔跑、跳跃、攀登等较为剧烈的活动。因此，户外环境的创设首先要考虑地面的安全适用：地面以坚实平坦的土地、沙地和草地为宜；每位幼儿的活动空间一般不少于 2 平方米；车行水泥地不宜正对活动室出口，以免由室内奔出的幼儿与行车相撞。

（二）器械设备

幼儿园应为幼儿提供走、跑、跳、钻、爬、投掷、平衡等多元化的活动器械，以锻炼幼儿的身体机能，促进大肌肉的发展。除了传统的滑梯、跷跷板、攀登架等活动器械外，幼儿园还要为幼儿提供一些多样化综合性的器械设备。另外，出于安全的考虑，购买的设备质量要好并加强检修；各项设备间的距离不能太近，以免幼儿拥挤发生意外。

（三）游戏场地

每班的户外游戏场地不应小于 60 平方米。此外，游戏场地可设置不同的区域，如大型玩具区、园艺区、种植区和饲养区等，从而有针对性地对幼儿进行教育。

（四）院落景观

幼儿园要为幼儿建造一些精美的、充满自然情趣的院落景观，既美化环境，又能让幼儿亲近大自然，激发幼儿主动参与活动的兴趣。

【例】造型独特、富有童趣的幼儿园大门；挂满墙的爬山虎、绿萝或紫藤，花园，草坪，戏水池，沙坑等充满生机的自然景观。

（五）洗手间

安全、干净、卫生、无异味的洗手间能为幼儿提供基本的生活保障。另外，在洗手间张贴易于识别的生活行为规则标识图，有利于培养幼儿的良好行为习惯。

【例】洗手池的墙上贴一些节约用水的提示语，或洗手流程图，让幼儿学会认真地洗手；在厕所的墙上贴一些文明如厕图、手纸用多少、粪便入池、手纸入篓等宣传指导图或提示语等，培养幼儿良好的如厕习惯。

小旌提示

生活行为规则标识图的作用在于使幼儿在活动中能理解最为基本的生活技能和行为准则，而且在活动中能习得这些生活技能并遵守这些行为规则。

真题再现

幼儿园环境创设中，使用易于识别的生活行为规则标识图，其最主要的目的是（　　）。

A. 美化环境

B. 便于幼儿看图说话

C. 便于幼儿认识各种符号

D. 便于幼儿习得生活技能和行为准则

【答案】D。

二、室内环境的创设（★）

（一）室内空间与室内环境

1．活动室面积与空间利用

活动室是幼儿进行室内游戏、进餐和集体活动的地方，足够的空间是幼儿在室内开展各种活动的必要条件。在面积既定的情况下，要统筹安排、精心设计，减少不必要的家具和设备，充分利用空间。

2．室内环境结构

良好的室内环境结构会对幼儿的行为产生积极的影响。一个结构良好的室内环境应符合以下标准。

（1）活动区数量、面积适宜。

应根据活动室的面积、幼儿的人数以及教学活动的客观需要来设置活动区，决定活动区的数量。每一个活动区的大小都应能使在其中活动的幼儿能够自由地、不相互妨碍地开展活动。

（2）各活动区的活动减少干扰。

由于幼儿在各活动区进行的活动性质不同，因此在设置活动区时，动静应尽量分开，避免相互干扰。活动区之间应有明确的分隔物，但分隔物应以不阻碍成年人的视线为原则。

（3）设备的摆放应有利于幼儿的活动。

活动室的设备和材料应降低到与幼儿视线基本平行的高度，使幼儿能置身其中，亲自动手进行游戏和创作；另外，每组桌椅安放的位置应尽量靠近玩具或用品的厨架，以尽量避免幼儿因长距离取用而造成秩序混乱；每组桌椅的距离不可太近，留有通道，以便幼儿走动或取用玩具。

（二）主题活动环境的创设

主题活动环境的创设要根据教育目标和主题思想选取内容，并组织布置，凸显主题活动的教育内涵，具体操作时应注意以下两方面。

1．注意每个角落的布置

注意每个角落都布置、投放相关的主题内容，以拓展幼儿对主题的关注范围，并充分发挥环境的教育功能。

【例】在中班“交通工具博览会”主题活动中，教师将活动室分成水、陆、空三大区域，分别展示相应的交通工具，并在“天空区域”的一定高度上设置了一些飞机的挂图。

2．注意与主题游戏的配合

根据主题活动的内容，将活动室的区域进行划分，开辟主题游戏场景，让幼儿参与游戏，获得亲身体验。

【例】在大班“商品街”主题活动中，设置超市、服装店、水果店、书店等游戏区域，再在各区域投放一些自制材料或半成品，让幼儿通过角色扮演、情景活动等进行主题活动相关游戏。

三、常见活动区的创设（★★★）

（一）幼儿园活动区的分类

幼儿园每一个室内活动区都是教师根据既定的教育目的和幼儿的发展特点，有目的、有计划地运用环境中的各种因素，为幼儿创造出来的具有教育功能的环境。幼儿园常见的区域有以下几种，如表 4-1-1 所示。

表 4-1-1　幼儿园常见活动区

活动区名称	区域功能	创设要点
角色区	（1）满足幼儿参与社会生活的愿望，帮助幼儿积累生活经验 （2）提供角色交往的机会，促进幼儿的社会化进程 （3）促进幼儿语言表达能力的发展 （4）提高幼儿解决问题和与人交往的能力 （5）发展幼儿的想象力和创造性	设计不同的角色游戏区，如娃娃家、餐厅、理发店、银行、超市、烧烤店、面包房、学校、工厂、消防队等与社会职业生活相关的场所
表演区	（1）发展幼儿的想象力、表现力、语言表达和交往能力 （2）让幼儿体验舞台表演的满足感和自豪感	提供表演舞台，表演道具、头饰、衣物、化妆道具等，故事表演和音乐歌舞剧表演的脚本
建构区	（1）发展幼儿的空间知觉和想象力 （2）让幼儿感受形体、对称等概念，建立数的概念 （3）发展幼儿手眼协调和动手操作能力 （4）培养幼儿的坚持性和细致耐心的品质	提供较大的空间范围；提供数量较多的材料，如积木、插塑，纸箱、易拉罐、纸板、木板等废旧材料，玉米皮、小麦秸、树叶等自然材料和水桶、可乐瓶等生活材料
美工区	（1）让幼儿体验感官、情绪的舒展，享受美和表达的乐趣 （2）增强幼儿对色彩、线条、构图等的理解 （3）提高幼儿的审美感受力和审美表现力 （4）引导幼儿学会尊重并欣赏自己和他人的创作，体验成就感和满足感	根据实际情况和材料提倡多样化美工区，如绘画区、泥工区、雕塑区，并提供各种美术工具，如纸、橡皮泥、剪刀、胶水、颜料、油画棒等
阅读区	（1）感受图书带来的愉悦感，缓解幼儿的不良情绪和压力 （2）感受文化的熏陶，培养幼儿良好的阅读兴趣和习惯 （3）培养幼儿对图画和文字的敏感性，提高阅读理解能力 （4）帮助幼儿形成积极的人生态度	提供不同形式、不同主题的阅读材料，以及小靠垫、小桌子、小沙发、书柜等

续表

活动区名称	区域功能	创设要点
益智区	（1）引导幼儿学习观察、辨别、分析、比较、判断等方法 （2）培养幼儿专注、细致、有序的学习品质 （3）培养幼儿思维的敏捷性、灵活性和独创性	提供拼图、七巧板、迷宫、棋类、扑克牌、几何拼摆、图片比较等材料；结合科学活动和数学活动投放操作材料和探究材料，以及探究工具，如放大镜、天平、尺子
生活区	（1）发展幼儿的手眼协调能力 （2）发展手的精细动作 （3）提高幼儿的生活自理能力 （4）培养幼儿专注、认真、细致、有条理的品质	提供扣扣子、穿珠子、钉钉子、拧瓶盖、系鞋带、编辫子等活动材料

（二）幼儿园活动区的创设

1．确定活动区的数量和规模

根据幼儿的人数与活动室面积来决定活动区的数量和规模。一般来说，幼儿园需要设置4～5个活动区，每个活动区的最佳容纳量为5～7人。

2．对活动区进行合理布局

环境是为幼儿服务的。地面、墙面、桌面应被充分利用起来，使环境布置、材料、设备等蕴涵的教育因素发挥作用，使幼儿在其中充分活动、和谐发展。布局的基本策略有以下几点。

（1）干湿分区：美工区、科学区要用到水，而阅读区不需要水，应该分开。

（2）动静分区：建构区、表演区、音乐区等属于热闹的“动”区，而阅读区、数学区等活动量较小，属于“静”区。这两类区域应离得远些，以免相互干扰。

（3）相对封闭性：由于活动区的界限不明晰，会导致幼儿无目的地“乱窜”，所以教师要利用各种玩具柜、书架、地毯等现有设施作为活动区之间的分界线。根据不同的活动区和不同年龄幼儿的不同要求进行创设，如阅读区的封闭程度要高一些，而美工区、角色区中的娃娃家则可以开放一些，以便于取水、换水和出入。但不要让活动区出现“死角”，教师的视线要能随时看到任何地方，这也是出于安全的考虑。

（4）就近：美工区由于经常需要用水，最好离水源近一些；科学区、运动区需要自然的光线，而且经常需要将活动延伸到户外，所以最好选择向阳或接近户外的一面。

（5）方便通畅：教师要合理利用活动室的每个角落，充分发挥活动室内设施的作用，保证活动室内的“交通”畅通无阻。

3．制定活动区的规则

规则是保证区域活动顺利开展的重要因素。一方面，教师要善于用环境来暗示规则，如整齐、有序的材料摆放，清楚、明显的标志，都会潜移默化地鼓励幼儿玩完后把原物放回，收拾整齐。另一方面，教师要明确制定一些规则，如每个活动区的人数，进入活动区的标志，在每个活动区应当如何开展活动，活动后如何收拾整理等，以保证活动的顺利进行。

4. 活动区材料的投放

活动区确定下来之后，教师就要选择、投放适宜的活动材料。材料作为幼儿主动建构知识的支持物，会影响幼儿活动的动机、态度、坚持性、交往与创造水平，从而影响活动的结果。在活动区投放材料时，应注意以下几点。

（1）目的性和适宜性。

① 目的性，即材料投放的目的要与教育目标保持一致。在区域活动中，材料的投放不仅要符合幼儿的兴趣和需要，还要在材料中隐含教育性原则，保证幼儿取得与教育目标一致的探究结果。

② 适宜性，即应投放符合幼儿年龄特点的材料，以引起幼儿对活动的兴趣。在活动区明确大目标后，教师就可根据本班幼儿的基本发展水平和个体差异，结合教育目标投放材料。

（2）丰富性和层次性。

① 丰富性，即要提供数量充足和形式、功能多样的材料。

首先，材料在数量上要多，能够满足幼儿自由选择不同或相同材料的需要；其次，材料在类型上要全面多样，这样的材料能使幼儿各方面的能力都能在原有的基础上得到提高，并能引发幼儿广泛的兴趣；最后，材料还要有多样的变化，如教师可以投放一些功能多样、一物多用的材料。

② 层次性，即要提供能满足不同水平幼儿发展需要的材料。首先，教师要考虑不同能力的幼儿，投放材料应有个别差异性；其次，要投放“有坡度”的材料，教师要按照由浅入深、由易到难的要求，分解出若干个能与幼儿的认知发展相吻合的层次，进行材料的投放。

（3）启发性、操作性和探索性。

材料的启发性是指材料内部应该有一定的结构，隐含一些线索，这些线索对幼儿顺利地操作材料、进行活动有启示和帮助。同时，材料和材料之间应该有一定的关联，是教师经过精心选择和安排的。另外，材料最好能让幼儿直接操作、直接感知，进而获得相关经验。同时，材料要有趣、可变、可操作，这样才能激发幼儿探索的欲望。

（4）自主性。

教师应注意引导幼儿参与材料投放，充分发挥幼儿的主体作用，要善于将收集材料和创设环境的过程作为幼儿自主学习的过程。并在这个过程中，充分调动幼儿的积极性和想象力。

（5）兴趣性。

形象生动、色彩鲜明、可操作、有趣的材料最能吸引幼儿的眼球，激发幼儿的兴趣。

幼儿有兴趣参与活动，教育目标才容易达到。

（6）整合性和开放性。

首先，主题活动本身就是一种整合性的活动，具有开放性、综合性、整体性的特点，教师要根据主题活动的目标有计划、有目的、有选择地投放开放材料。其次，教师要结合近期的教育目标和本地资源投放材料。再次，教师要充分利用废旧物品制作活动区材料，提高活动的娱乐性和趣味性。最后，教师应充分发挥家庭、社区和互联网在活动区材料投放中的作用。

第三节　幼儿园心理环境创设

一、幼儿园心理环境的概念（★）

幼儿园心理环境是指幼儿园内对幼儿发展产生影响的一切心理因素的总和，是由人际关系、文化观念等交织在一起所形成的氛围，包括教职工和幼儿的精神状态、教师对幼儿的态度、幼儿的同伴关系等。

二、幼儿园心理环境创设的意义（★）

（一）有利于幼儿适应幼儿园生活

离开家庭、进入幼儿园，对每一个幼儿来说都是一个转折，往往会让幼儿不适应。所以教师的首要任务是帮助新入园的幼儿建设安全心理，适应并喜欢幼儿园的集体生活，克服第一次离开父母、家人的忧虑和紧张不安的情绪，使其形成安全感和信任感，体验到幼儿园集体生活的乐趣。

（二）有利于幼儿形成良好品质，适应社会生活

良好的幼儿园心理环境有助于幼儿形成活泼、开朗、信任和自信的性格特征。同时，教师有意识地将幼儿置身于幼儿园的各种人际环境之中，通过幼儿易于接受的、民主的、科学的教育形式和方法，帮助幼儿理解社会行为规范，适应社会生活。同时，集体生活有利于培养幼儿的合群、组织性、纪律性、利他、勇敢和顽强等优秀品质。

（三）有利于幼儿园员工的成长与发展

心理环境能使人受到感染和熏陶。良好的心理环境有利于形成和谐的人际关系，使员工乐于从事自己的工作，促进其成长和发展。

知识拓展

★ 不良的心理环境对幼儿的影响 ★

不良的心理环境会使幼儿情绪不佳，整天生活在紧张和恐惧之中，从而导致其生理功能的障碍和紊乱，影响其身体健康；还可能使幼儿形成孤僻、抑郁、胆怯、不信任等性格特征，扼杀其童真和天性；甚至使幼儿背上童年阴影，影响其一生的健康和幸福。

三、幼儿园心理环境创设的要求（★★）

（一）创设良好的物质环境

良好的物质环境是心理环境的前提，幼儿园物质环境应该具有安全、舒适、实用、有趣等特点，布置应做到绿化、美化、净化、儿童化和教育化。园内设备和材料能满足不同幼儿的不同兴趣和需要。幼儿在良好的物质环境中生活，才能产生积极向上的情感和愉悦的情绪。

（二）创设宽容理解的氛围

教师要真挚地关心幼儿，充分地与幼儿沟通，知道和理解幼儿的想法与感受，并让幼儿知道和理解教师的一些想法，使幼儿感受到教师的关心和爱护。教师要站在幼儿的角度看待其思维和行为，始终以宽容之心来对待幼儿的各种心理行为，公正、客观地对幼儿进行评价，并且要以正面激励为主，使幼儿敢想、敢说、敢探索、敢创造。

（三）建立良好的幼儿群体

建立良好的幼儿群体是幼儿园心理环境的重要内容。教师在初建班集体时，注意引导、鼓励和帮助幼儿参加各种活动，并及时肯定、表扬他们的积极性和良好表现，使幼儿感受到集体的温暖和力量；坚持正面教育和集体教育，使幼儿个体的才能在集体中得到充分展现，逐渐使幼儿产生自信和自主感。

（四）建立良好的人际关系

教师要纠正幼儿在交往中的不良倾向，帮助幼儿提高社交能力。此外，幼儿园良好的人际关系，可使教师之间相互友爱，合作共事，幼儿在这样的人际关系里，能受到教师的尊重，满足多方面发展的需要。因此，建立良好的人际关系，对幼儿的心理健康具有十分重要的作用。

（五）形成良好的幼儿园风气

幼儿园风气是指园内所有成员在工作、学习、生活和行为方面比较一致的、富有个性特点的、稳定的集中表现。一旦形成对全体成员都会产生影响。所以，幼儿园领导应重视园风的建设工作，使生活在其中的教师和幼儿都能和谐健康地发展。

四、良好的师幼关系（★★）

师幼关系是指教师与幼儿之间形成的以情感、认知和行为交往为主要表现形式的心理关系。构建良好的师幼关系是创设幼儿园心理环境的重要内容。

（一）良好的师幼关系在幼儿教育中的意义

1. 有助于幼儿获得安全感

良好的师幼关系是幼儿获得真正关爱的基础和保障。幼儿教师的基本要求和责任就是关爱幼儿，使幼儿感到来自教师的关爱，从中获得精神需要的满足，进一步使幼儿对教师产生依赖和信赖，从而获得安全感。

2. 有助于幼儿形成独立人格

教师要尊重幼儿，把幼儿看作一个独立的人，一个有表达自己情感权利的人，一个既有优点又有不足，并且有自己的愿望和期待、需要别人尊重的独立个体。教师要经常表扬或鼓励幼儿，以肯定的口吻对幼儿说："你肯定行""老师相信你"，让每个幼儿相信"我是好孩子""老师喜欢我"，以促进幼儿独立人格的形成。

3. 有助于幼儿形成自我价值

教师要消除偏爱心理，平等地对待每一位幼儿，认识到每个幼儿都有独特的自我价值，要善于发现和表扬幼儿独特的闪光点，促进幼儿积极情感的发展和自我价值的形成，使每个幼儿都能自信、勇敢地向上生长。

4. 有助于教师的专业成长和发展

师幼关系直接影响教师对幼儿行为的理解和关注，良好的师幼关系有利于教师顺利地开展教育教学活动，提高教育质量，促使教师在自己的教育教学活动中不断地进行反思，而后在反思中提高，从而实现教师专业的完善和发展。

（二）建构良好师幼关系的策略

1. 树立新型的教育观念

教师要尊重幼儿，树立适合新时期幼儿成长且与幼儿心理相适应的新型教育观。教师要认识到教师不是管理者、指挥者或机械的传授者，而是良好互动关系的创设者，是幼儿主体性发展的帮助者、指导者和促进者。

2. 尊重和满足幼儿的基本需要

尊重和满足幼儿的基本需要是创建和谐师幼关系的前提和基础。教师要了解并尊重幼儿的生理需要，给予幼儿照顾和指导，消除幼儿因生理需要得不到满足而产生的紧张。

3．以民主的态度对待幼儿

教师与幼儿的关系是平等的。教师允许幼儿表达自己的想法和建议，而不是用权威的命令去要求幼儿。在与幼儿交谈时，教师要蹲下身子，看着幼儿的眼睛倾听他们说话，以平静、自然的声音，像和自己的朋友谈话一样与幼儿交谈。

4．加强师幼间的情感交流

及时、有效的沟通是建立积极师幼关系的重要条件。首先，教师要提高自己的沟通能力；其次，教师要通过教育活动培养幼儿的沟通和反应能力；最后，在具体方法上，教师不仅可以通过语言与幼儿进行情感交流，也可以通过眼神、微笑、语调和动作等，传达对幼儿的关爱、支持和鼓励。

答案与解析

一、单项选择题

1．幼儿园环境与外界环境相比具有可控性，即幼儿园的环境构成处于（　　）的控制之下。

A．教育者　　B．家长　　C．园长　　D．社会

2．布置自然区时，老师让幼儿自由讨论并按照幼儿讨论的结果进行布置。这体现了环境创设的（　　）原则。

A．开放性　　B．参与性　　C．经济性　　D．安全性

3．根据室外环境布置的安全性原则要求，下面说法不正确的是（　　）。

A．购买质量好的设备，加强检修

B．场地中各项设备间的距离不能太近，以免幼儿拥挤发生意外

C．幼儿年纪小，理解能力差，不能对他们进行安全教育

D．车行水泥地不宜正对活动室出口，以免由室内奔出的幼儿与行车相撞

4．创设幼儿园物质环境时，小班环境应具有结构简单、色彩鲜艳、富有感官刺激等特点；中班环境在小班环境的基础上要突出操作性；大班环境要突出探索性和实验材料的丰富性。这主要体现了幼儿园物质环境创设的（　　）原则。

A．经济性　　B．发展适宜性　　C．参与性　　D．开放性

5．某农村幼儿园在进行物质环境创设时，积极申请上级拨款，大力购置本地缺乏的玩具、设备，这种做法违背了幼儿园环境创设的（　　）原则。

A．安全性　　B．发展适宜性　　C．开放性　　D．经济性

6．大班科学区主要投放的材料应是（　　）。

A．玩具类　　B．观察类　　C．制作类　　D．实验类

7．布置自然角时，家长提供花卉、植物，教师带领幼儿一起布置环境，并利用各种废弃物制作各种花架，此做法中没有体现出的幼儿园环境创设的原则是（　　）。

A．参与性　　B．经济性　　C．开放性　　D．安全性

8．户外环境的创设首先要注意地面的安全适用。在下列做法中，不正确的是（　　）。

A．以坚实平坦的塑胶地板为宜

B．以坚实平坦的沙地为宜

C．以坚实平坦的草地为宜

D．以坚实平坦的水泥地为宜

二、简答题

1．简述幼儿园心理环境创设的要求。

2．简述幼儿园环境创设的基本原则。

三、材料分析题

幼儿园大一班开展识字比赛，教师为此创设了班级墙面环境，如下图所示。

问题：请根据环境创设的基本原则，对材料中的识字比赛创设的环境进行分析。

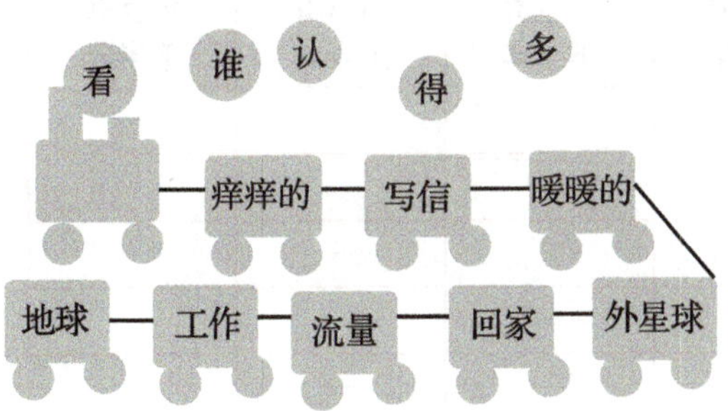

图　幼儿园大一班墙面

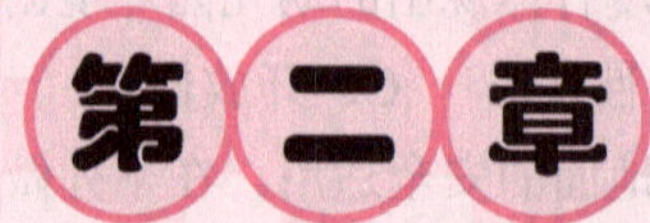

幼儿园与家庭、社区和小学

题型	2022 年上半年	2022 年下半年	2023 年上半年	2023 年下半年	2024 年上半年	2024 年下半年
单项选择题	—	—	—	—	—	—
简答题	—	—	—	—	—	—
论述题	—	—	—	—	—	—
材料分析题	—	—	—	—	—	—
活动设计题	—	—	—	—	—	—
总计		—	—	—	—	—

（1）本章主要介绍幼儿园与家庭、社区和小学的合作及幼小衔接，近 3 年幼儿园教师资格考试未对这部分内容进行考查，仅在早前年份（如 2020 年）以简答题的形式考查过，或在综合性论述题、材料分析题中结合其他知识点进行考查。

（2）学习时可了解幼儿园与家庭、社区和小学的合作内容、意义和方法。

第一节　家园合作

一、家园合作的概念（★）

家园合作是指幼儿园和家庭都把自己当作促进幼儿发展的主体，双方积极主动地相互配合、相互支持，通过幼儿园与家庭的双向互动共同促进幼儿的身心发展。

二、家园合作的意义（★）

（一）有利于教育合力的形成

家园共育有利于发挥家庭教育和幼儿园教育的各自优势，实现两者的优势互补。两者就教育目标、内容、方法和态度达成共识的时候，教育的影响最一致，形成的教育的合力最大，幼儿的身心发展也最为迅速和顺利。所以，幼儿园应与家庭密切合作，形成合力。

（二）有利于家长资源的充分利用

家庭教育拥有幼儿园教育所不具备的独特优势，家长与幼儿之间特有的血缘关系和亲情关系，使家庭教育具有感染性、长期性和针对性。同时，让来自各行各业的幼儿家长利用各自的专长参与幼儿园的教育，可以使其深层次地了解幼儿园、了解幼儿教育。

（三）有利于密切亲子关系，改进家庭教育

家园合作为促进亲子互动、相互了解提供了新的途径。通过家长参与幼儿园的教育活动，可以让家长有机会了解孩子在幼儿园的生活和学习，更好地认识自己的孩子。同时，也使幼儿有机会了解父母的工作与“本领”，对父母产生敬佩、尊敬的情感。家长和幼儿一起收集资料、实地观察、解决问题的活动过程，都能促进亲子交往，密切亲子关系。

三、幼儿园与家长沟通的内容（★）

（一）鼓励和引导家长参与幼儿园教育

幼儿园应积极鼓励和引导家长直接或间接地参与幼儿园教育。家长可以直接参与到幼儿园的教育过程中，如共同商议教育计划、参与课程设置、加入幼儿活动等。家长还可以间接参与幼儿园教育，如为幼儿园提供人力、物力支持，通过家长会、家长联系簿等将有关意见反映给幼儿园等。

（二）帮助家长树立正确的教育观念和教育方法

幼儿园是专门培育幼儿的教育机构，有专业的教师对幼儿进行教育。幼儿园可开设相应的课程、讲座，邀请家长学习，帮助家长树立正确的教育观念，掌握科学的育儿方法。

知识拓展

★ 家园合作存在的问题 ★

（1）家长和教师之间存在矛盾和冲突：家长和教师将幼儿园教育和家庭教育割裂开来，不能相互理解。

（2）家园合作不够深入，较多地停留在表面：到幼儿园参观的家长多，参与活动的家长少；即便是参与活动，间接参与的家长多，直接参与的家长少；此外，母亲的参与度明显高于父亲。

（3）家庭与幼儿园的教育内容脱节：家长来幼儿园参与活动只是和幼儿一起玩，回家后不大可能和家庭教育联系起来；与之相对，幼儿园教育常常是在家长看不到幼儿活动的情况下进行的，因此难以产生有针对性的效果。

四、幼儿园与家长沟通的形式（★★）

（一）幼儿园与家长的沟通方式

1. 集体方式

（1）家长会。

一般来说，家长会以全园、年级或班级为单位，在学期初、学期末或根据需要在学期中召开。召开家长会需要事先做好周密的计划，要能够解决实际问题。

（2）家长开放日。

家长开放日是指幼儿园定期或不定期地向家长开放，邀请家长来园进行参观的活动。开放日的活动可以使家长看到幼儿在园的表现，了解教师的工作情况，直观地了解幼儿园的教育内容和方法。

（3）家长学校。

家长学校是普及家庭教育知识的有效途径，是幼儿园开展家长工作的重要方法。幼儿园应有计划、有步骤地为家长举办各种科学育儿的讲座和报告，系统地向家长介绍幼儿教育的知识，提高家长的教育能力。

（4）家长接待日和专家咨询。

家长接待日：幼儿园安排一个固定的时间，由主管领导接待家长的来访，解答家长对园（所）、班级保育、教育和管理等方面工作的疑问，听取家长的意见和建议，或者设置意见箱收集家长的意见。

专家咨询：幼儿园聘请一些学前教育专家定期开展现场咨询活动，帮助解答家长在育儿方面的问题。

（5）家园（所）联系栏。

大部分幼儿园都设有家园（所）联系栏或家教园地，有面向全体家长的、有各班自办的。家园联系栏应设在家长接送孩子的必经之处，内容要经常更新，字迹不可太小。

（6）为家长提供小报、小刊或学习材料。

有条件的幼儿园可举办面向家长的定期或者不定期的小报、小刊，其内容要丰富有趣，文章精短、语言朴实，既有老师的话，又有家长的话，紧紧围绕对幼儿的教育展开。

2. 个别方式

（1）早晚接送交流。

早晚接送幼儿的时间是家长和教师相互沟通的一个良好契机。教师可以利用这个短暂的时间与家长接触，了解和介绍幼儿的情况，相互沟通，提出建议等。

（2）家访。

家访是幼儿园家长工作常用的一种方式，目的在于深入了解幼儿在家中的真实情况，包括家长对幼儿教育的认识、态度和方法，家庭及其周围环境对幼儿身心发展的影响等。家访具体可分为：新生家访、定期家访、情感性家访、问题儿童的重点家访。

（3）家园联系簿。

家园联系簿是幼儿园建立的家长信息记录本，是幼儿园普遍采用的一种方式。教师应为每个幼儿建立一本家园联系簿，定期或随时与家长联系，互通信息，交换意见，分享有关幼儿情况的看法，共同探讨个别教育的计划与措施等。

（4）电话、网络联系。

电话、网络联系具有方便、快捷的特点，能及时沟通幼儿在家或在园的情况，从而能够迅速处理一些应急性的问题。

小旌归纳

幼儿园与家长互动的方式分为集体方式和个别方式。

（1）集体方式：家长会、家长开放日、家长学校、家长接待日和专家咨询、家园（所）联系栏、为家长提供小报、小刊或学习资料。

（2）个别方式：早晚接送交流、家访、家园联系簿、电话、网络。

（二）组织家长参与幼儿园教育

1. 与孩子一起参加班级的活动

幼儿园可通过开展亲子活动和家长代表参与活动等方式，增强教师与家长、家长与幼儿的情感交流。此外，家长的参与会大大提高幼儿学习与探索的积极性，更好地促进幼儿的发展。

2. 参与教师的教学

与家长专业、职业有关的教育内容可以有计划地与家长沟通、联系，请他们当“助教”，一起讨论、备课，使家长能以幼儿乐于、易于接受的方式，发挥专业、职业优势开展教育活动，同时也能使幼儿认识到父母的另一面，提高家长在幼儿心中的地位。

第二节 幼儿园与社区的合作

一、幼儿园与社区合作的概念（★）

社区是共同地域范围内生活的人群。幼儿园与社区合作是指幼儿园与其所处的社区、与幼儿家庭所处的社区密切结合，共同为幼儿的健康成长服务。

二、幼儿园与社区合作的意义（★★）

（1）社区的环境在幼儿园教育中起到重要作用。

幼儿园周围的社区是幼儿十分熟悉的地方，社区的自然环境和人文环境在幼儿的成长，特别是其精神的成长中有着特殊的意义。幼儿园教育扩展到社区的大背景下进行，利用社会环境中富有教育意义的自然和人文景观、革命历史文物或遗迹，不仅是教育空间的扩大，更是教育内容的丰富和深化。

（2）社区的资源在幼儿园教育中起到重要作用。

社区作为一个生产功能、生活功能、文化功能兼备的社会小区，能为幼儿园提供教育所需要的人力、物力、财力、教育场所等多方面的支持。此外，社区的积极参与将使幼儿园教育变得生动、更富有时代气息。

（3）社区的文化在幼儿园教育中起到重要作用。

社区的文化于无形中影响着幼儿园教育。如有的幼儿园立足当地实际，在课程中将社区的历史、风俗、革命传统等作为乡土教材来利用，使幼儿园教育内容丰富而有特色。

三、幼儿园与社区合作的内容与方法（★★）

（一）幼儿园利用社区的教育资源

1. 利用社区的自然资源

社区所处的地域一般都有独具特色的自然景观、地形、动植物等自然资源。幼儿园可利用这些资源组织幼儿进行户外的科学教育活动，让幼儿感受自然、了解基本科学知识、培养实践技能。

2. 利用社区的人文资源

社区的人文资源主要包括社区内的建筑、民俗、服饰、音乐等。幼儿园可利用这些资源对幼儿进行中国传统文化、地方历史、民俗风情等的教育，帮助幼儿感受社会文化、丰富社会常识、提高对社会的认知能力。

3. 利用社区的人力资源

社区的人力资源包括社区中有不同专长的有识之士、幼儿家长等。幼儿园可以邀请他们参加幼儿园的活动，以协助教师进行专业领域的入门教育，扩大幼儿的社会接触，增长幼儿的见识。

4. 利用社区的组织资源

社区中的组织资源包括图书馆、博物馆、养老院、福利院、社区医院、邮局、车站、超市和学校等。幼儿园可组织幼儿到博物馆参观，进行历史文化的教育；到养老院、福利院进行道德情操的培养；到社区医院、邮局、车站、超市等体验，进行基本社会规则和生活技能的培养，从而提高幼儿的社会适应能力。

（二）幼儿园为社区服务

幼儿园利用社区各种资源的同时，还要为社区提供一些早期教育服务，这种合作与互动不仅能够全面提高幼儿园的保教质量，而且能为社区营造一个良好的教育环境，实现幼儿园与社区的双方共赢。一般来说，幼儿园为社区提供的服务主要有以下几种。

1. 举办专家讲座

幼儿园可根据社区内家长的基本素质和特点，定期组织社区家长来园听专家或教师讲座，让家长树立先进的保教理念，掌握科学的育儿方法。

2. 向社区开放

幼儿园可利用节假日等向社区开放，让社区的居民走进幼儿园，了解幼儿园的环境和设施。此外，幼儿园新生入园前，可以对即将入园的幼儿及其家长进行全面开放，让他们熟悉幼儿园的环境，了解幼儿园的保教活动等。

3. 开设亲子班

幼儿园可利用节假日开设亲子班，为社区的幼儿和家长提供一个学习和探索的机会，促进亲子关系和幼儿社会交往能力的发展。

4. 参与社区活动

幼儿园可以通过参加社区的节假日共庆活动、爱心活动、共建活动等，在提高幼儿基本素质的同时，为社区文明建设增添新鲜的活力，进而实现幼儿园与社区的合作共赢。

第三节 幼小衔接

一、幼小衔接的概念和意义（★）

幼小衔接是指幼儿园和小学根据儿童身心发展的阶段性和连续性的规律及儿童可持续发展的需要，做好两个教育阶段的衔接工作，避免和减少因两个学习阶段存在的差异给幼儿身心发展带来的负面影响，使幼儿尽快适应新的学习生活，为其入学后的发展及终身发展打好基础。

二、幼小衔接的现状（★）

（一）幼儿园教育与小学教育的差异

1. 社会要求的差异

幼儿园以游戏为主要活动形式，灵活、自由、趣味性强、没有严格的约束和规范；小学是义务教育，以上课为主要活动形式，根据国家统一规定的大纲要求进行系统教学。

2. 生活制度上的差异

幼儿园的生活节奏是宽松的。一日生活中游戏时间较多，生活管理不带强制性，没有出勤要求，轻松而愉快。教师对幼儿在生活上的照顾周到而细致。

小学阶段的生活节奏快，作息制度严格。每天上课时间很长，课间的自由活动和游戏时间很短，纪律及行为规范带有强制性。教师对儿童在生活上的照顾明显减少。

3. 师生关系上的差异

幼儿园实行保教并重，教师和幼儿整天相伴，参加幼儿全天的各项活动，对幼儿的各个方面都关怀备至。幼儿对教师在生活、心理上都产生安全感和依赖感，师生关系密切。在小学，老师则把精力主要放在教学上，重视完成教学大纲要求的任务，注重教材进度，忙于批、发作业及抓课堂纪律，和学生的接触主要在课堂上。

4. 学习环境的差异

幼儿园学习、生活的设施一般都相对集中，活动室、盥洗室、餐厅、休息室等紧密相连，给幼儿的生活、活动带来极大的方便；小学的建筑高大、场地宽阔，使刚入学的儿童很不适应，有的可能会迷失方向，找不到厕所，甚至找不到自己的班级。

幼儿园的活动室里常常布置着各种活动角，供幼儿观察、游戏、休息、劳动使用，幼儿有较多的自由选择余地，相互之间合作交往的机会多；小学的教室里只有成套的课桌椅，教室内没有玩具，学生自由选择活动的余地较少。

5. 教育内容、方式与评价的差异

（1）幼儿园的活动时间大多用于发展幼儿的口头语言，学习周围环境和日常生活中的知识技能，以及一些艺术和体育活动，不强调系统性；小学以书面语言为主，强调系统化的知识学习。

（2）幼儿园的教学活动从幼儿的具体形象思维出发，采用直观的教具、丰富的游戏和多样的方式；小学以课堂教学为主，课堂纪律严谨，约束性大。

（3）幼儿教师与孩子个别接触的时间多，评价一个孩子能从生活、学习的各个侧面去考虑；小学教师则比较注重学生的学习成绩。

（二）幼小衔接工作中的误区

1. 小学化

许多人存在幼儿小学化的错误观点，认为只要让幼儿学好拼音、识字、写字和算术，让幼儿提前学习小学一年级的教材，就是幼儿为上小学做好了准备，就可以减轻幼儿入学后的压力和负担。

但幼儿小学化有很多弊端：一是易使幼儿养成不专心上课的习惯；二是教幼儿学会了死记硬背，而不是善于思考的学习方法；三是易使幼儿在读、写、算等方面形成一些错误或不规范的做法。

2. 表面化

有些人认为，幼小衔接就是让幼儿园大班在外部环境和条件上发生改变，让幼儿对小学生活有所了解。虽然这些活动是必要的，也是有效的，但只是流于浅表的，难以取得长期效果。

三、幼小衔接的指导思想（★）

（一）长期性而非突击性

幼儿园教育作为个体教育的开端，是终身教育的一个重要组成部分，要以幼儿的长远发展为目标，为幼儿的终身发展打好基础。因此幼儿园应当把幼小衔接放在终身教育的大背景下去考虑，把幼小衔接工作贯穿于整个幼儿园教育过程中，而不仅仅是在大班后期。

（二）整体性而非单项性

幼小衔接是全面素质教育的重要组成部分，要做好幼小衔接工作，必须促进幼儿体、智、德、美诸方面全面发展，而不应偏重于某一方面，尤其是过分强调“智”的方面。

（三）培养幼儿入学的适应性而非小学化

幼小衔接的工作重心应当放在培养幼儿的入学适应性上。但长期以来，幼小衔接工作中，“小学化”倾向严重。有些教师提前用小学的教育方式对待幼儿，让幼儿学习小学的教材，用小学教育的形式组织教学。这些做法严重违背了幼儿的身心发展特点，是造成幼儿厌学、养成不良学习习惯的重要原因。

四、做好幼小衔接的方法（★）

幼小衔接需要幼儿园、小学、幼儿自身及幼儿家长多方面的共同努力。

（一）幼儿

（1）做好生理准备。

进入小学后，幼儿的生活和教育条件都会发生新的变化，幼儿由事事依赖父母逐渐过渡到事事独立完成。因此，即将进入小学的幼儿应该具有一定的生活自理能力。

【例】会动手整理自己的物品；能沉着地处理日常生活中可能出现的紧急情况。

（2）做好心理准备。

研究表明，幼儿的社会性心理品质，对他们进入小学后，能否更快更好地适应小学生活，起着至关重要的作用。因此，从大班起应有意识地对幼儿加强心理建设工作，提高幼儿的社会性适应能力。

【例】向幼儿提出一些独立完成的学习、劳动任务，游戏中穿插任务等。

（二）幼儿园

（1）培养幼儿对小学生活的热爱与向往。

幼儿对小学生活的态度、看法和情绪状态等，与其入学后的适应能力关系很大。因此，幼儿园应注意培养幼儿对小学生活的向往，使幼儿为即将成为一名小学生而感到自豪。

【例】组织幼儿参观附近的小学，引导幼儿对朗朗读书声和红领巾产生好奇与向往。

（2）培养幼儿对小学生活的适应性。

调整一日生活的作息制度和改变活动室环境的布置，培养幼儿良好的学习习惯，让幼儿提前适应小学环境；注重发展幼儿的思维能力；加强幼儿的主动性、独立性、人际交往能力、规则意识和任务意识等非智力品质的培养。

【例】在大班，可以逐步培养幼儿养成上课坐端正、专心听讲的习惯。

（3）加强锻炼，增强幼儿的体质。

小学的学习活动较之游戏活动显得枯燥，儿童入学后脑力活动增多，书写任务较多，学习压力增大，因此应加强锻炼，使幼儿具有健康的身体以及抵抗疾病的能力。

（4）转变观念，提高教师素养。

幼儿教师应定期参观小学一年级的教学活动，参与一年级的教研活动，并向小学教师介绍幼儿园的教育方法。另外，幼儿园教师还应带领幼儿开展适应小学的教育活动，如带领幼儿参观小学、开展联谊活动等。

（三）家长

（1）增强幼儿升学的信心。

（2）发展幼儿的语言能力、自理能力，调整好幼儿的生活规律。

（3）为幼儿准备家庭学习环境，营造良好的学习气氛。

（4）对幼儿进行安全教育，增强其自我保护意识。

一、单项选择题

1．在大班下学期，幼儿园可以（　　）。

A．取消游戏区角，布置完全小学化

B．带领大班幼儿参观小学

C．每天布置至少 2 个小时的家庭作业

D．采取小学作息制度，一天 6 节课

2．有的幼儿园在课程中将社区的历史风俗、革命传统等作为乡土教材来使用，使教育内容丰富而有特色，发挥了（　　）对幼儿园教育的意义。

A．社区资源　　B．社区习俗　　C．社区环境　　D．社区文化

3．下列有关幼小衔接的说法，正确的是（　　）。

A．幼儿进入小学难以适应，是因为幼儿园教育过于游戏化

B．幼小衔接完全是幼儿园的责任

C．幼儿园的幼小衔接工作不仅仅在大班，小、中班也应该开展

D．幼小衔接主要是幼儿园要做好教幼儿拼音、认字等内容

4．幼儿入小学后，有的新生在老师询问作业时很轻松地说："我不喜欢写作业。""昨天，爸爸带我去奶奶家了，所以我没写"。这种现象要求幼儿园在幼小衔接工作中（　　）。

A．帮助幼儿做好入学前的准备

B．培养幼儿的规则意识和任务意识

C．培养幼儿的主动性

D．培养幼儿对小学生活的向往

二、简答题

1．简述社区在幼儿园教育中的作用。

2．简述家园合作的意义。

三、材料分析题

下周一要开展手工活动，张老师要求家长准备废旧材料。周一那天，只有苗苗没有带材料来，张老师就不让他参加活动，苗苗站在一旁看着同伴活动，情绪很低落，一天都很少说话，回家后，苗苗冲着爸爸大发脾气……

问题：

（1）你认为张老师的做法合适吗？为什么？

（2）你认为张老师应该怎么做？

模块五 游戏活动的指导

考纲要求

- 熟悉幼儿游戏的类型及各类游戏的特点和主要功能。
- 了解各年龄阶段幼儿的游戏特点，并能提供相应的材料支持幼儿的游戏，根据需要进行必要的指导。

最新解读

游戏作为幼儿园教育的基本活动，其指导也是对幼儿教师的重要考查内容。因此，本模块的考纲要求看起来较少，但在历年考试中分值所占比重较大，主要以材料分析题形式出现。考生要注意重点掌握幼儿游戏的概念、特点、分类及功能，各年龄阶段幼儿的游戏特点等，注意从幼儿的发展特点出发，思考幼儿为什么喜欢某种游戏，幼儿在游戏中如何发展等问题。考生在理解基本知识点的同时，要掌握幼儿游戏的指导策略并能够根据具体的游戏类型进行灵活指导。

本模块知识点比较集中，且知识点间联系紧密，因此考生要能够化零为整，综合掌握。

幼儿园

考点导图

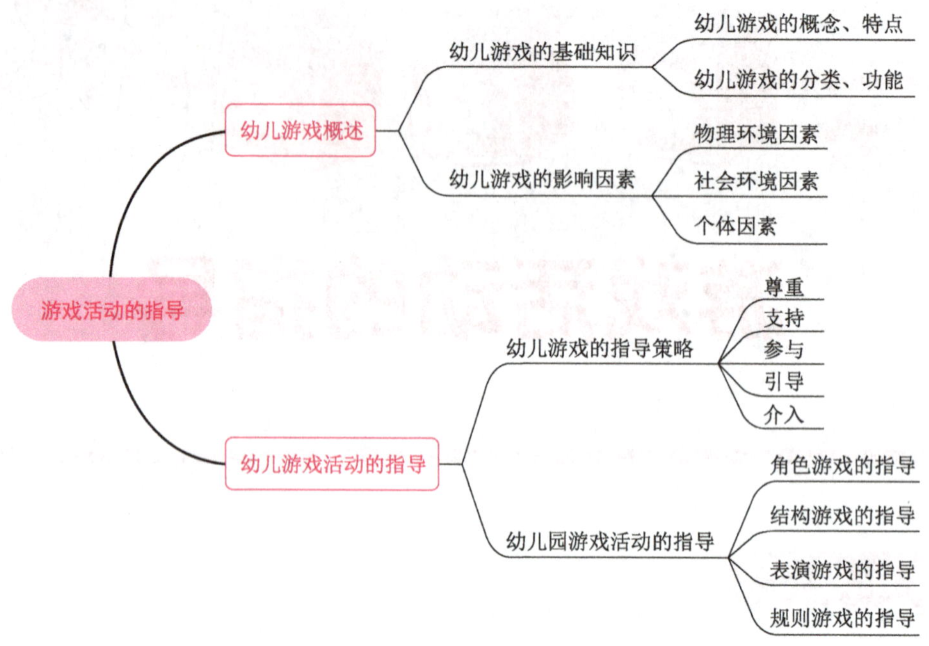
游戏活动的指导
幼儿游戏概述
幼儿游戏的基础知识
幼儿游戏的概念、特点
幼儿游戏的分类、功能
幼儿游戏的影响因素
物理环境因素
社会环境因素
个体因素
幼儿游戏活动的指导
幼儿游戏的指导策略
尊重
支持
参与
引导
介入
幼儿园游戏活动的指导
角色游戏的指导
结构游戏的指导
表演游戏的指导
规则游戏的指导

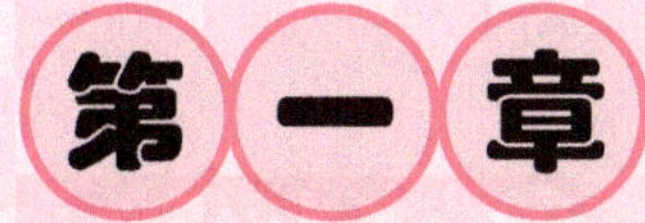

第一章 幼儿游戏概述

考情分析

题型	2022 年上半年	2022 年下半年	2023 年上半年	2023 年下半年	2024 年上半年	2024 年下半年
单项选择题	1 题 3 分	—	—	1 题 3 分	—	1 题 3 分
简答题	1 题 15 分	1 题 15 分	—	—	—	—
论述题	—	—	—	—	—	—
材料分析题	—	—	—	—	—	—
活动设计题	—	—	—	—	—	—
总计	2 题 18 分	1 题 15 分	—	1 题 3 分	—	1 题 3 分

（1）本章内容是近年幼儿园教师资格考试中的高频考点，考查形式为单项选择题和简答题，应予以重视。

（2）学习时应重点记忆幼儿游戏的分类和功能，能根据题干准确提取信息，并进行正确判断，能结合所学知识加以说明和阐释。

考点精讲

第一节 幼儿游戏的基础知识

一、幼儿游戏的概念（★）

幼儿游戏是幼儿运用一定的知识和语言，借助各种材料，通过身体和心智的活动，反映并探索周围世界的一种活动。游戏是幼儿最喜爱的活动，是幼儿生活的主要内容，也是幼儿的自发学习。

二、幼儿游戏的特点（★★）

（一）自主性（游戏是幼儿自主自愿的活动）

游戏是幼儿的天性，是幼儿出于自己的兴趣和愿望而自发、自愿、主动进行的活动。自主性是幼儿游戏的最本质属性。

从现实生活中我们也可以看到，幼儿每天都在自发地进行游戏。例如，他们看到滑梯就会去玩滑梯，看到长木棍就会当作马骑。他们还会自愿地结成伙伴一起进行游戏，而不需要其他人在旁边组织和督促。

> **小旋提示**
>
> 幼儿游戏的特点出选择题的可能性比较大，但特点的表述词并不唯一，如自主性也可以表述为自愿性、内驱性、自由性等。学习时要注意对题干情境的分析。

（二）过程性（幼儿重视的是游戏的过程，而非游戏的结果）

成人从事工作或者劳动，既有明确的目标，又能获得物质奖励。但是，幼儿游戏没有任何功利的目的，既没有外部目标，也没有内在约定，而仅仅是为了获得游戏过程中快乐的情绪与愿望的满足。当然，为了激发幼儿的游戏兴趣，成人往往会采取一些物质激励措施。但这并不是幼儿进行游戏活动的主要目的，幼儿的目的仍在于游戏的过程。

（三）虚构性（游戏在假想的情境中反映周围生活）

幼儿的游戏是周围生活的反映。在游戏中，幼儿不受实际环境具体条件的限制，以现实生活的某一个侧面为基础，加入想象，创造新情境。例如，幼儿在游戏中扮演妈妈，给娃娃做饭、洗衣等。幼儿通过对游戏角色、情节、语言、动作、场所的幻想虚构了一个“真实”的自己，充分发挥着自己的想象力和创造力，表达着对现实生活的热爱与渴望，享受着幻想中的满足与乐趣。

幼儿游戏的假想表现在以下三个方面。

1．对游戏角色的假想（以人代人）

幼儿在游戏中必须凭借想象，把自己想象、扮演成某个角色，并接受游戏伙伴所想象、扮演的角色。

【例】扮演妈妈、爸爸、司机、医生等幼儿生活中熟悉的人物。

2．对游戏材料的假想（以物代物）

幼儿在游戏中常常把一种游戏材料想象成真实的或者其他类似的东西。

【例】磊磊将小木棍当作手枪。

3．对游戏情景的假想（情境转换）

幼儿在游戏中通过动作把自己目前的场景想象成生活中的某一场景。

【例】将户外活动场地当作追击敌人的战场，将一个纸箱想象成小娃娃的家。

（四）愉悦性（游戏是能给幼儿带来积极情感体验的活动）

对于幼儿来说，游戏是享受，是一种快乐、有趣的活动。首先，游戏是适应幼儿的需要与身心发展水平的，能使幼儿感到满足。其次，在游戏中，幼儿可以控制所处的环境，甚至能根据需要去改造环境，充分展现了自己的能力并实现了自己的愿望，从成功和创造中获得乐趣。最后，幼儿的游戏活动没有强制的目标，因而也降低了为达到目标而产生的紧张，使得幼儿做游戏时没有任何心理负担，容易感到轻松和快乐。

三、幼儿游戏的分类（★★★）

（一）依据游戏与认知发展的关系分类

皮亚杰依据游戏与认知发展的关系将幼儿游戏划分为练习性游戏、象征性游戏、结构游戏和规则游戏四大类。

1．练习性游戏

练习性游戏又称感觉运动游戏或机能性游戏，是幼儿游戏发展的最初形式，对应感知运动阶段。这种游戏以肌肉活动为主，主要特征是重复动作、操作物体和自我模仿。游戏产生的动因是幼儿在感觉和运动器官的使用过程中获得的快感。

【例】奔跑、跳跃、攀登、婴儿在洗澡时反复拍打盆子里的水。

2．象征性游戏

象征性游戏也被称为符号游戏，是幼儿最典型的游戏，对应前运算阶段。象征是指用一种事物来代替另一种事物，或者将某种事物赋予特殊的意义。因而，象征游戏带有“好像”和“假装”的特点。

象征有两种表现形式，即“以物代物”和“以人代人”。

【例】幼儿用冰糕棍当作注射器给娃娃打针，把小椅子当马骑，这是“以物代物”，冰糕棍和小椅子成了象征性符号。幼儿假扮医生给娃娃看病，或者想象自己是大将军带领千军万马驰骋沙场，这是“以人代人”。

3. 结构游戏

结构游戏又称建构游戏或造型游戏，是指幼儿利用积木、积塑、泥、沙等结构材料或玩具来建构新的物体，从而创造性地反映现实生活的游戏。

结构游戏能使幼儿了解各种结构材料的性质，增强对数量和图形的理解，获得对高度、长度、厚薄、宽窄、上下、左右、对称和平衡等概念的认识，学习组合、排列、堆积各种几何体的技能。这类游戏发生在幼儿 2 岁左右，对幼儿的动手能力和思维发展具有十分积极的作用，被称为是“塑造工程师的游戏”。

【例】搭积木、插积塑、用沙子做生日蛋糕。

4. 规则游戏

规则游戏是一种由两人以上参加的、按一定规则从事的游戏，往往带有竞赛的性质。规则游戏要求幼儿能够按照规则进行游戏，并且能够用规则来限制和调整自己的行为。幼儿对规则游戏的兴趣不会随着年龄的增长而消退，而是伴随幼儿的一生。

【例】下棋、赛跑、拔河。

真题再现

1. 幼儿反复敲打桌子，在房间里跑来跑去，在椅子上摇来摇去，这类游戏属于（　　）。

A. 结构游戏　　B. 象征性游戏

C. 规则游戏　　D. 机能性游戏

【解析】机能性游戏又称练习性游戏，其主要特征是重复动作、操作物体和自我模仿。“反复敲打”“跑来跑去”“摇来摇去”都是在反复某个动作，属于机能性游戏。

【答案】D。

2. 儿童拿一根竹竿当马骑，竹竿在游戏中属于（　　）。

A. 表演性符号　　B. 工具性符号

C. 象征性符号　　D. 规则性符号

【解析】象征是指用一物代替另一物，或者赋予某种事物特殊的意义。题干中“竹竿被当成马”正是“以物代物”的象征表现形式。

【答案】C。

3. 幼儿以积木、沙、雪等材料为道具来模仿周围现实生活的游戏是（　　）。

A. 表演游戏　　B. 结构游戏

C. 角色游戏　　D. 规则游戏

【答案】B。

（二）依据幼儿的社会性发展分类

美国教育家帕顿通过对幼儿游戏的社会性发展进行研究发现，幼儿之间的社会性互动会随着年龄的增长而增加，于是他将 2～6 岁的幼儿游戏划分为以下六种类型。

1. 偶然行为

新异刺激容易引起幼儿的兴趣，幼儿往往容易被自己感兴趣的事情所吸引。偶然行为主要出现在婴儿期，也被称为无所事事。

【例】幼儿摆动自己的身体，在椅子上爬来爬去。

2. 旁观游戏

2 岁后的幼儿开始观看其他儿童的游戏，但并不参与，被称为旁观游戏。旁观游戏主要出现于幼儿的学步早期。

【例】幼儿专心观看别人搭建沙子城堡，但不参与。

3. 单独游戏

2 岁半以后，幼儿能够独自一个人玩，专注地开展自己的游戏活动，并且使用的玩具与其他幼儿不同，但他并不参与其他幼儿的游戏，也很少注意或关心别人的游戏，被称为单独游戏。单独游戏主要出现于幼儿的学步中期。

【例】幼儿在沙滩独自玩沙子。

4. 平行游戏

平行游戏是一种两人以上在同一空间里进行的，以基本相同的玩具玩着大致相同内容的个人独自游戏。在平行游戏中，幼儿玩的玩具与周围的幼儿相同或相仿，幼儿之间相互靠近，能意识到别人的存在，相互之间有眼光接触，也会看到别人怎么操作，甚至模仿别人，但彼此都无意影响或参加对方的活动，既没有合作的行为，也没有共同的目的。平行游戏出现在幼儿的学步后期和 3 岁左右。

【例】两个幼儿都在玩积木，但各玩各的，其中一个离开后，另一个接着玩。

5. 联合游戏

幼儿会和小伙伴结成小组一起做游戏，同伴之间相互交换游戏材料，谈论共同的游戏话题。虽然处于同一个游戏集体之内，但这些幼儿却没有明确的游戏目标，没有明确的分工与合作，每个幼儿都是根据自己的愿望来游戏的。联合游戏主要出现在 3～4 岁的幼儿中。

【例】几个幼儿一起玩“妖怪”的游戏，但他们只是相互追逐，没有分工。

6. 合作游戏

4 岁半以上的幼儿会有意识地聚集在一起，以一个明确的目标开展游戏活动，有明确的分工、有实施游戏的方法，还常常会选出游戏的组织者或领导者。

【例】你当司机，我当售票员，你来开车，我来卖票。

真题再现

1. 小班同一个“娃娃家”中，常常出现许多“妈妈”在烧饭，每位幼儿都感到很满足，这反映了小班幼儿游戏行为的特点是（　　）。

A. 喜欢模仿　　B. 喜欢合作

C. 协调能力差　　D. 角色意识弱

【解析】小班幼儿以独自游戏、平行游戏居多，并且主要与游戏材料发生联系，而同伴之间的交往少，角色意识不强，对操作游戏或模仿成人动作有较大兴趣。题干中在同一个“娃娃家”中，出现许多“妈妈”在烧饭，体现了小班幼儿喜欢模仿的特点。

【答案】A。

2. 当教师以“病人”身份进入小班“医院”时，有六位“小医生”同时上来询问病情，每个孩子都积极地为教师看病、打针，忙得不亦乐乎。结果，老师一共被打了六针，对小班幼儿这种游戏行为最恰当的理解是（　　）。

A. 过于重视教师的身份

B. 角色游戏呈现合作游戏的特点

C. 在游戏角色的定位上出现混乱

D. 角色游戏呈现平行游戏的特点

【解析】平行游戏是一种两人以上在同一空间里进行的，以基本相同的玩具、玩着大致相同内容的个人独自游戏。题干中的幼儿都在扮演“小医生”的角色，给老师打针，但并不和其他儿童共同活动，因此是平行游戏。故选D。

【答案】D。

知识拓展

★ 自发游戏和教学游戏 ★

依据游戏中的教育目的性成分，可以将幼儿的游戏分为自发游戏和教学游戏。

（1）自发游戏。

自发游戏是幼儿自己发起的、自愿参加的、自主支配的游戏。自发游戏不仅能反映幼儿的认知特点和社会性等方面的发展水平，而且也能反映幼儿的兴趣爱好，对于幼儿的创造性发展极具价值。

（2）教学游戏。

教学游戏是指教师根据幼儿园大纲和课程的要求，有目的、有计划地进行设计和开展的游戏。

无论是自发游戏还是教学游戏对幼儿的发展都具有一定的价值。

（三）依据游戏的教育作用分类

依据游戏的教育作用，幼儿园游戏分为创造性游戏和规则游戏两大类。

1．创造性游戏

创造性游戏以培养幼儿的创造性为目标，是幼儿根据自己的兴趣、爱好、经验和能力自主地、创造性地去反映现实生活的游戏。创造性游戏包括角色游戏、结构游戏和表演游戏。

（1）角色游戏。

角色游戏指幼儿运用自己的想象力，通过扮演角色来创造性地反映周围生活的游戏。角色游戏是象征性游戏中最有代表性的游戏，是幼儿期最典型、最有特色的一种游戏。

【例】娃娃家、小商店和小医院。

（2）结构游戏。

这里的结构游戏与按幼儿认知特点分类中的结构游戏含义相同，都是指幼儿利用各种不同的结构材料，如积木、积塑、橡皮泥等，通过手的创作来反映现实生活的游戏活动。

（3）表演游戏。

表演游戏是指幼儿按照故事或童话的内容分配角色，通过语言、动作、表情、姿势等来进行创造性表演的活动。

【例】幼儿们根据《白雪公主与七个小矮人》的童话故事，设定了“白雪公主”“小矮人”“坏皇后”“王子”等角色，然后再按照故事的发展，将情节一一表演出来。

> **小旌提示**
>
> 表演游戏和角色游戏都涉及“角色扮演”这一过程。

2．规则游戏

规则游戏是幼儿园教师为了教学需要而编创的适合幼儿发展水平的游戏活动，因此也被称为教学游戏。其包括体育游戏、智力游戏和音乐游戏等。规则是游戏的核心，如果规则设置不清楚或者幼儿不遵守规则，都会导致游戏无法顺利进行。

（1）体育游戏。

以发展幼儿的基本动作为内容，以促进幼儿身体发展和增强幼儿体质为目的的游戏。

【例】“老鹰捉小鸡”和“一二三，木头人”等体育游戏。

（2）智力游戏。

以生动、新颖、有趣的形式，使幼儿在轻松愉快的氛围中增长知识、培养技能的游戏。

【例】猜谜语、连线、填数字。

（3）音乐游戏。

在音乐和歌曲伴唱背景下开展的游戏。

【例】“击鼓传花”、奥尔夫音乐游戏。

小旌归纳

分类标准	游戏类型	游戏特点	示例
游戏与认知发展的关系	练习性游戏	为了获得快感而单纯重复某种活动或动作	反复敲打和摆弄物体
	象征性游戏	“以物代物”“以人代人”	过家家、把竹竿当马骑
	结构游戏	运用各种材料进行建构	堆沙子城堡
	规则游戏	按一定规则开展	体育游戏、运动竞赛
社会性发展	偶然行为	无所事事	摆弄自己的身体，在椅子上爬上爬下
	旁观游戏	只观察、不加入	幼儿观察别人搭建沙子城堡，自己不加入
	独自游戏	指专注于自己的活动	在沙滩独自玩沙
	平行游戏	各玩各的	两个幼儿都在玩积木，但各玩各的
	联合游戏	有借还玩具、短暂交谈的行为，但没有共同的目标与分工	几个幼儿在一起玩“妖怪”游戏，他们只是相互追逐，没有明确分工
	合作游戏	有明确的分工、合作及规则意识	我当“老师”，你当“学生”，来上课
教育作用：创造性游戏	角色游戏	扮演角色、创造性地反映生活	娃娃家、小商店、小医院
	结构游戏	运用各种材料进行建构	堆沙子城堡
	表演游戏	按照童话或故事中的情节进行表演	表演《白雪公主与七个小矮人》
教育作用：规则游戏	体育游戏	以身体练习为主要内容，以发展基本动作为目的	“老鹰捉小鸡”
	音乐游戏	在歌曲或乐曲伴奏下进行	“击鼓传花”、奥尔夫音乐游戏
	智力游戏	增进知识、发展智力	下棋、猜谜语

四、幼儿游戏的功能（★★★）

（一）游戏促进幼儿身体的发展

（1）游戏有利于提高幼儿的体能。

（2）游戏能够增强幼儿机体对外界环境的适应能力。

（3）游戏可以促进幼儿身体的生长发育。

（二）游戏促进幼儿认知的发展

（1）游戏从不同方面为幼儿提供了认识外部世界的途径，促进了幼儿感知能力的发展，丰富了幼儿的知识。

（2）游戏促进幼儿智力的发展。

（3）游戏促进幼儿想象力的发展。

（4）游戏促进幼儿思维的发展。

（5）游戏促进幼儿语言的发展。

（三）游戏促进幼儿创造力的发展

（1）游戏为幼儿创造力的发展提供了适宜的条件。

（2）游戏能满足幼儿的好奇心，激发其创造的热情。

（3）幼儿在游戏中智力的发展进一步提高了其创造力。

（四）游戏促进幼儿社会性的发展

（1）幼儿在游戏中发现了自己与他人的不同，学会了从他人的角度看问题、想问题和解决问题，使自我意识得到了发展，克服了以自我为中心。

（2）游戏为幼儿提供了社会交往的机会，发展了幼儿的社会交往能力。

（3）游戏有助于幼儿社会角色的学习，增强其社会角色扮演能力。

（4）游戏有助于幼儿掌握文明行为规范，形成良好的品德。

（5）游戏有助于提高幼儿的自制力，锻炼幼儿的意志。

（五）游戏促进幼儿情感的发展

（1）游戏丰富了幼儿积极情绪情感的体验。

（2）游戏能够帮助幼儿转移和宣泄消极的情绪体验。

（3）游戏发展了幼儿的高级情感。

第二节　幼儿游戏的影响因素

一、物理环境因素（★）

（一）游戏材料

游戏材料是幼儿游戏时所用玩具和物品的总称。游戏材料是游戏的物质支柱，离开了游戏材料，幼儿的游戏就难以进行。

（1）要为幼儿提供数量足够多、种类足够丰富的游戏材料。

（2）根据幼儿的年龄特点提供游戏材料。

（3）提供与阶段教育目标、内容相匹配的游戏材料。

（4）注意材料的新颖性，尽量提供无固定功能和中等复杂程度的游戏材料。

（5）注意游戏材料的搭配。

（6）将游戏材料放在幼儿可见的位置。

（二）游戏的空间

场地是幼儿游戏的空间。场地的空间密度、地点和空间安排都会对幼儿的游戏产生影响。

1. 场地的空间密度

游戏场地的空间密度表现为幼儿活动空间的大小，会影响到幼儿所能获得的游戏材料的数量、幼儿具体的游戏行为及幼儿之间的关系。一般，较大的空间会增加社会性游戏的发生频率；而较小且封闭的空间更适合幼儿开展个人安静的游戏。

2. 场地的地点（户内或户外）

年长幼儿比年幼幼儿更倾向于选择户外游戏；男孩较女孩更喜欢户外游戏，并且男孩在户外活动的时间和频率也高于女孩。并且，幼儿在户外场地较少发生建构性游戏。

3. 活动的空间安排

游戏活动的空间安排通常分为中心式和区隔式。这两种空间安排对幼儿的游戏有着不同的影响。中心式，便于幼儿开展集体性规则游戏、平行游戏和大动作游戏；区隔式，即根据游戏活动的不同类别，将游戏区分隔为若干个不同的区域，这种空间安排便于幼儿开展合作性游戏和探究性游戏。

（三）游戏的时间

充足的时间是幼儿游戏的前提。如果游戏时间紧张，幼儿尚未掌握游戏的技巧，或仍未了解玩具的特征便停止游戏的话，会阻碍幼儿愿望的实现。幼儿不仅不能感受到游戏的乐趣，也降低了游戏的发展价值。因此，游戏时间直接影响着幼儿游戏的数量和质量。

二、社会环境因素（★）

（一）母子早期关系

母子早期关系不仅影响着幼儿游戏中社会因素的发展，而且也制约着幼儿与物之间的非社会性关系的建立。母亲在幼儿早期的游戏中担当着导演、参与者和观察者的角色，并为幼儿探索和游戏提供了安全感和强化作用。

（二）家庭结构和气氛

完整的家庭结构和良好的家庭气氛是幼儿健康成长和游戏发展的根本保障。如果父母在婚姻问题上有纠纷或者家庭气氛紧张，会使孩子感到焦虑、害怕和孤独等，从而不利于幼儿游戏的发展。

（三）伙伴

幼儿有无伙伴以及伙伴的熟悉程度、年龄和性别等因素，都会对幼儿的游戏产生影响。

（1）有伙伴的游戏活动能够促进幼儿的社会性发展。

（2）相比与陌生的伙伴一起游戏，幼儿在与熟悉的伙伴一起游戏时，更倾向于合作、分享。

（3）不同年龄的幼儿在一起游戏，可以使年长幼儿更好地发展组织游戏的能力、年幼幼儿学习到更多合作游戏的方法和经验。

（4）有研究发现，相比独自游戏或与性别不同的伙伴一起游戏，幼儿在与同性别的伙伴一起游戏时，能更多地尝试探究，更多地选择新颖的玩具或物体。

三、个体因素（★）

（一）性别差异

不同性别的幼儿对玩具、游戏的活动类型、游戏的主题和扮演角色等方面的偏爱不同。例如，男孩多喜欢打仗、英雄类游戏，女孩则喜欢装扮娃娃、当医生照顾人等游戏。

（二）年龄差异

不同年龄的幼儿游戏也表现出不同的具体方式和发展水平。随着幼儿年龄的增长，从感觉运动游戏、象征游戏逐渐发展到规则游戏；从独自游戏发展到多人合作的游戏；从内容单一的游戏发展到主题多元的游戏。

（三）个性差异

幼儿的个性、情感以及社会性等心理特征的不同，使得幼儿对游戏的兴趣和选择等方面表现出不同的倾向，即在游戏上表现出明显的个性差异。

（四）健康和情绪等其他个体偶然因素

如果幼儿患有心脏病或哮喘等疾病，就不适宜进行一些活动量较大的游戏。如果平时身体健康的幼儿偶尔感冒或发烧，会影响到情绪，就会降低对游戏的兴趣，如只选择活动量小或较安静的游戏，或者甚至不参与游戏。如果幼儿疲倦或刚刚发生不开心的事，在游戏中也会显得无精打采。

实战演练

单项选择题

1. 又到了游戏的时间，小昊和小杰发现活动区还是那些已经玩过很多遍的玩具。于是，两人就到一块空地上玩打仗的游戏去了。该案例中，两位幼儿的表现启示我们（　　）。
   A. 幼儿的游戏不需要玩具　　B. 幼儿喜欢玩打仗的游戏
   C. 活动区的玩具应保持新颖　　D. 教育幼儿应爱惜玩具
2. 明明在游戏中玩出新玩法，这体现了游戏可以促进幼儿（　　）的发展。
   A. 创造力　　B. 语言　　C. 社会性　　D. 身体
3. （　　）是幼儿期最典型、最有特色的一种游戏。
   A. 结构游戏　　B. 表演游戏
   C. 角色游戏　　D. 规则游戏
4. 能增强幼儿对图形、数量的理解，获得对称、厚薄、宽窄、上下等概念的游戏是（　　）。
   A. 角色游戏　　B. 结构游戏
   C. 智力游戏　　D. 体育游戏
5. 幼儿每天都会玩游戏，不需要大人的监督。例如，他们看到滑梯，就会快乐地从滑梯上滑下来；看到泥沙就会停下来筑城堡；在小树林里捉迷藏、捡落叶等。这体现了幼儿游戏的（　　）。
   A. 自主性　　B. 虚构性
   C. 过程性　　D. 愉悦性
6. 幼儿通过塑造角色表现文艺作品内容的游戏是（　　）。
   A. 角色游戏　　B. 结构游戏
   C. 智力游戏　　D. 表演游戏

第二章 幼儿游戏活动的指导

考情分析

题型	2022年上半年	2022年下半年	2023年上半年	2023年下半年	2024年上半年	2024年下半年
单项选择题	—	—	—	—	—	—
简答题	—	—	—	—	—	—
论述题	—	—	—	—	—	—
材料分析题	—	—	—	1题20分	—	1题20分
活动设计题	—	—	—	—	—	—
总计	—	—	—	1题20分	—	1题20分

（1）本章内容在近年幼儿园教师资格考试中属中频考点，常以材料分析题的形式进行考查，所占分值较大，其重要性不可忽视。需要特别注意的是，对本章内容的考查常结合幼儿游戏的特点等其他知识点进行综合考查，故在作答时应围绕题干进行全面的考虑。

（2）学习时应以理解为重，做到灵活掌握。在理解基本考点的同时，应知晓幼儿游戏的指导方法，能对材料内容进行合理的分析，并能够根据一定的主题或材料设计活动。

考点精讲

第一节 幼儿游戏的指导策略

一、尊重幼儿的游戏（★★）

（一）尊重幼儿游戏的倾向

幼儿有自己的兴趣和需要，教师应尊重幼儿选择游戏的意愿，让幼儿自由地、愉快地参加游戏，以促进其个性的发展。

【例】自选游戏时，幼儿对结构区的材料不感兴趣，提出“要用木头做飞机”。此时，教师应尊重幼儿的意见，允许他找木头、胶水等“造飞机”“开飞机”。

（二）尊重幼儿对游戏的选择

幼儿是游戏的主体，有权自己决定游戏的主题、角色分配、内容和情节等。教师的包办代替、统治支配，会打击幼儿的主动性和积极性，阻碍幼儿创造性的发展。

【例】在分配游戏的角色时，允许幼儿自己选出一位负责人安排。

（三）尊重幼儿游戏的创造

教师应尊重幼儿的尝试和探索，允许幼儿自己去发现、去创造，而不能把自己的意志强加给幼儿。

【例】幼儿把用来练习平衡能力的“拱桥”翻过来，玩起了“运病人”的游戏，教师不该指责，应鼓励其创造性。

二、支持幼儿的游戏（★★）

（1）满足幼儿对游戏材料的需求，使游戏继续下去。

【例】“医院”游戏中，“爸爸”抱着摔断腿的“宝宝”来就诊，“大夫”“截肢”找不到可用的工具和材料，教师应找来小木板、纱布、线绳等物品，以支撑幼儿游戏的延伸。

（2）满足幼儿充分游戏的心理需要。

【例】下午茶时间要到了，可幼儿玩意正浓，此时可灵活推迟一下进餐时间，使幼儿的游戏达到其理想境界，让幼儿心满意足地离开。

（3）关心幼儿游戏的意愿。教师应善于观察，从幼儿的语言、表情、动作上来揣摩幼儿的游戏心态。

【例】幼儿在玩“商店”游戏时显得无精打采，当提到玩“开火车”的游戏时，眼睛

发光，教师就可以引导幼儿进行“开火车”的游戏。

（4）关心幼儿游戏的进程。教师应从幼儿的角度去思考游戏的进程，并随游戏的发展不断地给予幼儿支持，当幼儿需要帮助时，及时给幼儿提出合理化建议。

【例】胆子较小的幼儿在“理发店”玩“电吹风”。

教师：“你的电吹风真有用，已经为几个顾客吹过头发了？”

幼儿：“还没来过顾客。”

教师：“那你可以站在店门口请人家来吹发，需要我帮你叫一些顾客来吗？”

三、参与幼儿的游戏（★★）

（一）参与幼儿游戏的意义

若要充分发挥游戏在幼儿发展中的作用，教师就必须具有一颗童心，适时参与到游戏中来。教师的参与会使幼儿感到游戏是一种很重要的活动，而且还能延长幼儿游戏的时间、帮助幼儿掌握许多操作游戏材料的新方法。

（二）参与幼儿游戏的方式

（1）教师应邀参加幼儿的游戏。

（2）教师主动参加幼儿的游戏。

【例】地铁站排队购票，教师也扮成“乘客”站在队尾等待购票。

师生共同游戏不仅可以使幼儿意识到游戏的价值，培养幼儿对游戏的兴趣，而且还能增加师生间的交往，加强双方的关系，促进幼儿社会化的进程，提高幼儿游戏的水平。

（三）教师对游戏的参与要适当

适时、适宜、适当地参与游戏，并及时退出，才不会干扰、破坏幼儿游戏的延续和发展。过多的参与会歪曲游戏，使游戏中止；不参与或参与过少又会使游戏难以发挥其应有的教育作用。另外，幼儿刚入园时游戏能力较差，教师要多参与，以尽快帮助他们形成游戏的基本技能。

四、引导幼儿的游戏（★★）

（一）引起幼儿游戏的兴趣

（1）在游戏场地进行环境创设，引起幼儿的兴趣。

【例】在结构游戏区张贴“天安门”“长城”图片，引发幼儿搭建的兴趣。在角色游戏区，摆放新衣服和鞋帽，引发幼儿玩“时装模特”游戏的兴趣。

（2）带领幼儿外出参观，看电影，阅读图书画册，丰富幼儿的生活经验，为游戏提供新素材。

（二）适时提出开放性问题

教师要善于把握时机，提出启发性问题，促进游戏的发展。

【例】教师："'火锅城'游戏中，用面泥做了'羊肉片'，那还能用面泥做什么呢？"

（三）及时提出合理化建议

当幼儿游戏未能向前发展时，应适当给予提示、建议，以帮助幼儿更好地开展游戏。

【例】一个女孩独自抱着"宝宝"，附近的几个幼儿都在玩"服装店"的游戏。这时教师对小女孩说："宝宝妈妈，天气越来越冷，你的小宝宝衣服穿得太少了，会生病的，你最好带她去服装店买件衣服。"

五、介入幼儿的游戏（★★）

（一）教师介入的时机

教师对游戏介入时机的选择主要取决于两个因素：一是幼儿的客观需要；二是教师的主观心态和状况。在介入之前，教师一定要仔细观察，选择合适的时机介入。

（1）当幼儿游戏出现困难时介入。

当幼儿不知道自己该做什么游戏、如何去做游戏时，教师需要介入游戏进行指导。

（2）当必要的游戏秩序受到威胁时介入。

当有人要打乱游戏的秩序时，教师可以用游戏的口吻自然地遏止幼儿的干扰行为，并提出活动建议。

（3）当幼儿对游戏失去兴趣或准备放弃时介入。

当幼儿对游戏失去兴趣或准备放弃时，教师的介入可以帮助幼儿拓展游戏内容，提高游戏技能，进一步激发幼儿的游戏兴趣。

（4）在游戏内容发展或技巧方面发生困难时介入。

这种情况下，教师可以作为游戏同伴介入游戏，给予幼儿示范，或者让幼儿互相启发，相互影响，以帮助幼儿克服困难，拓展游戏。

（二）教师介入的方式

（1）外部干预。

教师并不直接参与游戏，而是以一个外在角色的身份，引导、说明、建议、鼓励游戏中幼儿的行为。

（2）内部干预。

教师以游戏中角色的身份参与幼儿的游戏，以游戏情节需要的角色动作和语言来引导幼儿的游戏行为。

小旋提示

一般而言，幼儿年龄越小，越适合通过内部干预的方式来塑造幼儿的游戏行为；年龄越大，越适合通过外部干预的方式为幼儿提供可以自主选择的行为方案。

【例】几个幼儿在树荫下商量如何玩"烧火"游戏。教师听到后，马上扮演成"消防队员”开来了“消防车”，对幼儿说：“刚才有人拨打119电话，说这里有人想玩火，担心会发生火灾，火灾的害处很大，你们知道吗？请你们别玩火。”

第二节　幼儿园游戏活动的指导

一、角色游戏的指导（★★★）

（一）小班

小班幼儿处于独立游戏和平行游戏阶段，游戏水平较低，他们常常只是对游戏材料不断重复地操作，或者模仿成人的行为；游戏没有明确的主题，角色意识淡薄，角色间缺乏合作性。教师指导要点如下。

（1）提供种类少、数量多且形状相似的游戏材料，以满足小班幼儿开展独立游戏和平行游戏的需要，避免因游戏材料不足而引发争执。

（2）提醒幼儿自己所扮演的角色，启发和督促幼儿遵守角色的行为规范。

（3）以角色的身份介入幼儿游戏，以游戏的口吻指导幼儿，帮助幼儿明确主题和角色，增进幼儿之间的交往。

（二）中班

中班幼儿处于联合游戏阶段，游戏水平有所提高，有了与别人交往的意愿，但缺乏相应的交往技能；角色意识逐渐增强，能够按照自己的意愿选定角色；游戏的主题、内容和情节都较为丰富，但常常变更。教师指导要点如下。

（1）根据幼儿的需要提供丰富的游戏材料，鼓励幼儿玩多种主题或相同主题的游戏。

（2）有计划、有重点地指导幼儿角色游戏的开展。启发幼儿按照自己的意愿提出游戏主题、商量游戏规则、分配游戏角色、构思游戏情节，并培养幼儿先构思后行动的能力，不断提高游戏水平。

（3）鼓励多个幼儿一起游戏，帮助幼儿提高交往技能，化解纠纷。

（三）大班

大班幼儿处于合作游戏阶段，喜欢与小伙伴一起游戏，游戏水平比中班幼儿有明显提高；角色意识较强，能准确按照角色的行为规范游戏；游戏主题新颖、内容丰富，并能预先制定游戏的规则，商议角色分配事宜，并对评议活动表现积极。教师指导要点如下。

（1）进一步培养幼儿独立开展游戏的能力和动手探究能力，鼓励幼儿之间进行更深层次的交流与合作，提升幼儿的同伴交往技能和合作水平。

（2）给予幼儿自主权，让幼儿自己讨论和确定游戏的相关事宜，并鼓励他们去实现这些计划。

（3）更多地以建议、询问等语言方式介入游戏，适时给予帮助和指导。

（3）教师要组织幼儿在轻松愉快的气氛中进行评议，运用集体的力量对好的行为给予表扬，对不良的行为提出改进办法，并对评议进行适当总结。

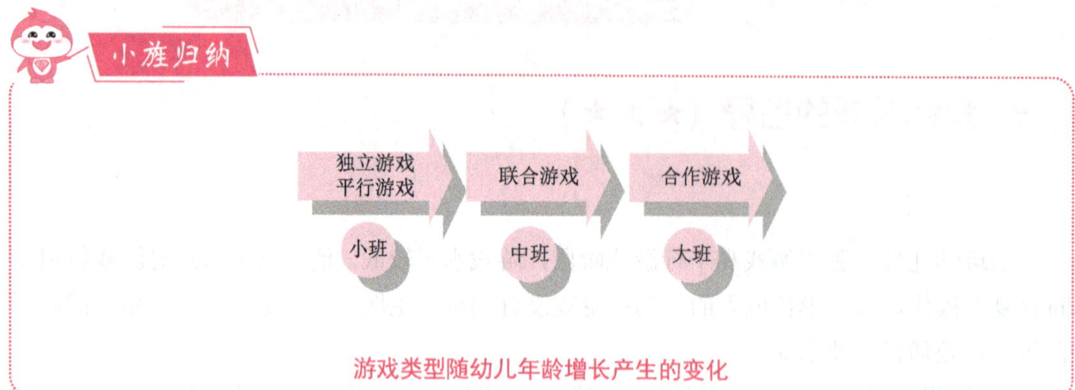

游戏类型随幼儿年龄增长产生的变化

二、结构游戏的指导（★★★）

建构游戏的指导

（一）小班

小班幼儿对结构游戏感兴趣，但缺乏目的性和计划性；选用游戏材料盲目而简单，建构技能简单；游戏专注力较差，且易受外界干扰而中断游戏。教师指导要点如下。

（1）有意识地搭建简单的物体给幼儿看，也可以带幼儿参观大、中班幼儿的结构游戏，激发小班幼儿对结构游戏产生兴趣。

（2）为幼儿安排建构场地和准备足够数量的游戏材料，并建立一定的规则使幼儿彼此互不妨碍地开展游戏活动，避免发生争抢玩具等现象。

（3）引导幼儿明确建构活动的目的，可以经常有意识地询问幼儿其所搭建物体的名称等，使建构主题逐步稳定。

（4）帮助幼儿学习建构知识、掌握建构技能，提高游戏水平。例如，教幼儿认识各种建构材料，感知材料的特性；让幼儿学习平铺、延长、垒高、包围、拼插等建构技能，提高幼儿的造型水平等。

（5）教会幼儿简单的整理和保管玩具的方法，培养其爱护玩具的意识。

（二）中班

中班幼儿结构游戏的目的性和计划性增强，有一定的建构主题，但主题通常较为简单、单一，而且主题易变化；中班幼儿能按建构物体的特征来选择材料，如用长方形积木做车身，用圆形积木做车轮等，建构技能以“架空”为主。与同伴的交流和合作增多，游戏的持续时间延长；游戏结束之后，具备分类整理游戏材料的意识。教师指导要点如下。

（1）多组织小型集体结构活动（3～4 人），推动游戏的合作化进程。

（2）引导幼儿自主设计建构方案，逐步增强其目的性。

（3）丰富幼儿的建构知识，加强建构技能，提高游戏水平。比如，教会幼儿看简单的平面结构图。

（4）培养幼儿分享、爱惜玩具等习惯，以及不怕失败、细心、耐心等品质。

（5）组织幼儿评议结构作品，肯定幼儿的发明创造，并鼓励其独立地、主动地发表意见。

（三）大班

大班幼儿建构的目的性、计划性和持久性增强，能合作选取丰富多样的材料，建构技能日趋成熟，能根据游戏情景需要，不断产生新的建构主题。教师指导要点如下。

（1）引导幼儿开展大型的集体建构活动，继续培养幼儿的合作意识。

（2）引导幼儿多观察生活中的物体，多认识生活中的建构材料，学习更高级的建构技能，从而搭建更复杂的建构作品。

（3）进一步培养幼儿的观察力、注意力、想象力、创造力和空间感知力；培养幼儿的造型艺术力、审美情趣；培养幼儿专心致志、有始有终、不怕困难的优良品质。

（4）教导幼儿爱护建构材料和游戏成果，学会游戏后有条理地收拾场地。

（5）引导幼儿尊重和欣赏他人的作品，逐渐发展自我评价与评价他人的能力。

知识拓展

★ 幼儿积木建构的发展阶段 ★

（1）搬弄：只是把积木拿来拿去，并不搭建。

（2）重复：只进行重复堆叠、平铺等简单动作。

（3）搭建：可以搭成“门”“桥”等结构。

（4）围封：用积木围成封闭空间。

（5）模型：运用平衡和对称原理建造模型。

（6）再现：为所建构的物体命名，使其成为现实世界某种事物的象征。

三、表演游戏的指导（★★★）

表演游戏的指导

（一）小班

小班表演游戏以简单的、日常性的动作为主；语言简单重复；同伴互动少。教师指导要点如下。

（1）选择或改编一些适合小班幼儿表演特点的儿童文学作品，指导小班幼儿进行表演。例如《拔萝卜》。

（2）采取合适的表演形式。小班幼儿同伴互动少，不善于合作，应采用全班幼儿共同参与或者分组的方式进行。在表演形式上，不能复杂。

（3）关注幼儿的游戏情况，随时介入引导。

（二）中班

中班幼儿对表演游戏的目的性增强，但仍不够明确；能独立完成角色分配，但进入游戏过程较慢；角色更换意识不强，还不能很好地分清自我与角色；多以动作为主要表现手法。教师指导要点如下。

小旋提示

教师对中班幼儿表演游戏的指导重点在于要给予幼儿更多的耐心，不要过多地干预游戏，也不要急于提醒与示范，而是要让幼儿在自主与自由中得到能力的提高。

（1）强化任务意识，增强游戏的计划性。

（2）帮助幼儿发展语言表达能力，使其不再单纯依靠动作进行表演，从而提高表演质量。

（3）引导幼儿建立游戏规则，并督促幼儿遵守。使幼儿养成爱护游戏材料的习惯，并形成游戏后主动收拾和整理表演场地的习惯。

（三）大班

大班幼儿能独立完成角色分配任务，有很强的角色更换意识；游戏的目的性、计划性较强；能自觉表现故事内容，具有一定表演意识，但尚待提高；具备一定的表演技巧，能灵活运用多种表现手段，但表现水平尚待提高。教师指导要点如下。

（1）鼓励幼儿积极参与表演游戏，认真扮演角色，仔细体会文学作品的思想感情。

（2）在充分理解文学作品的基础上，引导幼儿大胆想象，富有创造性地表现角色的性格特征，提高表演能力。

（3）放手让幼儿自主布置游戏场地、制作游戏材料、分配表演角色及开展游戏过程，做到尽可能少地干预幼儿，使幼儿的自主创造性得到充分发挥。

四、规则游戏的指导（★★★）

规则游戏与幼儿园教学活动密切相关，往往作为教学活动的重要组织方式，具有竞争性和文化传承性的特点。教师指导要点如下。

（1）注意幼儿的年龄特征。

（2）保持规则的灵活性，降低游戏的竞争性。

（3）尽可能选择让大多数幼儿参与而不是旁观、等待的游戏。

（4）游戏如需分组，最好采用随机的方式帮助幼儿分组，而不要让幼儿因性别、能力、性格等的差异体验到来自同伴的“忽视”或“拒绝”。

（5）让幼儿体验到成功的快乐而不是挫折感。

知识拓展

规则游戏的结束工作

（1）引导幼儿对此次游戏做出客观评价。

（2）对游戏胜利者或表现良好者予以口头表扬、鼓掌、颁发小红旗等奖励。

（3）鼓励幼儿在下次游戏中争取更好的成绩。

实战演练

答案与解析

材料分析题

1．角色游戏中，大（二）班在教室里开展理发店主题游戏。教师为了提升幼儿的游戏水平，主动为幼儿制作了下面的理发店价目表：

美发区		美容区	
洗发	10 元	牛奶洗脸	10 元
剪发	10 元	美白面膜	15 元
烫发	30 元	造型设计	20 元
染发	30 元	身体按摩	20 元

问题： 请结合你对角色游戏的理解，分析教师提供价目表这一做法是否适宜，并提出建议。

2．大班幼儿在玩积木时，出现了自发探究行为，其探究过程与结果如下图所示。

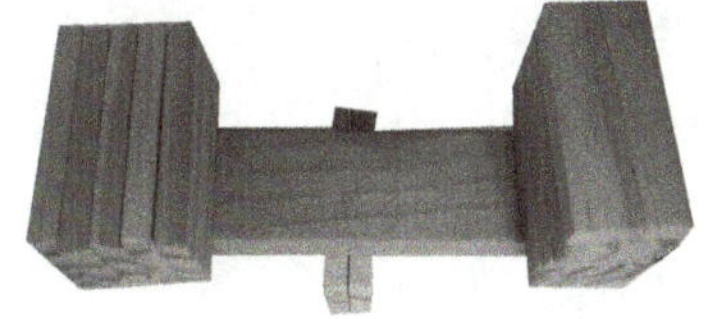

图　积木

问题：

（1）图中的幼儿在搭建中可能会遇到什么问题？

（2）在解决问题的过程中幼儿能获得哪些学习经验？

（3）该游戏中的材料有什么特点？这些特点对幼儿的学习活动有什么影响？

模块六 教育活动的组织与实施

考纲要求

- 能根据教育目标以及幼儿的兴趣需要和年龄特点选择教育内容，确定活动目标，设计教育活动方案。
- 掌握幼儿健康、语言、社会、科学、艺术等领域教育的基本知识和相应教育方法。
- 理解并整合各领域教育的意义和方法，能够综合地设计并开展教育活动。
- 能根据活动中幼儿的需要，选择相应的互动方式，调动幼儿参与活动的积极性。
- 在活动中能根据幼儿的个体差异进行指导。

最新解读

本模块主要考查考生设计和实施教育活动方案的能力。考题难度高，分值比重大。考生不但要掌握教育内容选择的依据，教育目标制定的方法，幼儿园教育活动的设计原则，教育活动方案的结构要素等，还要会在具体的实施过程中能灵活运用多种教学方法，组织实施教学。

考生在备考过程中，要注意梳理活动设计的流程，辨别各领域教育活动的设计特点，以流程为架构，根据各领域教育活动的设计特点填充血肉，灵活创造，多加练习。

考点导图

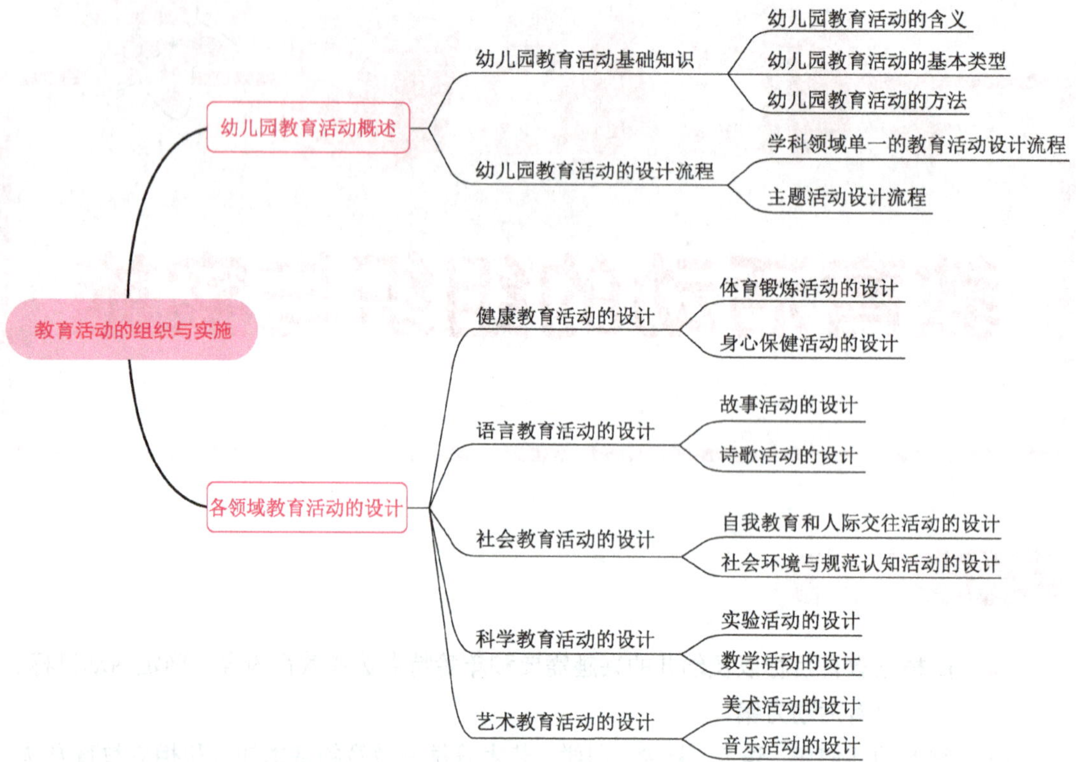
教育活动的组织与实施
幼儿园教育活动概述
幼儿园教育活动基础知识
幼儿园教育活动的含义
幼儿园教育活动的基本类型
幼儿园教育活动的方法
幼儿园教育活动的设计流程
学科领域单一的教育活动设计流程
主题活动设计流程
各领域教育活动的设计
健康教育活动的设计
体育锻炼活动的设计
身心保健活动的设计
语言教育活动的设计
故事活动的设计
诗歌活动的设计
社会教育活动的设计
自我教育和人际交往活动的设计
社会环境与规范认知活动的设计
科学教育活动的设计
实验活动的设计
数学活动的设计
艺术教育活动的设计
美术活动的设计
音乐活动的设计

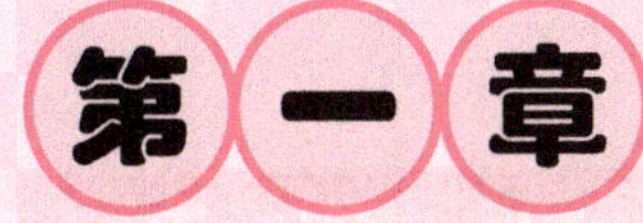

第一章 幼儿园教育活动概述

考情分析

题型	2022 年上半年	2022 年下半年	2023 年上半年	2023 年下半年	2024 年上半年	2024 年下半年
单项选择题	—	—	—	—	—	—
简答题	—	—	—	—	—	—
论述题	—	—	—	—	—	—
材料分析题	—	—	—	—	—	—
活动设计题	—	—	—	—	—	1 题 30 分
总计	—	—	—	—	—	1 题 30 分

（1）本章中幼儿园教育活动的设计流程为历年考试的重点、难点，主要以活动设计题的形式考查，分值占比较大。需要注意的是，近年来，幼儿园教师资格考试主要考查“学科领域的单一活动的设计”，且此知识点通常会结合本模块第二章“各领域教育活动的设计”相关知识在活动设计题中进行综合考查。故本章知识应全面学习，不可偏废。

（2）学习时要掌握幼儿园教育活动的类型和设计流程，包括单一领域活动设计流程和主题活动设计流程。

考点精讲 ★

第一节 幼儿园教育活动基础知识

一、幼儿园教育活动的含义（★）

根据《幼儿园教育指导纲要（试行）》（以下简称《纲要》），幼儿园的教育活动，是教师以多种形式有目的、有计划地引导幼儿生动、活泼、主动活动的教育过程。

幼儿园教育活动有广义和狭义之分。广义的幼儿园教育活动，即幼儿园课程，是指幼儿在幼儿园开展的一切活动，包括幼儿在幼儿园里的生活活动、游戏活动和学习活动。狭义的幼儿园教育活动是指以幼儿为主体，在教师创设的，以适合幼儿身心发展需要和特点的多种形式的活动与环境材料的互动过程中，引发幼儿积极参与、主动探索并大胆表现的教育活动。

知识拓展

★ 幼儿园课程四要素 ★

幼儿园课程四要素分别为课程目标、课程内容、课程的组织与实施、课程评价。

二、幼儿园教育活动的基本类型（★）

（一）按结构分类

根据幼儿园教育活动的不同结构，可将幼儿园教育活动分为学科领域单一的教育活动和主题教育活动。

（1）学科领域单一的教育活动。

学科领域单一的教育活动以学科为单位开展，强调各学科领域的内在逻辑结构，注重幼儿的关键经验、学业知识和技能，具有较强的可操作性，如语言活动、社会活动和科学活动等。

（2）主题教育活动。

主题教育活动将不同学科领域的教育活动有机地整合在一个主题或一个单元中，强调多种教育因素和儿童发展领域的全面整合，体现了教育活动的综合性、整体性和有机联系。主题教育活动已逐渐成为幼儿园教育活动的主要类型。

（二）按特征分类

根据幼儿园教育活动的不同特征，可将幼儿园教育活动分为生活活动、游戏活动和学习活动。

（1）生活活动。

生活活动是满足幼儿基本生活需要的活动，主要包括进餐、睡眠和盥洗等。

（2）游戏活动。

游戏活动是以游戏形式展开的活动，能够有效促进幼儿认知、社会性、情感和身体等方面的发展。

（3）学习活动。

学习活动是教师有目的、有计划地对幼儿施加影响的活动。

（三）按内容领域分类

根据幼儿园教育活动涉及的不同内容领域，可将幼儿园教育活动分为健康、语言、社会、科学和艺术等五大领域的教育活动。需要注意的是，幼儿园的教育内容是全面的、启蒙性的和综合性的，所以这种划分具有相对性。

（四）按性质分类

根据幼儿园教育活动的不同性质，可将幼儿园教育活动分为幼儿自主生成的教育活动和教师预先设置的教育活动。

（1）幼儿自主生成的教育活动。

幼儿自主生成的教育活动是在幼儿偶发性的探究和兴趣的支配下产生内部动机，并在教师的引导和帮助下生成某个主题的活动。这种活动更具有灵活性和针对性，强调幼儿的兴趣与需要。

（2）教师预先设置的教育活动。

教师预先设置的教育活动是教师设定教育活动目标、提供活动环节和材料并有计划地实施指导的活动，强调教师的计划性和直接引导。

（五）按组织形式分类

根据幼儿园教育活动的不同组织形式，可将幼儿园教育活动分为集体活动、小组活动和个别活动。

（1）集体活动。

集体活动是全班幼儿一起进行的活动。教师面向全班幼儿实施教学，具有集中性和统一性。集体活动是一种高效的组织形式，可在短时间内向幼儿提供大量共同经验，注重教育内容的逻辑性、条理性。幼儿在活动中相互启发，发展自律、合作意识。但集体教育活动不能充分考虑每个幼儿的特点、兴趣和需要，幼儿的表现机会少，不利于有针对性地培养幼儿的各种能力。

知识拓展

★ 幼儿园集体教育活动和游戏的区别与联系 ★

（1）区别。

① 活动中的主体不同。游戏中，幼儿可以自由支配或者与伙伴协商自己的活动。幼儿是游戏的主人，是活动的真正主体，教师更多起到观察者和指导者的作用。集体教育活动是在教师的引导与支持下所进行的教育活动，教师的参与支配程度相对更高。

② 活动的形式不同。集体教育活动是在教师的引导下有目的、有计划、全体幼儿在同一时间所进行的活动，具有集中性和统一性的特征。而游戏中幼儿的活动是自主的，可以通过集体的形式进行，也可以是以小组或个别的形式组织。

（2）联系。

① 教育目的一致。游戏的目的与内容围绕教学的目标进行。教师要使幼儿在游戏中获得的愉快体验与教学目标的实现统一起来。因此，教师既要熟悉游戏的理论，了解幼儿身心发展水平、年龄特点、兴趣爱好，又要找与之相适宜的教育活动，并与游戏结合在一起。

② 两者互为补充。游戏是顺利开展集体教育活动的“温床”，集体教育活动又能提升和巩固幼儿的知识经验。因此，教师在进行教育活动时要体现“寓教学于游戏活动”之中的教育理念；在课程游戏化的大背景下，幼儿园的游戏活动可以辅助集体教育活动，或者集体活动用游戏的方式来开展；也可以用游戏作为集体活动的延伸，让游戏活动与集体教育活动有效衔接起来。例如，在集体教学中，教师可以组织“儿歌接龙”的集体游戏。

（2）小组活动。

小组活动是部分幼儿一起进行的活动。按照幼儿的发展水平、兴趣或操作材料将幼儿分成小组，在教师的指导下开展活动。这种组织形式有利于幼儿之间的相互交往与合作，可为幼儿提供较多自我探索或教师对个别幼儿的教育机会，减少等待时间；有利于教师对幼儿活动情况的了解和指导，有利于因材施教。

（3）个别活动。

个别活动是幼儿自我探索的活动或教师对个别幼儿的教育活动。这种活动可以极大地满足幼儿的个人需要和兴趣。

三、幼儿园教育活动的方法（★）

（一）直观法

幼儿园教育活动的原则

直观法指教师在教育过程中配合讲述、讲解向幼儿呈现实物、教具或做示范，借以说明和印证所讲授知识的一种方法，具体包括观察法、演示法、示范法、范例法和欣赏法。

（二）口授法

口授法指教师通过语言向幼儿描绘情景、叙述事实、解释概念、说明道理，从而使幼儿获得知识的教学方法。这是使用最早、应用最广的教学方法，也是幼儿园最常使用的一种方法，具体包括谈话法、讲述法、讲解法和描述法。

（三）实践法

实践法指教师在教育活动中，创设多种以幼儿为主体的实践活动，在活动中训练幼儿的各种感官，并使其进一步理解知识、巩固技能、加深记忆的一种教学方法，具体包括练习法、操作法、游戏法和表达法。

真题再现

在科学活动《奇妙的气味》中，教师准备了分别装有水、食醋、酱油的瓶子给幼儿看一看、闻一闻，幼儿在活动中使用了（　　）方法。

A. 实验　　　　B. 参观

C. 观察　　　　D. 讲述

【答案】C。

第二节　幼儿园教育活动的设计流程

幼儿园教育活动设计指幼儿教师通过选择与规划教与学的目标、内容、实施与评价方法等，从而提出的具体的活动实施方案。它要求幼儿教师在充分把握幼儿学习特点的基础上，能制定适宜的教育活动目标、合理选择教育活动的内容和形式、创设适宜的教育活动环境，并能预备教育活动的过程。

根据不同的结构，幼儿园教育活动可分为学科领域单一的教育活动和主题教育活动。

一、学科领域单一的教育活动设计流程（★★★）

一份完整的教育活动设计由活动名称、活动目标、活动重难点、活动准备、活动过程、活动延伸和活动评价七部分构成。

（一）活动名称的设计

活动名称，即一次具体的教育活动的题目。设计活动名称时应注意以下几点。

（1）完整性。一个完整的教育活动名称应包括：年龄班、活动类型（哪个领域）和活动名称。如“小班科学活动：蚂蚁喜欢吃什么”。

（2）具体性。从活动名称能大概了解本次教育活动的主要内容和目标。如“小班健康活动：好宝宝爱洗手”。

（3）儿童化。活动名称要尽量符合儿童化的特点，便于幼儿理解。如“中班艺术活动：彩纸变变变”。

（二）活动目标的设计

1. 活动目标的三个维度

教育活动目标是指教师对幼儿参与并完成教育活动任务的过程中的学习或发展成果的指向或预期。根据布鲁姆等人的教育目标分类系统，教育目标分为“认知”“动作技能”和“情感”三个领域。相应地，幼儿园教育活动目标分为认知目标、技能目标和情感目标。

（1）认知目标是指幼儿在本节课中应该掌握的知识和经验，包括幼儿对各学科知识的掌握和幼儿认知能力的发展。

（2）技能目标是指幼儿在本次活动中应该掌握的技能，包括幼儿在感知动作、运动协调和动作技能方面的发展。

（3）情感目标是指幼儿对特定的对象、现象或行为的价值或重要性的认识，包括幼儿在兴趣、态度、价值观念和社会适应能力等方面的发展。

【例】大班体育活动：小汽车总动员

认知目标：理解小汽车在马路上行驶的游戏规则，知道“小汽车”上坡跑的动作要领。

技能目标：能够遵守游戏规则、与同伴合作进行“小汽车总动员”的体育游戏。

情感目标：喜欢和同伴一起合作进行体育游戏，萌发喜爱体育运动的意识。

知识拓展

★ 三维目标的常用动词 ★

目标名称	常用动词	示例
认知目标	认识、知道、理解、了解、明白、懂得	认识叶子有不同的形状 了解树对人和环境的作用
技能目标	能够、掌握、学会、具备、提高……能力	能够为自己喜欢的花朵涂色
情感目标	愿意、喜爱、感兴趣、感受、体会、萌发、提高……意识	感受树的美，萌发对大自然的喜爱之情 喜欢和同伴一起进行游戏

真题再现

按照布鲁姆等人教育目标分类的观点，“了解青蛙的生长发育过程”属于（　　）。

A. 情感目标　　B. 认知目标

C. 动作技能目标　　D. 行为目标

【解析】布鲁姆等人将教育目标分为认知、动作技能和情感三个领域。其中，“了解”属于幼儿的认知技能，所以“了解青蛙的生长发育过程”属于认知目标。

【答案】B。

2. 设计活动目标应注意的问题

（1）目标表述应明确具体。

活动目标的表述要明确具体、有针对性。例如，“培养幼儿的语言表达水平”“发展幼儿的想象力”等表述过于笼统，缺乏操作性，既不利于教师教学的实施，也不便于教学评价。

（2）目标表述应统一角度。

教育活动的目标既可以从教师角度进行表述，也可以从幼儿角度进行表述。教师角度的表述能够反映教师对自己拟采取的教育方式或教育行动的预期。幼儿角度的表述强调幼儿学习后的发展和变化，反映教师心中对活动促进幼儿发展的方向和程度的预期。

目标表述的行为主体必须前后统一，避免角度混杂。例如，中班美术活动“彩泥蛋糕”的部分目标为：

① 鼓励幼儿动手动脑，学会制作彩泥蛋糕。

② 体验动手制作彩泥蛋糕的乐趣，感受与同伴分享的快乐。

其中，①为教师角度，②为幼儿角度，这是不恰当的。建议都从幼儿的角度进行表述，而不要站在教师的角度或以教师为中心表述活动目标，否则不利于操作和评价。

（3）考虑本班幼儿的实际情况。

教师设计目标时应对本班幼儿发展状况有一个全面细致的了解，所制定的目标要符合班级内大多数幼儿的发展水平。例如，针对“春天的花儿”，小、中、大班都可以开展此项活动。但小班幼儿的活动目标主要是“感知春天色彩斑斓的各种花儿”；中班幼儿不仅仅“感知花儿”，而且可以“画花儿”、“做花儿”；大班幼儿更上一层楼，可以给各种花儿分类，了解各种花儿的习性等。

（三）活动重难点的设计

1. 活动重难点的含义

（1）活动重点是教师按照活动目标，通过开展本次教育活动必须让幼儿掌握的重要的知识或经验。它是相对于教育内容重要性的主次而言的，是课堂结构的主要线索，也是教师活动反思必须首先考虑的因素之一。

（2）活动难点是幼儿认知经验范围内较难理解或较难掌握的知识经验，是针对幼儿现有的经验和认识、技能水平而言的。

确定教学重点、难点是为了进一步明确教学目标，以便在教学过程中突出重点，突破难点，更好地实现教学目标，发展幼儿的知识、技能和情感。

【例】大班音乐活动：儿歌《小熊过桥》

活动重点：学会《小熊过桥》儿歌。

活动难点：给儿歌《小熊过桥》配上舞蹈动作。

扫一扫

活动重难点的设计

2. 确定活动重难点的方法

（1）熟悉和贯彻执行《幼儿园指导纲要（试行）》。

只有熟悉和贯彻执行《幼儿园指导纲要（试行）》的精神，才能明确各学科教学目的任务、基本内容、目标和要求，才能正确确定教学重点。

（2）深入钻研教材。

教材是教学的主要依据。教学的重点主要决定于教材内容。

（3）全面了解幼儿知识和技能的实际情况。

教学的难点主要决定于教师和幼儿的素质和能力。教师不仅要了解自身的情况，还必须全面了解幼儿的情况，特别是全面了解幼儿知识和技能的实际情况。

（4）总结自我经验和学习他人经验。

教师要善于总结自己在解决教学重点和难点问题方面的经验。同时，虚心学习别人在这方面的经验，不断地修改和完善自己的方案。

（四）活动准备的设计

教育活动准备是指幼儿园教师对具体教育活动开展的前提条件的筹备和规划，包括物质准备、经验准备、情感准备和情境准备。它直接影响着幼儿参与活动的积极性、活动的进程和效果。在活动设计中，一般只要求写出物质准备和经验准备。

1. 物质准备

一项具体教育活动的开展，需要准备教具、玩具等活动材料，如与教学内容相关的实物模型、挂图、照片、录像、图表等。教师必须设计好应准备什么材料，准备的数量，分配和使用的方法等。活动材料既可以由教师准备，也可以由教师带领幼儿事先收集，还可以让幼儿从家中带来，教师再根据幼儿带来的材料有目的地加以补充。

2. 经验准备

经验准备包括两方面的内容。一是教师知识经验的准备，即在开展某个活动前，教师要充分考虑到教学过程中幼儿可能遇到并提出的问题，从而有针对性地了解相关知识；二是幼儿知识经验的准备，即教师要根据本班幼儿的特色、学习特点，了解幼儿应具备哪些与该活动相关的知识和技能，以便使教育活动顺利展开。

3. 情感准备

幼儿的活动需要情感的支持，而幼儿的情感又容易受到成人的影响和感染，因此，教师自身能否以积极情感投入活动中，会直接影响到幼儿在活动中的情感体验，并影响活动的效果。

4. 情境准备

幼儿的学习兴趣和学习愿望总是在一定的情境中发生的，适宜的情境能够引发幼儿参与活动的兴趣。在教育活动的准备过程中，教师可以根据教学内容、幼儿年龄和生活经验来考虑如何为教育活动的开展创设一个丰富、生动的教育环境。

【例】大班科学活动：种子发芽

物质准备：有关种子发芽的图片、视频资料，每位幼儿准备 5～10 粒种子，小铲子、小耙子、水壶若干。

经验准备：请家长丰富幼儿对种子的认识。

（五）活动过程的设计

幼儿园教育活动过程的设计是指幼儿教师对教育活动展开过程的预想和规划，即活动的步骤，一般包括导入、展开和结束三大部分。

1. 导入部分

导入部分又称开始部分。教师通常在导入部分安排新颖有趣或带有复习性质的内容，如提问、谜语、幼儿熟悉的乐曲、动作等，以集中幼儿的注意力，引起幼儿的兴趣。

（1）导入的要求。

活动导入要具有启发性、针对性、趣味性、艺术性和简洁性。导入时间不宜太长，1～2 分钟即可。

导入部分的设计

（2）导入的策略。

★ 直观导入，如演示导入、材料导入、故事导入等。

★ 问题导入，如悬念导入、谜语导入、提问导入等。

★ 活动导入，如游戏导入、手指谣导入、歌曲导入等。

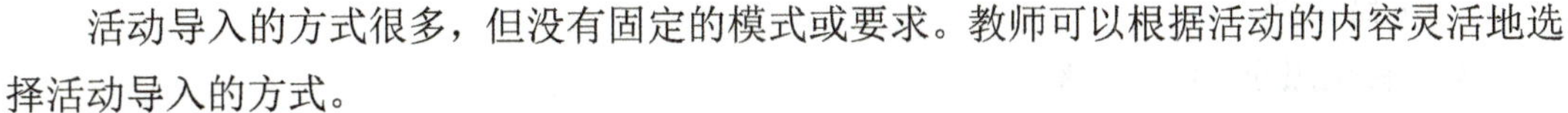

活动导入的方式很多，但没有固定的模式或要求。教师可以根据活动的内容灵活地选择活动导入的方式。

【例】大班科学活动：种大蒜

谜语导入。

活动前，请幼儿猜个谜语，引出活动主题。

谜语：兄弟七八个，围着柱子坐，只要一分开，衣服就撕破。

2. 展开部分

展开部分又称基本部分，是完成教育任务、实现活动目标的主要部分。开始部分结束后，幼儿的情绪稳定，注意力集中，可以学习新知识和新技能了。这部分的时间较长，一般要占到整个活动时长的三分之二左右。

展开部分通常安排 2～3 项内容，如学儿歌、做动作；看教师示范，制作手工作品等。活动内容的安排要丰富多样、动静结合，还要考虑新旧搭配、难易适当，从而使教育活动能够突出重点，保持幼儿学习的主动性。

在活动展开部分，教师要注意以下几个方面。

（1）发挥语言的交流作用。

教师要注意发挥语言的交流作用，培养幼儿的倾听能力和理解能力，引导幼儿在学习的过程中表达自己的愿望、发现和质疑，并对幼儿做出有效的回应，或者进一步拓展幼儿的思路。教师还可以在语言中融入浓浓的情感色彩，从而使幼儿获得强烈的情感体验，实现活动目标。

（2）提问要有趣。

教师的提问要建立在趣味性的基础上，这样才能激发幼儿的学习兴趣。同时，教师的提问要有启发性和发散性，使幼儿在获得知识经验的同时，发展各方面的能力。

（3）引导幼儿记录结果。

在教育活动的基本部分，还要注意记录、整理观察的结果。例如，在科学活动中，幼儿不能很好地用口头语言来表达自己，不能很好地描述观察到的情况，尤其是在长期系统性的观察和科学实验中。因此，教师要引导幼儿利用简单的图标、符号来表达和记录观察中的发现。另外，针对幼儿兴趣转移快、记忆力差、爱幻想等特点，简单记录也能培养幼儿专注的品质和对科学严谨的态度。

（4）注重多媒体的作用。

多媒体影像具有生动、形象、感染力强的特点，易于激发幼儿的兴趣，并能打破时间、空间的限制，弥补幼儿直接经验的不足。因此，在教育活动的基本部分，可以充分发挥多媒体的作用。

3．结束部分

结束部分一般安排帮助幼儿放松、自由表达的活动内容，使活动在兴致勃勃、井然有序的气氛中结束，从而有效地放松幼儿的身体，调整幼儿的状态，强化学习的效果。

（1）结束要求。

★ 首尾照应、结构完整；

★ 水到渠成，适可而止。

（2）结束策略。

总结归纳、自然结束、展示欣赏、游戏表演、操作练习等。

【例】一起听音乐随意做动作；将制作的手工作品互相欣赏或教师给大家的作品拍照等。

（六）活动延伸的设计

教育活动是一个长期的、持续的过程，对幼儿能力、习惯的培养更需要在延伸活动中不断巩固和加强。因此，活动后可安排相应的延伸活动，以发挥教育活动的最大效用。延伸可以采用家园共育、领域渗透、环境创设、活动区活动等形式展开。

【例】大班语言活动：毕业诗

活动延伸：回家后，将毕业诗读给爸爸妈妈听。

（七）活动评价的设计

活动评价即教学小结，包括教师对本次活动内容的总结和对活动中幼儿表现的小结。在活动评价中，教师进行教学反思和自我诊断，发现自己设计或组织过程中的优势或不足，以便及时调整自己的工作，提高教学质量。

小旌归纳

（1）活动名称：年龄班+领域+名称。

（2）活动目标：认知目标、技能目标、情感目标。

（3）活动重难点。

① 活动重点：教育活动中最关键、最基本、最重要的中心内容。

② 活动难点：幼儿难以理解或掌握的抽象或复杂的内容。

（4）活动准备：物质准备、经验准备、情感准备和情境准备。（教师资格考试中一般只需要写出物质准备和经验准备）

（5）活动过程。

① 活动导入：导入教育活动的内容，吸引幼儿的注意力。

② 活动展开：教育活动的主体部分。

③ 结束部分：归纳、总结。

（6）活动延伸：根据幼儿的兴趣和教育活动的内容，适当地进行活动延伸，以补充和提高活动的效果。

（7）活动评价：教师对自己的活动方案进行评价和反思。（考试中不写这个内容）

注：在近几年的教师资格考试中，学科领域的单一活动设计题的考查频次较少。但是，主题活动设计中子活动的具体方案与学科领域的单一活动设计别无二致。学习时应注意。

真题再现

幼儿园准备组织一次春游，大（一）班的小朋友很高兴，有的说要去这里玩儿，有的说要去那里玩儿，有的说要坐地铁去，有的说还是乘汽车好，有的讨论自己要带什么美食。陈老师想，既然小朋友有这么多问题，那么是否可以生成一个教育活动，带着小朋友一起研究解决这些问题呢？

要求：请帮助陈老师设计一个“我们要去春游”的教育活动，写出活动目标、活动准备和活动过程。

【参考答案】大班社会活动：春游计划

一、活动目标

1. 认知目标：知道春游的主要内容，初步学习制订春游计划。

2. 技能目标：能与同伴共同制订春游计划，尝试安排自己的活动。

3. 情感目标：愿意与同伴合作，热爱春天。

二、活动准备

春游计划表，常见春天郊游活动内容的图片，春天景象的视频。

三、活动过程

（一）导入环节

出示视频录像，激发幼儿的兴趣。

播放多媒体视频，引导幼儿观看春天的美丽景象，激发幼儿和教师一起制订春游计划的兴趣和愿望。

师：春天真是太美啦！以前我们去春游总是爸爸妈妈为我们做准备，现在我们长大了、想不想为自己制订一份春游计划呢？

（二）基本部分

1. 教师出示春游计划表，请幼儿讨论春游计划。

（1）师：这是一份春游计划表，里面有春游的内容、时间、交通工具、注意事项。想一想，我们还应该做些什么计划呢？

（"带些好吃的""带照相机""戴上我的太阳帽"……引起幼儿的讨论）

（2）引导幼儿大胆讨论，表达自己的想法。

2. 引导幼儿讨论，制订自己的春游计划。

师：我们的旅行包里应该带点什么东西呢？哪些是我们必须要带的？哪些东西不太适合带？我们去春游是一次集体活动，那么我们应该遵守些什么规则呢？

（1）激发幼儿动手制作计划表的兴趣。

（2）带领幼儿讨论春游地点、乘坐的交通工具、应准备的物品等。

（3）讨论在春游时应遵守的规则和应注意的事项。

3. 引导幼儿分组制作计划表。

（1）幼儿自由分成若干组，教师观察幼儿的组内分工情况，并帮助个别幼儿进行分工。

（2）鼓励幼儿用各种方式进行记录。

（三）活动结束

幼儿间进行相互交流和分享，最终确定一份最合适的春游计划。

四、活动延伸

请幼儿回家与爸爸妈妈分享本次活动的内容，告诉爸爸妈妈自己的春游计划。

二、主题活动设计流程（★★★）

（一）主题活动的含义

主题活动，是指围绕一个主题展开的教育活动。它的显著特点是打破了学科之间的界限，将各种学习内容通过一个主题有机地联系起来，帮助幼儿获得与“主题”有关的较为完整的经验。

主题活动是幼儿园普遍采用的一种课程形式，也是近几年教师资格考试中活动设计题的主要考查形式。

（二）主题活动的背景

常见的主题活动的背景主要有以下几种。

（1）幼儿的认知内容。

幼儿已形成的稳定的认知内容是构成幼儿园活动的背景，一般从两个方面的活动内容进行选择。一是随着季节和时间的变化，从自然环境和人们的社会生活习俗中选择主题，如春夏秋冬、节日习俗等；二是随着幼儿年龄的变化，从幼儿的自我意识和人际交往的需求方面选择主题，如“我上幼儿园啦”“我长大了”“我要上小学了”等。

在考题中，大多会直接给出主题内容，如“请以‘有用的工具’为主题”；但也有些题目会给出一段材料，需要通过材料明确主题。

（2）幼儿的兴趣。

幼儿在生活和游戏中会产生一些认知兴趣，由此可以生成一些教育活动主题，如“毛毛虫是怎么变成蝴蝶的”。

（3）社会问题。

一些影响较大、持续时间较长，媒体讨论较多的问题也会引起幼儿的兴趣，因此可以生成主题，如“雾霾”“垃圾分类”“风沙”等。

（4）社会热点活动。

一些时间性很强的话题，随着媒体的报道也会引起幼儿的兴趣，由此可以生成学习的主题，如“载人航天”“世界杯”“奥运会”等。

（三）主题活动方案的设计

主题活动方案一般包括主题活动名称、主题活动总目标、主题活动网络的编制、主题活动内容、子活动的具体方案、活动延伸、活动评估与调整等几大方面。

主题网络图

1. 主题活动的名称

主题活动名称包括年龄班和主题，如“大班主题活动：美丽的花朵”。在确定活动名称时应注意用符合幼儿年龄特点的语言，保证幼儿能够理解；名称应满足幼儿的兴趣、需要和审美情趣；尽量能够让幼儿从名称中感受到活动与自己有关系。

幼儿园小班、中班、大班常见的活动主题名称，如表 6-1-1 所示。

表 6-1-1　幼儿园常见的主题活动名称

小班主题	中班主题	大班主题
亲亲小动物	我的动物朋友	动物世界
宝宝不怕冷	下雪啦	神奇的雪花
一起堆城堡	一起做游戏	一起探秘
我上幼儿园了	我升中班了	不一样的我

2. 主题活动的总目标

主题活动的总目标是对主题活动所要实现的最终目的的预期，即期望幼儿获得哪些方面的发展。总目标的确定，需要综合考虑各种因素，如幼儿园的总目标、主题中蕴含的发展价值，本班幼儿的已知经验、发展水平和需要等。

（1）全面性。幼儿园的教育内容可以划分为健康、语言、社会、科学和艺术五个领域。主题活动的总目标是一个纵横交错的目标体系，需要将各领域的目标有机结合起来。

（2）综合性。总目标要涵盖幼儿需要的各种经验，指向幼儿的全面发展；涵盖认知、技能和情感三个维度的目标，并有一定的内在联系。

（3）总目标一般在 3～6 条即可。

【例】“大班主题活动：丰收的秋天”的总目标。

（1）了解秋天是一个丰收的季节，懂得珍惜粮食，尊重农民伯伯的劳动。

（2）参加秋收劳动的过程中，体验劳动的艰辛与快乐。

（3）能大胆地在集体面前背诵或演唱有关秋天的诗歌、歌曲等，能运用美术、手工等多种形式表达自己对秋天的认识。

（4）认识秋天收获的果实，并能进行分类，了解秋天的节日。

（5）参加力所能及的劳动，学会简单的劳动技能。

3. 子活动的内容选择

主题活动的总目标确定之后，就可以根据活动目标、幼儿的兴趣和需要、利用教育资源等，安排教育内容，尽量用不同的领域来展示主题。具体的选择策略有以下几种。

（1）根据教育目标选择活动内容，并根据教学材料来安排活动内容。该策略要求教师要对一个主题尽量从不同的层面进行挖掘和设计，然后从幼儿的角度出发，将其组织成适合幼儿学习的活动内容。

【例】小班教育活动“爱护牙齿”，教师从这一主题出发，组织活动内容。

☞ 讲故事“小熊为什么牙疼”；

- 了解“牙齿的构造”；
- 学儿歌《刷牙歌》；
- 角色扮演“牙医看病”；
- 家园合作活动“保护牙齿”。

（2）根据教育活动的内容，从内容与内容的相互联系出发，构建教育活动内容关系网，然后逐步开展活动。这种结构化组织策略也称为“主题网络图”模式。

主题网络图是一种由许多与主题相关的小主题编织而成的放射状的图形，能够使教师统揽主题活动的发展脉络，从而使幼儿通过学习活动获得完整的经验。教师资格考试不涉及主题网络图的相关考查内容，但主题网络图有助于主题活动的构思。如图 6-1-1 所示，为“春天”的主题网络图。

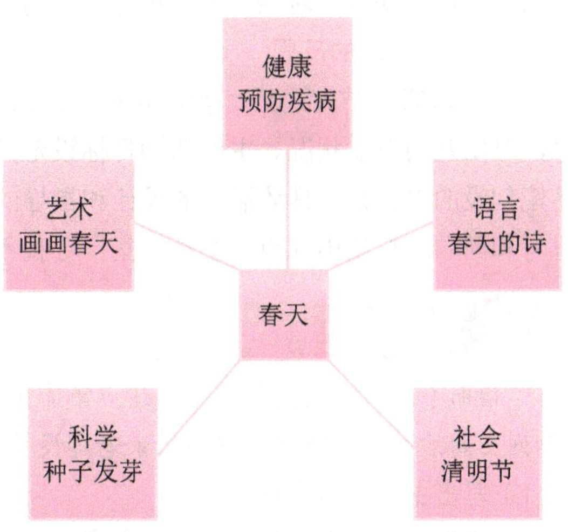

图 6-1-1　“春天”的主题网络图

（3）根据幼儿的生活经验来组织活动。活动内容来源于幼儿的生活，适应幼儿的活动需要，有助于激发幼儿探究的欲望。如根据“三八妇女节”和幼儿的社会生活经验，可以组织“夸夸我的好妈妈”“妈妈爱我，我爱妈妈”“做个礼物送妈妈”等活动。

（4）根据幼儿的兴趣安排活动内容。幼儿的兴趣是幼儿园教育活动的不竭动力。教师根据幼儿的兴趣，灵活地组织活动内容，顺应幼儿的活动需要，促进幼儿的发展。例如，在大班春游活动中，有个孩子发现水里的青蛙，孩子们都围过来看，你一言、我一语地谈论着；有的用手抓，有的用瓶子装。教师发现幼儿们的这个兴趣后，就可以设计关于“青蛙”的主题活动。

4. 子活动的具体方案

设计好主题活动的内容之后，就可以设计子活动的具体活动方案。每个子活动可以按照“学科领域的单一活动设计”进行，需要包括活动名称、活动目标、活动准备、活动过程、活动延伸等内容，具体应根据考题的要求进行书写。

5. 环境创设、社区资源与家园合力

在主题活动设计的过程中，教师要考虑创设什么样的环境，开展哪些区域活动，在区域活动中投放什么材料；以及家长需要做什么工作，家园之间怎样合作，如何利用社区资源等，使各方面围绕主题形成教育合力。

6. 评估与调整方案

当整个主题活动方案初步设计好后，教师还要从主题的选择、目标的确定、内容的选择、活动过程的设计、环境的创设、家长工作等方面对整个方案进行评估，并在此基础上对整个方案进行调整与修改。

小旋提示

教师资格考试的题目中一般只要求写出主题活动的名称、主题活动的总目标、一个子活动的具体设计方案、另外两个子活动的名称和目标。

7. 主题活动的反思

在主题活动结束之后，教师要对主题活动进行反思，对幼儿的发展状况、主题活动目标设定的适宜性、环境创设的丰富性、具体活动的设计和指导的科学性、家园共育的有效性等方面进行认真思考和回顾，总结出优点以继续发扬，寻找不足并加以改善。

真题再现

为了帮助小班新入园的幼儿尽快适应集体生活，余老师准备开展“高高兴兴上幼儿园”系列主题活动。请围绕该主题为余老师设计三个子活动。要求如下。

（1）写出主题活动总目标。

（2）写出其中一个子活动的活动方案，包括活动的名称、目标、准备和主要环节。

（3）写出另外两个子活动的名称、目标。

【参考答案】（1）活动总目标。

① 认识并了解自己所在的幼儿园环境，感受幼儿园与家庭的不同。

② 积极参与幼儿园的活动，敢于在集体面前表现自己，能够用自己的方式表达出对幼儿园的喜爱。

③ 感受幼儿园生活的快乐，萌发对幼儿园的喜爱之情。

④ 学习基本的生活自理技能，自己的事情能够自己做。

（2）★活动一

一、活动名称

小班语言活动：高高兴兴上幼儿园

二、活动目标

认知目标：了解故事的主要角色和情节，知道上幼儿园的开心之处。

技能目标：能够和老师、同伴进行交流，提高角色表演的技能。

情感目标：打消对幼儿园的恐惧，对幼儿园产生亲切感，体会到幼儿园的快乐。

三、活动准备

1. 物质准备：《我爱我的幼儿园》儿歌音频和《高高兴兴上幼儿园》的故事绘本。

2. 经验准备：幼儿有听故事的经验和与同伴交流玩耍的经验。

四、活动过程

（一）导入部分

播放儿歌《我爱我的幼儿园》，营造欢乐轻松的氛围，吸引幼儿的注意力，让幼儿通过聆听歌曲初步感受到幼儿园的快乐。

（二）基本部分

1. 幼儿初步感知《高高兴兴上幼儿园》的故事内容。

（1）教师出示《高高兴兴上幼儿园》的故事绘本，引导幼儿观察绘本中的角色，知道故事中的主要人物。

（2）教师结合绘本讲述故事，幼儿初步了解故事的情节内容。

师：小朋友们仔细听，看看故事里的小象到了幼儿园后都发生了哪些有趣的事情呀？

2. 幼儿理解《高高兴兴上幼儿园》的故事内容，并能回答教师提出的关于故事内容的问题。

（1）教师提问和《高高兴兴上幼儿园》的故事相关的问题，引导幼儿讨论回答，深入理解故事内容。

① 故事中的小象去了哪里？

② 幼儿园里都有谁？分别做了什么？

③ 故事里的小朋友是怎样和老师打招呼的？

（2）教师通过展示绘本图片，尝试引导幼儿说出图片上展示的内容。

幼儿通过教师对故事内容的介绍和问题，可以大致了解故事的内容，知道故事中的小朋友在幼儿园十分快乐，从而慢慢消除对幼儿园的排斥，知道幼儿园是个快乐的地方。

3. 幼儿交流讨论，讲述自己在幼儿园的经历。

（1）教师提出相关的问题，引导幼儿讨论自己在幼儿园里经历过哪些有趣的事情。

师：小朋友们，你们在幼儿园经历过哪些好玩的事情呀？比如找到了好朋友，或者得到了小红花？有谁愿意告诉老师和小朋友们？

（2）教师引导幼儿描述自己的愿望，教师结合幼儿的描述进行指导，发展幼儿的言语表达能力和想象力。

师：通过刚刚老师讲的故事，小朋友们还希望以后可以做哪些游戏或者好玩的事情呀？

幼儿能够大致描述自己交朋友、得到老师的表扬、得到小红花等经历，并能够在描述中加深对幼儿园生活的喜爱之情。

（三）结束部分

教师简单总结《高高兴兴上幼儿园》的故事内容，并结合幼儿描述的在幼儿园的经历，夸奖幼儿在幼儿园的表现，鼓励幼儿多发现幼儿园中使自己感到快乐的事情，并和老师、小朋友们分享。

五、活动延伸

教师请幼儿回家后将《高高兴兴上幼儿园》的故事讲给爸爸妈妈听。

★活动二

1. 活动名称

小班歌唱活动:《我爱我的幼儿园》儿歌学习

2. 活动目标

认知目标:能够大致理解歌词的内容,了解幼儿园的活动。

技能目标:可以基本准确地跟唱《高高兴兴上幼儿园》,边拍手边唱,并能添加自己喜欢的动作。

情感目标:乐于演唱儿歌,敢于在小朋友面前展示自己,体会《高高兴兴上幼儿园》歌词表达的快乐,加深对幼儿园的喜爱。

★活动三

1. 活动名称

小班健康活动:幼儿园里真好玩

2. 活动目标

认知目标:了解幼儿园设施的作用和游戏的玩法。

技能目标:通过教师提示,会玩并能安全地进行大型器械的游戏。

情感目标:喜欢幼儿园的各种器械玩具,在活动中感到快乐。

实战演练

答案与解析

一、单项选择题

1.(　　)是教师面向全班幼儿实施教学的活动过程。

A. 集体教育活动　　B. 小组教育活动

C. 个别教育活动　　D. 区域教育活动

2. 下列活动目标属于从幼儿角度表述的一项是(　　)。

A. 教会幼儿穿脱鞋袜的正确方法　　B. 引导幼儿对劳动产生兴趣

C. 喜欢参加手工活动　　D. 鼓励幼儿大胆表达自己的想法

3. 教师通过展示实物、教具或情境表演,引导幼儿对其中隐含的社会问题进行思考,明白社会规范的教育方法是(　　)。

A. 讲解法　　B. 谈话法

C. 讨论法　　D. 演示法

4. 在幼儿教育活动中，最能为幼儿提供交谈机会的组织形式是（　　）。

A. 班集体活动　　B. 小组活动

C. 全园活动　　D. 个别活动

二、活动设计题

请根据以下素材，设计大班主题活动方案。

春天到了，周一早晨户外活动，幼儿被园子里五颜六色的花吸引了，有的在指认花的颜色，红的、黄的、白的、紫的，有的在数花瓣，三瓣的、五瓣的、六瓣的；有的在争论花的名称，他们发现有的花朵长得一样，但颜色不一样；有的花朵有香味，有的花朵没有香味。户外活动的时间结束了，幼儿还一直很兴奋地谈论着。

要求：写出主题活动名称，主题活动总目标，两个子活动。每个子活动包括：活动名称、活动目标、活动准备和活动的主要环节。

第二章

各领域教育活动的设计

考情分析

题型	2022年上半年	2022年下半年	2023年上半年	2023年下半年	2024年上半年	2024年下半年
单项选择题	—	—	—	—	—	—
简答题	—	—	—	—	—	—
论述题	—	—	—	—	—	—
材料分析题	—	—	—	—	—	—
活动设计题	1题30分	1题30分	1题30分	1题30分	1题30分	—
总计	1题30分	1题30分	1题30分	1题30分	1题30分	—

（1）本章分别介绍了五大学科领域的单一教育活动的设计。近年来，该部分内容在幼儿园教师资格考试中考频高，分值占比较大，主要以活动设计题的形式进行考查，考生要提高对此部分知识的重视程度。

（2）各领域的活动不分主次，都应高度重视。学习时应掌握活动的设计流程，活动设计的具体方法和注意事项，在具体活动的设计过程中可根据材料灵活作答。

第一节　幼儿园健康教育活动的设计

一、体育锻炼活动的设计（★★★）

（一）活动名称

根据活动的材料或内容，用生活化、儿童化的语言确定活动名称，如“乌龟搬家”“有趣的绳子”等。另外，一个完整的教育活动名称应包括年龄班、活动类型和活动名称，如“大班体育活动：小猴运桃”。

（二）活动目标

幼儿体育锻炼活动的三维目标如表 6-2-1 所示。

表 6-2-1　幼儿体育锻炼活动的三维目标

目标	主要内容
认知目标	知道走、跑、跳、攀爬等动作都能锻炼身体；了解有关体育活动本身、活动内容或活动材料的知识以及有关个性、社会性发展的知识；了解一些常见的体育活动测试的内容和规则等
技能目标	形成健康的体态；动作协调、灵活，有一定的力量、耐力和平衡能力；走、跑、跳、投掷、攀登、钻、爬、搬运等基本动作得到发展；适应环境的能力和抵抗疾病的能力增强等
情感目标	体验运动带来的快乐，保持良好的情绪，有坚持锻炼的愿望；有遵守规则的意识和习惯，以及坚强勇敢、不怕困难的品质；喜欢和同伴合作、乐于参加体育活动，有一定的集体荣誉感

【例】大班体育活动：小猴运桃

认知目标：明白活动的规则，了解“钻、跑”的动作要领。

技能目标：能运用钻、跑等形式，控制自己的身体绕过障碍物前行。

情感目标：体会活动的乐趣，乐意参与体育活动。

（三）活动准备

（1）物质准备：活动所需的器械材料以及环境创设等方面的准备。

（2）经验准备：幼儿学习过、练习过相关的动作，熟悉或使用过相关的器械等。

【例】大班体育活动：小猴运桃

物质准备：钻圈器械、椅子 2 把、篮子 2 个、沙包若干、小猴手偶 1 个。

经验准备：幼儿有过钻、跑的动作经验。

（四）活动过程

1. 导入部分

该环节的目的是激发幼儿参与活动的兴趣，可通过队列队形练习、基本体操练习、一些运动负荷不大且有利于幼儿体能的游戏或一些简单的舞蹈和律动展开，从而使幼儿做好生理和心理上的准备，也可结合故事情境或直观教具导入。

【例】大班体育活动：小猴运桃

情境导入，激发幼儿的活动兴趣。

“小朋友们，猴奶奶家的桃子都熟了。猴奶奶自己忙不过来，请我们去帮忙运桃子呢，我们一起去吧！”教师带领幼儿随音乐做模拟行进的舒展活动。

2. 动作示范讲解（教师示范动作，帮助幼儿掌握动作要领）

（1）教师示范动作，并讲解动作要领。教师的示范要正确，并力求轻松、优美、熟练并注意示范的位置和方向；讲解要简明扼要，突出重点，有启发性，符合幼儿的接受能力；还要注意讲解与示范的适当结合。

（2）幼儿练习，教师指导。教师可引导幼儿采用重复练习、条件练习、完整练习和分解练习等方法进行动作练习。在幼儿进行练习时，教师可采用口令、哨声、音乐、拍手等信号提示，语言纠正，具体帮助等方法进行指导。而且，练习时一定要保证幼儿的安全。

【例】大班体育活动：小猴运桃

学习新动作。

教师示范：低下头、弯下身，先迈出一只脚，慢慢通过钻圈，站直身体后，再跑到椅子前，绕过椅子。

幼儿练习，教师指导。

教师设置两组障碍物，并将幼儿分成两组，练习障碍跑。

在障碍跑的过程中，幼儿需要用双手保护所携带的“桃子”（沙包），并将其运达目的地。

在幼儿进行分组练习时，教师在旁指导动作要领，并注意保护幼儿的安全。

3. 巩固新技能

通过小组竞赛、拓展训练、自由活动或游戏的形式，巩固幼儿学习的动作技能，让幼儿感受到体育锻炼活动的趣味和快乐。

【例】大班体育活动：小猴运桃

巩固新技能。

两个小组进行比赛，进一步巩固“钻、跑”等动作，提高幼儿障碍跑的能力。规定在一定的时间内，搬运“桃子”（沙包）多的小组获胜。

提示幼儿注意安全，避免磕伤、碰伤。对于跌倒、小擦伤的幼儿，鼓励其坚强。

对于双方参赛的幼儿，都应给予鼓励，不强调竞赛结果。

4．活动结束——小结，放松

该环节的主要目的是降低幼儿大脑的兴奋性，使幼儿的身体由运动的紧张状态逐渐恢复到相对安静的状态。该环节的内容主要包括两个方面：一是让幼儿做一些身体放松的游戏或动作；二是对本次活动进行小结，激发和保持幼儿对活动的兴趣，组织幼儿整理器械材料。

【例】大班体育活动：小猴运桃

教师带领幼儿做放松运动，结束活动。

“小朋友们，在大家的努力下，猴奶奶家的桃子很快就被我们运完啦！大家辛苦啦！让我们跟随音乐放松一下吧！”

引导幼儿跟随音乐，拍打四肢，舒缓肌肉，结束活动。

音乐：拍拍手，拍拍腿，拍拍胳膊，晃晃头。

（五）活动延伸

到活动区、亲子活动、体育游戏等中进行拓展。

【例】大班体育活动：小猴运桃

回家后，给爸爸妈妈表演学到的障碍跑新本领。

知识拓展

★ 幼儿运动量的把握 ★

运动量也称“运动负荷”，是指人体在身体练习中所能承受的生理负荷。在体育活动中，教师应注意把握幼儿的运动量。

判断幼儿的运动量是否适切，需要对脉搏、呼吸频率、肺活量、体温变化、尿蛋白等各方面进行监测。但这些监测比较复杂，且需要专业的设备以及专业操作能力，对于一般的幼儿园不具有可操作性。因此，在体育活动的前后，教师也可通过观察幼儿的面色、呼吸、汗量、注意力和情绪等方面来对运动量进行快速判断和调控。幼儿在体育运动中的疲劳程度表现如下表所示。

观察内容		轻度疲劳	中度疲劳	非常疲劳
运动中	面色	稍红	比较红	非常红或苍白
	呼吸	稍快	明显加快	呼吸急促、节律紊乱
	动作	动作准确，步态平稳	动作摇摆不定	动作失调，步态不稳
	汗量	不多	较多	大量出汗
	注意力	注意力集中	注意力能集中，但不稳定	注意力分散，反应迟钝
	情绪	愉快	略有低落	非常低落

续表

观察内容		轻度疲劳	中度疲劳	非常疲劳
运动后	食欲	食欲增加	食欲略有下降	食欲降低、进食量减少，甚至有呕吐现象
	睡眠	入睡较快，睡眠良好	入睡慢，睡眠一般	睡眠不安且入睡后不易醒
	精神	精神良好，情绪佳	精神略有不振，情绪一般	精神恍惚，厌倦运动

二、身心保健活动的设计（★★★）

（一）活动名称

根据幼儿日常活动的内容，用生活化和儿童化的语言确定名称，名称最好和幼儿自身建立联系，以引起幼儿参与的意识，如“我是穿衣小能手”“玩具要回家”“手上开出肥皂花”等。此外，一个完整的教育活动名称应包括年龄班、活动类型和活动名称，如“小班健康活动：宝宝爱洗手”。

（二）活动目标

幼儿身心保健活动的三维目标如表 6-2-2 所示。

表 6-2-2　幼儿身心保健活动的三维目标

目标	主要内容
认知目标	有关身体器官和功能的知识（五官、四肢、骨骼等）以及相应的、简单的保护方法；有关食品卫生与营养的知识等
技能目标	生活自理能力（洗手、如厕、穿衣、进餐等）；动手能力（刷牙、用剪刀、系鞋带等）；适应环境的能力；积极接受疾病的预防与治疗的能力等
情感目标	养成良好的生活习惯（讲卫生、爱运动、不挑食等）；保持积极、愉快、稳定的情绪；愿意尝试、体验乐趣等

【例】小班健康活动：宝宝爱洗手

认知目标：知道洗手的重要性和正确的洗手方法。

技能目标：能够在饭前和大小便后正确洗手。

情感目标：体会和同伴一起洗手的乐趣，养成良好的洗手习惯。

（三）活动准备

（1）物质准备：活动所需的教具、学具等活动材料以及环境创设等方面的准备。

（2）经验准备：幼儿有一定的生活习惯、使用工具的经验和基本生活常识的积累。

【例】小班健康活动：宝宝爱洗手

物质准备：洗手视频及步骤图、一条脏毛巾、小动物玩偶。

经验准备：幼儿有初步的洗手意识，懂得基本的洗手方法。

（四）活动过程

1. 导入部分

该环节的目的是引出话题，激发幼儿参与活动的兴趣，引导幼儿在认知和心理上对要开展的活动有充分的准备。具体可参考以下几种导入方法。

（1）谜语导入。一般用于大、中班的幼儿。

（2）直观导入。向幼儿展示视频、图片或 PPT 等，引出主题。

（3）谈话导入。通过谈话，引发幼儿对主题的注意。

（4）情境导入。创设一个情境，将幼儿带入主题。

（5）故事导入。通过讲故事，引起幼儿的兴趣。

【例】小班健康活动：宝宝爱洗手

故事导入，将幼儿带入主题。

师：今天我听到毛巾架上有哭的声音，走过去一看（举起脏毛巾），这条毛巾对我说“有的小朋友手没洗干净就往我身上擦，都把我擦脏了”。

教师提问：“怎样才能让毛巾不哭呢？”引导幼儿说出好好洗手的主题。

教师小结，点明洗手的主题，总结洗手的重要性。

2. 呈现环节（讲解示范）

该环节主要是通过实物、问题、动作等的呈现，展开活动内容。教师通过呈现教学内容，引导幼儿观察探索；之后借助教具，讲解操作内容，进一步引导幼儿感知，使幼儿从模糊走向清晰，从疑问走向理解。

【例】小班健康活动：宝宝爱洗手

教师向幼儿展示洗手视频和步骤图，并示范如何正确洗手，带领幼儿学唱洗手歌，帮助幼儿掌握正确的洗手方法。

洗手歌：好宝宝，爱洗手。首先卷起衣袖口，拧开龙头哗啦啦，打湿小手搓皂花。搓完手心搓手背，再搓手腕和指甲。清水冲走小皂花，关掉龙头甩两下。毛巾擦干左右手，预防疾病有办法。

3. 操作环节

该环节是幼儿自主学习、建构知识的环节。教师应根据不同内容的需要和幼儿的年龄特点，设计不同形式的操作、探索活动，并引导幼儿对活动内容进行操作、练习，掌握方法和要领。此外，教师可以对个别幼儿进行指导或鼓励个别幼儿进行示范。

【例】小班健康活动：宝宝爱洗手

幼儿分组进行练习。一组幼儿念儿歌，另一组幼儿演示洗手的方法。教师对个别幼儿进行指导，请个别幼儿上台进行正确的洗手步骤示范。

4. 巩固环节

巩固环节又称应用环节，是帮助幼儿加深对学习内容的印象、迁移和应用所学知识的环节。教师可通过问题检测幼儿是否正确掌握了操作步骤，并根据测试结果利用表演、游戏等活动来帮助幼儿巩固所学的知识技能。

【例】小班健康活动：宝宝爱洗手

教师引导幼儿对洗手步骤图进行排序。教师出示错误洗手步骤图，并提问："既然我们都会正确地洗手了。那现在让我们来看看这个洗手步骤图，对吗？正确的步骤又是什么样的呢？"

请幼儿为小动物玩偶洗手，练习、巩固洗手的方法。

5．结束环节

该环节的目的是总结教育活动，激发幼儿继续探索的兴趣。

（1）在愉快的游戏氛围中将活动带入尾声。

（2）教师对活动内容进行概括、小结，帮助幼儿明确活动的意义。

【例】小班健康活动：宝宝爱洗手

师：既然我们已经知道正确的洗手步骤啦！那我们以后就按照今天学习的去做，做一个爱洗手的好宝宝，好吗？

（五）活动延伸

安全自护活动的设计

将活动延伸至日常生活、活动区或家庭中。

【例】小班健康活动：宝宝爱洗手

请幼儿回到家给爸爸妈妈唱《洗手歌》，并展示如何正确洗手。

第二节 幼儿园语言教育活动的设计

语言领域的教育活动包括故事、绕口令、诗歌、散文、谜语、谈话等不同的类型，但总体设计流程相似。本书以故事、诗歌和谈话类活动的设计为例。

一、故事活动的设计（★★）

故事活动的设计

（一）活动名称

根据故事的内容或主题线索确定名称，如"太阳帽的故事""小猪盖新房""春天的电话"等。活动名称要完整，包含年龄班、活动类型和活动名称，如"中班语言活动：会动的房子"。

（二）活动目标

幼儿故事活动的三维目标如表 6-2-3 所示。

表 6-2-3　幼儿故事活动的三维目标

目标	主要内容
认知目标	丰富与作品有关的知识；理解故事的内容，初步理解故事中的人物情感；学会标准发音，扩展词汇，了解各种语言句式的表达
技能目标	学会倾听，提高语言的理解能力；会说普通话，能用语言表达自己对故事的理解；能够创造性地运用语言，扩展个人经验和想象，尝试艺术性结构语言；有一定的仿编和创编能力等
情感目标	喜欢阅读与聆听故事，乐意与他人分享；感受故事中的人物美和情感美；乐意欣赏文学作品，感受文学作品的语言美，有初步的表达与文字书写兴趣等

【例】中班语言活动：会动的房子

认知目标：理解故事的内容和故事中动物形象（乌龟、小松鼠）的特点。

技能目标：掌握故事中的象声词，并能正确地模拟声响。

情感目标：能积极地参与语言活动，感受故事的幽默。

（三）活动准备

（1）物质准备：活动所需的教具、学具和环境创设等方面的准备，如故事的图片、课件、音频、视频，故事中有关人物的头饰或图画书等。

（2）经验准备：幼儿有过听说故事的经验。

【例】中班语言活动：会动的房子

物质准备："会动的房子"故事音频，包括声音、场景、体现小松鼠情绪变化的图卡 3 组、图画书每人一本。

经验准备：课前丰富幼儿对自然界声响的了解，让幼儿认识乌龟这种动物。

（四）活动过程

1. 导入部分

该环节的目的是引起幼儿了解故事的兴趣，常用的方法有谈话导入、提问导入、情境导入、谜语导入、直观教育导入等。

【例】中班语言活动：会动的房子

教师提问"小朋友们见过会动的房子吗？"。引起幼儿兴趣，导入故事。

2. 感知、理解故事内容

该环节主要先以教师讲述或播放音频的方式呈现故事内容，让幼儿对故事内容有基本的了解和认识。故事内容可以先整体再分段呈现，也可以先分段再整体呈现。

之后，通过挂图、教具、故事表演或提问等方式，帮助幼儿理解故事的主题、情节、人物性格、情感态度等。教师可采用描述性（是什么）、思考性（为什么）、假设性（假如……怎么样）的三层提问方式。

【例】中班语言活动：会动的房子

分段呈现故事，帮助幼儿理解故事内容。

引导幼儿打开图画书，教师讲述第一部分故事。

教师进行描述性提问：谁要新建一座房子啊？（小松鼠）它发现的大石头是什么样的？（由小石头拼成的、光滑、硬）

教师讲述第二部分故事，边讲边提问，幼儿回答时，教师贴相应图卡。

提问：第一天，小松鼠被什么声音吵醒了？（呼呼的风声）它来到了什么地方？（山脚下）

第二天，又传来了什么声音？（哗哗的水声）小松鼠来到了什么地方？（大海边）

第三天，小松鼠推开窗，发现自己又来到了哪里呢？（草原）马儿奔跑时发出什么声音？（嗒嗒嗒）

幼儿回答后，教师小结。

教师讲完余下的故事，引导幼儿回答思考性问题。

房子为什么会动呢？（原来小松鼠把房子建在了乌龟的背上）

教师完整播放故事音频，请幼儿安静地聆听故事。

3. 围绕故事开展创设性活动

该环节的主要目的是帮助幼儿理解、掌握故事内容，将幼儿的直接经验与故事相联系，加深幼儿的情感体验。此环节中应鼓励幼儿积极构思、大胆想象，对作品进行仿编、创编或续编。其中，小中班应以续编为主，大班以创编为主。

【例】中班语言活动：会动的房子

师：小松鼠的旅行可真奇妙啊！不过我还想让小朋友动动脑筋，乌龟还会带小松鼠到哪儿去呢，它们还会听到什么声音？我们来接着编故事吧！（请幼儿自由结伴讲述）

知识拓展

★ 不同年龄幼儿仿编故事的要求 ★

幼儿仿编故事就是幼儿运用语言、按照一定的故事规则、发挥想象展示创造力的过程。

不同年龄的幼儿有不同的能力特点，所以对其仿编故事的具体要求也不同。

小班幼儿：编结局。幼儿根据自己对故事语言、人物、情节、主题的理解，在故事即将结束时为幼儿想象一个结局。

中班：编高潮。教师讲到故事高潮时停止，让幼儿根据自己对前面故事的理解，创编高潮部分。

大班：编完整故事。教师提供参考资料或由幼儿自己选择材料进行创编。故事包含完整的人物、情节、主题、语言等构成要素。

4．结束部分

引导幼儿用自己的语言完整复述故事；表演故事内容；迁移故事主题、渗透品德或习惯教育等。

【例】中班语言活动：会动的房子

幼儿按图画书内容讲述故事，推选个别幼儿在集体面前讲述。

（五）活动延伸

可通过家园共育、领域渗透、环境创设、活动区活动、游戏等方式进行活动的延伸。

【例】中班语言活动：会动的房子

请家长配合幼儿园开展“接近大自然”的活动，引导幼儿用语言表现各种声响。

二、诗歌活动的设计（★★★）

谈话类活动的设计

（一）活动名称

根据诗歌内容确定名称，如“小白兔”“吹泡泡”“梳子”等。活动名称要完整，包含年龄班、活动类型和活动名称，如“大班语言活动：春风吹”。

（二）活动目标

幼儿诗歌活动的三维目标如表 6-2-4 所示。

表 6-2-4　幼儿诗歌活动的三维目标

目标	主要内容
认知目标	丰富与诗歌主题有关的社会知识；理解诗歌的内容和情感；扩展词汇，了解诗歌的格式和韵律美
技能目标	能够正确地朗诵诗歌，仿编和创编诗歌等
情感目标	对诗歌感兴趣，喜欢参加学习诗歌的活动；感受诗歌的语言美，有初步的文学朗读兴趣，能与诗歌表达的感情产生共鸣等

【例】大班语言活动：春风吹

认知目标：理解诗歌的主要内容，知道春风给大地带来的变化。

技能目标：能够正确地朗诵诗歌，并进行仿编活动。

情感目标：喜欢参加语言领域活动，热爱春天。

（三）活动准备

（1）物质准备：活动所需的教具、学具和环境创设等方面的准备，如与诗歌内容有关的图片、课件、音频、视频等。

（2）经验准备：幼儿有对诗歌内容的粗浅认识，幼儿有学习诗歌的经验。

【例】大班语言活动：春风吹

物质准备：课件、图片、视频。

经验准备：幼儿经历过春天，对春风有一定的了解。

（四）活动过程

1. 导入部分

该环节可以借助美术、音乐等艺术手段，营造优美的诗歌氛围，将幼儿带入到诗歌主题的意境中；也可以借助图片、生动的语言描述或创设一个与作品情境吻合的语境和空间，为幼儿理解诗歌内容做好铺垫。

【例】大班语言活动：春风吹

歌曲导入，激发兴趣。

教师带领幼儿复习学过的歌曲《春天在哪里》，并进行提问。

师：现在是什么季节？温度如何？风儿发生了什么变化呢？

2. 初步感知作品内容

教师先用朗读或录音等形式呈现诗歌。在朗读时，教师要注意语气、语速、眼神、手势、表情和动作等，最好配有背景音乐。之后，带领幼儿朗诵诗歌，并对幼儿进行启发性提问，使幼儿初步感知诗歌内容。

【例】大班语言活动：春风吹

教师有感情地朗读《春风吹》这首诗歌，请幼儿认真聆听，并提问："诗歌的名字是什么？诗歌里的芽儿、柳树、山茶、燕子、青蛙、小雨，在春风的吹拂下都发生了哪些有趣的变化呀？"

之后，教师带领幼儿朗诵诗歌，感受诗歌的韵律美及语言美。

3. 帮助幼儿理解诗歌

帮助幼儿理解诗歌的方式有以下几种。

（1）通过音乐、挂图等教具，将诗歌所描绘的内容转化成直观的画面。

（2）采用描述性提问，帮助幼儿理解诗歌的内容；采用启发性提问，帮助幼儿理解诗歌的情绪情感。

（3）通过讲解，帮助幼儿理解难懂的字、词、句。

（4）开展形式多样的朗诵，如集体、分组、个人或分角色、对答式等方式，让幼儿不断品味、体悟作品。

【例】大班语言活动：春风吹

借助动画片的形式，再次为幼儿展示诗歌内容。之后，请幼儿思考：为什么春风来了，芽儿就萌发了？柳树被吹绿了？山茶被吹红了……春风究竟有什么样的魔法呢？

在思考、讨论中引导幼儿总结出——春风给大地带来了温暖，是春天的使者！

之后再引导幼儿思考，春风还带来了哪些有趣的变化。

4. 围绕诗歌开展相关活动

该环节的主要目的是让幼儿更好地体验作品，提高创造、想象和表达能力等。可采用表演诗歌、配乐朗诵、绘画、简单的谱曲演唱、仿编诗歌等方式。

【例】大班语言活动：春风吹

结合上一环节的讨论，教师请幼儿以小组合作的形式，按照诗歌的句式“春风一吹，……萌发了，吹绿了……，吹红了……”进行仿编。幼儿自由仿编的过程中，教师巡视指导。

之后，请幼儿分组展示自己的仿编成果，教师逐一记录，并引导幼儿赏析。

（五）活动延伸

可通过家园共育、领域渗透、环境创设、活动区活动、游戏等方式围绕诗歌主题开展活动。

【例】大班语言活动：春风吹

教师带领幼儿去户外感受春风，寻找春风的足迹。

知识拓展

★ 诗歌活动的组织方法和指导要点 ★

（1）注意帮助幼儿积累相关的知识和生活经验。

（2）注意与各种方式相结合，重在通过多种方式帮助幼儿理解诗歌。

（3）把握不同年龄幼儿的活动特点，有针对性地进行仿编活动。小班：换词，使诗歌局部画面发生变化；中班：换系列词，使诗歌的系列画面发生变化；大班：换关键词和语句，使诗歌的整体画面发生变化。

（4）留给幼儿艺术性建构语言的尝试空间。

第三节　幼儿园社会教育活动的设计

一、自我教育和人际交往活动的设计（★★★）

（一）活动名称

根据社会活动的内容和要求、围绕情感主线用生活化、趣味化的儿童语言命名，如“猜猜我是谁”“不做爱生气的小鸟”“一起玩更快乐”等。活动名称要完整，包含年龄班、活动类型和活动名称，如“中班社会活动：做个不争不抢的小朋友”。

（二）活动目标

幼儿自我教育和人际交往活动的三维目标如表 6-2-5 所示。

表 6-2-5　幼儿自我教育和人际交往活动的三维目标

目标	主要内容
认知目标	知道自己的名字、年龄、性别、优缺点等；知道自己要做个坚强、乐观、不乱发脾气的好孩子；知道合作的作用，懂得与同伴交往能获得快乐，了解具体的交往途径和方法等
技能目标	能够自信地与同伴交往；有一定的同情心和道德感；能够适当控制并表达自己的情绪；具备一定的交往和合作技巧等
情感目标	爱自己也爱他人；乐于与同伴交往，愿意参加集体活动，感受分享的快乐，有主动交往的兴趣等

【例】中班社会活动：做个不争不抢的小朋友

认知目标：初步学习轮流玩、一起玩，了解分享的含义。

技能目标：能够掌握玩的方法和人际交往的基本技能。

情感目标：愿意将自己喜欢的玩具和别人分享、不独占玩具、不争抢玩具。

（三）活动准备

（1）物质准备：活动所需的玩具、图片，相应的环境创设等。

（2）经验准备：幼儿有一定的自我认知，也有一些与同伴交往的经历。

【例】中班社会活动：做个不争不抢的小朋友

物质准备：视频录像《陈老师带来的新玩具》、各种新玩具（玩具数量少于人数数量）和歌曲《学会分享》。

经验准备：幼儿知道一些玩具的玩法，幼儿有过与同伴一起玩玩具的经历。

（四）活动过程

1. 导入部分

具体导入方法有以下几种。

（1）用谈话、提问等方式引发幼儿的思考。

（2）利用看动画片、看图片、听故事、做游戏、猜谜语等方式，引发幼儿的兴趣。

（3）歌曲导入，选用《情绪歌》《快乐歌》《我爱我》等旋律引起幼儿的注意。

【例】中班社会活动：做个不争不抢的小朋友

出示视频录像，激发幼儿参与活动的兴趣。

播放视频《陈老师带来的新玩具》：陈老师带来了一架崭新的飞机模型，投放在科学角；孩子们在你争我抢这架飞机模型，谁都不愿意让步；飞机模型在争抢中被弄坏了。

2．自由讨论，体验情感

（1）教师针对活动内容提问，使幼儿产生一定的情感认知，引发幼儿的讨论与思考。

（2）引导幼儿主动大胆地表达自己的想法和感受。

【例】中班社会活动：做个不争不抢的小朋友

教师提问：视频里发生了什么事？里面的小朋友做得对吗？为什么？针对视频中小朋友们出现的矛盾，你有什么解决办法吗？

引导幼儿大胆讨论，表达自己的想法。

教师小结：独占、争夺玩具会带来不愉快，争抢的后果是到最后谁都玩不了新玩具，所以我们要学会一起玩。

3．行为练习，强化训练

通过具体的行为练习让幼儿得到实际锻炼，最终使幼儿形成良好的习惯或掌握交往的技巧。

【例】中班社会活动：做个不争不抢的小朋友

引发幼儿讨论：一种玩具大家都想玩，又要玩得高兴，可以怎样玩？

引导幼儿说出轮流玩、交流玩，如你先玩，他再玩，我后玩等。

教师把提前准备好的玩具分发给幼儿，让他们自由结组，通过和其他小朋友一起玩玩具，让幼儿懂得分享的重要性，体会到分享的快乐。

4．教师总结

教师回顾整个活动，进行小结，巩固幼儿的自我意识或友好交往的意识。

【例】中班社会活动：做个不争不抢的小朋友

分享可以交到更多的朋友，玩起来就会更快乐。玩了好多玩具，今天真开心啊！让我们学会分享吧！

（五）活动延伸

可通过园内延伸、游戏活动等方式进一步引导幼儿与同伴开展积极友好的交往活动。开展家园共育，鼓励家长关注并培养幼儿的分享意识，帮助幼儿丰富与周围人礼貌交往的经验。

【例】中班社会活动：做个不争不抢的小朋友

请幼儿回家与爸爸妈妈分享本次活动的内容。

二、社会环境与规范认知活动的设计（★★★）

（一）活动名称

根据社会活动的内容和要求，使用生活化、趣味化的儿童语言确定名称，如“地球生病了”“我爱大中国”等。命名时，尽量使名称和幼儿本身产生联系，如“我是环保小卫士”“我把垃圾分一分”等。此外，活动名称书写也要注意完整性，如“大班社会活动：小小泡泡糖”。

（二）活动目标

幼儿社会环境与规范认知活动的三维目标如表 6-2-6 所示。

表 6-2-6　幼儿社会环境与规范认知活动的三维目标

目标	主要内容
认知目标	知道基本的社会规范，如道德规范、行为规范等；了解基本的社会环境，如家庭、幼儿园、家乡、民族和国家等；知道维护社会规范的重要性和基本知识；了解保护环境的重要性和具体方法等
技能目标	能够用规范约束自己的行为；待人接物文明礼貌；操作能力、想象能力和创新能力有所提高等
情感目标	喜欢参加保护环境、爱护动植物、爱护公共财物的活动；能遵守基本道德规范、文明礼貌行为规范、公共场所行为规范等；具有初步的公平正义感和集体荣誉感；爱家、爱国、爱社会等

【例】大班社会活动：小小泡泡糖

认知目标：了解乱吐泡泡糖带来的烦恼，认识到生活环境与人们行为之间的关系。

技能目标：理解泡泡糖外包装上环保标志的含义，能够做到不乱吐泡泡糖。

情感目标：乐意为保护环境做力所能及的事。

（三）活动准备

（1）物质准备：活动所需材料、环境创设等。

（2）经验准备：幼儿已具有的社会常识、生活规范和环保意识等。

【例】大班社会活动：小小泡泡糖

物质准备：泡泡糖若干、垃圾桶若干。

经验准备：幼儿具有一定的垃圾分类和保护环境的意识。

（四）活动过程

1. 导入部分

该环节的主要目的是引出活动主题，激起幼儿对活动的好奇心和参与活动的积极性。具体导入方式如下。

（1）用谈话、提问等方式引发幼儿的思考。

（2）创设一个与活动内容吻合的情境，吸引幼儿进入活动。

（3）利用实物、图片、视频、儿歌、故事、谜语等导入。

【例】大班社会活动：小小泡泡糖

谜语导入。

师：小朋友们，老师给大家出两个谜语，看谁猜得又快又准？

第一个，吃进去是硬的，吃过后变软的，吐出来是圆的，砰的一下就破了。（泡泡糖）

第二个，马路边谁站岗，不怕晒不怕脏，张着嘴像在说“小朋友可别忘，果皮纸屑递给我，不要扔在大街上”。（垃圾箱）

教师引导幼儿猜出谜底。

2. 认识对象，表达体验

此环节的目的是使幼儿对社会环境和社会规范产生一定的认识和思考，可对幼儿采用提问的方法，并鼓励幼儿表达自己的真实想法。

【例】大班社会活动：小小泡泡糖

教师提问：大家都吃过泡泡糖吗？你吃过的泡泡糖是怎样处理的呢？

引导幼儿说说吃过后的泡泡糖的处理办法并评一评谁的办法好。

教师提问：生活中，你在哪里见过别人吃过的泡泡糖吗？回忆或想象一下，泡泡糖粘在鞋子上，会不会很不舒服啊？

引发幼儿的讨论。

3. 正确认知社会环境和社会规范

用符合时代要求的社会规范来引导幼儿，并鼓励幼儿主动参与、积极尝试、充分表现自己；让幼儿学会从不同角度思考、解决问题，大胆想象，勇于创新。此外，当幼儿的认知与社会规范发生冲突时，应对幼儿的想法及时更正。

【例】大班社会活动：小小泡泡糖

师：那吃过的泡泡糖应该怎么处理呢？让我们一起来找找泡泡糖糖纸上的秘密吧！

教师分发泡泡糖。请幼儿找到泡泡糖纸上如何丢弃泡泡糖的示意图，引导幼儿用笔把它圈起来，和同伴讨论一下它的意思。

请幼儿模仿糖纸上的示意图做动作。

之后，教师出示一些行为习惯的图片，让幼儿判断对错。

教师对幼儿的活动表现进行肯定，并更正幼儿的一些错误认知。

（五）活动延伸

可通过园内延伸、游戏活动等方式进一步引导幼儿与同伴开展保护社会环境、遵守社会规范等方面的活动。

【例】大班社会活动：小小泡泡糖

请幼儿利用垃圾桶整理教室内的垃圾，并对园区的垃圾进行大搜索，把认识转化为实际行动。

第四节 幼儿园科学教育活动的设计

一、实验活动的设计（★★★）

扫一扫

实验活动的设计

（一）活动名称

根据科学活动的内容、要求或材料并结合幼儿的认知发展确定名称，如“磁铁有魔法”“糖去哪里了”“小白兔喜欢吃什么”等。切不可用艰涩难懂的专业词汇。此外，活动名称要完整，包含年龄班、活动类型和活动名称，如“中班科学活动：用树叶吹泡泡”。

（二）活动目标

幼儿实验活动的三维目标如表 6-2-7 所示。

表 6-2-7　幼儿实验活动的三维目标

目标	主要内容
认知目标	了解各种感官在感知中的作用；认识工具的用途，感知物质的特性；积累科学经验；学会辨别方位的方法；感知科学的变化等
技能目标	能够对身边的事物进行观察和比较；能够动手探索、尝试解决发现的问题；会使用一些简单工具；能够对实验过程进行简单记录，有初步的发现和总结能力，能用适当的方式表达、交流探索的过程和结果等
情感目标	体验发现和动手操作的快乐，对自然和科技感兴趣，喜欢小实验，对周围世界的态度积极，富有创造性，热爱大自然，具有保护环境的意识等

【例】中班科学活动：用树叶吹泡泡

认知目标：知道有洞的材料才能吹出泡泡。

技能目标：学习使用工具在树叶上打孔，用树叶吹出泡泡。

情感目标：体验自制工具吹出泡泡的乐趣。

（三）活动准备

（1）物质准备：观察、探究所需的材料，包括各种测量工具；记录所需的记录卡和纸笔等。实验材料应充足而多样，以保证幼儿能反复操作。

（2）经验准备：幼儿对生活中的科学有一定的感知经验，知道基本的探究方法，会使用一定的测量、记录工具等。

【例】中班科学活动：用树叶吹泡泡

物质准备：吸管、小剪刀、树叶、泡泡水、记录纸和笔。

经验准备：幼儿有吹泡泡的经验。

（四）活动过程

1. 导入部分

该环节的主要目的是吸引幼儿的好奇心，激发幼儿的探索欲望。主要的导入方式有以下几种。

（1）谈话、提问导入。

（2）直观教具导入，如教师展示实验、播放实验视频等。

（3）游戏导入。

（4）情境导入。在情境中引出实验，激发幼儿观察、探索的欲望。

【例】中班科学活动：用树叶吹泡泡

提问导入。

师：小朋友们，你们吹过泡泡吗？你们是用什么吹泡泡的呀？

引发幼儿的讨论和思考并对幼儿的回答做出小结。

2. 认识工具，大胆猜想

（1）教师出示工具，引导幼儿观察和猜想。

（2）鼓励幼儿表达自己的想法。

【例】中班科学活动：用树叶吹泡泡

师：今天，我带来了吸管、剪刀和小树叶，你们觉得用它们能吹出泡泡来吗？为什么？

引发幼儿讨论。

3. 设计实验、进行操作

教师可采用演示—操作式、自由—引导式等方法介绍操作方法和注意事项。之后，引导幼儿进行操作，并提醒幼儿注意观察和记录。最后，幼儿就实验结果进行表达与交流。

【例】中班科学活动：用树叶吹泡泡

教师演示吹泡泡的方法，并提醒幼儿吹泡泡的工具不能碰到嘴巴，不能对着别人的脸吹。

分发给幼儿吹泡泡的工具，让幼儿自由吹泡泡，并引导幼儿注意观察泡泡是从材料的什么地方出来的。

引导幼儿思考：为什么树叶不能吹出泡泡呢？怎样才能让树叶吹出泡泡呢？

教师启发幼儿将树叶戳洞或将树叶卷起来吹泡泡。

4. 活动结束，归纳总结

回顾整个活动，进行归纳，鼓励幼儿提出新的问题，并与同伴交流或探究。

【例】中班科学活动：用树叶吹泡泡

师：原来有洞的材料才能吹出泡泡，那生活中还有哪些材料能吹出泡泡呢？

（五）活动延伸

将活动延伸到活动区，让幼儿自主操作、探索；将活动照片发到家长群中，让家长了解探究内容，鼓励家长和幼儿一起探索等。

【例】中班科学活动：用树叶吹泡泡

请幼儿根据自己的猜想回家验证，来园后和大家分享。

二、数学活动的设计（★）

（一）活动名称

根据数学活动的内容、要求确定名称，如“5 以内的加减法”“图形宝宝回家”等。活动名称要完整，包含年龄班、活动类型和活动名称，如“大班数学活动：有趣的钟表”。

（二）活动目标

幼儿数学活动的三维目标如表 6-2-8 所示。

表 6-2-8　幼儿数学活动的三维目标

目标	主要内容
认知目标	初步理解数的概念，感受事物的数量关系；理解基本的时间和空间概念；认识常见的图形和几何体；认识人民币、钟表等
技能目标	数数、计数、测量的能力；初步的方位辨别能力；一定的判断、比较、分类、排列的能力，能运用数的相关经验解决问题的能力等
情感目标	愿意参加数学活动，喜欢摆弄、操作数学活动材料；对自己的活动成果感兴趣；愿意探索常见的数学问题，能积极主动地与同伴进行交流等

【例】大班数学活动：有趣的钟表

认知目标：知道钟表的作用，认识时针、分针及其运转规律。

技能目标：会看整点、半点。

情感目标：具有初步的时间观念，懂得时间的宝贵。

（三）活动准备

（1）物质准备：活动所需的学具、教具和环境创设等方面的准备。

（2）经验准备：幼儿已有的对生活中的数学的观察和认识。

【例】大班数学活动：有趣的钟表

物质准备：有关钟表用途的图片，儿歌音频《小时钟》，数字头饰，动物头饰，大钟表一个，可拨动的小动物钟表模型（幼儿人手一个）。

经验准备：幼儿见过钟表，知道做事情要遵循时间安排。

（四）活动过程

1. 导入部分

（1）演示图片、PPT或视频等。

（2）创设一个生活情境，引发幼儿的兴趣。

（3）用谈话或提问的形式引发幼儿的经验。

（4）游戏导入，创设游戏环节，吸引幼儿的兴趣。

【例】大班数学活动：有趣的钟表

谜语导入。

师：小朋友们，今天老师带来了一个谜语：会说没有嘴，会走没有腿，它会告诉你，什么时候起，什么时候睡！快来猜一猜，谜底是什么呢？

引导幼儿回答出钟表。

2. 学习新知识

（1）教师出示工具并提问，引导幼儿观察和思考。

（2）教师讲解，引导幼儿操作感知，丰富幼儿的学习经验。

【例】大班数学活动：有趣的钟表

观察时钟：教师出示大钟表，请幼儿观察并与同伴交流。

教师提问：每只钟面上都有什么？（两根针和1～12的数字）

比比看，两根针什么地方不一样？（长短、粗细）它们的名称叫什么？（时针和分针）

钟面上的数字排列位置是怎样的？（12个数字围成一个圆，3和9、12和6分别在一条直线上）

认识整点：播放视频，让幼儿感受时针和分针的运转规律。

教师演示：时针、分针都指到“12”上，然后将分针转一圈，又回到了“12”上。让幼儿注意这时时针有什么变化（时针走了一个大格，指到数字“1”上），提问幼儿是几点，这样反复演示几次。

总结：当分针指到数字“12”上，时针指到数字几上就是几点整。

之后，分发给幼儿小动物时钟模型，让幼儿自己拨出下列作息时间。

早上7:00起床；中午12:00吃饭；晚上8:00睡觉。

播放歌曲《小时钟》，教育幼儿珍惜时间，不能浪费时间。

认识半点：播放课件，让幼儿再次感受时针和分针的运转规律。

教师演示：时针和分针都指到数字“12”上，然后将分针转半圈，指到数字“6”上，让幼儿观察时针有什么变化（走了半格，指到“12”和“1”中间）。提问幼儿是几点，反复演示几次。

总结：当分针指到数字“6”上，时针指到两个数的中间，时针前面的数字是几，就是几点半。

让幼儿在小动物钟模型上拨出以下作息时间。

上午8:30上课；下午3:30做游戏；下午5:30放学。

最后，帮助幼儿理解钟表的功能，重点说明钟表与人类生活的关系。

教师提问：小朋友，你们家里有钟表吗？你还在什么地方看见过钟表？为什么那么多的地方都要用到钟表呢？（启发幼儿结合生活经验来说出钟表的用途）

教师归纳：钟表和手表都可以告诉人们，现在是什么时间了，应该做什么事情了。它们可以帮助人们形成良好的生活习惯，钟表是人类的好朋友。小朋友认识了钟表，可以按时起床，按时上幼儿园。老师可以根据钟表上的时间按时上课，按时让小朋友吃午饭，钟表的用处可大啦。

3．进行游戏、巩固新知识

（1）教师带领幼儿进行与所学知识有关的游戏，巩固所学内容。

（2）教师在游戏中检测幼儿对新知识的掌握程度。

【例】大班数学活动：有趣的钟表

师幼互动游戏：教师拨时钟，幼儿迅速说出时间；教师说出时间，幼儿快速拨时钟。教师对幼儿进行适当指导。

4．活动结束，归纳总结

回顾整个活动，幼儿自主归纳总结或教师归纳总结。

【例】大班数学活动：有趣的钟表

教师引导幼儿总结：表示整点时，分针指着 12，时针指着几就是几点整；表示半点时，分针指着 6，时针前面的数字是几，就是几点半。大家都认识正点和半点了，可真棒呢！

（五）活动延伸

将所学到的新知识应用到其他游戏中或去解决生活中的问题。

【例】大班数学活动：有趣的钟表

教师带领幼儿进行户外活动：老狼老狼几点了，帮助幼儿巩固对时钟的认识。

游戏玩法：选 14 名幼儿扮演时钟，其中 12 名幼儿分别扮演 12 个数字，2 名幼儿分别扮演时针和分针。再选一名幼儿戴上老狼头饰扮演老狼。老狼说出时间，幼儿表示对应时间，教师适时指导。例如，当“老狼”说出“12 点”时，扮演时针和分针的幼儿要跑到相应的位置。

第五节 幼儿园艺术教育活动的设计

一、美术活动的设计（★★★）

幼儿园美术教育的内容一般可分为美术欣赏、绘画和手工，这里以绘画为例。

（一）活动名称

根据活动的内容、过程和方法，用儿童化的语言确定名称，如“美丽的花蝴蝶”“画画春天”“蛋壳贴画”等。活动名称要完整，包含年龄班、活动类型和活动名称，如“小班绘画活动：漂亮的斑点狗”。

（二）活动目标

幼儿美术活动的三维目标如表 6-2-9 所示。

表 6-2-9　幼儿美术活动的三维目标

目标	主要内容
认知目标	认识色彩、结构、线条等，了解各种美术材料的性质、各种工具的用法等
技能目标	会使用常见的美术材料和美术工具，能进行简单的配色和构图，有一定的动手能力、想象能力和创造能力，具有初步的感受美、欣赏美的能力等
情感目标	愿意参加绘画、手工等美术活动，能大胆、愉快地按照自己的想法作画，并产生成就感；体会画作的对称、均衡、变化等形式美；喜欢欣赏美术作品等

【例】小班绘画活动：漂亮的斑点狗

认知目标：认识黑色和白色，了解斑点狗的形态和特点。

技能目标：会用棉签在指定范围内点画圆点，表现斑点狗身上的花纹。

情感目标：对用棉签添画的活动感兴趣。

（三）活动准备

（1）物质准备：活动所需的学具、教具和环境创设等方面的准备。

（2）经验准备：幼儿已有的经历、经验和认知储备，一定的美的意识和感受。

【例】小班绘画活动：漂亮的斑点狗

物质准备：人手一张画好的小狗轮廓图，棉签、抹布若干，黑色颜料。

经验准备：幼儿知道斑点狗的特点，有使用棉签擦拭涂抹的经验。

（四）活动过程

1. 导入部分

具体的导入方法有以下几种。

（1）直接导入：出示相关的图片、PPT 或视频资料等。

（2）创设相关情境，引发幼儿作画的兴趣。

（3）谈话、提问导入。

（4）游戏或儿歌导入，引发幼儿的兴趣。

【例】小班绘画活动：漂亮的斑点狗

情境导入，引起幼儿的兴趣。

教师出示小狗轮廓图，并表演遇到小狗的情境。

小狗：呜呜……

师：你怎么啦，小狗？

小狗：我……我把衣服弄丢了，现在这样回去妈妈肯定不认识我了。

师：我来帮你找，那你的衣服是什么样子的？

小狗：我的衣服上有圆圆的黑点点。

师：（教师伪装找一找，可是没找着）这样吧，我们来帮你做一件，好吗？

小狗：那太棒了！

教师提问：

小狗的衣服找不到了？谁能帮他做一件新衣服呢？

引发幼儿的作画兴趣。

2. 出示范画，提出作画要求

（1）教师出示范画并提问，引导幼儿观察和思考。

（2）教师讲解，交代作画程序，提出作画要求，提醒幼儿养成好的习惯。

【例】小班绘画活动：漂亮的斑点狗

师：小朋友们想一想，怎样才能做出小狗的新衣服呢？

教师出示棉签，启发幼儿用棉签蘸取黑色颜料在小狗身上点黑色斑点。

师：小朋友们，你们知不知道老师手里的是什么呀？（棉签棒）猜猜看我们今天用它来干什么呢？

教师示范：老师先在小狗身上涂画了两个黑斑点，然后启发幼儿添画黑斑点。添画完毕出现了一只可爱的斑点狗，激发幼儿操作的欲望。

3. 幼儿自行作画，教师巡回指导

（1）鼓励幼儿动手操作。

（2）针对每位幼儿的特点，有针对性地进行辅导。

【例】小班绘画活动：漂亮的斑点狗

教师引导幼儿在轮廓线内画黑斑点，给小狗穿上一件漂亮的斑点衣服，并提醒幼儿注意画面整洁，点画完要将棉签放回盘内，并对个别幼儿进行有针对性的指导。

4. 活动结束，展示作品，进行评价

（1）绘画结束后，引导幼儿以个别、小组或集体的形式展示作品。

（2）对作品进行评价。

【例】小班绘画活动：漂亮的斑点狗

师：今天，我们来进行一场斑点狗选美比赛吧！

教师简单讲评，表扬画面整洁的幼儿。

师：我们帮斑点狗穿的斑点衣服都很漂亮，它们都是漂亮的斑点狗。

（五）活动延伸

通过绘画创编故事，将与作品有关的活动延伸至活动区、家庭等。

【例】小班绘画活动：漂亮的斑点狗

请幼儿创编“斑点狗回到家”的故事，并给大家讲一讲。

二、音乐活动的设计（★★★）

幼儿园音乐活动包括歌唱、韵律和音乐欣赏等内容，这里以歌唱活动为例。

（一）活动名称

可由歌曲的名称直接命名，如“粉刷匠”“我爱竹蜻蜓”“春天在哪里”等。活动名称书写要完整，包含年龄班、活动类型和活动名称，如“小班歌唱活动：两只小鸟”。

（二）活动目标

幼儿音乐活动的三维目标如表 6-2-10 所示。

表 6-2-10　幼儿音乐活动的三维目标

目标	主要内容
认知目标	理解歌曲的内容和情感，对音色和节奏的强弱、快慢有感性的认识；理解不同音乐有不同的感官体验等
技能目标	能够用正确的姿势、自然的声音唱歌；能够大胆地、独立地在集体面前进行歌唱表演，并能在集体中尝试用合作表演的形式唱歌；能对歌曲进行简单的创编等
情感目标	喜欢唱歌，愿意表现自己的唱歌能力；感受音乐的美；能通过音乐适当地表达自己的情绪情感等

【例】小班歌唱活动：两只小鸟

认知目标：熟悉歌曲的旋律，理解歌曲的内容。

技能目标：学习用自然、轻柔的声音演唱歌曲，尝试用不同的动作表现相亲相爱。

情感目标：体验与朋友一起唱歌、游戏的快乐。

（三）活动准备

（1）物质准备：录音机、多媒体、课件、实物挂图等。

（2）经验准备：幼儿已有的唱歌、听歌的经历以及对歌曲相关内容的了解等。

【例】小班歌唱活动：两只小鸟

物质准备：多媒体、挂图、小鸟手偶一对。

经验准备：幼儿对小鸟的特点有一定的了解，幼儿有一定的歌唱经验。

（四）活动过程

1. 导入部分

（1）直接导入：出示相关的图片、PPT 或视频资料等。

（2）故事讲述导入。

（3）动作或情景表演导入。

【例】小班歌唱活动：两只小鸟

动作导入，教师用鸟儿飞的动作进入教室。

师：天气真好，鸟宝宝们，让我们飞出去玩一玩吧。

引导幼儿观察教具，认识小鸟。

师：看，树上坐着谁呀？两只小鸟坐在小树上。这两只小鸟一样吗？

引导幼儿认识两只小鸟的名字。

师：红色的小鸟有一个好听的名字叫丁丁，来和丁丁打个招呼。蓝色的小鸟也有一个好听的名字叫东东，来和东东打个招呼。

2．欣赏歌曲，熟悉歌词

（1）播放歌曲，请幼儿欣赏。

（2）选用与歌曲内容相关的直观教具（如图片、玩具、实物等），配合范唱，帮助幼儿理解歌词。

（3）采用提问法或编故事法加深幼儿对歌词的理解，帮助幼儿记忆歌词。

【例】小班歌唱活动：两只小鸟

教师完整朗诵歌词，并通过提问让幼儿了解歌词讲述的故事。

师：丁丁和东东坐在小树上会发生什么事情呢？我们一起来听一听。

丁丁和东东怎么啦，发生了什么事情？它们为什么飞走了？

小树没有朋友了，怎么办呢？（叫丁丁和东东回来）

那我们一起帮助小树把丁丁和东东喊回来吧。（回来吧，丁丁，回来吧，东东）

小结：两只小鸟回到树上了，真快乐。

师：老师把丁丁和东东的事情变成了一首好听的歌，我们一起来听一听。

教师完整播放歌曲。

3．教唱新歌

（1）教师范唱后，幼儿从头到尾学唱整首歌。

（2）分句教唱重难点句，帮助幼儿把握重点，突破难点。

（3）幼儿分组练唱，感受唱歌的快乐。

【例】小班歌唱活动：两只小鸟

教师带领幼儿慢速演唱，同时用教具提示幼儿，鼓励幼儿用动作提醒自己记忆歌词。

教师带领幼儿用自然、轻柔的声音来演唱。

师：让我们听着音乐跟着老师一起来把丁丁和东东的事情唱出来好吗？（多唱几遍）

幼儿先分小组接唱，再完整地唱。

4．复习歌曲，提高幼儿的表现力

（1）引导幼儿为歌曲配上动作。

（2）引导幼儿增编歌词，创编伴奏等。

【例】小班歌唱活动：两只小鸟

（一）教师示范动作

师：老师还会边唱歌边做动作呢，你们看。（教师表演）

小朋友，你们也能像老师一样边做动作边唱歌吗？让我们来试一试。

（二）幼儿两两结伴表演歌曲

师：刚刚我们已经把丁丁和东东的事情变成了一首好听的歌，接下来我们还要把丁丁和东东的事情变成一段好看的表演，我们一起来看一看。（请另一个教师参与表演）

你们也想来表演吗？（请两对幼儿到前面表演）

师：请小朋友和边上的小朋友说一说，你是谁？（我是丁丁，我是东东。）那红色的丁丁在哪里？拍拍你们的小翅膀飞一飞。蓝色的东东在哪里？拍拍你们的翅膀飞一飞。

幼儿结伴演唱，教师提醒幼儿做相互指的动作时，目光要对视。幼儿演唱完毕，与朋友相互抱抱，体验结伴的快乐。

5．教师小结

回顾整个过程，让幼儿感受唱歌的快乐，体验歌曲的感情。

【例】小班歌唱活动：两只小鸟

师：今天我们学习了歌曲《两只小鸟》，那你们喜欢这两只小鸟吗？（喜欢）为什么？（听话、懂事，会相亲相爱）

小结：两只小鸟非常懂事，听见小树的一声呼唤，就马上飞回来了，而小树也会在下雨天为小鸟撑起一把小伞，他们会你关心我，我关心你，相亲相爱在一起，以后我们小朋友也要像它们一样相亲相爱。

（五）活动延伸

可采用家园共育、领域渗透、环境创设、游戏等方式进行延伸。

【例】小班歌唱活动：两只小鸟

请幼儿回家以后，教爸爸妈妈学唱《两只小鸟》。

扫一扫

答案与解析

一、简答题

体育活动中与活动后，教师应分别要从哪些方面判断幼儿的活动量是否适切？

二、活动设计题

1．请以“磁铁”为主要内容设计一个大班科学探究活动。要求写出活动名称、活动目标、活动重难点、活动准备及活动过程。

2．请围绕下面的诗歌，对中班幼儿展开教育活动。

月　亮

每一棵树梢，挂一个月亮，小鸟说，月亮和我好。

每一湾池塘，漂一个月亮，青蛙说，月亮和我好。

每一个脸盆，盛一个月亮，宝宝说，月亮和我好。

3．大一班自由活动时间，个别幼儿用泡沫板当滑板玩（如下图所示），别的幼儿也想玩，但有的幼儿滑不起来，有的只能滑一点点。请根据幼儿利用泡沫拼板滑行的兴趣，为大班幼儿设计一个体育活动。要求写出活动名称、活动目标、活动准备、活动过程和活动延伸。

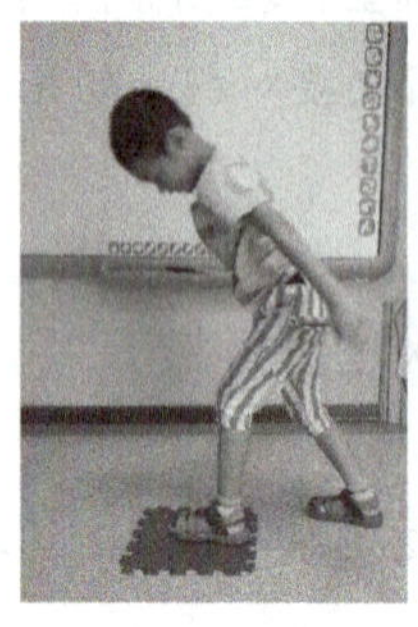

图 1　幼儿脚踩一块拼板滑行

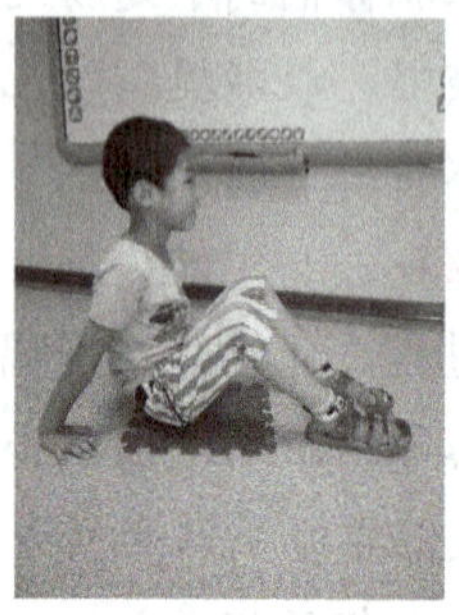

图 2　幼儿坐在一块拼板上滑行

教育评价

考纲要求

- 了解幼儿园教育评价的目的与方法，能对保育教育工作进行评价与反思。
- 能够利用评价手段发现教育活动中出现的问题，提出改进建议。

最新解读

幼儿园教育评价是幼儿园教育活动的基本反馈机制，是深化教育改革，提高教育质量的有效手段。本模块的知识点不多，考查时多以单项选择题的形式出现。需要注意的是，针对本模块的知识，考试中也可以以材料分析题的形式考查考生利用评价手段发现问题并提出建议的能力，所以在复习时要吃透知识，并将知识内化，进而达到灵活运用的程度。

本模块考查知识点较少，因此不进行分章叙述。

考点导图

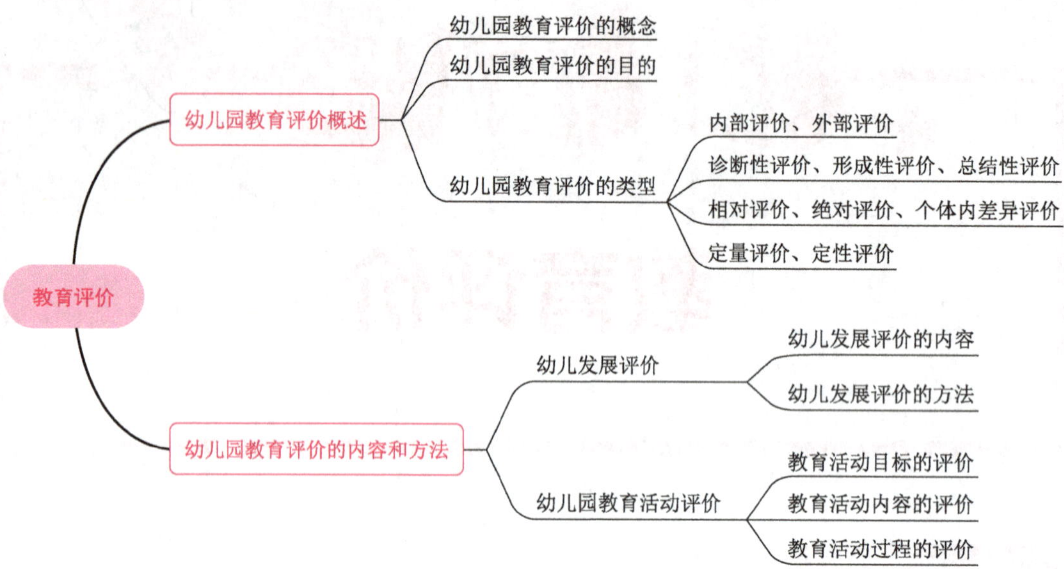
教育评价
幼儿园教育评价概述
幼儿园教育评价的概念
幼儿园教育评价的目的
幼儿园教育评价的类型
内部评价、外部评价
诊断性评价、形成性评价、总结性评价
相对评价、绝对评价、个体内差异评价
定量评价、定性评价
幼儿园教育评价的内容和方法
幼儿发展评价
幼儿发展评价的内容
幼儿发展评价的方法
幼儿园教育活动评价
教育活动目标的评价
教育活动内容的评价
教育活动过程的评价

题型	2022年上半年	2022年下半年	2023年上半年	2023年下半年	2024年上半年	2024年下半年
单项选择题	—	—	—	—	—	—
简答题	—	—	—	—	—	—
论述题	—	—	—	—	—	—
材料分析题	—	—	—	—	—	—
活动设计题	—	—	—	—	—	—
总计	—	—	—	—	—	—

（1）本章内容在近3年幼儿园教师资格考试中未被考查，最近一次是在2019年下半年以单项选择题的形式考查，分值为3分，这也是近年来对本模块内容唯一的一次考查。

（2）学习时应重点掌握教育评价的类型和幼儿发展的评价方法。

第一节　幼儿园教育评价概述

一、幼儿园教育评价的概念（★）

幼儿园教育评价是指对与幼儿园教育活动有关的各个方面进行价值判断的过程。它是幼儿教师工作的重要组成部分，是了解教育活动的适宜性、有效性，调整和改进教育活动，促进幼儿发展，提高教育质量的必要手段。

二、幼儿园教育评价的目的（★）

（一）促进幼儿的发展

幼儿园教育评价旨在发展每个幼儿的潜能和特点，培养他们区别于他人的智能和兴趣，帮助他们实现富有个性特色的发展。

幼儿园教育评价的作用

（二）促进教师的自我成长

教育评价有助于改善教师在教育工作中的不足之处，激发教师的工作热情，促进教师的专业成长。

（三）促进幼儿园自身的发展

幼儿园教育评价是对幼儿园工作过程、状态和最终效果做出的价值判断，能为幼儿园管理工作提供比较准确的依据，从而促进园所自身的发展。

（四）促进幼教事业的发展

幼儿园教育评价是幼儿园领导和上级主管部门了解和把握幼儿园发展状况、整体办园水平及其特色的基本途径。因此，有效的教育评价能够大力促进幼教事业的发展。

三、幼儿园教育评价的类型（★★）

（一）按评价主体划分

1. 内部评价

内部评价又称自我评价，评价对象是评价者本身，是指评价者根据一定的标准对自己的学习、工作等状况进行自我分析和判断。

2. 外部评价

外部评价又称他人评价，是指由评价对象以外的组织和个人组成评价小组或由专门人员对其进行的评价。

（二）按评价目的和进行时间划分

1. 诊断性评价

诊断性评价又称发展性评价，是指教育活动开始前，为使计划更有效地实施而进行的预测性评价。该评价侧重于发现不足和问题，目的在于了解评价对象的基本情况，为制订教育计划或解决问题搜集资料、做好准备。

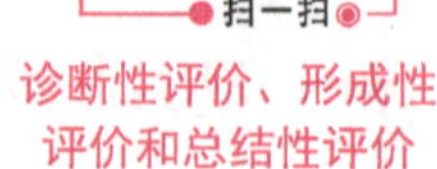

诊断性评价、形成性评价和总结性评价

【例】在幼儿刚入园时，教师会对幼儿的发展水平进行摸底测试，以便了解幼儿的发展情况、发现幼儿的特点并因材施教。

2. 形成性评价

形成性评价又称过程性评价或即时评价，是指在教育过程中，经常性地评价活动本身的效果。评价的目的在于及时了解教育活动过程中的情况、及时获取反馈信息、适时调节控制、以缩小工作过程与目标之间的差距，并通过评价研究工作进程、总结经验教训、及时改进工作。

【例】幼儿园教师在一日活动中对幼儿的即时评价。

3. 总结性评价

总结性评价又称终结性评价或效果评价，是指教育工作进行到一定阶段或完全结束之后所作的评价。评价的目的在于全面了解该阶段的成果，以向决策者提供信息。该评价侧重于对结果好坏的评价，不关心过程和原因。

【例】幼儿园进行某项科研工作后进行的成果验收。

（三）按评价的参照标准划分

1．相对评价

相对评价又称常模参照评价，是指在评价对象的集合体内选定一个或几个对象作为基准，然后将各个评价对象与基准进行比较的评价。

2．绝对评价

绝对评价又称目标参照评价，是指在评价对象的集合体之外确定一个客观的标准或以某个既定目标为参照，对评价对象达到的程度进行的评价。

3．个体内差异评价

个体内差异评价是指对被评价对象现在和过去的情况或自身不同的侧面相比较而进行的评价，其意义在于找到评价对象自身的变化或不同。

（四）按评价方法划分

小旌提示

定量评价是定性评价的基础，定性评价是定量评价的出发点和结果。

1．定量评价

定量评价又称量化评价，是指采用定量计算的方法搜集和处理数据资料，对评价对象做出定量结果的价值判断。

2．定性评价

定性评价又称质性评价，是指采用观察、调查、分析等方法搜集和处理资料，并对评价对象做出文字性描述的价值判断。

小旌归纳

划分标准	评价类型	特点	示例
评价主体	内部评价	自己对自己的评价	明明认为自己是一个乐观、友爱的好孩子
	外部评价	别人对自己的评价	妈妈认为明明是一个坚强、自信的好孩子
评价目的和运行时间	诊断性评价	教学之前进行；为了摸清儿童的知识、能力基础，以便安排学习	入学摸底考试
	形成性评价	教学过程中进行；了解活动过程、调整教学方案	口头提问、随堂测验
	总结性评价	教学之后进行；检查学习效果	期末考试
参照标准	相对评价	和他人比，有排名	教师招聘考试、运动会排名
	绝对评价	和目标线比，达到标准，及格即可	教师资格考试、初级会计考试
	个体内差异评价	个人不同时期或不同方面的比较	明明在语言和运动方面的差异
评价方法	定量评价	数量的分析和比较	用教学测量与统计的方法得出评价结论
	定性评价	用文字描述评价对象的各种特质	教师写的幼儿评语

真题再现

在教学过程中，王老师随时观察和评价幼儿的行为表现，并以此为依据调整指导策略。该教师采用的评价方式是（　　）。

A. 诊断性评价　　B. 标准化评价　　C. 终结性评价　　D. 形成性评价

【解析】题干中的王老师在教学过程中随时观察和评价幼儿的行为表现，并以此为依据调整指导策略，该老师采用的评价方式是形成性评价。

【答案】D。

第二节　幼儿园教育评价的内容和方法

幼儿园教育评价主要包括幼儿发展评价、教师发展评价和幼儿园教育活动评价。

一、幼儿发展评价（★）

（一）幼儿发展评价的内容

1. 健康与动作发展评价

幼儿健康与动作发展评价包括：生长发育水平（身高、体重、脉搏、血压等），主要由医务人员进行测量评价；大肌肉动作（走、跑、跳、投掷、攀登等）和小肌肉动作（画、剪、捏、折等），主要通过教师观察、测试等方式进行。

2. 认知与语言发展评价

认知与语言发展评价包括：感知能力（空间知觉、时间知觉、形状知觉、观察力等），思维能力（分类、想象、推理、守恒、数概念等），知识经验（四季、动物、植物、国家等），语言能力（倾听、表达、理解等）。

3. 习惯与自理能力发展评价

习惯与自理能力评价包括：生活习惯（如厕、盥洗、进餐、穿衣等），学习习惯（学习兴趣、注意力、任务意识等），自我保护能力（躲避危险、安全意识等）。

4. 品德与社会性发展评价

品德与社会性发展评价包括：社会情感（关心他人、同情心、责任感等）、社会认知（社会规则、社会生活常识等）、社会交往（适应能力、交往能力、解决冲突的能力等），文明行为（礼貌、友爱、诚实、合作、遵守规则等）、自我意识的发展（独立性、自尊心、自制力、主动性等）。

5. 艺术与情感发展评价

艺术与情感发展评价包括：幼儿情绪情感，对音乐、美术的感受和表现力等。

（二）幼儿发展评价的方法

1. 观察法

（1）自然观察法。

自然观察法又称事件详录法，是指调查者对幼儿在日常生活中、自然状态下的行为进行观察，详细记录特定行为或事件的完整过程并做出评价。评估幼儿发展的最佳方式是平时观察。

（2）情境观察法。

情境观察法是指由评价者创设一个特殊的情境，通过观察幼儿在整个情境中的行为反应来获取评价资料的方法。

（3）行为检验法。

行为检验法又称行为核对法，是指在观察前根据评价的内容确定观察目标，并编制观察核对表，调查者根据观察到的事件或行为对核对表中的条目逐条检验，并在符合的条目上做出记号。

真题再现

评估幼儿发展的最佳方式是（　　）。

A. 平时观察　　B. 期末测试

C. 问卷调查　　D. 家庭访谈

【答案】A。

2. 谈话法

谈话法是调查者与被调查者直接交谈，从而获取资料的方法。

知识拓展

谈话法的优缺点

谈话法的优点是获得的资料真实、可信；形式灵活方便，能缩小教师与幼儿之间的距离；更富有人情味和个性。缺点是通过谈话获得的资料难以标准化，而且进行谈话费时费力，难以取得大量被调查者的资料。因此，该方法普遍用于定性评价，或用于验证其他方法所获得资料的真实性，也常用于补充其他方法所获得资料的不足等。

3．作品分析法

作品分析法是指根据幼儿的各种作品（如图画、手工、创编的儿歌、泥塑等）来分析他们的发展水平或检测教育教学活动效果的一种方法。

4．档案评估法

档案评估法又称成长记录法或公文包法，是指幼儿教师或家长有目的地收集儿童的各种有关表现材料，并进行合理的分析与解释，以反映幼儿在学习与发展过程中的努力进步情况或成就的一种方法。

幼儿园教育活动评价（★）

幼儿教师发展评价

（一）教育活动目标的评价

教育活动目标的评价标准主要包括以下几个方面。

（1）活动目标与学期目标、年龄目标及幼儿发展的总目标是否一致。

各层次的目标是为实现总目标而制定的，在内容上应与总目标保持一致。每次教育活动目标的积累都构成一个阶段目标，而每一个阶段目标的实现都是向总目标迈进一步。

（2）活动目标是否符合本班幼儿发展的整体水平和已有经验并兼顾个体发展的需要。

每个班级的总体目标应符合该年龄段幼儿的一般发展水平。但各班、每个个体会有不同的实际情况，因此评价教育活动的目标时，要将其与本班幼儿的实际情况结合起来，看其是否合理。

（3）活动目标的构成是否包含知识经验、方法技能、情感态度等多个方面。

教育的总目标包含知识经验、方法技能、情感态度三方面的要求，因此具体活动目标中也应包含这些要求。需要注意的是，每一次活动的具体情况不同，对于三个方面的目标有所侧重是可以的，也是合理的，但不能偏废任何一方面。

（4）活动目标是否有利于幼儿的终身学习和发展。

教育活动要注重激发幼儿对探索活动的兴趣，培养他们乐于思考、勇于创新的精神，教会他们进行探索的方法。这些都将有利于幼儿的终身学习和发展。

（5）活动目标的表述是否精练、具体、具有可行性。

每一次活动的目标都应结合该活动的具体内容提出精练的、具体可行的目标，这样才有利于教师对活动的把握。

（二）教育活动内容的评价

一般来说，教育活动内容的评价标准包括以下几方面的内容。

（1）活动内容的选择是否与活动目标相一致。

教育活动的内容非常多，选择活动内容的首要依据就是活动目标，因此，教育活动的内容应紧紧围绕活动目标，从而有利于活动目标的实现。

（2）活动内容是否具有科学性。

教育活动中向幼儿传递的知识应该是准确的、科学的，所选择的活动内容应是能被幼儿所感知的、可靠的材料。

（3）活动内容的选择是否体现时代性。

教育活动要反映社会、科技的发展成果，让幼儿体会到社会发展和科技给人们带来的便利。

（4）活动内容是否贴近幼儿的生活。

活动的内容应来自幼儿的生活，这样才能保证活动符合他们的天性，有利于引起他们的兴趣，拓展他们的经验。

（5）活动内容是否适合幼儿的现有水平。

活动内容太难或太简单都不利于幼儿现有经验的积累和兴趣的培养，因此活动内容既要适合幼儿现有发展水平，又要有一定的挑战性，以促进幼儿的发展。

（6）活动内容是否能让幼儿直接参与活动。

探究是幼儿学习的主要方式。因此，教师选择的活动内容应该是具有探究性的，能够使幼儿在活动中手、脑并用，亲身参与探究和发现的过程，真正成为活动的主体。

（7）活动内容是否体现整合的理念。

幼儿园各领域的教育内容之间存在着一定的内在联系，各领域之间相互渗透、有机结合才能更好地促进幼儿的全面发展。

（三）教育活动过程的评价

对教育活动过程的评价标准主要包括以下几方面的内容。

（1）活动过程的结构是否严密。

教育活动的步骤应该是紧密联系的，前一个步骤是后一个步骤的基础，后一个步骤是前一个步骤的深入。整个活动过程的结构应该是严密的，层层递进，环环相扣。

（2）活动过程是否围绕着活动目标而进行。

活动目标确定后，整个活动的过程应围绕活动目标展开，如活动顺序的安排、教师的提问等都应紧密围绕活动目标。

（3）活动过程是否充分接纳和尊重幼儿的个体差异。

活动中，教师既要面向全体，又要注意对幼儿的个别指导。因此，活动宜采取集体、小组、个别活动相结合的形式，让每个幼儿都能通过适合自己的方法参与活动。

（4）活动过程中教师与幼儿是否充分互动。

在活动过程中教师是指导者、帮助者，又是合作者、支持者和观察者。教师作用的发挥要通过与幼儿的融洽交流与互动来实现。教师肯定的眼神、饱满的情绪、生动的语言等都能极大地激发幼儿的探索积极性，从而达到良好的活动效果。

（5）活动过程是否做到灵活掌握、动态调整。

每一次活动的开展都有其具体发展情况，需要对活动时间、组织形式、方式方法、设疑问题等做出适当调整，以适应具体情况。

答案与解析

单项选择题

1．幼儿园教育工作的评价以（　　）为主。

A．管理人员　　B．教师自评

C．家长评价　　D．社会评价

2．在评价对象的集合之外，确定一个标准，评价时将评价对象与这个客观标准进行比较，评价其达到的程度，从而做出价值判断，这种教育评价是（　　）。

A．绝对评价　　B．相对评价

C．诊断性评价　　D．总结性评价

3．刘教师经常收集儿童绘画、儿童自创的书写符号等作品，并放到一个叫“我在长大”的档案袋里，每当期末的时候会整理成册、写好评语，展示给家长看。刘老师的这种评价方法是（　　）。

A．档案评估法　　B．个体内差异评价

C．谈话法　　D．观察法

4．教师通常会问幼儿“你现在做得怎么样啦？”“现在到哪一步啦？”这通常属于（　　）。

A．诊断性评价　　B．形成性评价

C．总结性评价　　D．个体内差异评价

5．在教育活动之前进行的预测性评价属于（　　）。

A．诊断性评价　　B．形成性评价

C．总结性评价　　D．相对评价

6．教师给幼儿写评语是一种（　　）。

A．绝对评价　　B．定量评价

C．定性评价　　D．相对评价

参考文献

[1] 李国祥，夏明娟，项慧娟，王静文. 幼儿心理学 [M]. 北京：人民邮电出版社，2015.

[2] 陈明华，黄旖旎，张妍. 保教知识与能力 幼儿园 [M]. 镇江：江苏大学出版社，2017.

[3] [美]琼·利特菲尔德·库克，[美]格雷格·库克. 儿童发展心理学 [M]. 和静，张益菲，译. 北京：中信出版社，2020.

[4] 李艳玲，王美娜. 学前儿童发展心理学（视频指导版）[M]. 北京：人民邮电出版社，2019.

[5] 徐旭荣. 学前教育学 [M]. 北京：人民邮电出版社，2015.

[6] 余文森，王晞. 教育学 [M]. 北京：北京大学出版社，2019.

[7] 王换成，张有明，党玉明，刘水玲. 学前教育学 [M]. 北京：清华大学出版社，2019.

[8] 陈小莲，苏丹阳. 学前儿童卫生与保健 [M]. 镇江：江苏大学出版社，2020.

[9] 倪志明. 幼儿园教育活动设计与指导 [M]. 上海：华东师范大学出版社，2015.

[10] 张首文，白秋红. 幼儿园体育活动设计与指导（微课版）[M]. 北京：人民邮电出版社，2017.

[11] 邹敏. 幼儿园语言教育理论与实践 [M]. 北京：化学工业出版社，2014.